KB121742

한권 공인중개사

1·2차 기출문제(2014~2016)

한권 공인중개사: 1·2차 기출문제(2014~2016)

초판 1쇄 발행 | 2024년 2월 15일

지은이 | 김동옥·전영찬·금융경제연구소
펴낸이 | 박상두
편집 | 이현숙
디자인 | 진혜리
제작 | 박홍준
마케팅 | 박현지

펴낸곳 | 두앤북
주소 | 15337 경기도 안산시 단원구 당곡3로 3, 702-801
등록 | 제2018-000033호
전화 | 031-480-3660
팩스 | 02-6488-9898
이메일 | whatiwant100@naver.com

값 | 22,500원
ISBN | 979-11-90255-22-6 14320(세트)
ISBN | 979-11-90255-25-7 14320

03

한권 공인중개사

김동옥·전영찬·금융경제연구소

1·2차 기출문제
(2014-2016)

공인중개사 자격시험은 출제 범위가 넓어 단기간의 학습으로 합격이 어렵습니다. 출제 범위가 넓은 시험을 준비하는 가장 효율적인 전략은 기출문제를 활용하는 학습입니다.

많은 수험생이 시간 부족과 적절한 시간 배분의 중요성을 이야기합니다. 기출문제를 통한 학습에 그 길이 있습니다. 가장 효과적인 연습 기회를 제공하기 때문입니다.

실제 시험에서 문제를 푸는 능력은 학습 과정에서 저절로 길러지지 않습니다. 기출문제를 회차별로 학습하는 것이 실전을 대비한 가장 유효한 방법입니다.

부동산학개론은 기출문제 유형의 문제가 반복 출제되는 경향이 있습니다. 기출문제 풀이를 통한 출제 경향의 파악과 반복 연습으로 성공적 결과를 가져올 수 있습니다.

민법 및 민사특별법은 기출문제라는 나침반으로 방향을 잡을 수 있습니다. 사례 문제를 해결하는 최고의 방법 또한 기출문제 풀이입니다.

공인중개사법령 및 중개실무의 경우 상당 부분 기출문제와 유사한 지문들로 문제가 구성됩니다. 기출문제를 통한 학습으로 고득점을 얻을 수 있습니다.

부동산공법은 학습 분량이 많습니다. 기출문제 풀이로 길을 잃지 않고 중심을 잡아 학습해야 합니다. 지문 정리를 통해 문제 해결 능력을 제고할 수 있습니다.

부동산공시법은 기출문제를 재구성하여 출제하는 경향이 있고, 부동산세법은 회차별 난이도 차이가 크고 법령 개정도 빈번합니다. 기출문제 학습으로 방향과 핵심을 잡기 바랍니다.

이 책을 펼치면 왼쪽에 문제, 오른쪽에 해설이 놓여 있습니다. 책을 접고 왼쪽의 문제를 풀면 모의고사 효과를 볼 수 있습니다. 문제를 풀고 책을 펼치면 문제와 해설이 한눈에 들어오게 구성하여 책장을 넘기는 비효율을 제거했습니다.

기출문제의 지문에서 맞는 부분은 강조하고, 틀린 부분은 그 이유를 확실하게 밝혀 학습효과를 극대화할 수 있도록 만들었습니다. 중간선(취소선)과 밑줄을 이용하여 명확히 이해할 수 있게 설명했습니다.

꼭 필요한 법조문을 추가하여 수월하게 효과적으로 학습할 수 있게 엮었습니다.

3년 치 정도를 학습하면 특별한 선행학습이 없어도 큰 그림을 그릴 수 있고, 7~10년 치를 학습하면 수험 준비로 충분할 것입니다.

한권 공인중개사는 총 4권으로 이루어져 있습니다. 1차 시험 수험생 및 2차 시험 수험생 각각을 위한 10년간 기출문제집 2권(01, 02), 동차(1차·2차) 수험생을 위한 3년간, 7년간 기출문제집 2권(03, 04)입니다. 3년간 기출문제로 준비운동 후, 7년간 기출문제를 학습하면 원하는 목표를 이룰 수 있습니다. 이미 준비운동을 마친 분이라면 7년간 기출문제 학습만으로 합격의 관문을 통과할 수 있습니다.

한림권점(翰林圈點 또는 翰圈)은 조선시대 예문관(한림원) 관리를 뽑던 절차를 이르는 말입니다. 후보자 중 뽑을 사람의 이름 위 또는 아래에 둥근 점을 찍어 표시한 데서 유래했습니다. 여러분의 이름 위에 합격의 동그라미가 그려지기를 기원합니다.

2024년 1월

03

1·2차 기출문제 | 2014~2016

01. 건부지(建附地)와 나지(裸地)의 특성에 관한 설명으로 틀린 것은?
① 나지란 지상에 건물 기타 정착물이 없는 토지다.
② 나지는 지상권 등 토지의 사용·수익을 제한하는 사법상의 권리가 설정되어 있지 않은 토지다.
③ 건부지가격은 건부감가에 의해 나지가격보다 높게 평가된다.
④ 건부지는 지상에 있는 건물에 의하여 사용·수익이 제한되는 경우가 있다.
⑤ 건부지는 건물 등이 부지의 최유효이용에 적합하지 못하는 경우 나지에 비해 최유효이용의 기대가능성이 낮다.

02. 일정기간 동안 상환액을 특정비율로 증액하여 원리금 상환액을 초기에는 적게 부담하고, 시간의 경과에 따라 부담을 늘려가는 방식은?
① 원리금균등분할상환방식　② 체증식분할상환방식
③ 체감식분할상환방식　④ 만기일시상환방식
⑤ 잔액일시상환방식

03. 부동산의 가격과 가치에 관한 설명으로 틀린 것은?
① 가격은 특정 부동산에 대한 교환의 대가로서 매수인이 지불한 금액이다.
② 가치는 효용에 중점을 두며 장래 기대되는 편익은 금전적인 것뿐만 아니라 비금전적인 것을 포함할 수 있다.
③ 가격은 대상부동산에 대한 현재의 값이지만, 가치는 장래 기대되는 편익을 예상한 미래의 값이다.
④ 가치란 주관적 판단이 반영된 것으로 각 개인에 따라 차이가 발생할 수 있다.
⑤ 주어진 시점에서 대상부동산의 가치는 다양하다.

04. 주택의 유형에 관한 설명으로 옳은 것은?
① 연립주택은 주택으로 쓰는 1개 동의 바닥면적 합계가 660㎡ 이하이고 층수가 4개 층 이하인 주택이다.
② 다가구주택은 주택으로 쓰는 층수(지하층은 제외)가 3개 층 이하이며, 1개 동의 바닥면적(부설주차장 면적 제외)이 330㎡ 이하인 공동주택이다.
③ 다세대주택은 주택으로 쓰는 1개 동의 바닥면적 합계가 330㎡ 이하이고 층수가 5개 층 이하인 주택이다.
④ 다중주택은 학생 또는 직장인 등 다수인이 장기간 거주할 수 있는 구조로서, 독립된 주거형태가 아니며 연면적이 330㎡ 이하, 층수가 3층 이하인 주택이다.
⑤ 도시형생활주택은 350세대 미만의 국민주택규모로 대통령령으로 정하는 주택으로 단지형 연립주택·단지형 다세대주택·원룸형 주택 등이 있다.

05. 아파트 재건축사업시 조합의 사업성에 부정적인 영향을 주는 요인은 모두 몇 개인가? (단, 다른 조건은 동일함)

○ 건설자재 가격의 상승
○ 일반분양 분의 분양가 상승
○ 조합원 부담금 인상
○ 용적률의 할증
○ 이주비 대출금리의 하락
○ 공사기간의 연장
○ 기부채납의 증가

① 2개　② 3개　③ 4개　④ 5개　⑤ 6개

06. 아파트시장의 수요곡선을 좌측으로 이동시킬 수 있는 요인은 모두 몇 개인가? (단, 다른 조건은 동일함)

○ 수요자의 실질소득 증가
○ 건축원자재 가격의 하락
○ 사회적 인구감소
○ 아파트 가격의 하락
○ 아파트 선호도 감소
○ 대체주택 가격의 하락
○ 아파트 담보대출금리의 하락

① 2개　② 3개　③ 4개　④ 5개　⑤ 6개

07. 다음 토지의 정착물 중 토지와 독립된 것이 아닌 것은?
① 건물
② 소유권보존등기된 입목
③ 구거
④ 명인방법을 구비한 수목
⑤ 권원에 의하여 타인의 토지에서 재배되고 있는 농작물

2014년도 제25회 공인중개사 자격시험

1차 시험

제1교시

제1과목 부동산학개론

부동산학개론	85% 내외
부동산감정평가론	15% 내외

제2과목 민법 및 민사특별법

민법	85% 내외
민사특별법	15% 내외

주택임대차보호법, 집합건물의 소유 및 관리에 관한 법률,
가등기담보 등에 관한 법률, 부동산 실권리자명의 등기에 관한 법률,
상가건물 임대차보호법

2차 시험

제1교시

제1과목 공인중개사의 업무 및 부동산 거래신고에 관한 법률 및 중개실무

공인중개사법, 부동산 거래신고 등에 관한 법률	70% 내외
중개실무	30% 내외

제2과목 부동산공법 중 부동산 중개에 관련되는 규정

국토의 계획 및 이용에 관한 법률	30% 내외
도시개발법, 도시 및 주거환경정비법	30% 내외
주택법, 건축법, 농지법	40% 내외

제2교시

제1과목 부동산공시에 관한 법령 및 부동산 관련 세법

공간정보의 구축 및 관리에 관한 법률	30% 내외
부동산등기법	30% 내외
부동산 관련 세법	40% 내외

01. 건부지(building plot)와 나지(bare land)

　　건부감가(원칙): 건부지 평가액 < 나지 평가액

　　건부증가(예외): 건부지 평가액 > 나지 평가액

② 나지: 공법상의 권리는 설정되어 있을 수 있다.

③ 건부지가격은 건부감가에 의해 나지가격보다 높게 <u>낮게</u> 평가된다.

02. 대출금 상환방식

① 원리금균등분할상환방식: 　상환 원금 증가

② 체증식분할상환방식: 　　　상환 원리금 증가

③ 체감식분할상환방식: 　　　상환 원리금 감소

④ 만기일시상환방식　≒　⑤ 잔액일시상환방식

03. 부동산의 가격(price)과 가치(value)

③ 가격은 대상부동산에 대한 현재 <u>과거</u>의 값이지만 가치는 장래 기대되는 편익을 예상한 <u>미래</u> (현재가치로 할인한) <u>현재</u>의 값이다.

04. 주택의 유형

① 연립주택은 주택으로 쓰는 1개 동의 바닥면적 합계가 660㎡ 이하 <u>초과</u>이고 층수가 4개 층 이하인 주택이다.

② 다가구주택은 주택으로 쓰는 층수(지하층은 제외)가 3개 층 이하이며, 1개 동의 바닥면적(부설주차장 면적 제외)의 합계가 330㎡ <u>660㎡</u> 이하인 (19세대(대지 내 동별 세대수를 합한 세대) 이하인) <u>공동주택</u> <u>단독주택</u>이다.

③ 다세대주택은 주택으로 쓰는 1개 동(2개 이상의 동을 지하주차장으로 연결하는 경우 각각의 동으로 본다)의 바닥면적 합계가 330㎡ <u>660㎡</u> 이하이고 층수가 5개 층 <u>4개 층</u> 이하인 주택이다.

④ 다중주택은 학생 또는 직장인 등 다수인이 장기간 거주할 수 있는 구조로서, 독립된 주거형태가 아니며 연면적이 330㎡ 이하(2021년 660㎡ 이하로 변경), 층수가 3층 이하인 주택이다.

⑤ 도시형생활주택은 350세대 <u>300세대</u> 미만의 국민주택규모로 대통령령으로 정하는 주택으로 단지형 연립주택·단지형 다세대주택·원룸형('원룸형 도시형 생활주택'은 2022년 '소형주택'으로 변경) 주택 등이 있다.

05. 아파트 재건축사업의 사업성

○ 건설자재 가격의 상승　　　　　부정적 영향

○ 일반분양 분의 분양가 상승　　긍정적 영향

○ 조합원 부담금 인상(공사비 등)　부정적 영향

○ 용적률의 할증　　　　　　　　긍정적 영향

○ 이주비 대출금리의 하락　　　　긍정적 영향

○ 공사기간의 연장　　　　　　　부정적 영향

○ 기부채납의 증가　　　　　　　부정적 영향

06. 수요의 증감

○ 수요자의 실질소득 증가　　　　수요 증가

○ 건축원자재 가격의 하락　　　　수요 증가

○ 사회적 인구감소　　　　　　　수요 감소

○ 아파트 가격의 하락　　　　　　수요 증가

○ 아파트 선호도 감소　　　　　　수요 감소

○ 대체주택 가격의 하락　　　　　수요 감소

○ 아파트 담보대출금리의 하락　　수요 증가

07. 토지의 정착물

①②④⑤ 토지로부터 독립된 정착물

③ 「공간정보의 구축 및 관리 등에 관한 법률」상 지목 구거(溝渠)란 용수 또는 배수를 위하여 일정한 형태를 갖춘 인공적인 수로·둑 및 그 부속 시설물의 부지와 자연의 유수가 있거나 있을 것으로 예상되는 소규모 수로 부지를 말한다.

08. 아파트시장의 균형가격과 균형거래량의 변화에 관한 설명으로 **틀린** 것은? (단, 우하향하는 수요곡선과 우상향하는 공급곡선의 균형상태를 가정하며, 다른 조건은 동일함)

① 공급이 불변이고 수요가 감소하는 경우 새로운 균형가격은 상승하고 균형거래량은 감소한다.

② 수요가 불변이고 공급이 증가하는 경우 새로운 균형가격은 하락하고 균형거래량은 증가한다.

③ 수요의 증가가 공급의 증가보다 큰 경우 새로운 균형가격은 상승하고 균형거래량도 증가한다.

④ 공급의 감소가 수요의 감소보다 큰 경우 새로운 균형가격은 상승하고 균형거래량은 감소한다.

⑤ 수요의 감소가 공급의 감소보다 큰 경우 새로운 균형가격은 하락하고 균형거래량도 감소한다.

09. 어느 지역의 오피스텔 가격이 4% 인상되었다. 오피스텔 수요의 가격탄력성이 2.0이라면, 오피스텔 수요량의 변화는? (단, 오피스텔은 정상재이고, 가격탄력성은 절대값으로 나타내며, 다른 조건은 동일함)

① 4% 증가 ② 4% 감소 ③ 8% 증가
④ 8% 감소 ⑤ 변화 없음

10. 부동산관리에 관한 설명으로 옳은 것은?

① 부동산의 법률관리는 부동산자산의 포트폴리오 관점에서 자산-부채의 재무적 효율성을 최적화하는 것이다.

② 부동산관리에서 "유지"란 외부적인 관리행위로 부동산의 외형·형태를 변화시키면서 양호한 상태를 지속시키는 행위다.

③ 건물관리의 경우 생애주기비용(Life Cycle Cost)분석을 통해 초기투자비와 관리유지비의 비율을 조절함으로써 보유기간동안 효과적으로 총비용을 관리할 수 있다.

④ 시설관리는 시장 및 지역경제분석, 경쟁요인 및 수요분석 등이 주요업무다.

⑤ 자산관리는 건물의 설비, 기계운영 및 보수, 유지관리업무에 한한다.

11. 부동산조세 정책에 관한 설명으로 **틀린** 것은? (단, 다른 조건은 동일함)

① 토지이용을 특정 방향으로 유도하기 위해 정부가 토지보유세를 부과할 때에는 토지용도에 관계없이 동일한 세금을 부과해야 한다.

② 임대주택에 재산세가 중과되면, 증가된 세금은 장기적으로 임차인에게 전가될 수 있다.

③ 주택의 보유세 감면은 자가소유를 촉진할 수 있다.

④ 주택의 취득세율을 낮추면 주택수요가 증가할 수 있다.

⑤ 공공임대주택의 공급확대는 임대주택의 재산세가 임차인에게 전가되는 현상을 완화시킬 수 있다.

12. 정부가 부동산시장에 개입할 수 있는 근거가 **아닌** 것은?

① 토지자원배분의 비효율성
② 부동산 투기
③ 저소득층 주거문제
④ 난개발에 의한 기반시설의 부족
⑤ 개발부담금 부과

13. 부동산개발사업시 분석할 내용에 관한 설명으로 **틀린** 것은?

① 민감도분석은 시장에 공급된 부동산이 시장에서 일정기간 동안 소비되는 비율을 조사하여 해당 부동산시장의 추세를 파악하는 것이다.

② 시장분석은 특정부동산에 관련된 시장의 수요와 공급상황을 분석하는 것이다.

③ 시장성분석은 부동산이 현재나 미래의 시장상황에서 매매 또는 임대될 수 있는 가능성을 조사하는 것이다.

④ 예비적 타당성분석은 개발사업으로 예상되는 수입과 비용을 개략적으로 계산하여 수익성을 검토하는 것이다.

⑤ 인근지역분석은 부동산개발에 영향을 미치는 환경요소의 현황과 전망을 분석하는 것이다.

14. 임대주택제도 및 정책에 관한 설명으로 **틀린** 것은? (단, 다른 조건은 동일함)

① 정부가 임대주택공급을 증가시켰을 때 임차수요의 임대료탄력성이 클수록 임대료의 하락 효과가 작아질 수 있다.

② "준공공임대주택"이란 국가, 지방자치단체, 한국토지주택공사 또는 지방공사 외의 임대사업자가 10년 이상 계속하여 임대하는 전용면적 85제곱미터 이하의 임대주택("공공건설임대주택"은 제외한다)을 말한다.

③ "희망주택"의 임대료가 시장임대료보다 낮은 경우 임대료 차액만큼 주거비 보조효과를 볼 수 있다.

④ "장기전세주택"이란 국가, 지방자치단체, 한국토지주택공사 또는 지방공사가 임대할 목적으로 건설 또는 매입하는 주택으로서 30년의 범위에서 전세계약의 방식으로 공급하는 임대주택을 말한다.

⑤ 시장의 균형임대료보다 낮은 임대료 규제는 임대부동산의 공급 축소와 질적 저하를 가져올 수 있다.

08. 균형가격과 균형거래량의 변화

① 공급이 불변이고 수요가 감소하는 경우 새로운 균형가격
은 ~~상승~~ 하락하고 균형거래량은 감소한다.

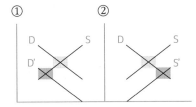

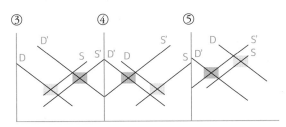

09. 수요의 가격탄력성

= | 수요량 변화율 ÷ 가격 변화율 |

= | - (수요량 변화율) ÷ 4% | = 2

수요량 변화율 = - 8%

10. 부동산관리

① 적극적 관리

　부동산의 ~~법률관리~~ 자산관리(경제적 관리)는 부동산자산
의 포트폴리오 관점에서 자산-부채의 재무적 효율성을 최
적화하는 것이다.

② 소극적 관리

　부동산관리에서 "유지"란 외부적인 관리행위로 부동산의
외형 형태를 ~~변화시키면서~~ 변화시키지 않고 양호한 상태
를 지속시키는 행위다.

④ ~~시설관리~~ 자산관리(부동산관리)는 시장 및 지역경제분석,
경쟁요인 및 수요분석 등이 주요 업무다.

⑤ ~~자산관리~~ 시설관리는 건물의 설비, 기계운영 및 보수, 유
지관리업무에 한한다. 등을 말한다.

11. 부동산조세정책

① 차등과세

　토지이용을 특정 방향으로 유도하기 위해 정부가 토지보
유세를 부과할 때에는 토지용도에 관계없이 ~~따른 동일한~~
상이한 세금을 부과해야 한다.

12. 정부가 부동산시장에 개입할 수 있는 근거

⑤ 개발부담금 부과: 정부의 부동산시장 개입 근거

정부의 부동산시장 개입 수단·유형

　　1. 보유권 제한

　　2. 이용권·개발권 제한

　　3. 수익권 제한: 조세, 부담금

　　4. 처분권 제한

13. 부동산개발 분석

① ~~민감도분석~~ 흡수율분석은 시장에 공급된 부동산이 시장
에서 일정기간 동안 소비되는 비율을 조사하여 해당 부동
산시장의 추세를 파악하는 것이다.

　민감도분석은 분석 모형의 투입 요소 변화에 따른 분석
목적인 결과값의 변화의 정도를 파악하는 것이다.

14. 임대주택제도 및 정책

① 임대주택 임차수요의 임대료탄력성이 크다.

　　→ 임대주택 수요자의 대안이 많다.

　　→ 임대주택 공급량 증가시 임대료 하락 효과가 크지 않다.

④ "장기전세주택"이란 국가, 지방자치단체, 한국토지주택공
사 또는 지방공사가 임대할 목적으로 건설 또는 매입하는
주택으로서 ~~30년~~ 20년의 범위에서 전세계약의 방식으로
공급하는 임대주택을 말한다.

　"국민임대주택"이란 국가 또는 지방자치단체의 재정이나
「주택도시기금법」에 따른 주택도시기금의 자금을 지원받
아 저소득 서민의 주거 안정을 위하여 장기간(30년 이상)
임대를 목적으로 공급하는 공공임대주택을 말한다.

15. 부동산투자의 위험과 수익에 관한 설명으로 틀린 것은?
① 부동산은 인플레이션 상황에서 화폐가치 하락에 대한 방어수단으로 이용될 수 있다.
② 체계적 위험은 지역별 또는 용도별로 다양하게 포트폴리오를 구성하면 피할 수 있다.
③ 위험조정할인율은 장래 기대되는 수익을 현재가치로 환원할 때 위험에 따라 조정된 할인율이다.
④ 투자자의 요구수익률은 체계적 위험이 증대됨에 따라 상승한다.
⑤ 효율적 프론티어(Efficient Frontier)는 동일한 위험에서 최고의 수익률을 나타내는 투자대안을 연결한 선이다.

16. 부동산관리에 관한 설명으로 틀린 것은?
① 위탁관리방식은 건물관리의 전문성을 통하여 노후화의 최소화 및 효율적 관리가 가능하여 대형건물의 관리에 유용하다.
② 토지의 경계를 확인하기 위한 경계측량을 실시하는 등의 관리는 기술적 측면의 관리에 속한다.
③ 부동산관리는 법·제도·경영·경제·기술적인 측면이 있어, 설비 등의 기계적인 측면과 경제·경영을 포함한 종합적인 접근이 요구된다.
④ 자치관리방식은 관리요원이 관리사무에 안일해지기 쉽고, 관리의 전문성이 결여될 수 있는 단점이 있다.
⑤ 혼합관리방식은 필요한 부분만 선별하여 위탁하기 때문에 관리의 책임소재가 분명해지는 장점이 있다.

17. PF(Project Financing)방식에 의한 부동산개발사업시 금융기관이 위험을 줄이기 위해 취할 수 있는 조치가 아닌 것은? (단, 다른 조건은 동일함)
① 위탁관리계좌(Escrow Account)의 운영
② 시공사에 책임준공 의무부담
③ 대출금 보증에 대한 시공사의 신용보강 요구
④ 시행사·시공사에 추가출자 요구
⑤ 시행사 개발이익의 선지급

18. 자산비중 및 경제상황별 예상수익률이 다음과 같을 때 전체 구성자산의 기대수익률은? (단, 확률은 호황 40%, 불황 60%임)

구분	자산비중	경제상황별 예상수익률	
		호황	불황
상가	20%	20%	10%
오피스텔	30%	25%	10%
아파트	50%	10%	8%

① 11.5% ② 12.0% ③ 12.5% ④ 13.0% ⑤ 13.5%

19. 다음의 ( )에 들어갈 이론 및 법칙으로 옳게 연결된 것은?

○ (ㄱ) - 두 개 도시의 상거래흡인력은 두 도시의 인구에 비례하고, 두 도시의 분기점으로부터 거리의 제곱에 반비례함
○ (ㄴ) - 도시 내부 기능지역이 침입, 경쟁, 천이과정을 거쳐 중심업무지구, 점이지대, 주거지역 등으로 분화함
○ (ㄷ) - 도시공간구조가 교통망을 따라 확장되어 부채꼴 모양으로 성장하고, 교통축에의 접근성이 지가에 영향을 주며 형성됨
○ (ㄹ) - 도시공간구조는 하나의 중심이 아니라 몇 개의 분리된 중심이 점진적으로 성장되면서 전체적인 도시가 형성됨

① ㄱ:선형이론, ㄴ:소매인력법칙, ㄷ:동심원이론, ㄹ:다핵심이론
② ㄱ:동심원이론, ㄴ:다핵심이론, ㄷ:선형이론, ㄹ:소매인력법칙
③ ㄱ:다핵심이론, ㄴ:선형이론, ㄷ:소매인력법칙, ㄹ:동심원이론
④ ㄱ:소매인력법칙, ㄴ:다핵심이론, ㄷ:선형이론, ㄹ:동심원이론
⑤ ㄱ:소매인력법칙, ㄴ:동심원이론, ㄷ:선형이론, ㄹ:다핵심이론

20. A와 B부동산시장의 함수조건 하에서 가격변화에 따른 동태적 장기 조정과정을 설명한 거미집이론(Cob-web theory)에 의한 모형형태는? (단, P는 가격, Q_d는 수요량, Q_s는 수공급량이고 가격변화에 수요는 즉각적인 반응을 보이지만 공급은 시간적인 차이를 두고 반응하며, 다른 조건은 동일함)

○ A부동산시장: $2P = 500 - Q_d, 3P = 300 + 4Q_s$
○ B부동산시장: $P = 400 - 2Q_d, 2P = 100 + 4Q_s$

① A: 수렴형, B: 발산형　　② A: 발산형, B: 순환형
③ A: 순환형, B: 발산형　　④ A: 수렴형, B: 순환형
⑤ A: 발산형, B: 수렴형

21. 부동산경기변동에 관한 설명으로 틀린 것은?
① 부동산경기도 일반경기와 마찬가지로 회복국면, 상향국면, 후퇴국면, 하향국면 등의 순환적 경기변동을 나타낸다.
② 하향국면은 매수자가 중시되고, 과거의 거래사례가격은 새로운 거래가격의 상한이 되는 경향이 있다.
③ 상향국면은 매도자가 중시되고, 과거의 거래사례가격은 새로운 거래가격의 하한이 되는 경향이 있다.
④ 회복국면은 매도자가 중시되고, 과거의 거래사례가격은 새로운 거래의 기준가격이 되거나 하한이 되는 경향이 있다.
⑤ 후퇴국면은 매수자가 중시되고, 과거의 거래사례가격은 새로운 거래의 기준가격이 되거나 하한이 되는 경향이 있다.

15. 부동산투자의 위험과 수익

② 체계적(systematic risk) 위험은 지역별 또는 용도별로 다양하게 포트폴리오를 구성하면 구성하더라도 피할 수 있다. 없다.

포트폴리오를 다양하게 구성하면 분산투자 효과(diversification effect)로 비체계적 위험(unsystematic risk)을 최소화할 수 있다.

16. 부동산관리

위탁관리방식

장점: 전문성·효율성 제고

단점: 기밀유지·보안관리 취약

자가관리방식(자치관리방식)

장점: 기밀유지·보안관리, 신속

단점: 매너리즘, 전문성 결여

혼합관리방식

장점: 장점 채택

단점: 책임소재 불명

⑤ 혼합관리방식은 필요한 부분만 선별하여 위탁하기 때문에 관리의 책임소재가 분명해지는 장점 불분명해지는 단점이 있다.

17. Project Financing

① 위탁관리계좌(Escrow Account)의 운영

② 시공사에 책임준공 의무부담

③ 대출금 보증에 대한 시공사의 신용보강 요구

④ 시행사·시공사에 추가출자 요구

⑤ 시행사 개발이익의 선지급

금융기관의 위험을 증가시킨다.

18. 기대수익률

	호황	불황	
상가:	40%×20% + 60%×10% =	14.0%	
오피스텔:	40%×25% + 60%×10% =	16.0%	
아파트:	40%×10% + 60%×8% =	8.8%	
포트폴리오:	20%×14% + 30%×16% + 50%×8.8% = 12%		

19. 입지이론·도시공간구조이론

○ 상업입지이론

(소매인력법칙) 레일리(W. Reilly)

두 개 도시의 상거래흡인력은 두 도시의 인구에 비례하고, 두 도시의 분기점으로부터 거리의 제곱에 반비례함

○ 도시공간구조이론

(동심원이론) 버제스(E. Burgess)

도시 내부 기능지역이 침입, 경쟁, 천이과정을 거쳐 중심업무지구, 점이지대(천이지대), 주거지역 등으로 분화함

○ 도시공간구조이론

(선형이론) 호이트(H. Hoyt)

도시공간구조가 교통망을 따라 확장되어 부채꼴(쐐기) 모양으로 성장하고, 교통축에의 접근성이 지가에 영향을 주며 형성됨

○ 도시공간구조이론

(다핵(심)이론) 해리스(C. Harris)와 울만(E. Ullman)

도시공간구조는 하나의 중심이 아니라 몇 개의 분리된 중심이 점진적으로 성장되면서 전체적인 도시가 형성됨

20. 거미집이론(Cob-web theory)

α: | 수요곡선 기울기 |

β: | 공급곡선 기울기 |

α < β → 수렴형

(수요의 가격탄력성 > 공급의 가격탄력성)

α > β → 발산형

(수요의 가격탄력성 < 공급의 가격탄력성)

α = β → 순환형

(수요의 가격탄력성 = 공급의 가격탄력성)

A부동산시장: α(= 1/2) < β(= 4/3) → 수렴형

$P = -1/2Q_d + 250$, $P = 4/3Q_s - 100$

B부동산시장: α(= 2) = β(= 2) → 순환형

$P = -2Q_d + 400$, $P = 2Q_s + 50$

21. 부동산 경기변동

⑤ 후퇴국면은 (가격하락이 시작되고 거래량이 준다) 매수자가 중시되고, 과거의 거래사례가격은 새로운 거래의 기준가격이 되거나 하한 상한이 되는 경향이 있다.

22. 1년 후 신역사가 들어선다는 정보가 있다. 이 정보의 현재 가치는? (단, 제시된 가격은 개발정보의 실현여부에 의해 발생하는 가격차이만을 반영하고, 주어진 조건에 한함)

○ 역세권 인근에 일단의 토지가 있다.
○ 역세권개발계획에 따라 1년 후 신역사가 들어설 가능성은 40%로 알려져 있다.
○ 이 토지의 1년 후 예상가격은 신역사가 들어서는 경우 8억 8천만원, 들어서지 않는 경우 6억 6천만원이다.
○ 투자자의 요구수익률은 연 10%다.

① 1억원   ② 1억 1천만원   ③ 1억 2천만원
④ 1억 3천만원   ⑤ 1억 4천만원

23. 부동산투자분석의 현금흐름 계산에서 유효총소득(Effective Gross Income)을 산정할 경우, 다음 중 필요한 항목은 모두 몇 개인가?

○ 임대료수입   ○ 영업소득세
○ 이자상환액   ○ 영업외 수입
○ 영업경비   ○ 감가상각비

① 1개   ② 2개   ③ 3개   ④ 4개   ⑤ 5개

24. 부동산시장 및 부동산금융에 관한 설명으로 틀린 것은? (단, 다른 조건은 동일함)
① 부동산시장은 부동산권리의 교환, 가격결정, 경쟁적 이용에 따른 공간배분 등의 역할을 수행한다.
② 주택시장이 침체하여 주택거래가 부진하면 수요자 금융을 확대하여 주택수요를 증가시킴으로써 주택경기를 활성화 시킬 수 있다.
③ 다른 대출조건이 동일한 경우, 통상적으로 고정금리 주택저당대출의 금리는 변동금리 주택저당대출의 금리보다 높다.
④ 주택저당대출의 기준인 담보인정비율(LTV)과 차주상환능력(DTI)이 변경되면 주택수요가 변화될 수 있다.
⑤ 주택금융시장은 금융기관이 수취한 예금 등으로 주택담보대출을 제공하는 주택자금공급시장, 투자자로부터 자금을 조달하여 주택자금 대출기관에 공급해 주는 주택자금대출시장, 신용보강이 일어나는 신용보증시장 및 기타의 간접투자시장으로 구분할 수 있다.

25. 부동산마케팅전략에 관한 설명으로 틀린 것은?
① 마케팅믹스의 가격관리에서 시가정책은 위치, 방위, 층, 지역 등에 따라 다른 가격으로 판매하는 정책이다.
② 시장세분화는 상품계획이나 광고 등 여러 판매촉진활동을 전개하기 위해 소비자를 몇 개의 다른 군집으로 나눈 후에 특정군집을 표적시장으로 선정하는 것이다.
③ 부동산마케팅믹스 전략은 4P(Place, Product, Price, Promotion)를 구성요소로 한다.
④ 마케팅믹스는 기업이 표적시장에 도달하기 위해 이용하는 마케팅요소의 조합이다.
⑤ 마케팅믹스에서 촉진관리는 판매유인과 직접적인 인적판매 등이 있으며, 이러한 요소를 혼합하여 전략을 구사하는 것이 바람직하다.

26. 부동산금융에 관한 설명으로 틀린 것은?
① 자기관리 부동산투자회사란 다수투자자의 자금을 받아 기업이 구조조정을 위해 매각하는 부동산을 매입하고, 개발·관리·운영하여 수익을 분배하는 뮤추얼펀드(Mutual Fund)로서 서류상으로 존재하는 명목회사(Paper Company)다.
② 주택연금이란 주택을 금융기관에 담보로 맡기고, 금융기관으로부터 연금과 같이 매월 노후생활자금을 받는 제도다.
③ 코픽스(Cost of Funds Index)는 은행자금조달비용을 반영한 대출금리로 이전의 CD 금리가 은행의 자금조달비용을 제대로 반영하지 못한다는 지적에 따라 도입되었다.
④ 고정금리 주택담보대출은 차입자가 대출기간 동안 지불해야 하는 이자율이 동일한 형태로 시장금리의 변동에 관계없이 대출시 확정된 이자율이 만기까지 계속 적용된다.
⑤ 변동금리 주택담보대출은 이자율 변동으로 인한 위험을 차입자에게 전가하는 방식으로 금융기관의 이자율 변동위험을 줄일 수 있는 장점이 있다.

27. 부동산투자에 따른 1년간 자기자본수익률은? (단, 주어진 조건에 한함)

○ 투자 부동산가격: 3억원
○ 금융기관 대출: 2억원, 자기자본: 1억원
○ 대출조건
  - 대출기간: 1년
  - 대출이자율: 연6%
  - 대출기간 만료시 이자지급과 원금은 일시상환
○ 1년간 순영업이익(NOI): 2천만원
○ 1년간 부동산가격 상승률: 0%

① 8%   ② 9%   ③ 10%   ④ 11%   ⑤ 12%

22. 정보의 가치

　　방법1(공식): (大 - 小) ÷ (1 + r) × (1 - P(확률))

　　　　= (8억 8,000만원 - 6억 6,000만원) ÷ 1.1 × 0.6

　　　　= 1억 2,000만원

　　방법2(사고): 확실한 현재가치 - 불확실한 현재가치

　　　　= 8억원 - 6억 8,000만원 = 1억 2,000만원

　　　　확실성 하의 현재가치

　　　　　　　　　　　　= 8억 8천만원 ÷ 1.1 = 8억원

　　　　불확실성 하의 현재가치 = 6억 8,000만원

　　　　　- 개발○(확률 40%):

　　　　　　8억 8,000만원 - 현재가치→8억원

　　　　　　　　　　　　　× 40% = 3억 2,000만원

　　　　　- 개발×(확률 60%):

　　　　　　6억 6,000만원 - 현재가치→6억원

　　　　　　　　　　　　　× 60% = 3억 6,000만원

23. 유효총소득(EGI; Effective Gross Income)

　　　　　　단위당 예상 임대료

　　×　　　임대단위 수
　　　　　―――――――――――――
　　　　　가능총소득(PGI; Possible Gross Income)

　　-　　　공실및대손손실상당액

　　+　　　기타소득(영업외수입)
　　　　　―――――――――――――
　　　　　유효총소득(EGI)

　　-　　　영업경비
　　　　　―――――――――――――
　　　　　순영업소득(NOI; Net Operating Income)

　　-　　　부채상환액
　　　　　―――――――――――――
　　　　　세전현금흐름

　　-　　　영업소득세
　　　　　―――――――――――――
　　　　　세후현금흐름

24. 부동산시장 및 부동산금융

⑤ 주택금융시장은 금융기관이 수취한 예금 등으로 주택담보대출을 제공하는 주택자금공급시장 <u>주택자금대출시장</u> <u>(1차 저당시장)</u>, 투자자로부터 자금을 조달하여 주택자금대출기관에 공급해 주는 주택자금대출시장 <u>주택자금공급시장(2차 저당시장)</u>, 신용보강이 일어나는 신용보증시장 및 기타의 간접투자시장으로 구분할 수 있다.

25. 부동산마케팅전략

　　복수(①, ②) 정답 처리

① 마케팅믹스의 가격관리에서 시가정책 <u>가격차별화정책 또는 신축가격정책</u>은 위치, 방위, 층, 지역 등에 따라 다른 가격으로 판매하는 정책이다.

　　시가정책은 경쟁자와 동일하게 가격을 책정하는 가격정책이다.

② 시장세분화는 <u>표적시장 선정 전략</u>(targeting)은 상품계획이나 광고 등 여러 판매촉진활동을 전개하기 위해 소비자를 몇 개의 다른 군집으로 나눈 후에 특정군집을 표적시장으로 선정하는 것이다.

　　시장세분화(market segmentation)란 마케팅활동을 수행하기 위하여 구매자의 집단을 세분하는 것이다.

26. 부동산금융

　　복수(①, ③) 정답 처리

① 자기관리 <u>구조조정</u> 부동산투자회사란 다수투자자의 자금을 받아 기업이 구조조정을 위해 매각하는 부동산을 매입하고, 개발·관리·운영하여 수익을 분배하는 뮤추얼펀드(Mutual Fund)로서 서류상으로 존재하는 명목회사(Paper Company)다.

③ 코픽스(Cost of Funds Index)는 은행자금조달비용을 반영한 대출금리의 기준이 되는 금리(기준금리)로 이전의 CD금리가 은행의 자금조달비용을 제대로 반영하지 못한다는 지적에 따라 도입되었다.

　　(5대 대표은행 모든 수신 상품 가중평균금리)

27. 자기자본수익률

　　= 순수익 ÷ 자기자본

　　　순수익 = 총수익(영업이익 + 자본이익) - 총비용

　　　　　　= 2,000만원 - (2억원 × 6%) = 8백만원

　　= 8백만원 ÷ 1억원 = 8%

28. 담보인정비율(LTV)과 차주상환능력(DTI)이 상향 조정되었다. 이 경우 A가 기존 주택담보대출금액을 고려한 상태에서 추가로 대출가능한 최대금액은? (단, 금융기관의 대출승인 기준은 다음과 같고, 다른 조건은 동일함)

- 담보인정비율(LTV): 60% → 70%로 상향
- 차주상환능력(DTI): 50% → 60%로 상향
- A소유주택의 담보평가가격: 3억원
- A소유주택의 기존 주택담보대출금액: 1.5억원
- A의 연간소득: 3천만원
- 연간 저당상수: 0.1
- ※ 담보인정비율(LTV)과 차주상환능력(DTI)은 모두 충족시켜야 함

① 2천만원　　② 3천만원　　③ 4천만원
④ 5천만원　　⑤ 6천만원

29. C도시 인근에 A와 B 두 개의 할인점이 있다. 허프(D. L. Huff)의 상권분석모형을 적용할 경우, B할인점의 이용객 수는? (단, 거리에 대한 소비자의 거리마찰계수 값은 2이고, 도시인구의 60%가 할인점을 이용함)

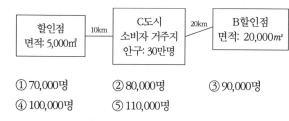

① 70,000명　　② 80,000명　　③ 90,000명
④ 100,000명　　⑤ 110,000명

30. 어느 회사의 1년 동안의 운영수지다. 세후현금수지는? (단, 주어진 조건에 한함)

- 가능총소득: 4,800만원
- 공실: 가능총소득의 5%
- 영업소득세율: 연 20%
- 원금상환액: 200만원
- 이자비용: 800만원
- 영업경비: 240만원
- 감가상각비: 200만원

① 2,496만원　　② 2,656만원　　③ 2,696만원
④ 2,856만원　　⑤ 2,896만원

31. 부동산투자회사에 관한 설명으로 옳은 것은?
① 위탁관리 부동산투자회사는 본점 외의 지점을 설치할 수 있으며, 직원을 고용하거나 상근 임원을 고용할 수 있다.
② 기업구조조정 부동산투자회사는 상법상의 실체회사인 주식회사로 자산운용 전문인력을 두고 자산의 투자 운용을 직접 수행하여 그 수익금을 주식으로 배분하는 회사를 말한다.
③ 자기관리 부동산투자회사는 자산운용 전문인력을 포함한 임직원을 상근으로 두고 자산의 투자·운용을 직접 수행하는 회사를 말한다.
④ 기업구조조정 부동산투자회사의 설립 자본금은 10억원 이상으로, 자기관리 부동산투자회사의 설립 자본금은 5억원 이상으로 한다.
⑤ 위탁관리 부동산투자회사의 경우 주주 1인과 그 특별관계자는 발행주식 총수의 20%를 초과하여 소유하지 못한다.

32. 주택금융에 관한 설명으로 틀린 것은? (단, 다른 조건은 동일함)
① 주택금융은 주택자금조성, 자가주택공급확대, 주거안정 등의 기능이 있다.
② 주택소비금융은 주택을 구입하려는 사람이 주택을 담보로 제공하고 자금을 제공받는 형태의 금융을 의미한다.
③ 담보인정비율(LTV)은 주택의 담보가치를 중심으로 대출규모를 결정하는 기준이고, 차주상환능력(DTI)은 차입자의 소득을 중심으로 대출규모를 결정하는 기준이다.
④ 제2차 저당대출시장은 저당대출을 원하는 수요자와 저당대출을 제공하는 금융기관으로 형성되는 시장을 말하며, 주택담보대출시장이 여기에 해당한다.
⑤ 원리금균등분할상환방식은 원금균등분할상환방식에 비해 대출직후에는 원리금의 상환액이 적다.

33. 수익성지수(Profit Index)법에 의한 부동산사업의 투자분석으로 틀린 것은? (단, 사업기간은 모두 1년, 할인율은 연 10%이며 주어진 조건에 한함)

사업	현금지출(2013.1.1)	현금유입(2013.12.31)
A	100만원	121만원
B	120만원	130만원
C	150만원	180만원
D	170만원	200만원

① A사업은 B사업의 수익성지수보다 크다.
② C사업은 D사업의 수익성지수보다 크다.
③ A사업에만 투자하는 경우는 A와 B사업에 투자하는 경우보다 수익성지수가 더 크다.
④ D사업에만 투자하는 경우는 C와 D사업에 투자하는 경우보다 수익성지수가 더 크다.
⑤ 수익성지수가 가장 작은 사업은 B이다.

28. LTV · DTI

LTV = 70%

　대출가능금액: 담보평가액 × LTV

　　　　　= 3억원 × 0.7 = 2억 1천만원

DTI = 60%

　방법1(공식)

　　- 대출가능금액: (연소득 × DTI) ÷ 저당상수

　　　　　　= (3천만원 × 0.6) ÷ 0.1 = 1억 8천만원

　방법2(사고)

　　- DTI = 연원리금상환액 ÷ 연소득

　　0.6 = (대출금액 × 저당상수) ÷ 3천만원

　　0.6 = (대출금액 × 0.1) ÷ 3천만원

　　대출(가능)금액 = 1억 8천만원

　추가대출가능금액 = Min(LTV, DTI) - 기존대출금액

　　　　　= 1억 8천만원 - 1억 5천만원 = 3천만원

29. 허프(D. L. Huff)의 상권분석모형(확률모형)

　할인점 B의 시장점유율

　　- 할인점 A의 유인력: 5,000 ÷ 10^2 = 50

　　- 할인점 B의 유인력: 20,000 ÷ 20^2 = 50

　　- 할인점 A의 시장점유율: 50 ÷ (50 + 50) = 0.5

　할인점 B의 이용객

　　- 총이용객: 300,000명 × 60% = 180,000명

　　- 할인점 B의 이용객: 180,000명 × 0.5 = 90,000명

30. 세후현금수지

가능총소득	4,800만원
- 공실및불량부채	240만원
+ 기타소득(영업외소득)	
유효총소득	4,560만원
- 영업경비	240만원
순영업소득	4,320만원
- 부채상환액	1,000만원
세전현금수지	3,320만원
- 영업소득세	664만원
세후현금수지	2,656만원

31. 부동산투자회사

① 위탁관리 부동산투자회사는 본점 외의 지점을 설치할 수 있으며 없으며, 직원을 고용하거나 상근 임원을 고용할 수 있다. 없다.

② 기업구조조정 부동산투자회사(CR REITs; Corporate Restructuring Real Estate Investment Trusts)는 다수의 투자자로부터 자금을 모집하여 기업의 구조조정용 부동산에 투자하고 그 수익을 투자자들에게 배당의 형태로 배분하는 회사형 부동산 펀드를 의미한다. 외환위기 이후 부실기업의 구조조정 및 부동산시장의 활성화 대책을 위해 2001년 4월 도입되었다.

용이한 회사설립·청산을 위하여 명목회사(paper company) 형태로 도입되었으며, 이에 따라 상근 임직원과 지점이 없고 자산운용업무는 자산관리회사(AMC; Asset Management Company)에, 주식판매업무는 판매회사에, 일반적인 사무업무는 사무수탁회사에, 자산의 보관업무는 자산보관회사에 위탁한다.

④ 기업구조조정 부동산투자회사(·위탁관리 부동산투자회사)의 설립 자본금은 10억원 5억원(2016년 3억원으로 변경) 이상으로, 자기관리 부동산투자회사의 설립 자본금은 5억원 10억원(2016년 5억원으로 변경) 이상으로 한다.

⑤ 위탁관리 부동산투자회사의 경우 주주 1인과 그 특별관계자는 발행주식 총수의 20% 50%를 초과하여 소유하지 못한다.

32. 주택금융

④ 제2차 제1차 저당대출시장은 저당대출을 원하는 수요자와 저당대출을 제공하는 금융기관으로 형성되는 시장을 말하며, 주택담보대출시장이 여기에 해당한다.

⑤ 상환 첫 회의 원리금 상환액

원리금균등상환 방식 원금 < 원금균등상환 방식 원금

원리금균등상환 방식 이자 = 원금균등상환 방식 이자

∴ 원리금균등상환 방식 < 원금균등상환 방식

33. 수익성지수(Profit Index)

PI(A)　= (121만원 ÷ 1.1) ÷ 100만원　　= 1.10

PI(B)　= (130만원 ÷ 1.1) ÷ 120만원　　= 0.98

PI(C)　= (180만원 ÷ 1.1) ÷ 150만원　　= 1.09

PI(D)　= (200만원 ÷ 1.1) ÷ 170만원　　= 1.07

PI(A+B) = [(121+130) ÷ 1.1] ÷ (100+120)　= 1.04

PI(C+D) = [(180+200) ÷ 1.1] ÷ (150+170)　= 1.08

④ D사업에만 투자하는 경우(PI = 1.07)는 C와 D사업에 투자하는 경우(PI = 1.08)보다 수익성지수가 더 크다. 작다.

34. 단독주택가격의 공시에 관한 설명으로 옳은 것은?
① 국토교통부장관은 용도지역, 건물구조 등이 일반적으로 유사하다고 인정되는 일단의 단독주택 중에서 선정한 표준주택에 대하여 매년 공시기준일 현재의 적정가격을 조사·평가하고, 시·군·구부동산평가위원회의 심의를 거쳐 이를 공시하여야 한다.
② 표준주택가격의 공시사항은 내용년수, 지세, 지목, 지리적 위치, 도로, 교통상황이다.
③ 표준주택으로 선정된 주택에 대하여는 당해 표준주택가격을 개별주택가격으로 본다.
④ 국토교통부장관은 공시기준일 이후에 토지의 분할·합병이나 건물의 신축 등이 발생한 경우에는 대통령령이 정하는 날을 기준으로 하여 개별주택가격을 결정·공시하여야 한다.
⑤ 표준주택은 최근 1년 동안 주택가격의 평균변동률이 2퍼센트 이상인 시·군 또는 구의 주택을 말한다.

35. 부동산 가격공시 및 감정평가에 관한 법령상 표준지공시지가를 적용하는 경우가 아닌 것은?
① 공공용지의 매수 및 토지의 수용·사용에 대한 보상
② 국유·공유 토지의 취득 또는 처분
③ 농어촌정비법에 따른 농업생산기반 정비사업을 위한 환지 체비지의 매각 또는 환지신청
④ 국가·지방자치단체 등의 기관이 그 업무와 관련한 개별주택가격의 산정
⑤ 토지의 관리·매입·매각·경매·재평가

36. 부동산 가격공시 및 감정평가에 관한 법률상 용어정의로 틀린 것은?
① "감정평가"라 함은 토지등의 경제적 가치를 판정하여 그 결과를 가액으로 표시하는 것을 말한다.
② "표준지공시지가"라 함은 국토교통부장관이 조사·평가하여 공시한 표준지의 단위면적당 가격을 말한다.
③ 공동주택 중 "아파트"라 함은 주택으로 쓰이는 층수가 5개 층 이상인 주택을 말한다.
④ "감정평가업"이라 함은 타인의 의뢰에 의하여 일정한 보수를 받고 토지등의 감정평가를 업으로 행하는 것을 말한다.
⑤ "적정가격"이라 함은 정부가 정책적 목적을 달성하기 위해서 당해 토지 및 주택에 대해 결정·고시한 가격을 말한다.

37. 원가법에 의한 대상물건 기준시점의 감가수정액은?

○ 준공시점: 2009년 6월 30일
○ 기준시점: 2014년 6월 30일
○ 기준시점 재조달원가: 200,000,000원
○ 경제적 내용년수: 50년
○ 감가수정은 정액법에 의하고 내용년수 만료시 잔존가치율은 10%

① 17,000,000원 ② 18,000,000원 ③ 19,000,000원
④ 20,000,000원 ⑤ 21,000,000원

38. 감정평가업자가 감정평가에 관한 규칙에 의거하여 공시지가기준법으로 토지를 감정평가하는 경우 필요 항목을 순서대로 나열한 것은?

ㄱ. 비교표준지 선정   ㄴ. 감가수정
ㄷ. 감가상각   ㄹ. 사정보정
ㅁ. 시점수정   ㅂ. 지역요인 비교
ㅅ. 개별요인 비교   ㅇ. 면적요인 비교
ㅈ. 그 밖의 요인보정

① ㄱ-ㄴ-ㅂ-ㅅ-ㅈ ② ㄱ-ㄷ-ㅂ-ㅅ-ㅈ ③ ㄱ-ㄹ-ㅁ-ㅂ-ㅅ
④ ㄱ-ㄹ-ㅅ-ㅇ-ㅈ ⑤ ㄱ-ㅁ-ㅂ-ㅅ-ㅈ

39. 다음 건물의 ㎡당 재조달원가는? (단, 주어진 조건에 한함)

○ 20년 전 준공된 5층 건물
(대지면적 500㎡, 연면적 1,450㎡)
○ 준공당시의 공사비내역
직접공사비: 300,000,000원
간접공사비: 30,000,000원
공사비계: 330,000,000원
개발업자의 이윤: 70,000,000원
총계: 400,000,000원
○ 20년 전 건축비지수: 100, 기준시점 건축비지수: 145

① 250,000원 ② 300,000원 ③ 350,000원
④ 400,000원 ⑤ 450,000원

40. 감정평가업자가 대상물건의 감정평가시 적용해야 할 주된 감정평가방법으로 틀린 것은?
① 건물 - 거래사례비교법
② 과수원 - 거래사례비교법
③ 자동차 - 거래사례비교법
④ 항공기 - 원가법
⑤ 동산(動産) - 거래사례비교법

34. 단독주택가격의 공시

① 표준주택가격

국토교통부장관은 용도지역, 건물구조 등이 일반적으로 유사하다고 인정되는 일단의 단독주택 중에서 선정한 표준주택에 대하여 매년 공시기준일 현재의 적정가격을 조사·평가하고 시·군·구부동산평가위원회 중앙부동산가격공시위원회의 심의를 거쳐 이를 (1월 말) 공시하여야 한다.

② 표준주택가격의 공시사항은 내용년수, 지세, 지목, 지리적 위치, 도로, 교통상황이다. 표준주택의 지번, 표준주택가격, 표준주택의 대지면적 및 형상, 표준주택의 용도·연면적·구조 및 사용승인일(임시사용승인일 포함), 그 밖에 대통령령이 정하는 사항 등이다.

④ 국토교통부장관 시장·군수·구청장은 공시기준일 이후에 토지의 분할·합병이나 건물의 신축 등이 발생한 경우에는 대통령령이 정하는 날을 기준으로 하여 개별주택가격을 결정·공시하여야 한다.

⑤ 표준주택은 최근 1년 동안 주택가격의 평균변동률이 2퍼센트 이상 1퍼센트 미만인 시·군 또는 구의 주택을 말한다.

35. 표준지공시지가: 평가 보상 기준

① 공공용지의 매수 및 토지의 수용·사용에 대한 보상

② 국유·공유 토지의 취득 또는 처분

③ (농어촌정비법에 따른 농업생산기반 정비사업을 위한) 환지·체비지의 매각 또는 환지신청

④ 국가·지방자치단체 등의 기관이 그 업무와 관련한 개별주택가격의 산정의 기준: 표준주택가격

⑤ 토지의 관리·매입·매각·경매·재평가

⑥ 「국토의 계획 및 이용에 관한 법률」 또는 그 밖의 법령에 따라 조성된 용지 등의 공급 또는 분양

36. 부동산 가격공시 및 감정평가에 관한 법률

⑤ "적정가격"(≒ "시장가격")이라 함은 정부가 정책적 목적을 달성하기 위해서 당해 토지 및 주택에 대해 결정 고시한 가격을 말한다. 토지, 주택 및 비거주용 부동산에 대하여 통상적인 시장에서 정상적인 거래가 이루어지는 경우 성립될 가능성이 가장 높다고 인정되는 가격을 말한다.

37. 원가법

$$\text{매년 감가상각액} = (\text{2억원} - \text{2,000만원}) \div \text{50년}$$
$$= \text{360만원}$$

감가상각누계액(감가수정액)
$$= \text{360만원} \times \text{5년} = \text{1,800만원}$$

적산가액 = 2억원 - 1,800만원 = 1억 8,200만원

38. 공시지가기준법: 사정보정

ㄱ. 비교표준지 선정
→ ㅁ. 시점수정
→ ㅂ. 지역요인 비교
→ ㅅ. 개별요인 비교
→ ㅈ. 그 밖의 요인 보정

39. 재조달원가

시점수정: 400,000,000원 × 145/100 = 580,000,000원
면적조정: 580,000,000원 ÷ 1,450 = 400,000원

40. 감정평가방법

토지: 공시지가기준법
토지·건물 일괄 평가: 거래사례비교법
공장재단·광업재단·무형자산·영업권: 수익환원법

① 건물 - 거래사례비교법 원가법
④ 항공기, 건설기계 등 상각자산 - 원가법

41. 甲이 乙을 기망하여 건물을 매도하는 계약을 乙과 체결하였다. 법정추인사유에 해당하는 경우는?
① 甲이 乙에게 매매대금의 지급을 청구한 경우
② 甲이 乙에 대한 대금채권을 丙에게 양도한 경우
③ 甲이 이전등기에 필요한 서류를 乙에게 제공한 경우
④ 기망상태에서 벗어난 乙이 이의 없이 매매대금을 지급한 경우
⑤ 乙이 매매계약의 취소를 통해 취득하게 될 계약금 반환청구권을 丁에게 양도한 경우

42. 불공정한 법률행위에 관한 설명으로 틀린 것은? (다툼이 있으면 판례에 의함)
① 궁박은 심리적 원인에 의한 것을 포함한다.
② 불공정한 법률행위에 관한 규정은 부담 없는 증여의 경우에도 적용된다.
③ 불공정한 법률행위에도 무효행위 전환의 법리가 적용될 수 있다.
④ 대리인에 의한 법률행위에서 무경험은 대리인을 기준으로 판단한다.
⑤ 경매절차에서 매각대금이 시가보다 현저히 저렴하더라도 불공정한 법률행위를 이유로 그 무효를 주장할 수 없다.

43. 甲이 자신의 부동산을 乙에게 매도하였는데, 그 사실을 잘 아는 丙이 甲의 배임행위에 적극가담하여 그 부동산을 매수하여 소유권이전등기를 받은 경우에 관한 설명으로 틀린 것은? (다툼이 있으면 판례에 의함)
① 甲·丙 사이의 매매계약은 무효이다.
② 乙은 丙에게 소유권이전등기를 청구할 수 없다.
③ 乙은 甲을 대위하여 丙에게 소유권이전등기의 말소를 청구할 수 있다.
④ 丙으로부터 그 부동산을 전득한 丁이 선의이면 소유권을 취득한다.
⑤ 乙은 甲·丙 사이의 매매계약에 대하여 채권자취소권을 행사할 수 없다.

44. 비진의표시에 관한 설명으로 틀린 것은? (다툼이 있으면 판례에 의함)
① 대출절차상 편의를 위하여 명의를 빌려준 자가 채무부담의 의사를 가졌더라도 그 의사표시는 비진의표시이다.
② 비진의표시에 관한 규정은 원칙적으로 상대방 있는 단독행위에 적용된다.
③ 매매계약에서 비진의표시는 상대방이 선의이며 과실이 없는 경우에 한하여 유효하다.
④ 사직의사 없는 사기업의 근로자가 사용자의 지시로 어쩔 수 없이 일괄사직서를 제출하는 형태의 의사표시는 비진의표시이다.

⑤ 상대방이 표의자의 진의 아님을 알았다는 것은 무효를 주장하는 자가 증명하여야 한다.

45. 대리에 관한 설명으로 틀린 것은? (다툼이 있으면 판례에 의함)
① 대리인이 파산선고를 받아도 그의 대리권은 소멸하지 않는다.
② 대리인이 수인인 때에는 원칙적으로 각자가 본인을 대리한다.
③ 대리인은 본인의 허락이 있으면 당사자 쌍방을 대리할 수 있다.
④ 대리인의 대리권 남용을 상대방이 알았거나 알 수 있었을 경우, 대리행위는 본인에게 효력이 없다.
⑤ 매매계약을 체결할 대리권을 수여받은 대리인은 특별한 사정이 없는 한 중도금과 잔금을 수령할 권한이 있다.

46. 착오로 인한 의사표시에 관한 설명으로 틀린 것은? (다툼이 있으면 판례에 의함)
① 상대방이 착오자의 진의에 동의하더라도 착오자는 의사표시를 취소할 수 있다.
② 법률에 관한 착오도 법률행위 내용의 중요부분에 관한 착오에 해당될 수 있다.
③ 농지의 상당 부분이 하천임을 사전에 알았다라면 농지매매계약을 체결하지 않았을 것이 명백한 경우, 법률행위 내용의 중요부분의 착오에 해당될 수 있다.
④ 당사자가 합의한 매매목적물의 지번에 관하여 착오를 일으켜 계약서상 목적물의 지번을 잘못 표시한 경우, 그 계약을 취소할 수 없다.
⑤ 토지소유자가 공무원의 법령오해에 따른 설명으로 착오에 빠져 토지를 국가에 증여한 경우, 이를 취소할 수 있다.

47. 반사회적 법률행위로서 무효가 아닌 것은? (다툼이 있으면 판례에 의함)
① 과도하게 중한 위약벌 약정
② 도박자금에 제공할 목적으로 금전을 대여하는 행위
③ 소송에서의 증언을 조건으로 통상 용인되는 수준을 넘는 대가를 받기로 한 약정
④ 공무원의 직무행위에 관하여 부정한 청탁의 대가로 금전을 지급하기로 한 약정
⑤ 부동산에 대한 강제집행을 면할 목적으로 그 부동산에 허위의 근저당권을 설정하는 행위

41. 법정추인

> 민법 제144조(추인의 요건)
> ① 추인은 취소의 원인이 종료한 후에 하지 아니하면 효
>   력이 없다.
> ② 전항의 규정은 법정대리인이 추인하는 경우에는 적용
>   되지 않는다
> 민법 제145조(법정추인) - 묵시적 추인
> 취소할 수 있는 법률행위에 관하여 전조의 규정에 의하
> 여 추인할 수 있는 후에 다음 각 호의 사유가 있으면 추인
> 한 것으로 본다. 그러나 이의를 보류한 때에는 그러하지
> 아니하다.
>   1. 전부나 일부의 이행
>   2. (취소권자의) 이행의 청구
>   3. 경개
>   4. 담보의 제공
>   5. (취소권자의) 취소할 수 있는 행위로 취득한 권리의
>   전부나 일부의 양도
>   6. 강제집행

① ② ③ ≠ 추인, 취소 가능
④ 취소권자(乙)의 이행   = 추인
  상대방 이행 + 취소권자 수령 = 추인
⑤ 乙은 이미 취소권 행사 ∴ 추인 불가

42. 불공정한 법률행위

② 불공정한 법률행위에 관한 규정(민법 제104조)은 부담 없
  는 증여의 경우에도는 적용된다. 적용되지 않는다.
③ 불공정한 법률행위에도 무효행위 전환의 법리(질적 일부
  무효, 전환 = 요건 구비 + 가상적 의사)가 적용될 수 있다.
④ 대리인에 의한 법률행위에서 무경험(·경솔)은 대리인을
  기준으로 판단한다.
  궁박(窮迫)은 본인을 기준으로 판단한다.

43. 반사회질서의 이중매매

① 절대적 무효: 추인, 선의의 제3자 보호
② 乙(제1매수인)은 丙(제2매수인)에게 (甲을 대위하지 않
  고) 직접소유권이전등기를 청구할 수 없다.
④ 丙으로부터 그 부동산을 전득한 丁이은 선의이면 (선악 불
  문) 소유권을 취득한다. 취득하지 못한다.
⑤ 채권자취소권
  언제나 당사자(채권자·수익자·전득자)가 재판상 행사

44. 비진의표시

① 대출절차상 편의를 위하여 명의를 빌려준 자가 채무부담
  의 의사(= 진의)를 가졌더라도 가졌다면 그 의사표시는 비
  진의표시이다. 진의표시이다.

④ 사직의사 없는(비진의) 사기업의 근로자가 사용자의 지시
  로(악의) 어쩔 수 없이 일괄사직서를 제출하는 형태의 의
  사표시는 비진의표시이다.

45. 대리

> 민법 제124조(자기계약, 쌍방대리)
> 대리인은 본인의 허락이 없으면 본인을 위하여 자기와 법
> 률행위를 하거나 동일한 법률행위에 관하여 당사자 쌍방
> 을 대리하지 못한다. 그러나 채무의 이행은 할 수 있다.
> 민법 제127조(대리권의 소멸사유)
> 대리권은 다음 각 호의 사유로 소멸한다.
>   1. 본인의 사망
>   2. 대리인의 사망, 성년후견의 개시 또는 파산
> 민법 제135조(무권대리인의 상대방에 대한 책임)
> ① 타인의 대리인으로 계약을 한 자가 그 대리권을 증명
>   하지 못하고 또 본인의 추인을 얻지 못한 때에는 상대
>   방의 선택에 좇아 계약의 이행 또는 손해배상의 책임
>   이 있다.
>   - 법률의 규정에 의한 선택채권의 발생
> ② 상대방이 대리권 없음을 알았거나 알 수 있었을 때 또
>   는 대리인으로 계약한 자가 행위능력이 없는 때에는
>   전항의 규정을 적용하지 아니한다.

① 대리인이 파산선고를 받아도 받으면 그의 대리권은 소멸
  하지 않는다. 소멸한다.
④ 대리인의 대리권 남용을 상대방이 알았거나 알 수 있었을
  경우(비진의표시 유추 적용), 대리행위는 본인에게 효력
  이 없다(무효).

46. 착오

① 의사주의
  상대방이 착오자의 진의에 동의하더라도면 착오자는 의
  사표시를 취소할 수 있다. 없다.
② 법률에 관한 착오 = 표시된 동기의 착오
③ 성질의 착오(토지의 현황에 관한 착오)
④ '오표시무해(誤標示無害)'의 원칙
⑤ 상대방의 법령 오해 = 유발된 동기의 착오

47. 반사회적 법률행위: 公益을 침해하는 법률행위

  1. 반인륜 2. 부정의 3. 극심한 자유 제한
  4. 생존 기초 재산 처분 5. 사행성 6. 불공정
① 불공정
② 사행성
③④ 부정의
⑤ 부동산에 대한 강제집행을 면할 목적으로 (私益) 그 부동
  산에 허위의 근저당권을 설정하는 행위

48. 사기·강박에 의한 의사표시에 관한 설명으로 <u>틀린</u> 것은? (다툼이 있으면 판례에 의함)
① 사기나 강박에 의한 소송행위는 원칙적으로 취소할 수 없다.
② 대리인의 기망행위로 계약을 체결한 상대방은 본인이 선의이면 계약을 취소할 수 없다.
③ 강박으로 의사결정의 자유가 완전히 박탈되어 법률행위의 외형만 갖춘 의사표시는 무효이다.
④ 교환계약의 당사자 일방이 자기 소유 목적물의 시가를 묵비한 것은 특별한 사정이 없는 한 기망행위가 아니다.
⑤ 제3자의 사기로 계약을 체결한 경우 피해자는 그 계약을 취소하지 않고 그 제3자에게 불법행위책임을 물을 수 있다.

49. 대리권 없는 乙이 甲의 이름으로 甲의 부동산을 丙에게 매도하여 소유권이전등기를 해주었다. 그 후 乙이 甲을 단독상속한 경우에 관한 설명으로 <u>틀린</u> 것은? (다툼이 있으면 판례에 의함)
① 甲·丙 사이의 매매계약은 무효이다.
② 丙명의의 등기는 실체적 권리관계에 부합하므로 유효하다.
③ 乙은 무권대리를 이유로 丙에게 등기의 말소를 청구할 수 없다.
④ 乙은 무권대리를 이유로 丙에게 그 부동산의 점유로 인한 부당이득반환을 청구할 수 있다.
⑤ 만약 丙이 그 부동산을 丁에게 매도하고 소유권이전등기를 해준 경우, 乙은 丁에 대하여 등기말소를 청구할 수 없다.

50. 추인하여도 효력이 생기지 않는 무효인 법률행위를 모두 고른 것은? (다툼이 있으면 판례에 의함)

```
ㄱ. 불공정한 법률행위
ㄴ. 무권대리인의 법률행위
ㄷ. 불법조건이 붙은 법률행위
ㄹ. 통정허위표시에 의한 임대차계약
```

① ㄱ, ㄴ ② ㄱ, ㄷ ③ ㄴ, ㄹ
④ ㄱ, ㄷ, ㄹ ⑤ ㄴ, ㄷ, ㄹ

51. 정지조건부 법률행위에 관한 설명으로 <u>틀린</u> 것은? (다툼이 있으면 판례에 의함)
① 조건이 불성취로 확정되면 그 법률행위는 무효이다.
② 정지조건부 권리는 조건이 성취되지 않은 동안 소멸시효가 진행되지 않는다.
③ 조건성취가 미정인 권리는 일반규정에 의하여 처분할 수 있다.
④ 조건성취의 효력은 원칙적으로 법률행위가 성립한 때부터 발생한다.
⑤ 소유권유보약정이 있는 경우, 특별한 사정이 없는 한 매매대금 전부의 지급이라는 조건이 성취될 때까지 매도인이 목적물의 소유권을 보유한다.

52. 지상권에 관한 설명으로 <u>틀린</u> 것은? (다툼이 있으면 판례에 의함)
① 지료의 지급은 지상권의 성립요건이 아니다.
② 지상권에 기하여 토지에 부속된 공작물은 토지에 부합하지 않는다.
③ 지상권자는 토지소유자의 의사에 반하여 지상권을 타인에게 양도할 수 없다.
④ 구분지상권은 건물 기타 공작물의 소유를 위해 설정할 수 있다.
⑤ 저당권설정자가 담보가치의 하락을 막기 위해 저당권자에게 지상권을 설정해 준 경우, 피담보채권이 소멸하면 그 지상권도 소멸한다.

53. 등기의 추정력에 관한 설명으로 <u>틀린</u> 것은? (다툼이 있으면 판례에 의함)
① 소유권이전등기가 된 경우, 특별한 사정이 없는 한 이전등기에 필요한 적법한 절차를 거친 것으로 추정된다.
② 소유권이전등기가 된 경우, 등기명의인은 전 소유자에 대하여 적법한 등기원인에 기한 소유권을 취득한 것으로 추정된다.
③ 소유권이전등기가 불법말소된 경우, 말소된 등기의 최종 명의인은 그 회복등기가 경료되기 전이라도 적법한 권리자로 추정된다.
④ 등기명의인이 등기원인행위의 태양이나 과정을 다소 다르게 주장한다고 하여 이로써 추정력이 깨어지는 것은 아니다.
⑤ 소유권이전청구권 보전을 위한 가등기가 있으면, 소유권이전등기를 청구할 어떠한 법률관계가 있다고 추정된다.

48. 취소

① 소송행위: 언제나 표시대로 유효
② 대리인의 기망행위로 계약을 체결한 상대방은 본인이 선의이면 (선악 불문) (과실 유무 불문) 계약을 취소할 수 없다. 있다.
③ 강박: 진의 + 극심한 박탈　　　　　→ 무효
　　　　진의 + 공포, 불법적 해악의 고지 → 취소
⑤ 사기 (위법행위)
　─취소 여부 불문 → **불법행위책임**(손해배상청구)
　　　　중과실(고의 또는 과실) + 위법행위 + 손해

49. 무권대리

① △ 결과적으로 무효
　甲·丙 사이의 매매계약은 (등기 전) 무효이다.
② 乙은 상속 후 추인을 거절할 수 없다.
③ 금반언(今反言)의 원칙
④ 乙은 무권대리를 이유로 丙에게 그 부동산의 점유로 인한 부당이득반환을 청구할 수 있다. 없다.
　무권대리인은 부당이득(법률상 원인 없는 이득)반환을 청구할 수 없다.
⑤ 만약 丙 (소유자)이 그 부동산을 丁(제3자)에게 매도하고 소유권이전등기를 해준 경우, 乙 (무권대리인)은 丁(선악 불문 소유권 취득)에 대하여 등기말소를 청구할 수 없다.

50. 추인하여도 효력이 생기지 않는 무효인 법률행위

ㄱ. **불공정한 법률행위**(민법 제104조)
ㄴ. **무권대리인의 법률행위**
　추인 ○ → 유효(소급효)
　추인 × → 대리인 책임
ㄷ. **불법조건이 붙은 법률행위**
　(민법 제103조, 반사회질서의 법률행위)
ㄹ. **통정허위표시에 의한 임대차계약**
　당사자간 무효
　선의의 제3자에게 대항 불가

51. 정지조건부 법률행위

① 조건성취 전: 유동적 무효
② 정지조건부 권리: 조건성취시부터 소멸시효 진행
③ 조건성취가 미정인 권리

> 민법 제149조(정지조건부권리의 처분)
> 조건의 성취가 미정인 권리·의무는 일반규정에 의하여 처분, 상속, 보존 또는 담보로 할 수 있다.

④ 조건성취의 효력은 원칙적으로 법률행위가 성립한 조건이 성취된 때부터 발생한다.

52. 지상권

① 지상권·지역권: 무상 원칙
② 적법한 권원 (지상권)에 의한 부속 → 부합×
③ 지상권자 (전세권자)는 토지소유자의 의사에 반하여 지상권을 타인에게 양도할 수 없다. 있다.
　- 유효: 전세권 처분 금지 특약
　- 무효: 지상권·공유지분 처분 금지 특약
④ 구분지상권은 건물 기타 공작물의 (수목×) 소유를 위해 설정할 수 있다.
⑤ 담보지상권

53. 등기의 추정력

　부진정 계약, 불법 등기절차
③ 등기 = 효력 발생 요건 ≠ 효력 존속 요건
④ 등기명의인이 등기원인행위(계약)의 태양이나 과정을 다소 다르게 주장한다고 하여 이로써 추정력이 깨어지는 것은 아니다.
⑤ 소유권이전청구권 보전을 위한 가등기가 있으면 있다고 하여, 소유권이전등기를 청구할 어떠한 법률관계가 있다고 추정된다. 추정되지 않는다.

54. A는 B의 X토지를 매수하여 1992. 2. 2.부터 등기 없이 2014년 현재까지 점유하고 있다. 다음 설명 중 옳은 것은? (다툼이 있으면 판례에 의함)
① A의 B에 대한 매매를 원인으로 한 소유권이전등기청구권은 2002. 2. 2. 시효로 소멸한다.
② A가 매매를 원인으로 하여 점유를 개시하였음을 증명하지 못하면, 그의 점유는 타주점유로 본다.
③ C가 2010. 9. 9. X토지를 B로부터 매수하여 소유권을 취득한 경우 A는 X토지를 시효취득할 수 없다.
④ A가 2013. 3. 3. D에게 X토지를 매도하여 점유를 이전한 경우, D는 시효완성을 이유로 B에 대하여 직접 소유권이전등기를 청구할 수 없다.
⑤ E가 2014. 4. 4. X토지에 청구권보전의 가등기를 한 경우, A는 더 이상 X토지를 시효취득할 수 없다.

55. 등기가 있어야 부동산물권을 취득하는 경우는? (다툼이 있으면 판례에 의함)
① 지상권을 상속으로 취득하는 경우
② 건물전세권이 법정갱신되는 경우
③ 건물을 신축하여 소유권을 취득하는 경우
④ 현물분할의 합의에 의하여 공유토지에 대한 단독소유권을 취득하는 경우
⑤ 1동의 건물 중 구분된 건물부분이 구조상 이용상 독립성을 갖추고 구분행위로 인하여 구분소유권을 취득하는 경우

56. 甲과 乙은 X토지에 관하여 구분소유적 공유관계에 있다. 다음 설명 중 틀린 것은? (다툼이 있으면 판례에 의함)
① 甲과 乙은 자신들의 특정 구분부분을 단독으로 처분할 수 있다.
② 甲의 특정 구분부분에 대한 乙의 방해행위에 대하여 甲은 소유권에 기한 방해배제를 청구할 수 있다.
③ 乙의 특정 구분부분에 대한 丙의 방해행위에 대하여 甲은 丙에게 공유물의 보존행위로서 방해배제를 청구할 수 없다.
④ 丁이 경매를 통하여 乙의 지분을 취득한 경우, 甲·丁 사이에 구분소유적 공유관계가 당연히 인정되는 것은 아니다.
⑤ 甲이 자신의 특정 구분부분에 Y건물을 신축하여 소유한 경우, 乙이 강제경매를 통하여 甲의 지분을 취득하더라도 甲은 Y건물에 대한 관습법상의 법정지상권을 취득할 수 있다.

57. 甲은 乙소유 단독주택의 일부인 X부분에 대해 전세권을 취득하였다. 다음 설명 중 틀린 것은? (다툼이 있으면 판례에 의함)
① 甲은 설정행위로 금지되지 않는 한 전세권을 제3자에게 양도할 수 있다.
② 전세권의 존속기간이 만료한 경우, 甲은 지상물매수를 청구할 수 있다.
③ 甲의 전세권 존속기간이 만료한 경우, 전세권의 용익물권적 권능은 소멸한다.
④ 甲은 주택 전부에 대하여 후순위권리자보다 전세금의 우선변제를 받을 권리가 있다.
⑤ 乙이 전세금의 반환을 지체한 경우, 甲은 X부분이 아닌 나머지 주택 부분에 대하여 경매를 청구할 수 없다.

58. 상린관계에 관한 설명으로 틀린 것은? (다툼이 있으면 판례에 의함)
① 경계에 설치된 경계표는 원칙적으로 상린자의 공유로 추정한다.
② 토지소유자는 이웃 토지로부터 자연히 흘러오는 물을 막지 못한다.
③ 토지소유자는 처마물이 이웃에 직접 낙하하지 않도록 적당한 시설을 하여야 한다.
④ 건물을 축조함에는 특별한 관습이 없으면, 경계로부터 그 건물의 가장 돌출된 부분까지 반미터 이상의 거리를 두어야 한다.
⑤ 토지의 경계에 담이 없는 경우, 특별한 사정이 없는 한 인접지 소유자는 공동비용으로 통상의 담을 설치하는 데 협력할 의무가 없다.

59. 지역권에 관한 설명으로 틀린 것은? (다툼이 있으면 판례에 의함)
① 지역권은 상속에 의해서 취득할 수 있다.
② 요역지와 분리하여 지역권만을 양도할 수 있다.
③ 지역권자는 일정한 목적을 위하여 타인의 토지를 자기 토지의 편익에 이용할 수 있다.
④ 토지의 불법점유자는 통행지역권의 시효취득을 주장할 수 없다.
⑤ 공유자 1인이 지역권을 취득한 때에는 다른 공유자도 이를 취득한다.

54. 취득시효 완성 후의 법률관계
전부 정답 처리, 문항 ④ 기술 오류

① A의 B에 대한 매매를 원인으로 한 소유권이전등기청구권은 2002. 2. 2. 시효로 소멸한다. 소멸하지 아니한다(∵ 점유).

② 자주점유 추정

A가 매매를 원인으로 하여 점유를 개시하였음을 증명하지 못하면, 그의 점유는 타주점유로 본다. 보지 않는다.

타주점유에 대한 입증책임은 타주점유임을 주장하는 상대방에게 있다.

③ C가 2010. 9. 9. X토지를 B로부터 매수하여 소유권을 취득한 경우 A는 X토지를 시효취득할 수 없다. 있다.

④ A가 2013. 3. 3. D에게 X토지를 매도하여 점유를 이전한 경우, D는 시효완성을 이유로 A의 청구권을 대위하여 B에 대하여 직접 소유권이전등기를 청구할 수 없다. 있다.

⑤ E가 2014. 4. 4. X토지에 청구권보전의 가등기를 한 경우, A는 더 이상 X토지를 시효취득할 수 없다. 있다.

55. 물권의 변동

> 민법 제186조(부동산물권변동의 효력)
> 부동산에 관한 법률행위로 인한 물권의 득실변경은 등기하여야 그 효력이 생긴다.
> 민법 제187조
> (등기를 요하지 아니하는 부동산물권변동)
> 상속, 공용징수, 판결, 경매 기타 법률의 규정에 의한 부동산에 관한 물권의 취득은 등기를 요하지 아니한다. 그러나 등기를 하지 아니하면 이를 처분하지 못한다.

③ 건물 신축: 민법 제187조
④ 현물분할의 합의 = 계약 = 법률행위: 민법 제186조

56. 구분소유적 공유
대내관계: 구분소유
대외관계: 공동소유

①② 대내관계
③ 대외관계

乙의 특정 구분부분에 대한 丙의 방해행위에 대하여 甲은 丙에게 공유물의 보존행위로서 방해배제를 청구할 수 없다. 있다.

④ 대외관계
⑤ 관습법상의 법정지상권: 토지, 건물이 동일인 소유에서 소유자가 달라지는 경우 성립

57. 전세권

① 전세권 양도금지특약: 유효, 등기 시 대항력
지상권지역권 양도금지특약: 무효

② 전세권의 존속기간이 만료한 경우, 甲은 지상물매수를 청구할 수 있다. 없다.
지상물매수청구권: 토지 임차인, 토지 전세권자
부속물매수청구권: 건물 임차인, 건물 전세권자

③ 甲의 전세권 존속기간이 만료한 경우, 전세권의 용익물권적 권능은 (말소등기 없이 당연히) 소멸한다.

58. 상린관계

① 경계에 설치된 경계표(공용부분: 경계표·담)는 원칙적으로 상린자의 공유로 추정한다(분할 불가).
② 자연유수의 승수의무와 권리(민법 제221조)
③ 처마물에 대한 시설의무(민법 제225조)
④ 임의규정
⑤ 토지의 경계에 담이 없는 경우, 특별한 사정이 없는 한 인접지 소유자는 공동비용으로 통상의 담을 설치하는 데 협력할 의무가 없다. 있다.

59. 지역권

① 지역권(물권)은 상속에 의해서 취득할 수 있다.
② 요역지(주된 권리)와 분리하여 지역권(종된 권리)만을 양도할 수 있다. 없다.

주된 권리(계약)	종된 권리(계약)
요역지	지역권
전세금	전세권
피담보채권	저당권, 가등기담보권
전유부분	대지사용권
매매계약	계약금계약·보증금계약·환매계약

③ 목적의 비한정성
④ 토지의 불법점유자는 통행지역권(·주위토지통행권·유치권)의 시효취득을 주장할 수 없다.
⑤ 공유자 1인이 지역권을 취득(소멸시효 중단)한 때에는 다른 공유자도 이를 취득(소멸시효 중단)한다.

60. 甲은 그의 X건물을 乙에게 매도하여 점유를 이전하였고, 乙은 X건물을 사용·수익하면서 X건물의 보존·개량을 위하여 비용을 지출하였다. 甲과 乙 사이의 계약이 무효인 경우의 법률관계에 관한 설명으로 옳은 것은? (다툼이 있으면 판례에 의함)

① 乙이 악의인 경우에도 과실수취권이 인정된다.
② 선의의 乙은 甲에 대하여 통상의 필요비의 상환을 청구할 수 있다.
③ 가액의 증가가 현존하는 경우에 乙은 甲에 대하여 유익비의 상환을 청구할 수 있다.
④ 선의의 乙은 甲에 대하여 점유·사용으로 인한 이익을 반환할 의무가 있다.
⑤ 乙의 비용상환청구권은 비용을 지출할 때 즉시 이행기가 도래한다.

61. 2014년 甲은 친구 乙과 계약명의신탁을 약정하였다. 그 사실을 알고 있는 丙은 명의수탁자 乙과의 매매계약에 따라 乙명의로 X토지의 소유권을 이전해 주었다. 다음 설명 중 옳은 것은? (다툼이 있으면 판례에 의함)

① 乙은 X토지에 대한 소유권을 취득한다.
② 甲은 丙에 대하여 X토지에 대한 소유권이전등기를 청구할 수 있다.
③ 乙이 X토지의 소유권이전등기를 말소하지 않더라도 丙은 乙의 매매대금반환청구를 거절할 수 없다.
④ 乙이 X토지를 丁에게 매도하여 소유권이전등기를 해준 경우, 丁은 X토지의 소유권을 취득한다.
⑤ 乙이 X토지를 선의의 丁에게 매도하여 소유권이전등기를 해준 경우, 乙의 행위는 丙의 소유권에 대한 침해행위가 아니다.

62. 유치권과 동시이행항변권에 관한 설명으로 옳은 것을 모두 고른 것은?

> ㄱ. 유치권과 동시이행항변권은 점유를 성립요건으로 한다.
> ㄴ. 유치권은 목적물에 관하여 생긴 채권의 담보를 목적으로 한다.
> ㄷ. 유치권과 동시이행항변권은 동시에 서로 병존할 수 있다.
> ㄹ. 유치권은 독립한 물권인 반면, 동시이행항변권은 이행거절권능에 해당한다.

① ㄱ, ㄴ ② ㄱ, ㄹ ③ ㄴ, ㄷ
④ ㄱ, ㄷ, ㄹ ⑤ ㄴ, ㄷ, ㄹ

63. 甲은 乙의 X토지에 대하여 가등기담보권을 취득하였으나, 乙은 변제기에 채무를 이행하지 않고 있다. 다음 설명 중 틀린 것은? (다툼이 있으면 판례에 의함)

① 甲은 X토지의 경매를 청구할 수 있다.
② 제3자가 경매로 X토지의 소유권을 취득한 경우, 甲의 가등기담보권은 소멸한다.
③ 甲이 담보계약에 따른 담보권을 실행하여 X토지의 소유권을 취득하기 위해서는 청산절차를 거쳐야 한다.
④ X토지의 후순위권리자는 청산기간에 한정하여 그 피담보채권의 변제기 도래 전이라도 X토지의 경매를 청구할 수 있다.
⑤ 청산기간 전에 乙의 다른 채권자의 강제경매로 제3자가 X토지의 소유권을 취득한 경우에도 甲은 가등기에 기한 본등기를 청구할 수 있다.

64. 저당권의 소멸원인이 아닌 것은?

① 저당목적물이 전부 멸실된 경우
② 피담보채권이 시효완성으로 소멸한 경우
③ 저당목적물이 경매로 인해 제3자에게 매각된 경우
④ 지상권을 목적으로 제3자에게 저당권이 설정된 후 토지소유자가 그 지상권을 취득한 경우
⑤ 저당권자가 자신 또는 제3자의 이익을 위해 존속시킬 필요가 없는 저당권의 목적물에 대한 소유권을 취득한 경우

65. 甲의 X건물을 임차한 乙은 X건물을 보존·개량하기 위해 丙으로부터 건축자재를 외상으로 공급받아 수리를 완료하였다. 그 후 임대차가 종료하였지만 수리비를 상환받지 못한 乙은 X건물을 점유하고 있다. 다음 설명 중 틀린 것은?

① 乙이 丙에게 외상대금을 지급하지 않으면 丙은 X건물에 대해 유치권을 행사할 수 있다.
② 乙은 甲이 수리비를 상환할 때까지 X건물에 대해 유치권을 행사할 수 있다.
③ 乙은 甲의 승낙 없이 X건물을 제3자에게 담보로 제공할 수 없다.
④ 乙은 수리비를 상환받기 위하여 X건물을 경매할 수 있다.
⑤ 만약 X건물을 甲으로부터 양수한 丁이 乙에게 X건물의 반환을 청구한 경우, 乙은 유치권으로 대항할 수 있다.

60. 점유권

① 乙이 악의(폭력·은비(隱祕)·패소(소제기 시부터))인 경우에도는 과실수취권이 인정된다. 인정되지 않는다.

② 선의의 乙은 甲에 대하여 통상의 필요비의 상환을 청구할 수 있다. 없다(∵ 과실 수취).
   특별 필요비·유익비의 상환을 청구할 수 있다.

③ 甲(회복자)의 선택에 좇아 그 지출금액이나 증가액의 상환을 청구할 수 있다.

④ 선의의 乙은 甲에 대하여 점유·사용으로 인한 이익(사용이익 = 과실)을 반환할 의무가 있다. 없다.

⑤ 乙의 비용상환청구권은 비용을 지출할 때 즉시 목적물을 반환할 때 또는 반환청구를 받은 때 이행기가 도래한다.

61. 부동산 실권리자명의 등기에 관한 법률

위임형 명의신탁(계약명의신탁)
- 약정: 무효
- 등기: 무효(악의 매도인), 유효(선의 매도인)

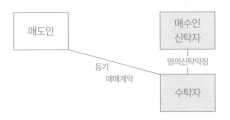

① 乙(수탁자)은 X토지에 대한 소유권을 취득한다. 취득하지 못한다.

② 甲은 丙(매도인, 현재 소유자)에 대하여 X토지에 대한 소유권이전등기를 청구할 수 있다. 없다.

③ 乙이 X토지의 소유권이전등기를 말소하지 않더라도 않으면 丙은 乙의 매매대금반환청구를 거절할 수 없다. 있다 (동시이행항변).

④ 乙이 X토지를 丁에게 매도하여 소유권이전등기를 해준 경우, 丁은 (선악 불문) X토지의 소유권을 취득한다.

⑤ 乙이 X토지를 선의의 丁에게 매도하여 소유권이전등기를 해준 경우, 乙의 행위는 丙의 소유권에 대한 침해행위가 아니다. 된다.

62. 유치권과 동시이행항변권

ㄱ. 동시이행항변권은 점유를 성립요건으로 한다. 하지 않는다.

ㄴ. 견련성(牽連性)

ㄷ. 유치권(물권)과 동시이행항변권(채권)은 동시에 서로 병존할 수 있다.

63. 가등기담보 등에 관한 법률

② **가등기담보권**: 언제나 말소기준권리
   매각 후 소유권이전등기시 부동산등기부등본에 설정된 권리의 소멸 여부와 임차인의 보증금 인수 여부를 결정하는 권리
   다음 중 가장 선순위 등기 이후의 권리 소멸
   1. (가)압류
   2. (근)저당권
   3. 가등기담보권
   4. 강제경매 기입등기
   5. 임의경매 신청, 배당 요구한 선순위 전세권

③ 귀속청산

⑤ 청산기간 전에 乙(가등기담보설정권자·채무자)의 다른 채권자의 강제경매로 제3자가 X토지의 소유권을 취득한 경우에도는 甲은 가등기에 기한 본등기를 청구할 수 있다. 없다.

64. 저당권

① 원칙 소멸, 물상대위

② 말소등기 없이 당연히 소멸한다.
   저당권은 단독으로 소멸시효에 걸리지 않는다.

④ 저당권자 보호 목적으로 지상권·저당권 존속
   (지상권자가 토지소유권을 취득한 경우에도 마찬가지이다)

⑤ 혼동으로 소멸한다.

65. 유치권

① 乙이 丙에게 외상대금을 지급하지 않으면 丙은 X건물에 대해 (공사비 채권에 지나지 않으므로) 유치권을 행사할 수 있다. 없다.

② 불가분성

③ 유치권자의 선관주의의무

> 민법 제324조(유치권자의 선관의무)
> ① 유치권자는 선량한 관리자의 주의로 유치물을 점유하여야 한다.
> ② 유치권자는 채무자의 승낙없이 유치물의 사용, 대여 또는 담보제공을 하지 못한다. 그러나 유치물의 보존에 필요한 사용은 그러하지 아니하다.
> ③ 유치권자가 전2항의 규정을 위반한 때에는 채무자는 유치권의 소멸을 청구할 수 있다.   - 형성권

④ 乙은 수리비를 상환받기 위하여 X건물을 (우선변제를 위한 환가를 위한) 경매할 수 있다.

⑤ 乙(유치권자)→丁(제3취득자): 유치권○, 변제청구×

66. 甲은 乙에 대한 금전채권을 담보하기 위해 乙의 X토지에 저당권을 취득하였고, 그 후 丙이 X토지에 대하여 저당권을 취득하였다. 다음 설명 중 옳은 것은? (다툼이 있으면 판례에 의함)

① 甲은 저당권을 피담보채권과 분리하여 제3자에게 양도할 수 있다.

② 乙이 甲에게 이행기에 피담보채무 전부를 변제하면 甲명의의 저당권은 말소등기를 하지 않아도 소멸한다.

③ 저당권등기는 효력존속요건이므로 甲 명의의 저당권등기가 불법말소되면 甲의 저당권은 소멸한다.

④ 甲명의의 저당권등기가 불법말소된 후 丙의 경매신청으로 X토지가 제3자에게 매각되더라도 甲의 저당권등기는 회복될 수 있다.

⑤ 만약 甲명의의 저당권등기가 무효인 경우, 丙의 저당권이 존재하더라도 甲과 乙은 甲명의의 저당권등기를 다른 채권의 담보를 위한 저당권등기로 유용할 수 있다.

67. 2013. 10. 26. 甲은 친구 乙과 명의신탁약정을 하였다. 그 후 甲은 丙소유의 X토지를 매수하면서 丙에게 부탁하여 乙명의로 소유권이전등기를 하였고, X토지는 현재 甲이 점유하고 있다. 다음 설명 중 옳은 것은? (다툼이 있으면 판례에 의함)

① 乙은 甲에게 X토지의 반환을 청구할 수 없다.

② 甲은 丙에게 X토지의 소유권이전을 청구할 수 없다.

③ 丙은 乙에게 X토지의 소유권이전등기말소를 청구할 수 없다.

④ 甲은 乙에게 부당이득반환을 원인으로 소유권이전등기를 청구할 수 있다.

⑤ 甲은 乙에게 부당이득반환청구권을 피담보채권으로 하여 유치권을 주장할 수 있다.

68. 甲은 건물 소유의 목적으로 乙의 X토지를 임차하여 그 위에 Y건물을 신축한 후 사용하고 있다. 다음 설명 중 틀린 것은? (다툼이 있으면 판례에 의함)

① Y건물이 무허가건물이더라도 특별한 사정이 없는 한 甲의 지상물매수청구권의 대상이 될 수 있다.

② 甲의 차임연체를 이유로 乙이 임대차계약을 해지한 경우, 甲은 지상물매수청구권을 행사할 수 없다.

③ 임대차 기간의 정함이 없는 경우, 乙이 해지통고를 하면, 甲은 지상물매수청구권을 행사할 수 있다.

④ 대항력을 갖춘 甲의 임차권이 기간만료로 소멸한 후, 乙이 X토지를 丙에게 양도한 경우 甲은 丙을 상대로 지상물매수청구권을 행사할 수 있다.

⑤ 甲이 Y건물에 근저당권을 설정한 경우, 임대차기간이 만료하면 甲은 乙을 상대로 지상물매수청구권을 행사할 수 없다.

69. 집합건물의 소유 및 관리에 관한 법률에 관한 설명으로 틀린 것은? (다툼이 있으면 판례에 의함)

① 집합건물의 임차인은 관리인이 될 수 없다.

② 서면결의의 방법에 의한 재건축결의가 가능하다.

③ 전유부분에 설정된 저당권의 효력은 특별한 사정이 없는 한 대지사용권에 미친다.

④ 관리단집회는 구분소유자 전원이 동의하면 소집절차를 거치지 않고 소집할 수 있다.

⑤ 공용부분 관리비에 대한 연체료는 특별승계인에게 승계되는 공용부분 관리비에 포함되지 않는다.

70. 甲은 채무자 乙의 X토지와 제3자 丙의 Y토지에 대하여 피담보채권 5천만원의 1번 공동저당권을, 丁은 X토지에 乙에 대한 피담보채권 5천만원의 2번 저당권을, 戊는 Y토지에 丙에 대한 피담보채권 3천만원의 2번 저당권을 취득하였다. Y토지가 경매되어 배당금액 5천만원 전액이 甲에게 배당된 후, X토지 매각대금 중 4천만원이 배당되는 경우 戊가 X토지 매각대금에서 배당받을 수 있는 금액은? (다툼이 있으면 판례에 의함)

① 0원 　　② 1천만원 　　③ 2천만원

④ 3천만원 　　⑤ 4천만원

71. 2014. 1. 甲은 선순위 권리자가 없는 乙의 X상가건물을 보증금 1억원, 월차임 40만원에 임차하여 대항요건을 갖추고 확정일자를 받았다. 다음 설명 중 틀린 것은? (다툼이 있으면 판례에 의함)

① 甲이 3기의 차임 상당액을 연체한 경우 乙은 甲의 계약갱신요구를 거절할 수 있다.

② 임대기간에 대하여 별도의 약정이 없는 경우, 그 기간은 1년으로 본다.

③ 甲이 보증금반환청구소송의 확정판결에 따라 X건물에 대한 경매를 신청하는 경우, 甲의 건물명도의무이행은 집행개시의 요건이다.

④ 甲이 X건물의 환가대금에서 보증금을 우선변제받기 위해서는 대항요건이 배당요구 종기까지 존속하여야 한다.

⑤ 보증금이 전액 변제되지 않는 한 X건물에 대한 경매가 실시되어 매각되더라도 甲의 임차권은 존속한다.

66. 저당권

① 甲은 저당권을 피담보채권과 분리하여 제3자에게 양도할 수 있다. 없다.

③ 저당권등기는 효력존속요건 효력발생요건이므로 甲 명의의 저당권등기가 불법말소되면더라도 甲의 저당권은 소멸한다. 소멸하지 않는다.

④ 甲명의의 저당권등기가 불법말소된 후 丙의 경매신청으로 X토지가 제3자에게 매각되더라도면(모든 저당권 소멸) 甲의 저당권등기는 회복될 수 있다. 없다(회복등기의 실익이 없다).
  甲은 저당권자임을 증명하고 배당절차에 참가할 수 있다.

⑤ 만약 甲명의의 저당권등기가 무효인 경우, 丙의 저당권이 존재하더라도면 甲과 乙은 甲명의의 저당권등기를 다른 채권의 담보를 위한 저당권등기로 유용할 수 있다. 없다 (∵ 이해관계인(丙)이 있으므로).

67. 부동산 실권리자명의 등기에 관한 법률
   중간생략형 명의신탁(3자간명의신탁)
   - 약정·등기: 무효, 매매계약: 유효
   - 소유자 = 매도인

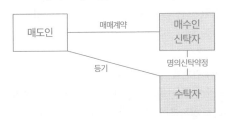

② 甲(매수인·신탁자)은 丙(매도인)에게 X토지의 소유권이전을 청구할 수 없다. 있다(∵ 매매계약은 유효하므로).

③ 丙은 乙(수탁자)에게 X토지의 소유권이전등기말소를 청구할 수 없다. 있다.
  甲은 丙을 대위하여 乙에게 X토지의 소유권이전등기말소를 청구할 수 있다.

④ 甲은 乙에게 부당이득반환을 원인으로 소유권이전등기를 청구할 수 있다. 없다(∵ 소유자(丙)가 아니므로).

⑤ 甲은 乙에게 부당이득반환청구권을 피담보채권으로 하여 유치권을 주장할 수 있다. 없다.

68. 임대차

① 무허가건물: ○
  지상물매수청구권, 법정지상권, 주택임대차보호법

② 甲의 차임연체(채무불이행)를 이유로 乙이 임대차계약을 해지한 경우, 甲은 지상물매수청구권(·부속물매수청구권)을 행사할 수 없다.

③ 임대차 기간의 정함이 없는 경우 乙이 해지통고를 하면, 甲은 (갱신청구권 행사 없이) 지상물매수청구권을 행사할 수 있다.

⑤ 甲이 Y건물에 근저당권을 설정한 경우, 임대차기간이 만료하면 甲은 乙을 상대로 지상물매수청구권을 행사할 수 없다. 있다.

69. 집합건물의 소유 및 관리에 관한 법률

① 집합건물의 임차인은 (구분소유자가 아니더라도) 관리인이 될 수 없다. 있다.

② 관리단집회: 대리·서면·전자 가능

③ 전유부분(주된 권리)에 설정된 저당권의 효력은 특별한 사정이 없는 한 대지사용권(종된 권리)에 미친다.

⑤ 공용부분: 체납관리비 승계○, 연체료 승계×
  전유부분: 체납관리비 승계×, 연체료 승계×

70. 공동저당권 - 이시배당
   물상보증인: 전액에 관하여 공동저당권자 대위
   후순위저당권자
   - 채무자 소유 부동산의 후순위저당권자
     물상보증인 소유의 부동산에 대해 공동저당권자 대위
     불가
   - 물상보증인 소유 부동산의 후순위저당권자
     물상보증인이 대위취득한 저당권에 대한 물상대위

	X토지 (乙, 채무자)	Y토지 (丙, 물상보증인)	
甲	① 공동저당권 5천만원		甲
丁	② 저당권 2천만원	② 저당권 3천만원	戊
경매대가		5천만원	
이시배당		5천만원	甲
경매대가	4천만원		
이시배당	3천만원		戊
	1천만원		丙
※ 丙의 변제자 대위			

71. 상가건물 임대차보호법

① 甲(임차인)의 권리금 회수 기회도 보장되지 않는다.

③ 甲이 보증금반환청구소송의 확정판결에 따라 X건물에 대한 경매를 신청하는 경우, 甲의 건물명도의무이행은 집행개시의 요건이다. 요건이 아니다.
  민사집행법 규정에 불구하고, 반대의무의 이행 또는 이행의 제공을 집행개시의 요건으로 하지 아니한다.

⑤ 보증금이 전액 변제되지 않는 한 X건물에 대한 경매가 실시되어 매각되더라도 甲의 (대항력 있는) 임차권은 존속한다

72. 일시사용을 위한 임대차에서 인정되는 권리를 모두 고른 것은?

> ㄱ. 임차인의 비용상환청구권
> ㄴ. 임대인의 차임증액청구권
> ㄷ. 임차인의 부속물매수청구권
> ㄹ. 임차건물의 부속물에 대한 법정질권

① ㄱ ② ㄹ ③ ㄱ, ㄴ ④ ㄴ, ㄷ ⑤ ㄷ, ㄹ

73. 2013. 2. 1. 甲은 乙의 서울 소재 X주택을 보증금 7천만원, 임대기간 1년으로 하여 임차하면서, 같은 날 입주와 동시에 주민등록을 마쳤다. 다음 설명 중 옳은 것은? (다툼이 있으면 판례에 의함)

① 2014. 1. 1. 乙은 甲에게 500만원의 보증금 증액을 청구할 수 있다.

② 2014. 3. 1. 甲이 임차권의 존속을 주장하더라도 乙은 약정기간의 만료를 이유로 甲에게 X주택의 인도를 청구할 수 있다.

③ 2013. 6. 1. 동거가족이 없는 甲이 자신의 주민등록을 다른 주소로 이전하였더라도 계속하여 주택에 거주하고 있었다면 대항력은 유지된다.

④ 2012. 12. 1. 乙이 丙에게 X주택에 대하여 근저당권을 설정해 주었더라도 甲은 3,500만원의 한도에서 丙보다 우선 변제를 받을 수 있다.

⑤ 2013. 7. 1. 乙이 丁에게 X주택을 양도한 후 임대차기간이 만료된 경우, 특별한 사정이 없는 한 甲은 丁에 대하여만 보증금의 반환을 청구할 수 있다.

74. 동시이행항변권에 관한 설명으로 **틀린** 것은? (다툼이 있으면 판례에 의함)

① 계약해제로 인한 당사자 상호간의 원상회복의무는 동시이행관계에 있다.

② 구분소유적 공유관계가 해소되는 경우, 공유지분권자 상호간의 지분이전등기의무는 동시이행관계에 있다.

③ 임차권등기명령에 의해 등기된 임차권등기말소의무와 보증금반환의무는 동시이행관계에 있다.

④ 동시이행관계에 있는 어느 일방의 채권이 양도되더라도 그 동일성이 인정되는 한 동시이행관계는 존속한다.

⑤ 일방당사자가 선이행의무를 부담하더라도 상대방의 채무이행이 곤란할 현저한 사유가 있는 경우에는 동시이행항변권을 행사할 수 있다.

75. 청약과 승낙에 관한 설명으로 **틀린** 것은?

① 불특정 다수인에 대한 청약은 효력이 있다.

② 불특정 다수인에 대한 승낙은 효력이 없다.

③ 청약과 승낙은 각각 그 발송시에 효력이 생긴다.

④ 승낙기간을 정하지 않은 청약은 상당한 기간 내에 승낙의 통지를 받지 못한 때 그 효력을 잃는다.

⑤ 승낙기간을 정하지 않은 청약에 대하여 연착된 승낙은 청약자가 이를 새로운 청약으로 볼 수 있다.

76. 매도인 甲과 매수인 乙이 계약을 하면서 그 대금을 丙에게 지급하기로 하는 제3를 위한 계약을 체결하였다. 다음 설명 중 **틀린** 것은? (다툼이 있으면 판례에 의함)

① 乙은 甲의 丙에 대한 항변으로 丙에게 대항할 수 있다.

② 丙이 수익의 의사표시를 한 후 乙이 대금을 지급하지 않으면 甲은 계약을 해제할 수 있다.

③ 丙이 수익의 의사표시를 하면, 특별한 사정이 없는 한 乙에 대한 대금지급청구권을 확정적으로 취득한다.

④ 乙이 상당한 기간을 정하여 丙에게 수익 여부의 확답을 최고하였으나 그 기간 내에 확답을 받지 못하면, 丙이 수익을 거절한 것으로 본다.

⑤ 乙이 丙에게 대금을 지급한 후 계약이 해제된 경우, 특별한 사정이 없는 한 乙은 丙에게 대금의 반환을 청구할 수 없다.

77. 매매계약에 관한 설명으로 **틀린** 것은?

① 매매의 목적이 된 권리가 타인에게 속한 경우에는 매도인은 그 권리를 취득하여 매수인에게 이전하여야 한다.

② 매매계약에 관한 비용은 특별한 사정이 없는 한 당사자가 균분하여 부담한다.

③ 담보책임의 면책특약이 있는 경우, 매도인은 알면서 고지하지 않은 하자에 대해서도 그 책임을 면한다.

④ 목적물의 인도와 동시에 대금을 지급할 경우, 특별한 사정이 없는 한 대금은 목적물의 인도장소에서 지급해야 한다.

⑤ 당사자 일방에 대한 의무이행의 기한이 있는 때에는 상대방의 의무이행에 대하여도 동일한 기한이 있는 것으로 추정한다.

72. 일시사용을 위한 임대차
 ㄱ. 임차인의 비용상환청구권
 ㄴ. 임대인의 차임증액(증감)청구권
 ㄷ. 임차인의 부속물매수청구권
 ㄹ. 임차건물의 부속물에 대한 법정질권

73. 주택임대차보호법
① 2014. 1. 1. 乙은 甲에게 500만원의 보증금 증액을 청구할 수 있다. 없다(5% 초과, 1년 이내 청구 불가).
② 2014. 3. 1. 甲이 임차권의 존속을 주장하더라도 乙은 약정기간의 만료를 이유로 甲에게 X주택의 인도를 청구할 수 있다. 없다.
③ 2013. 6. 1. 동거가족이 없는 甲이 자신의 주민등록을 다른 주소로 이전하였더라도 이전한 후 계속하여 주택에 거주하고 있었다면 있었더라도 대항력은 유지된다. 상실된다.
④ 2012. 12. 1. 乙이 丙에게 X주택에 대하여 근저당권을 설정해 주었더라도 甲은 3,500만원(2014년 최우선변제금액: 2,500만원, 2023년 최우선변제금액: 5,000만원)의 한도에서 丙보다 우선변제를 받을 수 있다. 없다.

74. 동시이행항변권
③ 임차권등기명령에 의해 등기된 임차권등기말소의무(후이행의무)와 보증금반환의무(선이행의무)는 동시이행관계에 있다. 있지 않다.
④ 동시이행관계에 있는 어느 일방의 채권이 양도(상속, 채무인수 등)되더라도 그 동일성이 인정되는 한 동시이행관계는 존속한다.
⑤ 일방당사자가 선이행의무(중도금 지급)를 부담하더라도 상대방의 채무이행이 곤란할 현저한 사유가 있는 경우에는 동시이행항변권(불안의 항변권)을 행사할 수 있다.

75. 청약과 승낙
 민법상 발신주의(원칙: 도달주의)
  1. 제한능력자 행위의 상대방 추인 여부 확답 촉구
                                (민법 제15조)
  2. 사원총회 소집 통지(제71조)
  3. 무권대리행위 추인 여부 확답 최고(제131조)
  4. 채무인수 통지 승낙 여부 확답 최고(제455조)
  5. 연착된 승낙의 지연 통지(제528조)
  6. 격지자간 청약에 대한 승낙(제531조)
③ 청약과 승낙은 각각 그 의사표시가 발송시에 도달한 때에 효력이 생긴다.

76. 민법 제539조(제3자를 위한 계약)

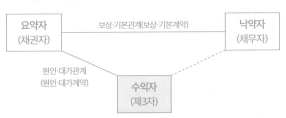

 - 요약자-수익자 간의 원인관계가 무효가 되더라도 요약자-낙약자 간의 기본관계에는 영향을 미치지 않는다.
 - 낙약자는 요약자에게 발생한 사유로 수익자에게 항변(이행거절)할 수 있다(동시이행의 항변).
 - 수익자는 기본계약을 해제할 수 없다.
  수익자는 (낙약자에게) 손해배상을 청구할 수 있다.
  수익자에게는 원상회복·부당이득반환을 청구할 수 없다.
① 乙(낙약자·채무자)은 甲(요약자·채권자)의 丙(제3자)에 대한 항변으로 丙(수익자)에게 대항할 수 있다. 없다.
③ 수익의 의사표시: 제3자(수익자)의 권리 발생요건
⑤ 丙(제3자·수익자) ≠ 계약 당사자
  → 무효·취소·해제·원상회복 청구 불가

77. 매매
③ 담보책임(임의규정)의 면책특약이 있는 경우, 매도인은 알면서 고지하지 않은 하자에 대해서도는 그 책임을 면한다. 면하지 못한다.
④ 현실매매

31

78. 甲은 자신의 2억원 상당 건물을 乙의 토지와 교환하는 계약을 체결하면서 乙로부터 1억원을 보충하여 지급받기로 하였다. 다음 설명 중 틀린 것은? (다툼이 있으면 판례에 의함)

① 甲·乙 사이의 계약은 불요식계약이다.

② 甲과 乙은 특별한 사정이 없는 한 서로 하자담보책임을 지지 않는다.

③ 乙의 보충금 1억원의 미지급은 교환계약의 해제사유에 해당된다.

④ 계약체결 후 건물이 乙의 과실로 소실되었다면, 乙의 보충금지급의무는 소멸하지 않는다.

⑤ 보충금의 지급기한을 정하지 않았다면, 乙은 건물을 인도받은 날부터 지급하지 않은 보충금의 이자를 甲에게 지급해야 한다.

79. 계약해제에 관한 설명으로 틀린 것은? (다툼이 있으면 판례에 의함)

① 계약이 적법하게 해제된 후에도 착오를 원인으로 그 계약을 취소할 수 있다.

② 계약을 합의해제한 경우에도 민법상 해제의 효과에 따른 제3자 보호규정이 적용된다.

③ 매도인의 이행불능을 이유로 매수인이 계약을 해제하려면 매매대금의 변제제공을 하여야 한다.

④ 토지매수인으로부터 그 토지 위에 신축된 건물을 매수한 자는 토지매매계약의 해제로 인하여 보호받는 제3자에 해당하지 않는다.

⑤ 공유자가 공유토지에 대한 매매계약을 체결한 경우, 특별한 사정이 없는 한 공유자 중 1인은 다른 공유자와 별개로 자신의 지분에 관하여 매매계약을 해제할 수 있다.

80. 2014. 5. 1. 甲이 그의 건물을 乙에게 매도하면서 같은 해 5. 10. 계약금을, 그로부터 2개월 후에, 중도금 및 잔금을 잔금을 지급받기로 하였다. 다음 설명 중 틀린 것은? (다툼이 있으면 판례에 의함)

① 甲·乙 사이의 계약금계약은 낙성계약이다.

② 乙이 지급한 계약금은 다른 약정이 없는 한 해약금으로 추정한다.

③ 乙이 계약금을 지급하지 않으면 甲은 계약금약정을 해제할 수 있다.

④ 乙이 중도금을 지급한 경우, 甲은 2014. 6. 10. 계약금의 배액을 상환하고 계약을 해제할 수 없다.

⑤ 乙이 2014. 7. 10. 중도금과 잔금을 지급하였으나 甲이 소유권이전등기를 해주지 않으면 乙은 매매계약을 해제할 수 있다.

78. 교환
① 甲·乙 사이의 (교환)계약은 불요식계약이다.
② 甲과 乙은 특별한 사정이 없는 한 서로 하자담보책임(유상계약)을 지지 않는다. <u>부담한다.</u>
④ 채무자부담주의 ― 채권자 과실 → 채권자부담주의
⑤ 보충금의 지급기한을 정하지 않았다면, 乙은 건물을 인도받은 날부터 (과실수취권을 보유하므로) 지급하지 않은 보충금의 이자를 甲에게 지급해야 한다.

79. 매도인의 이행불능·이행거절
　매수인은 (ⓐ 최고 없이 ⓑ 이행기 전이라도 ⓒ 채무의 제공 없이 ⓓ 해제의 의사표시를 하고) 계약을 해제할 수 있다.
③ 매도인의 이행불능을 이유로 매수인이<del>은 즉시 계약을 해제하려면 매매대금의 변제제공을 하여야 한다.</del> <u>해제할 수 있다.</u>

80. 계약금계약(해약금에 의한 계약해제)
① 甲·乙 사이의 계약금계약(매매계약에 종된 계약)은 <del>낙성계약</del> <u>요물계약</u>이다.
　요물계약: 현상광고, 대물변제, 계약금계약, 보증금계약
④ 중도금 지급 = 이행의 착수 → 해제✕
⑤ 乙이 2014. 7. 10. 중도금과 잔금을 지급하였으나 甲이 소유권이전등기를 해주지 않으면(이행지체) 乙은 매매계약을 해제할 수 있다.

01. 공인중개사법령상 용어에 관한 설명으로 <u>틀린</u> 것은?
① 거래당사자 사이에 중개대상물에 관한 교환계약이 성립하도록 알선하는 행위도 중개에 해당한다.
② 중개업자란 공인중개사법에 의하여 중개사무소의 개설등록을 한 자를 말한다.
③ 중개보조원이란 공인중개사가 아닌 자로서 중개업을 하는 자를 말한다.
④ 소속공인중개사에는 중개업자인 법인의 사원 또는 임원으로서 공인중개사인 자가 포함된다.
⑤ 공인중개사란 공인중개사법에 의한 공인중개사자격을 취득한 자를 말한다.

02. 공인중개사법령상 중개대상물이 될 수 <u>없는</u> 것을 모두 고른 것은? (다툼이 있으면 판례에 의함)

ㄱ. 20톤 이상의 선박
ㄴ. 콘크리트 지반 위에 쉽게 분리 철거가 가능한 볼트조립방식으로 철제 파이프 기둥을 세우고 지붕을 덮은 다음 3면에 천막을 설치한 세차장구조물
ㄷ. 거래처 신용, 영업상의 노하우 또는 점포위치에 따른 영업상의 이점 등 무형의 재산적 가치
ㄹ. 주택이 철거될 경우 일정한 요건하에 택지개발지구 내에 이주자택지를 공급받을 지위인 대토권

① ㄱ, ㄴ ② ㄷ, ㄹ ③ ㄱ, ㄴ, ㄹ
④ ㄴ, ㄷ, ㄹ ⑤ ㄱ, ㄴ, ㄷ, ㄹ

03. 공인중개사법령의 내용에 관한 설명으로 <u>틀린</u> 것은?
① 다른 법률에 의해 중개업을 할 수 있는 경우를 제외하고는 중개업자의 종별에 관계없이 중개대상물의 범위가 같다.
② 중개업자가 아닌 자는 중개대상물에 대한 표시·광고를 하여서는 아니 된다.
③ 중개보조원의 업무상 비밀누설금지의무는 업무를 떠난 후에도 요구된다.
④ 폐업신고 전의 중개업자에 대하여 위반행위를 사유로 행한 업무정지처분의 효과는 폐업일부터 1년간 다시 개설등록을 한 자에게 승계된다.
⑤ 국토교통부장관은 부동산거래정보망을 설치·운영할 자를 지정할 수 있다.

04. 공인중개사법령상 중개업에 관한 설명으로 옳은 것은? (다툼이 있으면 판례에 의함)
① 반복, 계속성이나 영업성이 없이 우연한 기회에 타인간의 임야매매중개행위를 하고 보수를 받은 경우, 중개업에 해당한다.
② 중개사무소의 개설등록을 하지 않은 자가 일정한 보수를 받고 중개를 업으로 행한 경우, 중개업에 해당하지 않는다.
③ 일정한 보수를 받고 부동산 중개행위를 부동산 컨설팅행위에 부수하여 업으로 하는 경우, 중개업에 해당하지 않는다.
④ 보수를 받고 오로지 토지만의 중개를 업으로 하는 경우, 중개업에 해당한다.
⑤ 타인의 의뢰에 의하여 일정한 보수를 받고 부동산에 대한 저당권설정 행위의 알선을 업으로 하는 경우, 그 행위의 알선이 금전소비대차의 알선에 부수하여 이루어졌다면 중개업에 해당하지 않는다.

05. 공인중개사법령상 중개사무소의 개설등록에 관한 설명으로 <u>틀린</u> 것은? (다른 법률에 의해 중개업을 할 수 있는 경우는 제외함)
① 법인이 중개사무소를 개설등록하기 위해서는 「상법」상 회사이면서 자본금 5천만원 이상이어야 한다.
② 공인중개사(소속공인중개사 제외) 또는 법인이 아닌 자는 중개사무소의 개설등록을 신청할 수 없다.
③ 중개업자는 다른 중개업자의 소속공인중개사 중개보조원이 될 수 없다.
④ 폐업신고 후 1년 이내에 중개사무소의 개설등록을 다시 신청하려는 공인중개사는 실무교육을 받지 않아도 된다.
⑤ 등록관청이 중개사무소등록증을 교부한 때에는, 이 사실을 다음 달 10일까지 국토교통부장관에게 통보해야 한다.

06. 공인중개사법령상 중개사무소 개설등록의 결격사유에 해당하지 <u>않는</u> 자는?
① 파산선고를 받고 복권되지 아니한 자
② 형의 선고유예를 받고 3년이 경과되지 아니한 자
③ 만 19세에 달하지 아니한 자
④ 공인중개사법을 위반하여 300만원 이상의 벌금형의 선고를 받고 3년이 경과되지 아니한 자
⑤ 금고 이상의 실형의 선고를 받고 그 집행이 종료되거나 집행이 면제된 날부터 3년이 경과되지 아니한 자

01. 공인중개사법령
① 중개대상 행위: 개입 가능성 요건
○ 매매, 교환, 임대차, 권리의 득실변경
× 경매, 공용수용, 기부채납, 상속, 점유, 증여,
법정지상권 성립
③ 중개보조원이란 공인중개사가 아닌 자로서 중개업을 하는 개업공인중개사에 소속되어 중개대상물에 대한 현장안내 및 일반서무 등 개업공인중개사의 중개업무와 관련된 단순한 업무를 보조하는 자를 말한다.

02. 중개대상물(공인중개사법 제3조)
중개대상 권리: 이전성 요건
○ 소유권, 지상권, 지역권, 전세권, (근)저당권,
가등기담보권, 임차권, 공장재단, 광업재단

유치권	계약	성립	이전	행사
법정지상권	계약	성립	이전	행사
법정저당권	계약	성립	이전	행사
부동산환매권	계약	성립	이전	행사

× 동산질권, 분묘기지권, 광업권, 어업권,
산업재산권, 지식재산권, 특허권
중개대상 물건: 사적 거래 가능 요건
ㄱ. 선박
ㄴ. 쉽게 분리 철거가 가능한 구조물
ㄷ. 무형의 재산적 가치
ㄹ. 대토권
── 광업재단·공장재단에 속한 토지와 건물

03. 공인중개사법령
① 중개업자의 종별
- 공인중개사인 개업공인중개사
- 법인인 개업공인중개사
- 부칙상 개업공인중개사
④ 폐업신고 전의 중개업자에 대하여 위반행위를 사유로 행한 업무정지처분의 효과는 폐업일 처분일부터 1년간 다시 개설등록을 한 자에게 승계된다.
폐업 후 재등록:
폐업신고 전의 위반행위에 대한 행정처분(등록취소, 업무정지)을 할 수 있다.
- 등록취소: 폐업기간이 3년을 초과한 경우 제외
- 업무정지: 폐업기간이 1년을 초과한 경우 제외

04. 중개업(공인중개사법 제2조)
① 반복 계속성이나 영업성이 없이 우연한 기회에 타인간의 임야매매중개행위를 하고 보수를 받은 경우, 중개업에 해당한다. 해당하지 않는다.
② 중개사무소의 개설등록을 하지 않은 자가 일정한 보수를 받고 중개를 업으로 행한 경우, 중개업에 해당하지 않는다. 해당한다.
중개사무소 개설등록 여부와 중개사 자격증 유무는 중개업 해당 여부의 판단 요건이 아니다.
③ 일정한 보수를 받고 부동산 중개행위를 부동산 컨설팅행위에 부수하여 업으로 하는 경우, 중개업에 해당하지 않는다. 해당한다.
⑤ 타인의 의뢰에 의하여 일정한 보수를 받고 부동산에 대한 저당권설정 행위의 알선을 업으로 하는 경우, 그 행위의 알선이 금전소비대차의 알선에 부수하여 이루어졌다면 중개업에 해당하지 않는다. 해당한다.

05. 중개사무소의 개설등록(공인중개사법 제9조)
③ 이중소속 금지
⑤ 등록관청이 중개사무소등록증을 교부한 때에는, 이 사실을 다음 달 10일까지 국토교통부장관에게 공인중개사협회에 통보해야 한다.

06. 개설등록의 결격사유(공인중개사법 제10조)
② 선고유예
1. 미성년자
2. 피성년후견인 또는 피한정후견인
3. 파산선고를 받고 복권되지 아니한 자
4. 금고 이상의 실형의 선고를 받고 그 집행이 종료되거나 집행이 면제된 날부터 3년이 지나지 아니한 자
5. 금고 이상의 형의 집행유예를 받고 그 유예기간이 만료된 날부터 2년이 지나지 아니한 자
6. 공인중개사의 자격이 취소된 후 3년이 지나지 아니한 자
7. 공인중개사의 자격이 정지된 자로서 자격정지기간중에 있는 자
8. 중개사무소의 개설등록이 취소된 후 3년이 지나지 아니한 자
9. 업무정지처분을 받고 폐업신고를 한 자로서 업무정지기간(폐업에도 불구하고 진행되는 것으로 본다)이 지나지 아니한 자
10. 업무정지처분을 받은 개업공인중개사인 법인의 업무정지의 사유가 발생한 당시의 사원 또는 임원이었던 자로서 해당 개업공인중개사에 대한 업무정지기간이 지나지 아니한 자
11. 이 법을 위반하여 300만원 이상의 벌금형의 선고를 받고 3년이 지나지 아니한 자
12. 사원 또는 임원 중 제1호부터 제11호까지의 어느 하나에 해당하는 자가 있는 법인

07. 공인중개사법령상 분사무소의 설치에 관한 설명으로 옳은 것을 모두 고른 것은?

> ㄱ. 다른 법률의 규정에 따라 중개업을 할 수 있는 법인의 분사무소에는 공인중개사를 책임자로 두어야 한다.
> ㄴ. 분사무소의 설치신고를 하려는 자는 그 신고서를 주된 사무소의 소재지를 관할하는 등록관청에 제출해야 한다.
> ㄷ. 분사무소의 설치신고를 받은 등록관청은 그 신고내용이 적합한 경우에는 국토교통부령이 정하는 신고필증을 교부해야 한다.
> ㄹ. 분사무소의 설치신고를 하려는 자는 법인등기사항증명서를 제출해야 한다.

① ㄱ, ㄴ ② ㄱ, ㄷ ③ ㄴ, ㄷ ④ ㄷ, ㄹ ⑤ ㄱ, ㄴ, ㄹ

08. 공인중개사법령상 법인인 중개업자의 업무범위에 관한 설명으로 옳은 것은? (다른 법률에 의해 중개업을 할 수 있는 경우는 제외함)
① 토지의 분양대행을 할 수 있다.
② 중개업에 부수되는 도배 및 이사업체를 운영할 수 있다.
③ 상업용 건축물의 분양대행을 할 수 없다.
④ 겸업제한 규정을 위반한 경우, 등록관청은 중개사무소 개설등록을 취소할 수 있다.
⑤ 대법원규칙이 정하는 요건을 갖춘 경우, 법원에 등록하지 않고 경매대상 부동산의 매수신청 대리를 할 수 있다.

09. 공인중개사법령상 중개보조원에 관한 설명으로 옳은 것은?
① 중개업자인 법인의 임원은 다른 중개업자의 중개보조원이 될 수 있다.
② 중개보조원의 업무상의 행위는 그를 고용한 중개업자의 행위로 보지 않는다.
③ 중개보조원은 중개대상물확인·설명서에 날인할 의무가 있다.
④ 중개업자는 중개보조원과의 고용관계가 종료된 때에는 종료된 날부터 1월 이내에 등록관청에 신고해야 한다.
⑤ 중개보조원의 업무상 행위가 법령을 위반하더라도 중개보조원에게 업무정지처분을 명할 수 있는 규정이 없다.

10. 공인중개사법령상 인장등록에 관한 설명으로 옳은 것을 모두 고른 것은?

> ㄱ. 중개업자는 중개행위에 사용할 인장을 업무개시 전에 등록관청에 등록해야 한다.
> ㄴ. 법인인 중개업자의 인장등록은「상업등기규칙」에 따른 인감증명서의 제출로 갈음한다.
> ㄷ. 분사무소에서 사용할 인장으로는「상업등기규칙」에 따라 법인의 대표자가 보증하는 인장을 등록할 수 있다.
> ㄹ. 등록한 인장을 변경한 경우에는 중개업자는 변경일부터 10일 이내에 그 변경된 인장을 등록관청에 등록해야 한다.

① ㄱ, ㄴ ② ㄷ, ㄹ ③ ㄱ, ㄴ, ㄷ
④ ㄴ, ㄷ, ㄹ ⑤ ㄱ, ㄴ, ㄷ, ㄹ

11. 공인중개사법령상 중개업자가 설치된 사무소의 간판을 지체 없이 철거해야 하는 경우로 명시된 것을 모두 고른 것은?

> ㄱ. 등록관청에 폐업신고를 한 경우
> ㄴ. 등록관청에 6개월을 초과하는 휴업신고를 한 경우
> ㄷ. 중개사무소의 개설등록 취소처분을 받은 경우
> ㄹ. 등록관청에 중개사무소의 이전사실을 신고한 경우

① ㄱ, ㄴ ② ㄷ, ㄹ ③ ㄱ, ㄴ, ㄹ
④ ㄱ, ㄷ, ㄹ ⑤ ㄱ, ㄴ, ㄷ, ㄹ

12. 공인중개사법령상 휴업 또는 폐업에 관한 설명으로 옳은 것은?
① 중개업자가 휴업한 중개업을 재개하고자 하는 때에는 휴업한 중개업의 재개 후 1주일 이내에 신고해야 한다.
② 중개업자가 1월을 초과하는 휴업을 하는 때에는 등록관청에 그 사실을 신고해야 한다.
③ 중개업자가 휴업을 하는 경우, 질병으로 인한 요양 등 대통령령이 정하는 부득이한 사유가 있는 경우를 제외하고는 3월을 초과할 수 없다.
④ 휴업기간 중에 있는 중개업자는 다른 중개업자의 소속공인중개사가 될 수 있다.
⑤ 재등록 중개업자에 대하여 폐업신고 전의 업무정지처분에 해당하는 위반행위를 사유로 업무정지처분을 함에 있어서는 폐업기간과 폐업사유 등을 고려해야 한다.

07. 분사무소의 설치(공인중개사법 제13조)

ㄱ. 다른 법률의 규정에 따라 중개업을 할 수 있는 법인(중개
법인에 적용되는 개설등록 기준과 분사무소 책임자 자
격요건을 적용하지 않는다)의 분사무소에는 공인중개사
를 책임자로 두어야 한다. 두지 않아도 된다.

ㄹ. 분사무소의 설치신고를 하려는 자는 법인등기사항증명서
(법인등기부등본)를 제출해야 한다. 제출할 필요가 없다.

08. 법인인 중개업자의 업무범위(공인중개사법 제14조)

1. 상업용 건축물 및 주택의 임대관리 등 부동산의 관리
   대행
2. 부동산의 이용·개발 및 거래에 관한 상담
3. 개업공인중개사를 대상으로 한 중개업의 경영기법 및
   경영정보의 제공
4. 상업용 건축물 및 주택의 분양대행
5. 그 밖에 중개업에 부수되는 업무로서 대통령령으로 정
   하는 업무
   - 도배·이사업체의 소개 등 주거이전에 부수되는 용역
     의 알선

① 토지의 분양대행을 할 수 있다. 없다.
② 중개업에 부수되는 도배 및 이사업체를 운영 알선할 수
   있다.
③ 상업용 건축물(및 주택)의 분양대행을 할 수 없다. 있다.
④ 겸업제한 규정을 위반한 경우, 등록관청은 중개사무소 개
   설등록을 취소(임의적(상대적) 등록취소)할 수 있다.
⑤ 대법원규칙이 정하는 요건을 갖춘 경우, 법원에 등록하지
   않고 등록하고 경매대상 부동산의 매수신청 대리를 할 수
   있다.

09. 중개보조원

① 중개업자인 법인의 임원은 다른 중개업자의 중개보조원
   이 될 수 있다. 없다.
② 중개보조원의 업무상의 행위는 그를 고용한 중개업자의
   행위로 보지 않는다. 본다.
③ 중개보조원은 중개대상물 확인·설명서에 날인할 의무가
   있다. 없다.
④ 중개업자는 중개보조원과의 고용관계가 종료된 때에는 종
   료된 날부터 1월 10일 이내에 등록관청에 신고해야 한다.

10. 인장등록(공인중개사법 제16조).

ㄹ. 등록한 인장을 변경한 경우에는 중개업자는 변경일부터
10일 7일 이내에 그 변경된 인장을 등록관청에 등록해야
한다.

11. 간판의 철거(공인중개사법 제21조의2)

> 공인중개사법 제21조의2(간판의 철거)
> ① 개업공인중개사는 다음 각 호의 어느 하나에 해당하
> 는 경우에는 지체 없이 사무소의 간판을 철거하여야
> 한다.
>   1. 제20조(중개사무소의 이전신고) 제1항에 따라 등
>   록관청에 중개사무소의 이전사실을 신고한 경우
>   2. 제21조(휴업 또는 폐업의 신고) 제1항에 따라 등록
>   관청에 폐업사실을 신고한 경우
>   3. 제38조(등록의 취소) 제1항 또는 제2항에 따라중개
>   사무소의 개설등록 취소처분을 받은 경우
> ② 등록관청은 제1항에 따른 간판의 철거를 개업공인중
> 개사가 이행하지 아니하는 경우에는 행정대집행법에
> 따라 대집행을 할 수 있다.

12. 휴업 또는 폐업(공인중개사법 제21조)

> 공인중개사법 제21조(휴업 또는 폐업)
> ① 개업공인중개사는 3개월을 초과하는 휴업(중개사무
> 소의 개설등록 후 업무를 개시하지 아니하는 경우를
> 포함한다. 이하 같다), 폐업 또는 휴업한 중개업을 재
> 개하고자 하는 때에는 등록관청에 그 사실을 신고하
> 여야 한다. 휴업기간을 변경하고자 하는 때에도 또한
> 같다.
> ② 제1항에 따른 휴업은 6개월을 초과할 수 없다. 다만,
> 질병으로 인한 요양 등 대통령령으로 정하는 부득이
> 한 사유가 있는 경우에는 그러하지 아니하다.
> ③ 제1항에 따른 신고의 절차 등에 관하여 필요한 사항은
> 대통령령으로 정한다.

① 중개업자가 휴업한 중개업을 재개하고자 하는 때에는 휴
   업한 중개업의 재개 후 1주일 이내 재개 전에 신고해야 한
   다(위반 시 100만원 이하의 과태료).
② 중개업자가 1월 3월을 초과하는 휴업을 하는 때에는 등록
   관청에 그 사실을 신고해야 한다(위반 시 100만원 이하의
   과태료).
③ 중개업자가 휴업을 하는 경우, 질병으로 인한 요양 등 대
   통령령이 정하는 부득이한 사유가 있는 경우를 제외하고
   는 3월 6월을 초과할 수 없다(위반시 임의적(상대적) 등록
   취소).
④ 이중소속
   휴업기간 중에 있는 중개업자는 다른 중개업자의 소속공
   인중개사가 될 수 있다. 없다.

13. 공인중개사법령상 중개계약에 관한 설명으로 **틀린** 것은?
① 중개업자는 전속중개계약을 체결한 때, 중개의뢰인이 당해 중개대상물에 관한 정보의 비공개를 요청한 경우에는 부동산거래정보망과 일간신문에 이를 공개해서는 아니 된다.
② 전속중개계약을 체결한 중개업자는 부동산거래정보망에 중개대상물의 정보를 공개할 경우 권리자의 주소, 성명을 공개해야 한다.
③ 당사자간에 다른 약정이 없는 한 전속중개계약의 유효기간은 3월로 한다.
④ 중개의뢰인은 중개업자에게 거래예정가격을 기재한 일반중개계약서의 작성을 요청할 수 있다.
⑤ 중개업자는 전속중개계약을 체결한 때에는 당해 계약서를 3년간 보존해야 한다.

14. 공인중개사법령상 중개업자의 중개대상물 확인·설명서 작성에 관한 설명으로 옳은 것은?
① 중개업자는 중개가 완성되어 거래계약서를 작성하는 때, 확인·설명사항을 서면으로 작성하여 거래당사자에게 교부하고 확인·설명서 사본을 5년간 보존해야 한다.
② 중개업자는 중개대상물의 상태에 관한 자료요구에 매도의뢰인이 불응한 경우, 그 사실을 매수의뢰인에게 설명하고 중개대상물 확인·설명서에 기재해야 한다.
③ 중개대상물 확인·설명서에는 중개업자가 서명 또는 날인하되, 당해 중개행위를 한 소속공인중개사가 있는 경우에는 소속공인중개사가 함께 서명 또는 날인해야 한다.
④ 공동중개의 경우, 중개대상물 확인·설명서에는 참여한 중개업자(소속공인중개사 포함) 중 1인이 서명·날인하면 된다.
⑤ 중개가 완성된 후 중개업자가 중개대상물 확인·설명서를 작성하여 교부하지 아니한 것만으로도 중개사무소 개설등록 취소사유에 해당한다.

15. 공인중개사법령상 비주거용 건축물 중개대상물 확인·설명서 작성시 중개업자의 세부확인사항이 <u>아닌</u> 것은?
① 벽면의 균열 유무 ② 승강기의 유무
③ 주차장의 유무   ④ 비상벨의 유무
⑤ 가스(취사용)의 공급방식

16. 공인중개사법령상 부동산거래신고에 관한 설명으로 옳은 것은?
① 부동산거래의 신고를 하려는 중개업자는 부동산거래계약 신고서에 서명 또는 날인을 하여 거래대상 부동산 소재지 관할 신고관청에 제출해야 한다.
② 중개업자가 공동으로 중개하는 경우, 부동산거래신고는 공동으로 중개한 중개업자 중 어느 1인의 명의로 해도 된다.

③ 중개대상물의 범위에 속하는 물건의 매매계약을 체결한 때에는 모두 부동산거래신고를 해야 한다.
④ 부동산거래계약 신고서의 방문 제출은 당해 거래계약을 중개한 중개업자의 위임을 받은 소속공인중개사가 대행할 수 없다.
⑤ 외국인이 대한민국 안의 토지를 취득하는 계약을 체결하였을 때, 부동산거래신고를 한 경우에도 「외국인토지법」에 따른 토지취득신고를 해야 한다.

17. 공인중개사법령상 손해배상책임의 보장에 관한 설명으로 옳은 것은?
① 중개업자의 손해배상책임을 보장하기 위한 보증보험 또는 공제 가입, 공탁은 중개사무소 개설등록신청을 할 때 해야 한다.
② 다른 법률의 규정에 따라 중개업을 할 수 있는 법인이 부동산중개업을 하는 경우 업무보증설정을 하지 않아도 된다.
③ 공제에 가입한 중개업자로서 보증기간이 만료되어 다시 보증을 설정하고자 하는 자는 그 보증기간 만료 후 15일 이내에 다시 보증을 설정해야 한다.
④ 중개업자가 손해배상책임을 보장하기 위한 조치를 이행하지 아니하고 업무를 개시한 경우 등록관청은 개설등록을 취소할 수 있다.
⑤ 보증보험금으로 손해배상을 한 경우 중개업자는 30일 이내에 보증보험에 다시 가입해야 한다.

18. 공인중개사법령상 중개업자의 금지행위에 해당하지 <u>않</u>는 것은? (다툼이 있으면 판례에 의함)
① 토지 또는 건축물의 매매를 업으로 하는 행위
② 중개의뢰인이 부동산을 단기 전매하여 세금을 포탈하려는 것을 알고도 중개업자가 이에 동조하여 그 전매를 중개한 행위
③ 공인중개사가 매도의뢰인과 서로 짜고 매도의뢰가격을 숨긴 채 이에 비하여 무척 높은 가격으로 매수의뢰인에게 부동산을 매도하고 그 차액을 취득한 행위
④ 중개업자가 소유자로부터 거래에 관한 대리권을 수여받은 대리인과 직접 거래한 행위
⑤ 매도인으로부터 매도중개의뢰를 받은 중개업자 乙의 중개로 X부동산을 매수한 중개업자 甲이, 매수중개의뢰를 받은 다른 중개업자 丙의 중개로 X부동산을 매도한 행위

13. 중개계약(공인중개사법 제22조, 23조)

② 전속중개계약을 체결한 중개업자는 부동산거래정보망(또는 일간신문)에 중개대상물의 정보를 공개할 경우 권리자의 주소, 성명을 공개해야 한다. 공개하여서는 안 된다.

임대차계약의 경우 공시가액을 공개할 수 있다.

14. 중개대상물 확인·설명(공인중개사법 제25조)

① 중개업자는 중개가 완성되어 거래계약서를 작성하는 때, 확인·설명사항을 서면으로 작성하여 거래당사자에게 교부하고 확인·설명서 사본을 5년 3년간 보존해야 한다.

③ 중개대상물 확인·설명서에는 중개업자가 서명 또는 날인 서명 및 날인하되, 당해 중개행위를 한 소속공인중개사가 있는 경우에는 소속공인중개사가 함께 서명 또는 날인 서명 및 날인해야 한다.

서명 및 날인(2)

1. 중개대상물 확인·설명서(공인중개사법 제25조)
2. 거래계약서(공인중개사법 제26조)

④ 공동중개의 경우, 중개대상물 확인·설명서에는 참여한 중개업자(소속공인중개사 포함) 중 1인어 모두 서명·날인하면 된다. 해야 한다.

⑤ 중개가 완성된 후 중개업자가 중개대상물 확인·설명서를 작성하여 교부하지 아니한 것만으로도 중개사무소 개설등록 취소 업무정지(3월) 사유에 해당한다.

15. 중개대상물의 확인·설명서(공인중개사법 제25조)

[I] (주거용 건축물), [II] (비주거용 건축물),
[III] (토지), [IV] (입목·광업재단·공장재단)

1. 기본 확인 사항
2. 세부 확인 사항

2. 세부 확인 사항	[I]	[II]	[III]	[IV]
실제 권리관계	○	○	○	○
시설상태※	○	○	×	×
벽면·바닥면·도배※	○	△	×	×
환경조건(일조·소음·진동)	○	×	×	×

※ 시설상태 중 소방시설
 - 주거용 건축물: 단독 감응형 경보기
 - 비주거용 건축물: 비상벨, 소화전

※벽면·바닥면·도배	[I]	[II]	[III]	[IV]
벽면	○	○	×	×
바닥면	○	○	×	×
도배	○	×	×	×

3. 중개보수 등에 관한 사항

③ 주차장의 유무: 기본 확인 사항

16. 부동산 거래신고 등에 관한 법률

② 중개업자가 공동으로 중개하는 경우, 부동산거래신고는 공동으로 중개한 중개업자 중 어느 1인의 명의로 해도 된다. 공동으로 해야 한다.

③ 중개대상물의 범위에 속하는 물건의 매매계약을 체결한 때에는 모두 부동산거래신고(토지, 건물, 분양권)를 해야 한다. 하는 것은 아니다.

④ 부동산거래계약 신고서의 방문 제출은 당해 거래계약을 중개한 중개업자의 위임을 받은 소속공인중개사가 대행할 수 없다. 있다.

⑤ 외국인이 대한민국 안의 토지를 취득하는 계약을 체결하였을 때, 부동산거래신고를 한 경우에도는 「외국인토지법」에 따른 토지취득신고를 해야 면제한다.

17. 손해배상책임의 보장(공인중개사법 제30조)

① 중개업자의 손해배상책임을 보장하기 위한 보증보험 또는 공제 가입, 공탁은 중개사무소 개설등록신청을 할 때 업무 개시 전에 해야 한다.

② 다른 법률의 규정에 따라 중개업을 할 수 있는 법인이 부동산중개업을 하는 경우 업무보증설정을 하지 않아도 된다. 해야 한다.

③ 공제에 가입한 중개업자로서 보증기간이 만료되어 다시 보증을 설정하고자 하는 자는 그 보증기간 만료 후 15일 이내에 만료일까지 다시 보증을 설정해야 한다.

④ 임의적(상대적) 등록취소

⑤ 보증보험금으로 손해배상을 한 경우 중개업자는 30일 15일 이내에 보증보험에 다시 가입해야 한다.

18. 금지행위(공인중개사법 제33조)

개업공인중개사: 업무정지, 임의적(상대적) 등록취소
소속공인중개사: 자격정지

1. 매매를 업으로 하는 행위
2. 무등록자와 거래, 명의대여
3. 초과 중개보수
4. 거짓 언행
5. 양도·알선 등이 금지된 부동산의 분양·임대 등과 관련 있는 증서 등의 매매·교환 등을 중개하거나 그 매매를 업으로 하는 행위
6. 직접 거래, 쌍방대리
7. 투기 조장 행위
8. 시세 교란 행위
9. 단체 구성 중개 제한

⑤ 중개업자가 중개의뢰인인 경우

19. 공인중개사법령상 중개업자 등의 교육에 관한 설명으로 **틀린** 것은?

① 실무교육과 연수교육은 시·도지사가 실시한다.

② 실무교육의 교육시간은 28시간 이상 32시간 이하이다.

③ 실무교육을 실시하려는 경우 교육실시기관은 교육일 7일 전까지 교육의 일시·장소·내용 등을 대상자에게 통지해야 한다.

④ 실무교육을 받은 중개업자 및 소속공인중개사는 실무교육을 받은 후 2년마다 12시간 이상 16시간 이하의 연수교육을 받아야 한다.

⑤ 중개보조원이 고용관계 종료 신고된 후, 1년 이내에 다시 고용신고될 경우에는 직무교육을 받지 않아도 된다.

20. 공인중개사법령상 공인중개사의 자격취소와 자격정지에 관한 설명으로 **틀린** 것은?

① 자격취소 또는 자격정지처분을 할 수 있는 자는 자격증을 교부한 시·도지사이다.

② 자격취소처분은 공인중개사를 대상으로, 자격정지처분은 소속공인중개사를 대상으로 한다.

③ 자격정지처분을 받고 그 자격정지기간 중에 중개업무를 행한 경우는 자격취소사유에 해당한다.

④ 공인중개사에 대하여 자격취소와 자격정지를 명할 수 있는 자는 자격취소 또는 자격정지 처분을 한 때에 5일 이내에 국토교통부장관에게 보고해야 한다.

⑤ 자격정지사유에는 행정형벌이 병과될 수 있는 경우도 있다.

21. 공인중개사법령상 공인중개사협회에 관한 설명으로 옳은 것은?

① 협회는 재무건전성기준이 되는 지급여력비율을 100분의 100 이상으로 유지해야 한다.

② 협회의 창립총회는 서울특별시에서는 300인 이상의 회원의 참여를 요한다.

③ 협회는 시·도에 지부를 반드시 두어야 하나, 군·구에 지회를 반드시 두어야 하는 것은 아니다.

④ 협회는 총회의 의결내용을 15일 내에 국토교통부장관에게 보고해야 한다.

⑤ 협회의 설립은 공인중개사법령의 규정을 제외하고 「민법」의 사단법인에 관한 규정을 준용하므로 설립허가주의를 취한다.

22. 공인중개사법령상 중개사무소의 개설등록을 반드시 취소해야 하는 사유가 **아닌** 것은?

① 중개업자인 법인이 해산한 경우

② 거짓된 방법으로 중개사무소의 개설등록을 한 경우

③ 이중으로 중개사무소의 개설등록을 한 경우

④ 중개업자가 다른 중개업자의 중개보조원이 된 경우

⑤ 중개업자가 천막 등 이동이 용이한 임시중개시설물을 설치한 경우

23. 공인중개사법령상 중개업자에 대한 업무정지처분을 할 수 **없는** 경우는?

① 중개업자가 등록하지 아니한 인장을 사용한 경우

② 중개업자가 최근 1년 이내에 공인중개사법에 의하여 1회의 과태료 처분을 받고 다시 과태료 처분에 해당하는 행위를 한 경우

③ 중개업자가 부동산거래정보망에 중개대상물에 관한 정보를 거짓으로 공개한 경우

④ 법인인 중개업자가 최근 1년 이내에 겸업금지 규정을 1회 위반한 경우

⑤ 중개대상물확인·설명서 사본의 보존기간을 준수하지 않은 경우

24. 공인중개사법령상 공인중개사협회의 공제사업에 관한 설명으로 옳은 것을 모두 고른 것은? (다툼이 있으면 판례에 의함)

> ㄱ. 협회의 공제규정을 제정·변경하고자 하는 때에는 국토교통부장관의 승인을 얻어야 한다.
>
> ㄴ. 위촉받아 보궐위원이 된 운영위원의 임기는 전임자 임기의 남은 기간으로 한다.
>
> ㄷ. 운영위원회의 회의는 재적위원 과반수의 찬성으로 심의사항을 의결한다.
>
> ㄹ. 협회와 중개업자간에 체결된 공제계약이 유효하게 성립하려면 공제계약 당시에 공제사고의 발생 여부가 확정되어 있지 않은 것을 대상으로 해야 한다.

① ㄱ, ㄴ   ② ㄷ, ㄹ

③ ㄱ, ㄴ, ㄹ   ④ ㄴ, ㄷ, ㄹ

⑤ ㄱ, ㄴ, ㄷ, ㄹ

19. 교육(공인중개사법 제34조)

① 실무교육(28~32시간)과 연수교육(12~16시간)은 시·도지사가 실시한다.

③ 실무교육 연수교육을 실시하려는 경우 교육실시기관은 교육일 7일 2개월 전까지 교육의 일시·장소·내용 등을 대상자에게 통지해야 한다.

실무교육·직무교육의 통지기간에 관하여는 규정된 바가 없다.

20. 공인중개사의 자격취소(공인중개사법 제35조)
소속공인중개사의 자격정지(공인중개사법 제36조)

④ 공인중개사에 대하여 자격취소와 자격정지를 명할 수 있는 자는 자격취소 또는 자격정지 처분을 한 때에 5일 이내에 국토교통부장관에게 보고해야 한다.

등록관청이 자격정지 사유를 인지한 경우에는 지체 없이 시·도지사에게 통보하여야 한다.

21. 공인중개사협회(공인중개사법 제41조)

발기인총회(300인 이상 출석)·정관작성

→ 창립총회(600인 이상 출석)·의결(과반수 동의)
(서울 100인, 광역시·도 각각 20인 이상 출석)

→ 국토교통부장관 설립인가

→ 설립등기

② 협회의 창립총회는 서울특별시에서는 300인 100인 이상의 회원의 참여를 요한다.

③ 지부·지회: 임의 설립

④ 협회는 총회의 의결내용을 15일 내에 지체 없이 국토교통부장관에게 보고해야 한다.

⑤ 협회(인가주의, 임의설립, 임의가입, 복수협회)의 설립은 공인중개사법령의 규정을 제외하고 「민법」의 사단법인에 관한 규정을 준용하므로 설립허가주의 설립인가주의를 취한다.

22. 등록의 취소(공인중개사법 제38조)

필요적(절대적) 등록취소(제1항)

1. 사망·해산

2. 부정등록

3. 결격사유

4. 이중등록

5. 이중소속

6. 공인중개사법 제15조(개업공인중개사의 고용인의 신고 등) 제3항을 위반한 중개보조원 고용

7. 업무정지기간 중 중개업무, 자격정지처분을 받은 소속공인중개사로 하여금 자격정지기간 중에 중개업무를 하게 한 경우

8. 최근 1년 이내에 공인중개사법에 의하여 2회 이상 업무정지처분을 받고 다시 업무정지처분에 해당하는 행위를 한 경우

⑤ 이중사무소: 상대적(임의적) 등록취소(제2항)

23. 개업공인중개사의 업무정지(공인중개사법 제39조)

1. 등록의 결격사유에 해당하는 자를 소속공인중개사·중개보조원으로 둔 경우

2. 인장등록 규정 위반

3. 전속중개계약 규정 위반

4. 부동산거래정보망의 지정 및 이용 규정 위반

5. 삭제

6. 중개대상물확인·설명서를 교부·보존하지 아니한 경우

7. 중개대상물확인·설명서에 서명 및 날인을 하지 아니한 경우

8. 거래계약서 규정 위반

9. 거래계약서에 서명 및 날인을 하지 아니한 경우

10. 감독상의 명령 규정 위반

11. 임의적(상대적) 등록취소사유

12. 최근 1년 이내에 이 법에 의하여 2회 이상 업무정지 또는 과태료의 처분을 받고 다시 과태료의 처분에 해당하는 행위를 한 경우

13. 「독점규제 및 공정거래에 관한 법률」 위반

14. 그 밖에 이 법 또는 이 법에 의한 명령·처분 위반

① 3월   ③ 6월   ④ 1월   ⑤ 3월

24. 공인중개사협회의 공제사업(공인중개사법 제42조)

ㄷ. 운영위원회의 회의는 재적위원 과반수의 찬성 출석으로 개의하고, 출석위원 과반수의 찬성으로 심의사항을 의결한다.

25. 공인중개사법령상 甲과 乙이 받을 수 있는 포상금의 최대 금액은?

> ○ 甲은 개설등록을 하지 아니하고 중개업을 한 A를 고발하여, A는 기소유예의 처분을 받았다
> ○ 거짓의 부정한 방법으로 중개사무소 개설등록을 한 B에 대해 甲이 먼저 신고하고 뒤이어 乙이 신고하였는데 검사가 B를 공소제기하였다.
> ○ 甲과 乙은 포상금배분에 관한 합의 없이 공동으로 공인중개사자격증을 다른 사람에게 대여한 C를 신고하였는데, 검사가 공소제기하였지만, C는 무죄판결을 받았다.
> ○ 乙은 중개사무소등록증을 대여받은 D와 E를 신고하였는데, 검사는 D를 무혐의처분, E를 공소제기하였으나 무죄판결을 받았다.
> ○ A, B, C, D, E는 甲 또는 乙의 위 신고·고발 전에 행정기관에 의해 발각되지 않았다.

① 甲: 75만원, 乙: 25만원
② 甲: 75만원, 乙: 50만원
③ 甲: 100만원, 乙: 50만원
④ 甲: 125만원, 乙: 75만원
⑤ 甲: 125만원, 乙: 100만원

26. 공인중개사법령상 국토교통부장관이 공인중개사협회의 공제사업 운영에 대하여 개선조치로서 명할 수 있는 것으로 명시되지 않은 것은?
① 자산예탁기관의 변경
② 자산의 장부가격의 변경
③ 업무집행방법의 변경
④ 공제사업의 양도
⑤ 불건전한 자산에 대한 적립금의 보유

27. 공인중개사법령상 관련 행정청에 수수료를 납부하여야 하는 사유로 명시되어 있는 것을 모두 고른 것은?

> ㄱ. 중개사무소의 개설등록 신청
> ㄴ. 분사무소 설치신고
> ㄷ. 중개사무소의 휴업 신청
> ㄹ. 공인중개사자격증의 재교부 신청

① ㄴ, ㄷ
② ㄱ, ㄴ, ㄹ
③ ㄱ, ㄷ, ㄹ
④ ㄴ, ㄷ, ㄹ
⑤ ㄱ, ㄴ, ㄷ, ㄹ

28. 공인중개사법령상 벌칙의 법정형이 같은 것끼리 모두 묶은 것은?

> ㄱ. 이중으로 중개사무소의 개설등록을 한 중개업자
> ㄴ. 중개의뢰인과 직접 거래를 한 중개업자
> ㄷ. 이동이 용이한 임시 중개시설물을 설치한 중개업자
> ㄹ. 2 이상의 중개사무소에 소속된 공인중개사
> ㅁ. 중개사무소의 개설등록을 하지 아니하고 중개업을 한 자

① ㄱ, ㄴ
② ㄱ, ㄷ, ㄹ
③ ㄱ, ㄹ, ㅁ
④ ㄴ, ㄷ, ㅁ
⑤ ㄷ, ㄹ, ㅁ

29. 공인중개사법령상 중개대상물 확인·설명서 작성방법에 관한 설명으로 옳은 것은?
① 권리관계의 '등기부기재사항'은 중개업자 기본 확인사항으로, '실제권리관계 또는 공시되지 않은 물건의 권리 사항'은 중개업자 세부 확인사항으로 구분하여 기재한다.
② '건폐율 상한 및 용적률 상한'은 중개업자 기본 확인사항으로, 토지이용계획확인서의 내용을 확인하여 적는다.
③ '거래예정금액'은 중개업자 세부 확인사항으로, 중개가 완성된 때의 거래금액을 기재한다.
④ '취득시 부담할 조세의 종류 및 세율'은 중개대상물 유형별 모든 서식에 공통적으로 기재할 사항으로 임대차의 경우에도 기재해야 한다.
⑤ 중개수수료는 법령으로 정한 요율 한도에서 중개의뢰인과 중개업자가 협의하여 결정하며, 중개수수료에는 부가가치세가 포함된 것으로 본다.

30. 공인중개사법령상 중개업자의 거래계약서 작성에 관한 설명으로 옳은 것은?
① 중개대상물 확인·설명서 교부일자는 거래계약서에 기재해야 할 사항이 아니다.
② 당해 중개행위를 한 소속공인중개사도 거래계약서를 작성할 수 있으며 이 경우, 중개업자만 서명 및 날인하면 된다.
③ 거래계약서는 국토교통부장관이 정하는 표준 서식으로 작성해야 한다.
④ 법인의 분사무소가 설치되어 있는 경우, 그 분사무소에서 작성하는 거래계약서에 분사무소의 책임자가 서명 및 날인해야 한다.
⑤ 중개업자가 거래계약서에 거래내용을 거짓으로 기재한 경우, 1년 이하의 징역 또는 1천만원 이하의 벌금에 처해진다.

25. 포상금(공인중개사법 제46조)

1. 무등록중개업자
2. 부정 등록자
3. 중개사무소등록증·공인중개사자격증을 다른 사람에게 양도·대여하거나 다른 사람으로부터 양수·대여받은 자
4. 「공인중개사법」 제18조의2(중개대상물의 표시·광고) 제3항을 위반하여 표시·광고를 한 자
5. 거래질서교란행위(개업공인중개사)를 한 자
6. 거래질서교란행위(개업공인중개사를 포함하여 누구든지)를 한 자

○ 甲신고,　　　　A기소유예: 甲50만원
○ 甲신고 후 乙신고,　B공소제기: 甲50만원
○ 甲·乙신고,　　　C무죄판결: 甲25만원, 乙25만원
○ 乙신고,　　　　D무혐의
　　　　　　　　　E공소제기: 乙50만원

26. 공인중개사협회의 공제사업 운영에 대한 개선조치
　　(공인중개사법 제42조의4)

공인중개사법 제42조의4(공제사업 운영의 개선명령)
국토교통부장관은 협회의 공제사업 운영이 적정하지 아니하거나 자산상황이 불량하여 중개사고 피해자 및 공제가입자 등의 권익을 해칠 우려가 있다고 인정하면 다음 각 호의 조치를 명할 수 있다.
　　1. 업무집행방법의 변경
　　2. 자산예탁기관의 변경
　　3. 자산의 장부가격의 변경
　　4. 불건전한 자산에 대한 적립금의 보유
　　5. 가치가 없다고 인정되는 자산의 손실 처리
　　6. 그 밖에 이 법 및 공제규정을 준수하지 아니하여 공제사업의 건전성을 해할 우려가 있는 경우 이에 대한 개선명령

27. 수수료(공인중개사법 제47조)

1. 공인중개사자격시험에 응시하는 자
2. 공인중개사자격증의 재교부를 신청하는 자
3. 중개사무소의 개설등록을 신청하는 자
4. 중개사무소등록증의 재교부를 신청하는 자
5. 분사무소설치의 신고를 하는 자
6. 분사무소설치신고확인서의 재교부를 신청하는 자

28. 벌칙(공인중개사법 제58조, 제49조)

ㄱ. ㄷ. ㄹ.
　　1년 이하의 징역 또는 1천만원 이하의 벌금

ㄴ. ㅁ.
　　3년 이하의 징역 또는 3천만원 이하의 벌금

29. 중개대상물의 확인·설명서(공인중개사법 제25조)

1. 기본 확인 사항　　　대상물건
　　　　　　　　　　권리관계
　　　　　　　　　　공법상 제한 등
　　　　　　　　　　입지조건
　　　　　　　　　　관리사항
　　　　　　　　　　비선호시설(1km 내)
　　　　　　　　　　거래예정금액 등
　　　　　　　　　　취득 관련 조세
2. 세부 확인 사항　　　실제 권리관계
　　　　　　　　　　시설상태
　　　　　　　　　　벽면·바닥면·도배
　　　　　　　　　　환경조건(일조·소음·진동)

② '건폐율 상한 및 용적률 상한'은 중개업자 기본 확인사항으로, 토지이용계획확인서 시·군조례의 내용을 확인하여 적는다.

③ '거래예정금액'은 중개업자 세부 기본 확인사항으로, 중개가 완성된 때의 거래금액 완성되기 전의 거래예정금액을 기재한다.

④ '취득시 부담할 조세의 종류 및 세율'은 중개대상물 유형별 모든 서식에 공통적으로 기재할 사항으로, 임대차의 경우에도는 기재해야 한다. 제외한다.

⑤ 중개수수료는 법령으로 정한 요율 한도에서 중개의뢰인과 중개업자가 협의하여 결정하며, 중개수수료에는 부가가치세가 포함 제외된 것으로 본다.
부가가치세는 별도로 부과할 수 있다.

30. 거래계약서(공인중개사법 제26조)

① 중개대상물 확인·설명서 교부일자는 거래계약서에 기재해야 할 사항이 아니다. 이다 (위반 시 업무정지).

② 당해 중개행위를 한 소속공인중개사도 거래계약서를 작성할 수 있으며 이 경우, 중개업자만 개업공인중개사와 소속공인중개사가 함께 서명 및 날인하면 된다. 해야 한다.

③ 거래계약서는 국토교통부장관이 정하는 표준 서식으로 작성해야 한다. 작성할 수 있다(권장 사항, 정해진 표준서식은 없다).

⑤ 중개업자가 거래계약서에 거래내용을 거짓으로 기재한 경우, 1년 이하의 징역 또는 1천만원 이하의 벌금에 처해진다. 임의적(상대적) 등록취소 사유에 해당한다.

31. 공인중개사법령상 중개업자의 부동산거래계약 신고서 작성방법에 관한 설명으로 틀린 것은?
① 거래당사자가 다수인 경우 매수인 또는 매도인의 주소란에 각자의 거래지분 비율을 표시한다.
② 거래대상 부동산의 종류가 건축물인 경우에는 「건축법 시행령」에 따른 용도별 건축물의 종류를 적는다.
③ 거래대상 면적에는 실제 거래면적을 계산하여 적되, 집합건축물의 경우 전용면적과 공용면적을 합산하여 기재한다.
④ 거래대상 거래금액란에는 둘 이상의 부동산을 함께 거래하는 경우 각각의 부동산별 거래금액을 적는다.
⑤ 중개업자의 인적 사항 및 중개사무소 개설등록에 관한 사항을 기재해야 한다.

32. 중개업자가 X시에 소재하는 주택의 면적이 3분의 1인 건축물에 대하여 매매와 임대차계약을 동시에 중개하였다. 중개업자가 甲으로부터 받을 수 있는 중개수수료의 최고한도액은?

〈계약 조건〉
  1. 계약당사자:
     甲(매도인, 임차인)과 乙(매수인, 임대인)
  2. 매매계약: 1) 매매대금: 1억원, 2) 매매계약에 대하여 합의된 중개수수료: 100만원
  3. 임대차계약: 1) 임대보증금: 3천만원, 2) 월차임: 30만원, 3) 임대기간: 2년
〈X시 중개수수료 조례 기준〉
  1. 매매대금 5천만원 이상 2억원 미만:
     상한요율 0.5%(한도액 80만원)
  2. 보증금액 5천만원 이상 1억원 미만:
     상한요율 0.4%(한도액 30만원)

① 50만원　　② 74만원　　③ 90만원
④ 100만원　　⑤ 124만원

33. 「공인중개사의 매수신청대리인 등록 등에 관한 규칙」의 내용으로 틀린 것은?
① 공인중개사는 중개사무소 개설등록을 하지 않으면 매수신청대리인 등록을 할 수 없다.
② 중개업자가 매수신청대리를 위임받은 경우 당해 매수신청대리 대상물의 경제적 가치에 대하여는 위임인에게 설명하지 않아도 된다.
③ 중개업자는 매수신청대리에 관한 수수료표와 수수료에 대하여 위임인에게 위임계약 전에 설명해야 한다.
④ 중개업자는 매수신청대리행위를 함에 있어서 매각장소 또는 집행법원에 직접 출석해야 한다.
⑤ 중개업자가 매수신청대리 업무정지처분을 받은 때에는 업무정지사실을 당해 중개사사무소의 출입문에 표시해야 한다.

34. 중개업자가 법원의 부동산경매에 관하여 의뢰인에게 설명한 내용으로 틀린 것은?
① 기일입찰에서 매수신청의 보증금액은 매수신고가격의 10분의 1로 한다
② 차순위매수신고는 그 신고액이 최고가매수신고액에서 그 보증액을 뺀 금액을 넘는 때에만 할 수 있다.
③ 매수인은 매각대금을 다 낸 때에 매각의 목적인 권리를 취득한다.
④ 가압류채권에 대항할 수 있는 전세권은 그 전세권자가 배당요구를 하면 매각으로 소멸된다.
⑤ 재매각절차에서 전(前)의 매수인은 매수신청을 할 수 없으며, 매수신청의 보증을 돌려줄 것을 요구하지 못한다.

35. 중개업자가 중개의뢰인에게 중개대상물에 관한 법률관계를 설명한 내용으로 틀린 것은? (다툼이 있으면 판례에 의함)
① 건물 없는 토지에 저당권이 설정된 후, 저당권설정자가 건물을 신축하고 저당권의 실행으로 인하여 그 토지와 지상건물이 소유자를 달리하게 된 경우에 법정지상권이 성립한다.
② 대지와 건물이 동일소유자에게 속한 경우, 건물에 전세권을 설정한 때에는 그 대지소유권의 특별승계인은 전세권설정자에 대하여 지상권을 설정한 것으로 본다.
③ 지상권자가 약정된 지료를 2년 이상 지급하지 않은 경우, 지상권설정자는 지상권의 소멸을 청구할 수 있다.
④ 지상권자가 지상물의 소유자인 경우, 지상권자는 지상권을 유보한 채 지상물 소유권만을 양도할 수 있다.
⑤ 지상권의 존속기간은 당사자가 설정행위에서 자유롭게 정할 수 있으나, 다만 최단기간의 제한이 있다.

36. 중개업자가 토지를 중개하면서 분묘기지권에 대해 설명한 내용으로 틀린 것을 모두 고른 것은? (다툼이 있으면 판례에 의함)

ㄱ. 장래의 묘소(가묘)는 분묘에 해당하지 않는다.
ㄴ. 분묘의 특성상, 타인의 승낙 없이 분묘를 설치한 경우에도 즉시 분묘기지권을 취득한다.
ㄷ. 평장되어 있어 객관적으로 인식할 수 있는 외형을 갖추고 있지 아니한 경우, 분묘기지권이 인정되지 아니한다.
ㄹ. 분묘기지권의 효력이 미치는 범위는 분묘의 기지 자체에 한정된다.

① ㄱ, ㄷ　　② ㄴ, ㄹ　　③ ㄷ, ㄹ
④ ㄱ, ㄴ, ㄷ　　⑤ ㄱ, ㄴ, ㄹ

31. 부동산 거래신고 등에 관한 법률
③ 거래대상 면적에는 실제 거래면적을 계산하여 적되, 집합건축물의 경우 전용면적과 공용면적을 합산하여을 기재한다.

집합건축물 외의 건축물(단독주택 등)의 경우 연면적을 기재한다.

32. 중개보수(공인중개사법 제32조)
주택 면적 1/3인 건축물 = 주택 외의 중개대상물
→ 0.9% 이내 협의로 결정, 조례 기준 미적용
점유개정(매매 + 임대차)
→ 매매 보수만 수취
최대한도(90만원) < 합의된 중개보수(100만원)
→ 중개보수 = 90만원

33. 공인중개사의 매수신청대리인 등록 등에 관한 규칙
② 중개업자가 매수신청대리를 위임받은 경우 당해 매수신청대리 대상물의 경제적 가치에 대하여는 위임인에게 설명하지 않아도 된다. 설명해야 한다.
매수신청대리 위임 전 설명: 보수
매수신청대리 위임 후 설명
 - 대상물의 표시 및 권리관계
 - 대상물의 경제적 가치 및 제한사항
 - 매수인이 부담·인수해야 할 권리 등의 사항

34. 민사집행법
① 기일입찰에서 매수신청의 보증금액은 매수신고가격 최저매각가격의 10분의 1로 한다
② 최고가매수신고액 - 매수신청 보증금액
< 차순위매수 신고금액
③ 등기 없이 소유권 취득(민법 제187조)

35. 특별규정: 민법 제366조(법정지상권)
※ 저당권 설정 당시   ① 건물 존재
② 토지·건물 소유자 동일
일반규정: 관습법상의 법정지상권
① 토지·건물 소유자 동일
② (사유 불문) 토지·건물 소유자 달라짐
③ 배제 특약 부재
특별규정 해당× → 일반규정 해당×
① 건물 없는 토지에 저당권이 설정된 후, 저당권설정자가 건물을 신축하고 저당권의 실행으로 인하여 그 토지와 지상건물이 소유자를 달리하게 된 경우에 법정지상권이 성립한다. 성립하지 않는다.
일괄경매청구권(← 법정지상권×)은 행사할 수 있다.

36. 분묘기지권
ㄴ. 분묘의 특성상, 타인의 승낙 없이 분묘를 설치한 경우에도는 즉시 20년간 평온·공연하게 분묘의 기지를 점유하는 경우 분묘기지권을 취득한다.
ㄷ. 평장(= 평분)되어 있어 객관적으로 인식할 수 있는 외형을 갖추고 있지 아니한 경우, 분묘기지권(봉분 ≒ 공시방법)이 인정되지 아니한다.
ㄹ. 분묘기지권의 효력이 미치는 범위는 분묘의 기지 자체에 한정된다. 뿐 아니라 수호·봉사에 필요한 범위까지 포함한다.

37. 공인중개사가 중개행위를 하면서 부동산 실권리자명의 등기에 관한 법령에 대하여 설명한 내용으로 옳은 것은?

① 위법한 명의신탁약정에 따라 수탁자명의로 등기한 명의신탁자는 5년 이하의 징역 또는 2억원 이하의 벌금에 처한다.

② 무효인 명의신탁약정에 따라 수탁자명의로 등기한 명의신탁자에게 해당 부동산 가액의 100분의 30에 해당하는 확정금액의 과징금을 부과한다.

③ 위법한 명의신탁의 신탁자라도 이미 실명등기를 하였을 경우에는 과징금을 부과하지 않는다.

④ 명의신탁을 이유로 과징금을 부과받은 자에게 과징금부과일부터 부동산평가액의 100분의 20에 해당하는 금액을 매년 이행강제금으로 부과한다.

⑤ 종교단체의 명의로 그 산하조직이 보유한 부동산에 관한 물권을 등기한 경우, 그 등기는 언제나 무효이다.

38. 중개업자가 중개의뢰인에게 임대차의 존속기간 등과 관련하여 설명한 내용으로 틀린 것은?

① 「민법」상 임대차의 최단존속기간에 관한 규정은 없다.

② 「민법」상 임대차계약의 갱신 횟수를 제한하는 규정은 없다.

③ 「주택임대차보호법」상 임대차기간이 끝난 경우에도 임차인이 보증금을 반환받을 때까지 임대차관계가 존속되는 것으로 본다.

④ 「주택임대차보호법」상 임대차의 최단존속기간은 2년이나 임차인은 2년 미만으로 정한 기간이 유효함을 주장할 수 있다.

⑤ 「민법」상 존속기간의 약정이 없는 토지임대차에서 임차인이 계약해지의 통고를 하면, 임대인이 해지통고를 받은 날부터 6월이 경과해야 해지의 효력이 발생한다.

39. 주택임대차계약에 대하여 중개업자가 중개의뢰인에게 설명한 내용으로 틀린 것을 모두 고른 것은? (다툼이 있으면 판례에 의함)

> ㄱ. 임차인이 주택의 인도를 받고 주민등록을 마친 날과 제3자의 저당권설정 등기일이 같은 날이면 임차인은 저당권의 실행으로 그 주택을 취득한 매수인에게 대항하지 못한다.
>
> ㄴ. 임차인이 임차권등기를 통하여 대항력을 가지는 경우, 임차주택의 양수인은 임대인의 지위를 승계한 것으로 본다.
>
> ㄷ. 소액임차인의 최우선변제권은 주택가액(대지가액 포함)의 3분의 1에 해당하는 금액까지만 인정된다.
>
> ㄹ. 주택임대차계약이 묵시적으로 갱신된 경우, 임대인은 언제든지 임차인에게 계약해지를 통지할 수 있다.

① ㄱ, ㄴ   ② ㄴ, ㄹ   ③ ㄷ, ㄹ
④ ㄱ, ㄴ, ㄷ   ⑤ ㄱ, ㄷ, ㄹ

40. 중개업자가 상가건물임대차보호법의 적용을 받는 상가건물의 임대차를 중개하면서 의뢰인에게 설명한 내용으로 옳은 것은?

① 상가건물의 임대차를 등기한 때에는 그 다음날부터 제3자에 대하여 효력이 생긴다.

② 임차인은 대항력과 확정일자를 갖춘 경우, 경매에 의해 매각된 임차건물을 양수인에게 인도하지 않더라도 배당에서 보증금을 수령할 수 있다.

③ 임대차 기간을 6월로 정한 경우, 임차인은 그 유효함을 주장할 수 없다.

④ 임대차가 묵시적으로 갱신된 경우, 그 존속기간은 임대인이 그 사실을 안 때로부터 1년으로 본다.

⑤ 임대인의 동의를 받고 전대차계약을 체결한 전차인은 임차인의 계약갱신요구권 행사기간 이내에 임차인을 대위하여 임대인에게 계약갱신요구권을 행사할 수 있다.

37. 부동산 실권리자명의 등기에 관한 법률

② 무효인 명의신탁약정에 따라 수탁자명의로 등기한 명의신탁자에게 해당 부동산 가액의 100분의 30에 해당하는 확정금액의 금액의 범위에서 과징금을 부과한다.

③ 위법한 명의신탁의 신탁자라도는 이미 실명등기를 하였을 경우에는~~는~~라도 과징금을 부과하지 않는다. 행정형벌과 과징금의 부과대상이 된다.

등기 시점 부동산가액을 기준으로 과징금을 부과한다.

④ 명의신탁을 이유로 과징금을 부과받은 자에게 과징금부과일부터 부동산평가액의 100분의 ~~20~~ 10/100에 해당하는 금액을 매년 이행강제금으로 부과한다. 1년이 지난 때에도 이행하지 아니한 경우, 다시 20/100에 해당하는 금액을 이행강제금으로 부과한다.

⑤ 종교단체의 명의로 그 산하조직이 보유한 부동산에 관한 물권을 등기한 경우, 그 등기는 언제나 무효이다. 조세포탈, 강제집행 면탈 또는 법령상의 제한 회피를 목적으로 하는 경우가 아니라면 명의신탁약정의 효력이 인정되고 명의수탁자로의 등기이전도 유효하다.

38. 임대차

④ 편면적 강행규정

⑤ 「민법」상 존속기간의 약정이 없는 토지임대차에서 임차인이 계약해지의 통고를 하면, 임대인이 해지통고를 받은 날부터 ~~6월~~ 1월이 경과해야 해지의 효력이 발생한다.

임차인이 해지통고를 받은 날부터 6월이 경과해야 해지의 효력이 발생한다.

> 민법 제635조(기간의 약정없는 임대차의 해지통보)
> ① 임대차기간의 약정이 없는 때에는 당사자는 언제든지 계약해지의 통고를 할 수 있다.
> ② 상대방이 전항의 통고를 받은 날로부터 다음 각 호의 기간이 경과하면 해지의 효력이 생긴다.
> 　1. 토지, 건물 기타 공작물에 대하여는 임대인이 해지를 통고한 경우에는 6월, 임차인이 해지를 통고한 경우에는 1월
> 　2. 동산에 대하여는 5일

39. 주택임대차보호법

ㄱ. 대항요건(주택의 인도 + 주민등록)을 갖춘 날의 다음 날 0시에 우선변제권을 취득한다.

ㄷ. 소액임차인의 최우선변제권은 주택가액(대지가액 포함)의 ~~3분의 1~~ 2분의 1에 해당하는 금액까지만 인정된다.

ㄹ. 주택임대차계약이 묵시적으로 갱신된 경우, ~~임대인~~ 임차인은 언제든지 ~~임차인~~ 임대인에게 계약해지를 통지할 수 있다.

임대인이 통지를 받은 날부터 3개월이 경과하면 계약해지의 효력이 발생한다.

40. 상가건물 임대차보호법

> 상가건물 임대차보호법 제10조(계약의 갱신요구 등)
> ① 임대인은 임차인이 임대차기간이 만료되기 전부터 1개월 전까지 사이에 계약갱신을 요구할 경우 정당한 사유 없이 거절하지 못한다.
> ④ 임대인이 제1항의 기간 이내에 임차인에게 갱신 거절의 통지 또는 조건 변경의 통지를 하지 아니한 경우에는 그 기간이 만료된 때에 전 임대차와 동일한 조건으로 다시 임대차한 것으로 본다. 이 경우에 임대차의 존속기간은 1년으로 본다.

① 상가건물의 임대차를 등기한 때에는 그 다음날부터 제3자에 대하여 효력이 생긴다.

② 임차인은 대항력과 확정일자를 갖춘 경우, 경매에 의해 매각된 임차건물을 양수인에게 인도하지 않더라도 ~~않으면~~ 배당에서 보증금을 수령할 수 ~~있다~~ 없다.

③ 임대차 기간을 6월로 정한 경우, 임차인은 그 유효함을 주장할 수 ~~없다~~ 있다.

④ 임대차가 묵시적으로 갱신된 경우, 그 존속기간은 ~~임대인이 그 사실을 안 때로~~ 묵시적 갱신 시점부터 1년으로 본다.

41. 국토의 계획 및 이용에 관한 법령상 기반시설 중 방재시설에 해당하지 <u>않는</u> 것은?

① 하천　　　② 유수지　　　③ 하수도

④ 사방설비　　　⑤ 저수지

42. 국토의 계획 및 이용에 관한 법령상 건폐율의 최대한도가 큰 용도지역부터 나열한 것은? (단, 조례는 고려하지 않음)

| ㄱ. 제2종전용주거지역　　　ㄴ. 제1종일반주거지역 |
| ㄷ. 준공업지역　　　　　　　ㄹ. 계획관리지역 |

① ㄱ-ㄴ-ㄹ-ㄷ　　② ㄴ-ㄱ-ㄷ-ㄹ　　③ ㄴ-ㄷ-ㄹ-ㄱ

④ ㄷ-ㄱ-ㄹ-ㄴ　　⑤ ㄷ-ㄴ-ㄱ-ㄹ

43. 국토의 계획 및 이용에 관한 법령상 세분된 용도지구의 정의로 <u>틀린</u> 것은?

① 시가지경관지구: 주거지역의 양호한 환경조성과 시가지의 도시경관을 보호하기 위하여 필요한 지구

② 중심지미관지구: 토지의 이용도가 높은 지역의 미관을 유지 관리하기 위하여 필요한 지구

③ 역사문화미관지구: 문화재·전통사찰 등 역사·문화적으로 보존가치가 큰 시설 및 지역의 보호와 보존을 위하여 필요한 지구

④ 주거개발진흥지구: 주거기능을 중심으로 개발·정비할 필요가 있는 지구

⑤ 복합개발진흥지구: 주거기능, 공업기능, 유통·물류기능 및 관광·휴양기능 중 2 이상의 기능을 중심으로 개발·정비할 필요가 있는 지구

44. 국토의 계획 및 이용에 관한 법령상 공동구에 관한 설명으로 <u>틀린</u> 것은?

① 사업시행자는 공동구의 설치공사를 완료한 때에는 지체 없이 공동구에 수용할 수 있는 시설의 종류와 공동구 설치 위치를 일간신문에 공시하여야 한다.

② 공동구 점용예정자는 공동구에 수용될 시설을 공동구에 수용함으로써 용도가 폐지된 종래의 시설은 사업시행자가 지정하는 기간 내에 철거하여야 하고, 도로는 원상으로 회복하여야 한다.

③ 사업시행자는 공동구의 설치가 포함되는 개발사업의 실시계획인가 등이 있은 후 지체 없이 공동구 점용예정자에게 부담금의 납부를 통지하여야 한다.

④ 공동구관리자가 공동구의 안전 및 유지관리계획을 변경하려면 미리 관계 행정기관의 장과 협의한 후 공동구협의회의 심의를 거쳐야 한다.

⑤ 공동구관리자는 매년 1월 1일을 기준으로 6개월에 1회 이상 공동구의 정기점검을 실시하여야 한다.

45. 국토의 계획 및 이용에 관한 법령상 매수의무자인 지방자치단체가 매수청구를 받은 장기미집행 도시·군계획시설 부지 중 지목이 대(垈)인 토지를 매수할 때에 관한 설명으로 <u>틀린</u> 것은?

① 토지 소유자가 원하면 도시·군계획시설채권을 발행하여 매수대금을 지급할 수 있다.

② 도시·군계획시설채권의 상환기간은 10년 이내에서 정해진다.

③ 매수 청구된 토지의 매수가격·매수절차 등에 관하여 「국토의 계획 및 이용에 관한 법률」에 특별한 규정이 있는 경우 외에는 「공익사업을 위한 토지 등의 취득 및 보상에 관한 법률」을 준용한다.

④ 비업무용 토지로서 매수대금이 2천만원을 초과하는 경우, 매수의무자는 그 초과하는 금액에 대해서 도시·군계획시설채권을 발행하여 지급할 수 있다.

⑤ 매수의무자가 매수하기로 결정한 토지는 매수 결정을 알린 날부터 2년 이내에 매수하여야 한다.

46. 국토의 계획 및 이용에 관한 법령상 도시지역에서 기반시설을 설치하는 경우 도시·군관리계획으로 결정하여야 하는 것은?

① 전세버스운송사업용 여객자동차터미널

② 광장 중 건축물부설광장

③ 변전소

④ 대지면적이 400제곱미터인 도축장

⑤ 폐기물처리시설 중 재활용시설

47. 국토의 계획 및 이용에 관한 법령상 자연취락지구 안에 건축할 수 있는 건축물에 해당하지 <u>않는</u> 것은? (단, 4층 이하의 건축물에 한하고 조례는 고려하지 않음)

① 단독주택　　　　　　② 노래연습장

③ 축산업용 창고　　　　④ 방송국

⑤ 정신병원

41. 기반시설(7)
   1. 교통시설
      도로·철도·항만·공항·주차장·자동차 정류장·궤도·
      차량(자동차 및 건설기계) 검사 및 면허시설
   2. 공간시설
      광장·공원·녹지·유원지·공공용지
   3. 유통·공급시설
      유통업무설비, 수도·전기·가스·열공급설비, 방송·통
      신시설, 공동구·시장, 유류저장 및 송유설비
   4. 공공·문화체육시설
      학교·공공청사·문화시설·공공필요성이 인정되는 체
      육시설·연구시설·사회복지시설·공공직업훈련시설·
      청소년수련시설
   5. 방재시설
      하천·유수지·저수지·방화설비·방풍설비·방수설비·
      사방설비·방조설비
   6. 보건위생시설
      장사시설·도축장·종합의료시설
   7. 환경기초시설
      하수도·폐기물처리 및 재활용시설·빗물저장 및 이용
      시설·수질오염방지시설·폐차장

42. 건폐율의 최대한도

제1종 전용주거지역	50%
ㄱ. 제2종 전용주거지역	50%
ㄴ. 제1종 일반주거지역	60%
제2종 일반주거지역	60%
제3종 일반주거지역	50%
준주거지역	70%
전용공업지역	70%
일반공업지역	70%
ㄷ. 준공업지역	70%
보전관리지역	20%
생산관리지역	20%
ㄹ. 계획관리지역	40%

43. 세분 용도지구
② ③ 미관지구: 2018년 경관지구로 통합
③ 역사문화미관지구 역사문화환경보호지구: 문화재·전통
사찰 등 역사·문화적으로 보존가치가 큰 시설 및 지역의
보호와 보존을 위하여 필요한 지구

44. 공동구(utility-pipe conduit)
① 사업시행자는 공동구의 설치공사를 완료한 때에는 지체
없이 공동구에 수용할 수 있는 시설의 종류와 공동구 설치
위치를 일간신문에 공시하여야 한다. 공동구 점용예정자
에게 개별적으로 통지해야 한다.

45. 도시·군계획시설 부지의 매수청구
④ (ⓐ 토지소유자가 원하는 경우와) ⓑ 비업무용 토지(또는
부재 부동산 소유자 토지)로서 매수대금이 2천만원 3천만
원을 초과하는 경우, 매수의무자는 그 초과하는 금액에 대
해서 도시·군계획시설채권을 발행하여 지급할 수 있다.
⑤ 매수청구 후 6월 내 매수 여부 결정

46. 기반시설의 설치
도시지역 또는 지구단위계획구역에서 다음의 기반시설
을 설치하고자 하는 경우에는 도시·군관리계획으로 결정
하지 않아도 된다.
   1. 주차장, 차량 검사 및 면허시설, 공공공지, 열공급설
      비, 방송·통신시설, 시장·공공청사·문화시설·공공
      필요성이 인정되는 체육시설·연구시설·사회복지시
      설·공공직업훈련시설·청소년수련시설·저수지·방
      화설비·방풍설비·방수설비·사방설비·방조설비·
      장사시설·종합의료시설·빗물저장 및 이용시설·폐
      차장
   2. 「도시공원 및 녹지 등에 관한 법률」의 규정에 의하여
      점용허가대상이 되는 공원 안의 기반시설
   3. 그 밖에 국토교통부령으로 정하는 시설(전세버스 운
      송사업용 여객자동차터미널, 광장 중 건축물 부설광
      장, 대지면적이 500㎡ 미만인 도축장, 폐기물처리 및
      재활용시설 중 재활용시설 등)

47. 자연취락지구 안에 건축할 수 있는 건축물
   집단취락지구: 개발제한구역 내
   자연취락지구: 녹지·관리·농림·자연환경보전지역 내
① 단독주택
② 노래연습장
③ 축산업용 창고
④ 방송국
⑤ 정신병원

48. 국토의 계획 및 이용에 관한 법령상 토지거래계약허가구
역의 지정에 관한 설명으로 틀린 것은?

① 허가구역이 둘 이상의 시의 관할 구역에 걸쳐 있는 경우
국토교통부장관이 지정한다.

② 시·도지사는 지정기간이 끝나는 허가구역을 계속하여 다
시 허가구역으로 지정하려면 시·도도시계획위원회의 심의
전에 미리 시장·군수 또는 구청장의 의견을 들어야 한다.

③ 허가구역지정 공고내용의 통지를 받은 시장·군수 또는 구
청장은 지체 없이 그 공고 내용을 그 허가구역을 관할하는
등기소의 장에게 통지하여야 한다.

④ 허가구역의 지정은 허가구역의 지정을 공고한 날부터 5일
후에 그 효력이 발생한다.

⑤ 국토교통부장관은 허가구역의 지정 사유가 없어졌다고
인정되면 중앙도시계획위원회의 심의를 거치지 않고 허
가구역의 지정을 해제할 수 있다.

49. 국토의 계획 및 이용에 관한 법령상 건축물별 기반시설
유발계수가 다음 중 가장 높은 것은?

① 제1종 근린생활시설　　② 공동주택
③ 의료시설　　　　　　　④ 업무시설
⑤ 숙박시설

50. 국토의 계획 및 이용에 관한 법령상 기반시설부담구역
등에 관한 설명으로 옳은 것은?

① 기반시설부담구역은 개발밀도관리구역과 중첩하여 지정
될 수 있다.

②「고등교육법」에 따른 대학은 기반시설부담구역에 설치가
필요한 기반시설에 해당한다.

③ 기반시설설치비용은 현금 납부를 원칙으로 하되, 부과대상
토지 및 이와 비슷한 토지로 하는 납부를 인정할 수 있다.

④ 기반시설부담구역으로 지정된 지역에 대해 개발행위허가
를 제한하였다가 이를 연장하기 위해서는 중앙도시계획
위원회의 심의를 거쳐야 한다.

⑤ 기반시설부담구역의 지정고시일부터 2년이 되는 날까지
기반시설설치계획을 수립하지 아니하면 그 2년이 되는 날
의 다음날에 구역의 지정은 해제된 것으로 본다.

51. 국토의 계획 및 이용에 관한 법령상 개발행위의 허가에
관한 설명으로 틀린 것은?

① 개발행위허가를 받은 사업면을 5퍼센트 범위 안에서 확
대 또는 축소하는 경우에는 변경허가를 받지 않아도 된다.

② 허가권자가 개발행위허가를 하면서 환경오염 방지 등의
조치를 할 것을 조건으로 붙이려는 때에는 미리 개발행위
허가를 신청한 자의 의견을 들어야 한다.

③ 개발행위허가의 신청 내용이 성장관리방안의 내용에 어
긋나는 경우에는 개발행위허가를 하여서는 아니된다.

④ 자연녹지지역에서는 도시계획위원회의 심의를 통하여 개
발행위허가의 기준을 강화 또는 완화하여 적용할 수 있다.

⑤ 건축물 건축에 대해 개발행위허가를 받은 자가 건축을 완
료하고 그 건축물에 대해 「건축법」상 사용승인을 받은 경
우에는 따로 준공검사를 받지 않아도 된다.

52. 국토의 계획 및 이용에 관한 법령상 지구단위계획 및 지
구단위계획구역에 관한 설명으로 틀린 것은?

① 주민은 도시·군관리계획의 입안권자에게 지구단위계획의
변경에 관한 도시·군관리계획의 입안을 제안할 수 있다.

② 개발제한구역에서 해제되는 구역 중 계획적인 개발 또는
관리가 필요한 지역은 지구단위계획구역으로 지정될 수
있다.

③ 시장 또는 군수가 입안한 지구단위계획의 수립·변경에 관
한 도시·군관리계획은 해당 시장 또는 군수가 직접 결정
한다.

④ 지구단위계획의 수립기준은 시·도지사가 국토교통부장
관과 협의하여 정한다.

⑤ 도시지역 외의 지역으로서 용도지구를 폐지하고 그 용도
지구에서의 행위 제한 등을 지구단위계획으로 대체하려
는 지역은 지구단위계획구역으로 지정될 수 있다.

- -

53. 도시개발법령상 도시개발사업의 실시계획에 관한 설명
으로 틀린 것은?

① 도시개발사업에 관한 실시계획에는 지구단위계획이 포함
되어야 한다.

② 시·도지사가 실시계획을 작성하는 경우 국토교통부장관
의 의견을 미리 들어야 한다.

③ 실시계획인가신청서에는 축척 2만 5천분의 1 또는 5만분
의 1의 위치도가 첨부되어야 한다.

④ 관련 인·허가 등의 의제를 받으려는 자는 실시계획의 인
가를 신청하는 때에 해당 법률로 정하는 관계 서류를 함께
제출하여야 한다.

⑤ 지정권자가 아닌 시행자가 실시계획의 인가를 받은 후, 사
업비의 100분의 10의 범위에서 사업비를 증액하는 경우
지정권자의 인가를 받지 않아도 된다.

48. 토지거래계약허가구역의 지정

    2016년「부동산 거래신고 등에 관한 법률」로 이전

① 허가구역이 둘 이상의 시의 관할 구역에 걸쳐 있는 경우 국토교통부장관이 지정한다 (지정할 수 있다).

⑤ 국토교통부장관은 허가구역의 지정 사유가 없어졌다고 인정되면 중앙도시계획위원회의 심의를 거치지 않고 허가구역의 지정을 해제할 수 있다. <u>해제하여야 한다.</u>

49. 기반시설유발계수

    1. 위락시설 (2.1)

    2. 관광휴게시설 (1.9)

    3. 제2종 근린생활시설 (1.6)

① 제1종 근린생활시설　　　　1.3

② 공동주택　　　　　　　　　0.7

③ 의료시설　　　　　　　　　0.9

④ 업무시설　　　　　　　　　0.7

⑤ 숙박시설　　　　　　　　　1.0

50. 기반시설부담구역

    지정: 특별시장·광역시장·특별자치시장·특별자치도지사·시장·군수

① 기반시설부담구역은 개발밀도관리구역과 중첩하여 지정될 수 있다. <u>없다.</u>

②「고등교육법」에 따른 대학은 기반시설부담구역에 설치가 필요한 기반시설에 해당한다. <u>해당하지 않는다.</u>

④ 기반시설부담구역으로 지정된 지역에 대해 개발행위허가를 제한(중앙도시계획위원회 심의)하였다가 이를 연장하기 위해서는 중앙도시계획위원회의 심의를 거쳐야 한다. <u>거치지 않는다.</u>

⑤ 기반시설부담구역의 지정고시일부터 2년 <u>1년</u>이 되는 날까지 기반시설설치계획을 수립하지 아니하면 그 2년 <u>1년</u>이 되는 날의 다음 날에 구역의 지정은 해제된 것으로 본다.

51. 개발행위의 허가

① 개발행위허가를 받은 사업면적을 5퍼센트 범위 안에서 확대(변경허가) 또는 축소하는 경우에는 변경허가를 받지 않아도 된다.

③ 성장관리방안 ― 2021년→ 성장관리계획

④ 유보용도지역(자연녹지지역, 계획관리지역, 생산관리지역)에서는 도시계획위원회의 심의를 통하여 개발행위허가의 기준을 강화 또는 완화하여 적용할 수 있다.

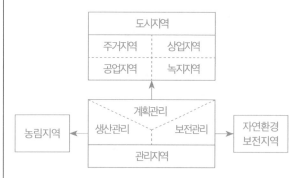

용도지역

- 시가화용도지역

    도시지역 - 주거지역, 상업지역, 공업지역

- 유보용도지역

    도시지역 - 녹지지역 - 자연녹지지역

    관리지역 - 계획관리지역, 생산관리지역

- 보전용도지역

    도시지역 - 녹지지역 - 보전녹지·생산녹지지역

    농림지역

    자연환경보전지역

    관리지역 - 보전관리지역

52. 지구단위계획 및 지구단위계획구역

④ 지구단위계획의 수립기준은 <s>시·도지사가 국토교통부장관과 협의하여</s> 국토교통부장관이 정한다.

⑤ 주민 제안 가능

- -

53. 도시개발사업의 실시계획

② 시·도지사가 실시계획을 작성하는 경우 국토교통부장관·시장·군수·구청장의 의견을 미리 들어야 한다.

⑤ 지정권자가 아닌 시행자가 실시계획의 인가를 받은 후, 사업비의 100분의 10의 범위에서 사업비를 증액하는 경우(경미한 사항) 지정권자의 인가를 받지 않아도 된다.

54. 도시개발법령상 원형지의 공급과 개발에 관한 설명으로 **틀린** 것은?
① 원형지를 공장 부지로 직접 사용하는 자는 원형지개발자가 될 수 있다.
② 원형지는 도시개발구역 전체 토지 면적의 3분의 1 이내의 면적으로만 공급될 수 있다.
③ 원형지 공급 승인신청서에는 원형지 사용조건에 관한 서류가 첨부되어야 한다.
④ 원형지 공급가격은 개발계획이 반영된 원형지의 감정가격으로 한다.
⑤ 지방자치단체가 원형지개발자인 경우 원형지 공사완료공고일부터 5년이 경과하기 전에도 원형지를 매각할 수 있다.

55. 도시개발법령상 도시개발사업의 시행에 관한 설명으로 **틀린** 것은?
① 도시개발사업의 시행자는 도시개발구역의 지정권자가 지정한다.
② 사업시행자는 도시개발사업의 일부인 도로, 공원 등 공공시설의 건설을 지방공사에 위탁하여 시행할 수 있다.
③ 조합을 설립하려면 도시개발구역의 토지 소유자 7명 이상이 정관을 작성하여 지정권자에게 조합설립의 인가를 받아야 한다.
④ 조합설립 인가신청을 위한 동의자 수 산정에 있어 도시개발구역의 토지면적은 국공유지를 제외하고 산정한다.
⑤ 사업시행자가 도시개발사업에 관한 실시계획의 인가를 받은 후 2년 이내에 사업을 착수하지 아니하는 경우 지정권자는 시행자를 변경할 수 있다.

56. 도시개발법령상 도시개발구역의 지정에 관한 설명으로 **틀린** 것은?
① 서울특별시와 광역시를 제외한 인구 50만 이상의 대도시의 시장은 도시개발구역을 지정할 수 있다.
② 자연녹지지역에서 도시개발구역으로 지정할 수 있는 규모는 3만 제곱미터 이상이어야 한다.
③ 계획관리지역에 도시개발구역을 지정할 때에는 도시개발구역을 지정한 후에 개발계획을 수립할 수 있다.
④ 지정권자가 도시개발사업을 환지방식으로 시행하려고 개발계획을 수립하는 경우 사업시행자가 지방자치단체이면 토지 소유자의 동의를 받을 필요가 없다.
⑤ 군수가 도시개발구역의 지정을 요청하려는 경우 주민이나 관계전문가 등으로부터 의견을 들어야 한다.

57. 도시개발법령상 환지방식의 사업시행에 관한 설명으로 **옳은** 것은? (단, 사업시행자는 행정청이 아님)
① 사업시행자가 환지계획을 작성한 경우에는 특별자치도지사, 시·도지사의 인가를 받아야 한다.
② 환지로 지정된 토지나 건축물을 금전으로 청산하는 내용으로 환지계획을 변경하는 경우에는 변경인가를 받아야 한다.
③ 토지 소유자의 환지 제외 신청이 있더라도 해당 토지에 관한 임차권자 등이 동의하지 않는 경우에는 해당 토지를 환지에서 제외할 수 없다.
④ 환지예정지의 지정이 있으면 종전의 토지에 대한 임차권 등은 종전의 토지에 대해서는 물론 환지예정지에 대해서도 소멸한다.
⑤ 환지계획에서 환지를 정하지 아니한 종전의 토지에 있던 권리는 환지처분이 공고된 날의 다음 날이 끝나는 때에 소멸한다.

58. 도시개발법령상 도시개발사업조합의 조합원에 관한 설명으로 **옳은** 것은?
① 조합원은 도시개발구역 내의 토지의 소유자 및 저당권자로 한다.
② 의결권이 없는 조합원도 조합의 임원이 될 수 있다.
③ 조합원으로 된 자가 금고 이상의 형의 선고를 받은 경우에는 그 사유가 발생한 다음 날부터 조합원의 자격을 상실한다.
④ 조합원은 도시개발구역 내에 보유한 토지면적에 비례하여 의결권을 가진다.
⑤ 조합원이 정관에 따라 부과된 부과금을 체납하는 경우, 조합은 특별자치도지사·시장·군수 또는 구청장에게 그 징수를 위탁할 수 있다.

---

59. 도시 및 주거환경정비법령상 주택재개발사업 조합의 설립을 위한 동의자수 산정 시, 다음에서 산정되는 토지 등 소유자의 수는? (단, 권리관계는 제시된 것만 고려하며 토지는 정비구역 안에 소재함)

○ A, B, C 3인이 공유한 1필지 토지에 하나의 주택을 단독 소유한 D
○ 3 필지의 나대지를 단독 소유한 E
○ 1필지의 나대지를 단독 소유한 F와 그 나대지에 대한 지상권자 G

① 3명   ② 4명   ③ 5명   ④ 7명   ⑤ 9명

54. 원형지의 공급과 개발

④ 원형지 공급가격은 개발계획이 반영된 원형지의 감정가격으로 한다. 감정가격에 시행자가 원형지에 설치한 기반시설 등의 공사비를 더한 금액을 기준으로 시행자와 원형지 개발자가 협의하여 결정한다.

⑤ 지방자치단체가 원형지개발자인 경우, ~~원형지 매각 제한~~ (공급계약일로부터 10년, 공사완료공고일로부터 5년)이 없다.

55. 도시개발사업의 시행

④ 조합설립 인가신청을 위한 동의자 수 산정에 있어 도시개발구역의 토지면적은 국공유지를 제외하고 포함하여 산정한다.

56. 도시개발구역 지정

도시지역 내
- 주거지역·상업지역: 1만㎡ 이상
- 공업지역   3만㎡ 이상
- 자연녹지지역: 1만㎡ 이상
- 생산녹지지역: 1만㎡ 이상
도시지역 외   30만㎡ 이상
- 아파트·연립주택 건설계획이 포함된 경우로서 일정
  요건을 갖춘 경우: 10만㎡ 이상
- 보전녹지지역: 도시개발구역 지정 불가

② 자연녹지지역에서 도시개발구역으로 지정할 수 있는 규모는 3만 1만 제곱미터 이상이어야 한다.

57. 환지방식의 사업시행

① 사업시행자가 환지계획을 작성한 경우에는 특별자치도지사, 시·도지사 시장·군수·구청장의 인가를 받아야 한다.

② 환지로 지정된 토지나 건축물을 금전으로 청산하는 내용으로 환지계획을 변경하는 경우에는 (경미한 사항) 변경인가를 받아야 한다. 받지 않아도 된다.

④ 환지예정지의 지정(사용·수익권 이전: 종전 토지 → 환지예정지)이 있으면, 종전의 토지에 대한 임차권 등은 종전의 토지에 대해서는 물론 환지예정지에 대해서도 소멸한다.
종전의 토지를 사용·수익할 수 없고 환지예정지는 사용·수익할 수 있다.

⑤ 환지계획에서 환지를 정하지 아니한 종전의 토지에 있던 권리는 환지처분이 공고된 날의 다음 날이 끝나는 때에 소멸한다.

58. 도시개발사업조합(전부 환지방식)

① 조합원은 도시개발구역 내의 토지의 소유자 및 ~~저당권자~~로 한다.

② 의결권이 없는 조합원도 조합의 임원이 될 수 있다. 없다.

③ 조합원으로 된 자가 금고 이상의 형의 선고를 받은 경우에는 그 사유가 발생한 다음 날부터 조합원의 자격을 상실한다. 상실하지 않는다.
조합 임원의 경우에는 그 자격을 상실한다.

④ 조합원은 도시개발구역 내에 보유한 토지면적에 ~~비례하여~~ 관계없이 평등한 의결권을 가진다.

⑤ 징수 위탁 수수료 4%

---

59. 주택재개발사업 조합의 설립

- 대상자: 토지소유자, 건물소유자, 지상권자
- 토지등소유자의 수(동의자 수 산정)

수 개 소유 1인: 1인
공유: 1인
지상권 - 대표자(소유자, 지상권자 중):   1인

○ A, B, C 중 1인, D 1인

○ E 1인

○ F와 G 중 1인

60. 도시 및 주거환경정비법령상 사업시행계획 등에 관한 설명으로 **틀린** 것은?

① 시장·군수는 도시환경정비사업의 시행자가 지정개발자인 경우 시행자로 하여금 정비사업비의 100분의 30의 금액을 예치하게 할 수 있다.

② 사업시행계획서에는 사업시행기간 동안의 정비구역 내 가로등 설치, 폐쇄회로 텔레비전 설치 등 범죄예방대책이 포함되어야 한다.

③ 시장·군수는 사업시행인가를 하고자 하는 경우 정비구역으로부터 200미터 이내에 교육시설이 설치되어 있는 때에는 해당 지방자치단체의 교육감 또는 교육장과 협의하여야 한다.

④ 시장·군수는 정비구역이 아닌 구역에서 시행하는 주택재건축사업의 사업시행인가를 하고자 하는 경우 대통령령이 정하는 사항에 대하여 해당 건축위원회의 심의를 거쳐야 한다.

⑤ 사업시행자가 사업시행인가를 받은 후 대지면적을 10퍼센트의 범위 안에서 변경하는 경우 시장·군수에게 신고하여야 한다.

61. 도시 및 주거환경정비법령상 정비구역 안에서의 행위 중 시장·군수의 허가를 받아야 하는 것을 모두 고른 것은? (단, 재해복구 또는 재난수습과 관련 없는 행위임)

> ㄱ. 가설건축물의 건축
> ㄴ. 죽목의 벌채
> ㄷ. 공유수면의 매립
> ㄹ. 이동이 용이하지 아니한 물건을 1월 이상 쌓아놓는 행위

① ㄱ, ㄴ   ② ㄷ, ㄹ   ③ ㄱ, ㄴ, ㄷ
④ ㄴ, ㄷ, ㄹ   ⑤ ㄱ, ㄴ, ㄷ, ㄹ

62. 도시 및 주거환경정비법령상 주택재개발사업 조합에 관한 설명으로 옳은 것은?

① 주택재개발사업 추진위원회가 조합을 설립하려면 시·도지사의 인가를 받아야 한다.

② 조합원의 수가 50인 이상인 조합은 대의원회를 두어야 한다.

③ 조합원의 자격에 관한 사항에 대하여 정관을 변경하고자 하는 경우 총회에서 조합원 3분의 2 이상의 동의를 얻어야 한다.

④ 조합의 이사는 대의원회에서 해임될 수 있다.

⑤ 조합의 이사는 조합의 대의원을 겸할 수 있다.

63. 도시 및 주거환경정비법령상 주택재건축사업에 관한 설명으로 옳은 것은?

① 주택재건축사업에 있어 '토지등소유자'는 정비구역안에 소재한 토지 또는 건축물의 소유자와 지상권자를 말한다.

② 주택재건축사업은 정비구역안에서 시행되어야 하며 정비구역이 아닌 구역에서 시행될 수 없다.

③ 주택재건축사업의 추진위원회가 조합을 설립하고자 하는 때에는 법령상 요구되는 토지등소유자의 동의를 얻어 시장·군수에게 신고하여야 한다.

④ 건축물의 매매로 인하여 조합원의 권리가 이전되어 조합원을 신규가입시키는 경우 조합원의 동의없이 시장·군수에게 신고하고 변경할 수 있다.

⑤ 주택재건축사업의 안전진단에 드는 비용은 시·도지사가 부담한다.

64. 도시 및 주거환경정비법령상 조합에 의한 주택재개발사업의 시행에 관한 설명으로 **틀린** 것은?

① 사업을 시행하고자 하는 경우 시장·군수에게 사업시행인가를 받아야 한다.

② 사업시행계획서에는 일부 건축물의 존치 또는 리모델링에 관한 내용이 포함될 수 있다.

③ 인가받은 사업시행계획 중 건축물이 아닌 부대·복리시설의 위치를 변경하고자 하는 경우에는 변경인가를 받아야 한다.

④ 사업시행으로 철거되는 주택의 소유자 또는 세입자를 위하여 사업시행자가 지방자치단체의 건축물을 임시수용시설로 사용하는 경우 사용료 또는 대부료는 면제된다.

⑤ 조합이 시·도지사 또는 주택공사 등에게 주택재개발사업의 시행으로 건설된 임대주택의 인수를 요청하는 경우 주택공사 등이 우선하여 인수하여야 한다.

60. 도시환경정비사업

정비 기본방침 수립(10년 단위 수립, 5년마다 검토):

국토교통부장관

→ 정비 기본계획 수립(10년 단위 수립, 5년마다 검토):

특별·광역시장, 특별자치시장·도지사, 시장·군수

→ 정비구역 지정:

특별·광역시장, 특별자치시장·도지사, 시장·군수

(광역시 군수 제외)

① 시장·군수는 도시환경정비사업의 시행자가 지정개발자 (지정개발자가 토지소유자인 경우)인 경우 시행자로 하여 금 정비사업비의 100분의 30 100분의 20의 (범위에서 시· 도조례로 정하는) 금액을 예치하게 할 수 있다.

61. 정비구역에서의 행위 제한(허가)

1. 건축물의 건축 등
2. 공작물의 설치
3. 토지의 형질변경
4. 토석의 채취
5. 토지의 분할
6. 1개월 이상 물건을 쌓아놓는 행위
7. 죽목의 벌채 및 식재

ㄷ. 공유수면의 매립 = 토지의 형질변경

62. 주택재개발사업조합

① 주택재개발사업 추진위원회가 조합을 설립하려면 사·도 지사 시장·군수의 인가를 받아야 한다.

② 조합원의 수가 50인 100인 이상인 조합은 대의원회를 두 어야 한다.

조합 대의원회

- 도시개발법:

조합원의 수가 50인 이상인 경우 둘 수 있다.

- 도시 및 주거환경정비법:

조합원의 수가 100인 이상인 경우 두어야 한다.

④ 조합의 이사는 대의원회 총회에서 해임될 수 있다.

⑤ 조합의 이사(집행)는 조합의 대의원(의결)을 겸할 수 있 다. 없다.

63. 주택재건축사업

① 주택재건축사업에 있어 '토지등소유자'는 정비구역 안에 소재한 토지 또는 건축물의 소유자와 지상권자를 말한다.

② 주택재건축사업은 정비구역안에서 시행되어야 하며 정비 구역이 아닌 구역에서 시행될 수 없다. 토지등소유자가 시 행할 수 있으며 시행지역의 정비구역 여부와는 무관하다.

③ 주택재건축사업의 추진위원회가 조합을 설립하고자 하는 때에는 법령상 요구되는 토지등소유자의 동의를 얻어 시 장·군수에게 신고하여야 한다. 인가를 받아야 한다.

⑤ 주택재건축사업의 안전진단에 드는 비용은 사·도지사 시 장·군수가 부담한다.

64. 조합에 의한 주택재개발사업의 시행

⑤ 조합이 사·도지사 또는 주택공사등에게 주택재개발사업 의 시행으로 건설된 임대주택의 인수를 요청하는 경우, 주 택공사 등 시·도지사 또는 시장·군수·구청장이 우선하여 인수하여야 한다.

시·도지사 및 시장·군수·구청장이 인수할 수 없는 경우 국토교통부장관에게 인수자 지정을 요청해야 한다.

65. 주택법령상 주택조합에 관한 설명으로 틀린 것은?
① 등록사업자와 공동으로 주택건설사업을 하는 주택조합은 등록하지 않고 20세대 이상의 공동주택의 건설사업을 시행할 수 있다.
② 리모델링주택조합은 그 리모델링 결의에 찬성하지 아니하는 자의 토지에 대하여 매도청구를 할 수 없다.
③ 국민주택을 공급받기 위하여 직장주택조합을 설립하려는 자는 관할 시장·군수·구청장에게 신고하여야 한다.
④ 투기과열지구에서 설립인가를 받은 지역주택조합이 구성원을 선정하는 경우 신청서의 접수 순서에 따라 조합원의 지위를 인정하여서는 아니 된다.
⑤ 시공자와의 공사계약 체결은 조합총회의 의결을 거쳐야 한다.

66. 주택법령상 국민주택채권에 관한 설명으로 옳은 것은?
① 국민주택채권은 수도권에서 주거전용면적이 1세대당 100제곱미터 이하인 주택의 건설사업에 필요한 자금을 조달하기 위하여 발행하는 것이다.
② 국가 또는 지방자치단체에 등기·등록을 신청하는 자가 매입하는 국민주택채권은 제2종국민주택채권이다.
③ 제1종국민주택채권의 원리금은 발행일부터 10년이 되는 날에 상환한다.
④ 「사립학교법」의 규정에 의한 사립학교경영자가 교육용 토지를 취득하여 소유권의 이전등기를 하는 때에는 제1종국민주택채권을 매입하여야 한다.
⑤ 「부동산투자회사법」에 따른 부동산투자회사는 제1종국민주택채권의 매입의무가 면제된다.

67. 주택법령상 리모델링에 관한 설명으로 옳은 것은? (단, 조례는 고려하지 않음)
① 기존 14층 건축물에 수직증축형 리모델링이 허용되는 경우, 2개 층까지 증축할 수 있다.
② 리모델링주택조합의 설립인가를 받으려는 자는 인가신청서에 해당 주택소재지의 100분의 80 이상의 토지에 대한 토지사용승낙서를 첨부하여 관할 시장·군수 또는 구청장에게 제출하여야 한다.
③ 소유자 전원의 동의를 받은 입주자대표회의는 시장·군수·구청장에게 신고하고 리모델링을 할 수 있다.
④ 수직증축형 리모델링의 경우 리모델링주택조합의 설립인가신청서에 당해 주택이 사용검사를 받은 후 10년 이상의 기간이 경과하였음을 증명하는 서류를 첨부하여야 한다.
⑤ 리모델링주택조합이 시공자를 선정하는 경우 수의계약의 방법으로 하여야 한다.

68. 주택법령상 주택의 전매행위 제한 등에 관한 설명으로 옳은 것은?
① 제한되는 전매에는 매매·증여·상속이나 그 밖에 권리의 변동을 수반하는 모든 행위가 포함된다.
② 투기과열지구에서 건설·공급되는 주택의 입주자로 선정된 지위의 전매제한기간은 수도권·충청권 외의 지역의 경우 3년이다.
③ 상속에 의하여 취득한 주택으로 세대원 일부가 이전하는 경우 전매제한의 대상이 되는 주택이라도 전매할 수 있다.
④ 사업주체가 전매행위가 제한되는 분양가상한제 적용주택을 공급하는 경우 그 주택의 소유권을 제3자에게 이전할 수 없음을 소유권에 관한 등기에 부기등기하여야 한다.
⑤ 전매행위 제한을 위반하여 주택의 입주자로 선정된 지위의 전매가 이루어진 경우 사업주체가 전매대금을 지급하고 해당 입주자로 선정된 지위를 매입하여야 한다.

69. 주택법령상 주택공급과 관련하여 금지되는 공급질서 교란행위에 해당하지 않는 것은?
① 주택을 공급받을 수 있는 조합원 지위의 증여
② 주택상환사채의 저당
③ 주택을 공급받을 수 있는 조합원 지위의 매매를 위한 인터넷 광고
④ 주택상환사채의 매입을 목적으로 하는 전화 광고
⑤ 입주자저축 증서의 증여

70. 주택법령상 인가 대상 행위가 아닌 것은?
① 지역주택조합의 해산
② 리모델링주택조합의 설립
③ 국민주택을 공급받기 위하여 설립한 직장주택조합의 해산
④ 승인받은 조합원 추가모집에 따른 지역주택조합의 변경
⑤ 지역주택조합의 설립

65. 주택조합

② 리모델링주택조합은 그 리모델링 결의에 찬성하지 아니하는 자의 토지에 대하여 매도청구를 할 수 없다. 있다.

66. 국민주택채권

① 국민주택채권은 수도권에서 주거전용면적이 1세대당 100제곱미터 85제곱미터 이하인 (국민)주택의 건설사업에 필요한 자금을 조달하기 위하여 발행하는 것이다.

② 국가 또는 지방자치단체에 등기·등록을 신청하는 자가 매입하는 국민주택채권은 제2종국민주택채권 제1종국민주택채권이다.

③ 제1종국민주택채권의 원리금은 발행일부터 10년 5년이 되는 날에 상환한다.

제2종국민주택채권의 원리금은 발행일부터 20년이 되는 날에 상환한다.

④ 「사립학교법」의 규정에 의한 사립학교경영자가 교육용 토지를 취득하여 소유권의 이전등기를 하는 때에는 제1종국민주택채권을 매입하여야 한다. 매입하지 않아도 된다.

67. 리모델링

① 기존 14층(14층 이하) 건축물에 수직증축형 리모델링이 허용되는 경우, 2개 층까지 증축할 수 있다.

15층 이상인 경우에는 3개 층까지 증축할 수 있다.

② 리모델링주택조합의을 제외한 주택조합(지역주택조합, 직장주택조합)의 설립인가를 받으려는 자는 인가신청서에 해당 주택소재지의 100분의 80 이상의 토지에 대한 토지사용승낙서를 첨부하여 관할 시장·군수 또는 구청장에게 제출하여야 한다.

③ 소유자 전원의 동의를 받은 입주자대표회의는 시장·군수·구청장에게 신고하고 허가를 받아 리모델링을 할 수 있다.

④ 수직증축형 리모델링의 경우 리모델링주택조합의 설립인가신청서에 당해 주택이 사용검사를 받은 후 10년 15년 이상의 기간이 경과하였음을 증명하는 서류를 첨부하여야 한다.

⑤ 리모델링주택조합이 시공자를 선정하는 경우 수의계약 경쟁입찰의 방법으로 하여야 한다.

68. 주택의 전매행위 제한

① 제한되는 전매에는 매매·증여·상속이나 그 밖에 권리의 변동을 수반하는 모든 행위가 포함된다.

그러나 상속·저당은 제외된다.

② 투기과열지구에서 건설·공급되는 주택의 입주자로 선정된 지위의 전매제한기간은 수도권·충청권 외의 지역의 경우 3년 1년이다.

③ 상속에 의하여 취득한 주택으로 세대원 일부가 전원이 이전하는 경우 전매제한의 대상이 되는 주택이라도 전매할 수 있다.

⑤ 전매행위 제한을 위반하여 주택의 입주자로 선정된 지위의 전매가 이루어진 경우 사업주체가 전매대금을 지급하고 해당 입주자로 선정된 지위를 매입하여야 한다. 매입할 수 있다.

69. 공급질서 교란행위

① 주택을 공급받을 수 있는 조합원 지위의 증여

② 주택상환사채의 저당

③ 주택을 공급받을 수 있는 조합원 지위의 매매를 위한 인터넷 광고

④ 주택상환사채의 매입을 목적으로 하는 전화 광고

⑤ 입주자저축 증서의 증여

70. 주택법령상 인가 대상 행위

① 지역주택조합의 해산: 신고 사항

71. 주택법령상 투기과열지구에 관한 설명으로 옳은 것은?

① 일정한 지역의 주택가격상승률이 물가상승률보다 현저히 높은 경우 관할 시장·군수·구청장은 해당 지역을 투기과열지구로 지정할 수 있다.

② 시·도지사가 투기과열지구를 지정하는 경우 당해 지역의 시장·군수·구청장과 협의하여야 한다.

③ 투기과열지구로 지정되면 투기과열지구 내의 기존 주택에 대해서 주택의 전매제한이 적용된다.

④ 주택의 분양계획이 지난 달보다 30퍼센트 이상 증가한 곳은 투기과열지구로 지정하여야 한다.

⑤ 투기과열지구에서 건설·공급되는 주택의 입주자로 선정된 지위를 세대원 전원이 해외로 이주하게 되어 사업주체의 동의를 받아 전매하는 경우에는 전매제한이 적용되지 않는다.

- -

72. 건축법령상 도시지역에 건축하는 건축물의 대지와 도로 등에 관한 설명으로 틀린 것은?

① 연면적의 합계가 2천 제곱미터인 공장의 대지는 너비 6미터 이상의 도로에 4미터 이상 접하여야 한다.

② 쓰레기로 매립된 토지에 건축물을 건축하는 경우 성토, 지반 개량 등 필요한 조치를 하여야 한다.

③ 군수는 건축물의 위치나 환경을 정비하기 위하여 필요하다고 인정하면 4미터 이하의 범위에서 건축선을 따로 지정할 수 있다.

④ 담장의 지표 위 부분은 건축선의 수직면을 넘어서는 아니 된다.

⑤ 공장의 주변에 허가권자가 인정한 공지인 광장이 있는 경우 연면적의 합계가 1천 제곱미터인 공장의 대지는 도로에 2미터 이상 접하지 않아도 된다.

73. 건축법령상 건축물의 높이 제한에 관한 설명으로 틀린 것은? (단, 「건축법」 제73조에 따른 적용 특례 및 조례는 고려하지 않음)

① 전용주거지역과 일반주거지역 안에서 건축하는 건축물에 대하여는 일조의 확보를 위한 높이 제한이 적용된다.

② 일반상업지역에 건축하는 공동주택으로서 하나의 대지에 두 동(棟) 이상을 건축하는 경우에는 채광의 확보를 위한 높이 제한이 적용된다.

③ 건축물의 높이가 정하여지지 아니한 가로구역의 경우 건축물 각 부분의 높이는 그 부분으로부터 전면(前面) 도로의 반대쪽 경계선까지의 수평거리의 1.5배를 넘을 수 없다.

④ 허가권자는 같은 가로구역에서 건축물의 용도 및 형태에 따라 건축물의 높이를 다르게 정할 수 있다.

⑤ 허가권자는 가로구역별 건축물의 최고 높이를 지정하려면 지방건축위원회의 심의를 거쳐야 한다.

74. 건축법령상 대지의 조경 및 공개공지 등의 설치에 관한 설명으로 옳은 것은? (단, 「건축법」 제73조에 따른 적용 특례 및 조례는 고려하지 않음)

① 도시·군계획시설에서 건축하는 연면적의 합계가 1천 500 제곱미터 이상인 가설건축물에 대하여는 조경 등의 조치를 하여야 한다.

② 면적 5천 제곱미터 미만인 대지에 건축하는 공장에 대하여는 조경 등의 조치를 하지 아니할 수 있다.

③ 녹지지역에 건축하는 창고에 대해서는 조경 등의 조치를 하여야 한다.

④ 상업지역의 건축물에 설치하는 공개공지 등의 면적은 대지면적의 100분의 10을 넘어야 한다.

⑤ 공개공지 등을 설치하는 경우 건축물의 건폐율은 완화하여 적용할 수 있으나 건축물의 높이 제한은 완화하여 적용할 수 없다.

75. 건축법령상 사용승인을 받은 건축물의 용도변경이 신고 대상인 경우만을 모두 고른 것은?

용도변경 전	용도변경 후
ㄱ. 판매시설	창고시설
ㄴ. 숙박시설	위락시설
ㄷ. 장례식장	종교시설
ㄹ. 의료시설	교육연구시설
ㅁ. 제1종 근린생활시설	업무시설

① ㄱ, ㄴ ② ㄱ, ㄷ ③ ㄴ, ㄹ ④ ㄷ, ㅁ ⑤ ㄹ, ㅁ

76. 건축법령상 건축허가 및 건축신고 등에 관한 설명으로 틀린 것은? (단, 조례는 고려하지 않음)

① 바닥면적이 각 80제곱미터인 3층의 건축물을 신축하고자 하는 자는 건축허가의 신청 전에 허가권자에게 그 건축의 허용성에 대한 사전결정을 신청할 수 있다.

② 연면적의 10분의 3을 증축하여 연면적의 합계가 10만 제곱미터가 되는 창고를 광역시에 건축하고자 하는 자는 광역시장의 허가를 받아야 한다.

③ 건축물의 건축허가를 받으면 「국토의 계획 및 이용에 관한 법률」에 따른 개발행위허가를 받은 것으로 본다.

④ 연면적의 합계가 200제곱미터인 건축물의 높이를 2미터 증축할 경우 건축신고를 하면 건축허가를 받은 것으로 본다.

⑤ 건축신고를 한 자가 신고일부터 1년 이내에 공사에 착수하지 아니하면 그 신고의 효력은 없어진다.

71. 투기과열지구

① 일정한 지역의 주택가격상승률이 물가상승률보다 현저히 높은 경우 관할·시장·군수 구청장은 <u>국토교통부장관 또는 관할 시·도지사는</u> 해당 지역을 투기과열지구로 지정할 수 있다.

② 시·도지사가 투기과열지구를 지정하는 경우 당해 지역의 시장·군수·구청장 <u>국토교통부장관과</u> 협의하여야 한다.

③ 투기과열지구로 지정되면 투기과열지구 내의 기존 주택에 대해서는 주택의 전매제한이 적용된다. <u>적용되지 않는다.</u>

④ 주택의 분양계획이 지난 달보다 30퍼센트 이상 증가 <u>감소</u>한 곳은 투기과열지구로 지정하여야 한다. <u>지정할 수 있다.</u>

- -

72. 도시지역에 건축하는 건축물의 대지와 도로

공장의 대지: 연면적 합계 3,000㎡ 이상

공장 외 건축물의 대지: 연면적 합계 2,000㎡ 이상

→ 너비 6m 이상의 도로에 4m 이상 접하여야 한다.

① 연면적의 합계가 2천 <u>3천</u> 제곱미터인 공장의 대지는 너비 6미터 이상의 도로에 4미터 이상 접하여야 한다.

③ 건축선(building line):

도로와 건축물 사이의 여유 공간을 확보하기 위해 정의되는, 건축물을 건축할 수 있는 경계선

73. 건축물의 높이 제한

② 일반상업지역·중심상업지역 (에 건축하는 공동주택으로서 하나의 대지에 두 동(棟) 이상을) <u>에서</u> 건축하는 경우에는 채광의 확보를 위한 높이 제한이 적용된다. <u>적용되지 않는다.</u>

74. 대지의 조경 및 공개공지

① 도시·군계획시설에서 건축하는 연면적의 합계가 1천 500제곱미터 이상인 가설건축물(3년 이내+연장 허가)에 대하여는 조경 등의 조치를 하여야 한다. <u>하지 아니할 수 있다.</u>

② 공장(대지면적 5,000㎡ 미만, 연면적 1,500㎡ 미만)

③ 녹지지역에 건축하는 창고에 대해서는 조경 등의 조치를 하여야 한다. <u>하지 아니할 수 있다.</u>

④ 상업지역의 건축물에 설치하는 공개공지 등의 면적은 대지면적의 100분의 10을 넘어야 한다. <u>이하의 범위에서 건축조례로 정한다.</u>

⑤ 공개공지 등을 설치하는 경우 건축물의 건폐율은 완화하여 적용할 수 있으나 건축물의 높이 제한은 완화하여 적용할 수 없다. <u>, 용적률 및 건축물의 높이제한을 완화하여 적용할 수 있다.</u>

75. 사용승인을 받은 건축물의 용도변경

↗ 허가

→ 대장 기재 내용 변경 신청

↘ 신고

시설군	세부 용도
자동차 관련	자동차 관련 시설
산업 등	운수, 창고, 공장, 위험물 저장 및 처리, 자원순환 관련, 묘지 관련 장례시설
전기통신	방송통신, 발전시설
문화 및 집회	문화 및 집회, 종교, 위락, 관광휴게시설
영업	판매, 운동, 숙박, 제2종 근린생활시설 중 다중생활시설
교육 및 복지	의료, 교육연구, 노유자, 수련, 야영장시설
근린생활	제1종 근린생활, 제2종 근린생활시설 (다중생활시설 외)
주거업무	단독주택, 공동주택, 업무, 교정, 국방군사시설
기타	동물 및 식물 관련 시설

ㄱ. 판매시설 ↗ 창고시설 허가

ㄴ. 숙박시설 ↗ 위락시설 허가

ㄷ. 장례식장 ↘ 종교시설 신고

ㄹ. 의료시설 → 교육연구시설 변경

ㅁ. 제1종 근린생활시설 ↘ 업무시설 신고

76. 건축허가 및 건축신고

① 허가 대상 건축물의 사전결정 신청

② 연면적의 10분의 3을 증축하여 연면적의 합계가 10만 제곱미터가 되는 창고를 광역시에 건축하고자 하는 자는 광역시장 시장·군수·구청장의 허가를 받아야 한다.

④ 건축신고를 건축허가로 인정

1. 바닥면적의 합계가 85㎡ 이내의 증축·개축·재축

2. 관리지역·농림지역·자연환경보전지역에서 연면적이 200㎡ 미만이고 3층 미만인 건축물의 건축

3. 연면적이 200㎡ 미만이고 3층 미만인 건축물의 대수선

4. 주요구조부의 해체가 없는 등 대통령령으로 정하는 대수선

5. 그 밖에 소규모 건축물로서 대통령령으로 정하는 건축물의 건축

 - 연면적의 합계가 100제곱미터 이하인 건축물

 - 건축물의 높이를 3미터 이하의 범위에서 증축하는 건축물

77. 건축법령상 '건축'에 해당하는 것을 모두 고른 것은?

> ㄱ. 건축물이 없던 나대지에 새로 건축물을 축조하는 것
> ㄴ. 기존 5층의 건축물이 있는 대지에서 건축물의 층수를 7층으로 늘리는 것
> ㄷ. 태풍으로 멸실된 건축물을 그 대지에 종전과 같은 규모의 범위에서 다시 축조하는 것
> ㄹ. 건축물의 주요구조부를 해체하지 아니하고 같은 대지에서 옆으로 5미터 옮기는 것

① ㄱ, ㄴ   ② ㄷ, ㄹ   ③ ㄱ, ㄴ, ㄷ
④ ㄴ, ㄷ, ㄹ   ⑤ ㄱ, ㄴ, ㄷ, ㄹ

78. 건축법령상 대지면적이 160제곱미터인 대지에 건축되어 있고, 각 층의 바닥면적이 동일한 지하 1층, 지상 3층인 하나의 평지붕 건축물로서 용적률이 150퍼센트라고 할 때, 이 건축물의 바닥면적은 얼마인가? (단, 제시된 조건 이외의 다른 조건이나 제한은 고려하지 아니함)
① 60제곱미터   ② 70제곱미터   ③ 80제곱미터
④ 100제곱미터   ⑤ 120제곱미터

---

79. 농지법령상 농지 소유자가 소유 농지를 위탁경영할 수 있는 경우는?
① 1년간 국내 여행 중인 경우
② 농업법인이 소송 중인 경우
③ 농작업 중의 부상으로 2개월간 치료가 필요한 경우
④ 구치소에 수용 중이어서 자경할 수 없는 경우
⑤ 2개월간 국외 여행 중인 경우

80. 농지법령상 농업경영에 이용하지 아니하는 농지의 처분 의무에 관한 설명으로 옳은 것은?
① 농지 소유자가 선거에 따른 공직취임으로 휴경하는 경우에는 소유농지를 자기의 농업경영에 이용하지 아니하더라도 농지처분의무가 면제된다.
② 농지 소유 상한을 초과하여 농지를 소유한 것이 판명된 경우에는 소유농지 전부를 처분하여야 한다.
③ 농지처분의무 기간은 처분사유가 발생한 날부터 6개월이다.
④ 농지전용신고를 하고 그 농지를 취득한 자가 질병으로 인하여 취득한 날부터 2년이 초과하도록 그 목적사업에 착수하지 아니한 경우에는 농지처분의무가 면제된다.
⑤ 농지 소유자가 시장·군수 또는 구청장으로부터 농지 처분 명령을 받은 경우 한국토지주택공사에 그 농지의 매수를 청구할 수 있다.

77. 건축
  ㄱ. 신축
  ㄴ. 증축
  ㄷ. 재축
  ㄹ. 이전
  ㅁ. 개축
    기존 건축물의 전부나 일부를 철거하고, 그 대지 안에 종전의 기존 건축물 규모의 범위 안에서 건축물을 다시 짓는 것

78. 용적률 = 연면적 ÷ 대지면적 × 100
    150 = 연면적 ÷ 160 × 100
    연면적 = 150 × 160 ÷ 100 = 240
    바닥면적 × 3(3층) = 240
        ※ 지하층은 용적률 산정시 연면적에서 제외
    바닥면적 = 240 ÷ 3 = 80

----

79. 농지의 위탁경영
  1. 징집 또는 소집
  2. 3개월 이상 국외 여행
  3. 농업법인이 청산 중인 경우
  4. 질병, 취학, 공직 취임, 부상(3개월 이상의 치료 필요), 수용(교도소·구치소·보호감호시설), 임신 또는 분만 후 6개월 미만인 경우
  5. 농지이용증진사업 시행계획에 따른 위탁경영
  6. 노동력 부족으로 농작업의 일부 위탁

80. 농업경영에 이용하지 아니하는 농지의 처분의무
① 정당 사유
② 농지 소유 상한을 초과하여 농지를 소유한 것이 판명된 경우에는 소유농지 전부를 소유상한 초과분을 (사유 발생일 당시 세대원이 아닌 자에게) 처분하여야 한다.
③ 농지처분의무 기간은 처분사유가 발생한 날부터 6개월 1년이다.
④ 농지전용신고를 하고 그 농지를 취득한 자가 질병으로 인하여 취득한 날부터 2년이 초과하도록 그 목적사업에 착수하지 아니한 경우에는 농지처분의무가 면제된다. 해당 농지를 처분하여야 한다.
⑤ 농지 소유자가 시장·군수 또는 구청장으로부터 농지 처분명령을 받은 경우 한국토지주택공사 한국농어촌공사에 그 농지의 매수를 청구할 수 있다.

01. 측량·수로조사 및 지적에 관한 법령상 토지소유자가 지적소관청에 신청할 수 있는 토지의 이동 종목이 <u>아닌</u> 것은?

① 신규등록　　② 분할　　③ 지목변경

④ 등록전환　　⑤ 소유자변경

02. 토지대장에 등록된 토지소유자의 변경사항은 등기관서에서 등기한 것을 증명하거나 제공한 자료에 따라 정리한다. 다음 중 등기관서에서 등기한 것을 증명하거나 제공한 자료가 <u>아닌</u> 것은?

① 등기필증　　　　　② 등기완료통지서

③ 등기사항증명서　　④ 등기신청접수증

⑤ 등기전산정보자료

03. 측량·수로조사 및 지적에 관한 법령상 부동산종합공부의 등록사항에 해당하지 <u>않는</u> 것은?

① 토지의 표시와 소유자에 관한 사항:「측량·수로조사 및 지적에 관한 법률」에 따른 지적공부의 내용

② 건축물의 표시와 소유자에 관한 사항(토지에 건축물이 있는 경우만 해당한다):「건축법」 제38조에 따른 건축물대장의 내용

③ 토지의 이용 및 규제에 관한 사항:「토지이용규제 기본법」 제10조에 따른 토지이용계획확인서의 내용

④ 부동산의 보상에 관한 사항:「공익사업을 위한 토지 등의 취득 및 보상에 관한 법률」 제68조에 따른 부동산의 보상 가격 내용

⑤ 부동산의 가격에 관한 사항:「부동산 가격공시 및 감정평가에 관한 법률」 제11조에 따른 개별공시지가, 같은 법 제16조 및 제17조에 따른 개별주택가격 및 공동주택가격 공시내용

04. 측량·수로조사 및 지적에 관한 법령상 지적정리 등의 통지에 관한 설명으로 <u>틀린</u> 것은?

① 지적소관청이 시·도지사나 대도시 시장의 승인을 받아 지번부여지역의 일부에 대한 지번을 변경하여 지적공부에 등록한 경우 해당 토지소유자에게 통지하여야 한다.

② 토지의 표시에 관한 변경등기가 필요하지 아니한 지적정리 등의 통지는 지적소관청이 지적공부에 등록한 날부터 10일 이내 해당 토지소유자에게 하여야 한다.

③ 지적소관청은 지적공부의 전부 또는 일부가 멸실되거나 훼손되어 이를 복구 등록한 경우 해당 토지소유자에게 통지하여야 한다.

④ 토지의 표시에 관한 변경등기가 필요한 지적정리 등의 통지는 지적소관청이 그 등기완료의 통지서를 접수한 날부터 15일 이내 해당 토지소유자에게 하여야 한다.

⑤ 지적소관청이 직권으로 조사·측량하여 결정한 지번·지목·면적·경계 또는 좌표를 지적공부에 등록한 경우 해당 토지소유자에게 통지하여야 한다.

05. 지적공부에 등록하는 면적에 관한 설명으로 <u>틀린</u> 것은?

① 면적은 토지대장 및 경계점좌표등록부의 등록사항이다.

② 지적도의 축척이 600분의 1인 지역의 토지 면적은 제곱미터 이하 한 자리 단위로 한다.

③ 지적도의 축척이 1200분의 1인 지역의 필지 면적이 1제곱미터 미만일 때에는 1제곱미터로 한다.

④ 임야도의 축척이 6000분의 1인 지역의 필지 면적이 1제곱미터 미만일 때에는 1제곱미터로 한다.

⑤ 경계점좌표등록부에 등록하는 지역의 필지 면적이 1제곱미터 미만일 때에는 0.1제곱미터로 한다.

06. 지방지적위원회의 심의·의결 사항으로 옳은 것은?

① 지적측량에 대한 적부심사(適否審査) 청구사항

② 지적측량기술의 연구 개발 및 보급에 관한 사항

③ 지적 관련 정책 개발 및 업무 개선 등에 관한 사항

④ 지적기술자의 업무정지 처분 및 징계요구에 관한 사항

⑤ 지적분야 측량기술자의 양성에 관한 사항

07. 측량·수로조사 및 지적에 관한 법령상 지상 경계의 결정 기준에 관한 설명으로 옳은 것을 모두 고른 것은? (단, 지상 경계의 구획을 형성하는 구조물 등의 소유자가 다른 경우는 제외함)

> ㄱ. 연접되는 토지 간에 높낮이 차이가 없는 경우: 그 구조물 등의 바깥쪽 면
>
> ㄴ. 연접되는 토지 간에 높낮이 차이가 있는 경우: 그 구조물 등의 상단부
>
> ㄷ. 도로·구거 등의 토지에 절토(切土)된 부분이 있는 경우: 그 경사면의 하단부
>
> ㄹ. 토지가 해면 또는 수면에 접하는 경우: 최대만조위 또는 최대만수위가 되는 선
>
> ㅁ. 공유수면매립지의 토지 중 제방 등을 토지에 편입하여 등록하는 경우: 바깥쪽 어깨부분

① ㄱ, ㄴ　② ㄱ, ㅁ　③ ㄴ, ㄷ　④ ㄷ, ㄹ　⑤ ㄹ, ㅁ

01. 토지의 이동 = 표시의 신정(新定)·변경·말소
   변경: 소재, 지번, 지목, 면적, 경계, 좌표

02. 소유자 정리
① 등기필증
② 등기완료통지서 등거필정보 작성·통지
   1. 직권보존등기
      - 미등기부동산 임차권등기명령
      - 미등기부동산 소유권처분제한의 등기촉탁
   2. 대위신청등기
   3. 승소한 등기의무자 등기신청
③ 등기사항증명서
④ 등기신청접수증
⑤ 등기전산정보자료

03. 부동산종합공부
   1. 토지의 표시와 소유자에 관한 사항
   2. 건축물의 표시와 소유자에 관한 사항
   3. 토지의 이용 및 규제에 관한 사항
   4. 부동산의 가격에 관한 사항
   5. 부동산의 권리에 관한 사항
④ 부동산의 보상에 관한 사항

04. 지적정리 후 통지
② 토지의 표시에 관한 변경등기가 필요하지 아니한 지적정리 등의 통지는 지적소관청이 지적공부에 등록한 날부터 10일 7일 이내 해당 토지소유자에게 하여야 한다.
④ 토지의 표시에 관한 변경등기가 필요한 지적정리 등의 통지는 지적소관청이 그 등기완료의 통지서를 접수한 날부터 15일 이내 해당 토지소유자에게 하여야 한다.

05. 지적공부에 등록하는 면적
   지적공부(7)
      - 대장(4):
         토지대장·임야대장·공유지연명부·대지권등록부
      - 도면(2): 지적도·임야도
      - 기타(1): 경계점좌표등록부
① 면적은 토지대장 및 경계점좌표등록부 임야대장의 등록 사항이다.
⑤ 1/500

06. 지방지적위원회
   - 단일업무: 지적측량에 대한 적부심사
   - 설치: 특별시, 광역시, 특별자치시, 특별자치도
   중앙지적위원회(5 업무)
      1. 지적 관련 정책 개발 및 업무 개선 등에 관한 사항
      2. 지적측량기술의 연구·개발 및 보급에 관한 사항
      3. 지적측량 적부심사(適否審査)에 대한 재심사
      4. 측량기술자 중 지적분야 측량기술자(이하 "지적기술자"라 한다)의 양성에 관한 사항
      5. 지적기술자의 업무정지 처분 및 징계요구에 관한 사항

07. 지상 경계 결정 기준
   ㄱ. 연접되는 토지 간에 높낮이 차이가 없는 경우:
      그 구조물 등의 바깥쪽 면 중앙
   ㄴ. 연접되는 토지 간에 높낮이 차이가 있는 경우:
      그 구조물 등의 상단부 하단부
   ㄷ. 도로·구거 등의 토지에 절토된 부분이 있는 경우:
      그 경사면의 하단부 상단부
   ㄹ. 토지가 해면 또는 수면에 접하는 경우:
      최대만조위 또는 최대만수위가 되는 선
   ㅁ. 제방 등을 토지에 편입하여 등록하는 경우:
      바깥쪽 어깨부분

08. 측량·수로조사 및 지적에 관한 법령상 지목의 구분기준에 관한 설명으로 옳은 것은?
① 물을 상시적으로 이용하지 않고 닥나무·묘목·관상수 등의 식물을 주로 재배하는 토지는 "전"으로 한다.
② 온수·약수·석유류 등을 일정한 장소로 운송하는 송수관·송유관 및 저장시설의 부지는 "광천지"로 한다.
③ 아파트·공장 등 단일 용도의 일정한 단지 안에 설치된 통로 등은 "도로"로 한다.
④ 「도시공원 및 녹지 등에 관한 법률」에 따른 묘지공원으로 결정·고시된 토지는 "공원"으로 한다.
⑤ 자연의 유수(流水)가 있거나 있을 것으로 예상되는 소규모 수로부지는 "하천"으로 한다.

09. 측량·수로조사 및 지적에 관한 법령상 지적측량 의뢰 등에 관한 설명으로 틀린 것은?
① 토지소유자는 토지를 분할하는 경우로서 지적측량을 할 필요가 있는 경우에는 지적측량수행자에게 지적측량을 의뢰하여야 한다.
② 지적측량을 의뢰하려는 자는 지적측량 의뢰서(전자문서로 된 의뢰서를 포함한다)에 의뢰 사유를 증명하는 서류(전자문서를 포함한다)를 첨부하여 지적측량수행자에게 제출하여야 한다.
③ 지적측량수행자는 지적측량 의뢰를 받은 때에는, 측량기간, 측량일자 및 측량 수수료 등을 적은 지적측량 수행계획서를 그 다음 날까지 지적소관청에 제출하여야 한다.
④ 지적기준점을 설치하지 않고 측량 또는 측량검사를 하는 경우 지적측량의 측량기간은 5일, 측량검사기간은 4일을 원칙으로 한다.
⑤ 지적측량 의뢰인과 지적측량수행자가 서로 합의하여 따로 기간을 정하는 경우에는 그 기간에 따르되, 전체 기간의 5분의 3은 측량기간으로, 전체 기간의 5분의 2는 측량검사기간으로 본다.

10. 중앙지적위원회의 위원이 중앙지적위원회의 심의·의결에서 제척(除斥)되는 경우에 해당하지 않는 것은?
① 위원이 해당 안건의 당사자와 친족이거나 친족이었던 경우
② 위원이 해당 안건에 대하여 증언, 진술 또는 감정을 한 경우
③ 위원이 중앙지적위원회에서 해당 안건에 대하여 현지조사 결과를 보고 받거나 관계인의 의견을 들은 경우
④ 위원이 속한 법인·단체 등이 해당 안건의 당사자의 대리인이거나 대리인이었던 경우
⑤ 위원의 배우자이었던 사람이 해당 안건의 당사자와 공동권리자 또는 공동의무자인 경우

11. 부동산종합공부에 관한 설명으로 틀린 것은?
① 지적소관청은 부동산의 효율적 이용과 부동산과 관련된 정보의 종합적 관리·운영을 위하여 부동산종합공부를 관리·운영한다.
② 지적소관청은 부동산종합공부를 영구히 보존하여야 하며, 멸실 또는 훼손에 대비하여 이를 별도로 복제하여 관리하는 정보관리체계를 구축하여야 한다.
③ 지적소관청은 부동산종합공부의 불일치 등록사항에 대하여는 등록사항을 정정하고, 등록사항을 관리하는 기관의 장에게 그 내용을 통지하여야 한다.
④ 지적소관청은 부동산종합공부의 정확한 등록 및 관리를 위하여 필요한 경우에는 부동산종합공부의 등록사항을 관리하는 기관의 장에게 관련 자료의 제출을 요구할 수 있다.
⑤ 부동산종합공부의 등록사항을 관리하는 기관의 장은 지적소관청에 상시적으로 관련 정보를 제공하여야 한다.

12. 다음 중 지적공부와 등록사항의 연결이 틀린 것은?
① 임야대장 - 토지의 소재 및 개별공시지가와 그 기준일
② 경계점좌표등록부 - 좌표와 건축물 및 구조물 등의 위치
③ 대지권등록부 - 대지권 비율과 전유부분(專有部分)의 건물표시
④ 임야도 - 경계와 삼각점 및 지적기준점의 위치
⑤ 공유지연명부 - 소유권 지분 및 토지소유자가 변경된 날과 그 원인

13. 등기사무에 관한 설명으로 틀린 것은?
① 등기신청은 신청정보가 전산정보처리조직에 저장된 때 접수된 것으로 본다.
② 1동의 건물을 구분한 건물의 경우, 1동의 건물에 속하는 전부에 대하여 1개의 등기기록을 사용한다.
③ 등기의무자가 2인 이상일 경우, 직권으로 경정등기를 마친 등기관은 그 전원에게 그 사실을 통지하여야 한다.
④ 등기관이 등기를 마친 경우, 그 등기는 접수한 때부터 효력이 생긴다.
⑤ 등기사항증명서의 발급청구는 관할등기소가 아닌 등기소에 대하여도 할 수 있다.

08. 지목

① 물을 상시적으로 직접 이용하여 벼·연(蓮)·미나리·왕골 등의 식물을 주로 재배하는 토지의 지목은 "답"으로 한다.

② 온수·약수·석유류 등을 일정한 장소로 운송하는 송수관· 송유관 및 저장시설의 부지는 ~~"광천지"~~ "잡종지"로 한다.

"광천지"는 지하에서 온수·약수·석유류 등이 용출되는 용출구(湧出口)와 그 유지에 사용되는 토지를 말한다.

③ 아파트·공장 등 단일 용도의 일정한 단지 안에 설치된 통로 등은 "도로"로 한다. <u>하지 않는다.</u>

아파트 안에 설치된 통로는 "대(垈)", 공장 안에 설치된 통로는 "공장용지"로 한다.

④ 「도시공원 및 녹지 등에 관한 법률」에 따른 묘지공원으로 결정·고시된 토지(및 「장사 등에 관한 법률」에 따른 봉안시설과 이에 접속된 부속 시설물의 부지)는 ~~"공원"~~ <u>"묘지"</u>(으)로 한다.

⑤ 자연의 유수(流水)가 있거나 있을 것으로 예상되는 소규모 수로부지는 ~~"하천"~~ <u>"구거"</u>(으)로 한다.

자연의 유수(流水)가 있거나 있을 것으로 예상되는 토지는 "하천"으로 한다.

09. 지적측량 의뢰

⑤ 지적측량 의뢰인과 지적측량수행자가 서로 합의하여 따로 기간을 정하는 경우에는 그 기간에 따르되, 전체 기간의 ~~5분의 3~~ <u>4분의 3</u>은 측량기간으로, 전체 기간의 5분의 2는 <u>4분의 1</u>은 측량검사기간으로 본다.

10. 중앙지적위원회의 제척사유

제척: 당연 배제

1. 위원 또는 그 배우자나 배우자이었던 사람이 해당 안건의 당사자가 되거나 그 안건의 당사자와 공동권리자 또는 공동의무자인 경우
2. 위원이 해당 안건의 당사자와 친족이거나 친족이었던 경우
3. 위원이 해당 안건에 대하여 증언, 진술 또는 감정을 한 경우
4. 위원이나 위원이 속한 법인·단체 등이 해당 안건의 당사자의 대리인이거나 대리인이었던 경우
5. 위원이 해당 안건의 원인이 된 처분 또는 부작위에 관여한 경우

기피: 요청 배제

회피: <u>스스로 배제</u>

③ 회피

11. 부동산종합공부

1. 토지의 표시와 소유자에 관한 사항
2. 건축물의 표시와 소유자에 관한 사항
3. 토지의 이용 및 규제에 관한 사항
4. 부동산의 가격에 관한 사항
5. 부동산의 권리에 관한 사항

③ 지적소관청은 부동산종합공부의 불일치 등록사항에 대하여는 등록사항을 정정하고, 등록사항을 관리하는 기관의 장에게 그 내용을 통지하여야 한다. <u>등록사항의 정정을 요청할 수 있다.</u>

12. 경계점좌표등록부

의의: 대장형식 도면

시행: 지적확정측량과 축척변경측량 실시 지역

등록사항

1. 토지의 소재
2. 지번
3. 좌표(평면직각종횡선 수치)
4. 토지의 고유번호
5. 지적도면의 번호
6. 필지별 경계점좌표등록부의 장번호
7. 부호 및 부호도

② 경계점좌표등록부 - 좌표와 건축물 및 구조물 등의 위치

(도면)

- -

13. 등기사무

> 부동산등기법 제32조(등기의 경정)
> ① 등기관이 등기를 마친 후 그 등기에 착오나 빠진 부분이 있음을 발견하였을 때에는 지체 없이 그 사실을 등기권리자와 등기의무자에게 알려야 하고, 등기권리자와 등기의무자가 없는 경우에는 등기명의인에게 알려야 한다. 다만, 등기권리자, 등기의무자 또는 등기명의인이 각 2인 이상인 경우에는 그 중 1인에게 통지하면 된다.
> ② 등기관이 등기의 착오나 빠진 부분이 등기관의 잘못으로 인한 것임을 발견한 경우에는 지체 없이 그 등기를 직권으로 경정하여야 한다. 다만, 등기상 이해관계 있는 제3자가 있는 경우에는 제3자의 승낙이 있어야 한다.
> ③ 등기관이 제2항에 따라 경정등기를 하였을 때에는 그 사실을 등기권리자, 등기의무자 또는 등기명의인에게 알려야 한다. 다만, 이 경우 제1항 단서를 준용한다.

③ 등기의무자가 2인 이상일 경우, 직권으로 경정등기를 마친 등기관은 그 <u>전원에게</u> 등기의무자 중 1인에게 그 사실을 통지하여야 한다.

14. 소유권등기에 관한 설명으로 틀린 것은? (다툼이 있으면 판례에 의함)

① 소유권보존등기의 신청인이 그의 소유권을 증명하기 위한 판결은 그가 소유자임을 증명하는 확정판결이면 충분하다.

② 소유권보존등기를 할 때에는 등기원인과 그 연월일을 기록하지 않는다.

③ 공유물의 소유권등기에 부기등기된 분할금지약정의 변경등기는 공유자의 1인이 단독으로 신청할 수 있다.

④ 미등기건물의 건축물대장에 최초의 소유자로 등록된 자로부터 포괄유증을 받은 자는 그 건물에 관한 소유권보존등기를 신청할 수 있다.

⑤ 법원이 미등기부동산에 대한 소유권의 처분제한등기를 촉탁한 경우, 등기관은 직권으로 소유권보존등기를 하여야 한다.

15. 등기신청에 관한 설명으로 틀린 것은? (다툼이 있으면 판례에 의함)

① 처분금지가처분등기가 된 후, 가처분채무자를 등기의무자로 하여 소유권이전등기를 신청하는 가처분채권자는 그 가처분등기 후에 마쳐진 등기 전부의 말소를 단독으로 신청할 수 있다.

② 가처분채권자가 가처분등기 후의 등기말소를 신청할 때에는 "가처분에 의한 실효"를 등기원인으로 하여야 한다.

③ 가처분채권자의 말소신청에 따라 가처분등기 후의 등기를 말소하는 등기관은 그 가처분등기도 직권말소하여야 한다.

④ 등기원인을 경정하는 등기는 단독신청에 의한 등기의 경우에는 단독으로, 공동신청에 의한 등기의 경우에는 공동으로 신청하여야 한다.

⑤ 체납처분으로 인한 상속부동산의 압류등기를 촉탁하는 관공서는 상속인의 승낙이 없더라도 권리이전의 등기를 함께 촉탁할 수 있다.

16. 등기절차에 관한 설명으로 틀린 것은?

① 법률에 다른 규정이 없으면, 촉탁에 따른 등기절차는 신청등기에 관한 규정을 준용한다.

② 외국인의 부동산등기용등록번호는 그 체류지를 관할하는 지방출입국·외국인관서의 장이 부여한다.

③ 등기원인에 권리소멸약정이 있으면, 그 약정의 등기는 부기로 한다.

④ 제공된 신청정보와 첨부정보는 영구보존하여야 한다.

⑤ 행정구역이 변경되면, 등기기록에 기록된 행정구역에 대하여 변경등기가 있는 것으로 본다.

17. 토지소유권이전등기 신청정보에 해당하지 않는 것은?

① 지목　　　　　　② 소재와 지번

③ 토지대장 정보　　④ 등기소의 표시

⑤ 등기원인과 등기의 목적

18. 전세권의 등기에 관한 설명으로 틀린 것은?

① 수개의 부동산에 관한 권리를 목적으로 하는 전세권설정등기를 할 수 있다.

② 공유부동산에 전세권을 설정할 경우, 그 등기기록에 기록된 공유자 전원이 등기의무자이다.

③ 등기원인에 위약금약정이 있는 경우, 등기관은 전세권설정등기를 할 때 이를 기록한다.

④ 전세권이 소멸하기 전에 전세금반환채권의 일부양도에 따른 전세권일부이전등기를 신청할 수 있다.

⑤ 전세금반환채권의 일부양도를 원인으로 한 전세권일부이전등기를 할 때 양도액을 기록한다.

19. 각 권리의 설정등기에 따른 필요적 기록사항으로 옳은 것을 모두 고른 것은?

> ㄱ. 지상권: 설정목적과 범위, 지료
> ㄴ. 지역권: 승역지 등기기록에서 설정목적과 범위, 요역지
> ㄷ. 전세권: 전세금과 설정범위
> ㄹ. 임차권: 차임과 존속기간
> ㅁ. 저당권: 채권액과 변제기

① ㄱ　　　　② ㄴ, ㄷ　　　　③ ㄴ, ㄹ, ㅁ

④ ㄱ, ㄷ, ㄹ, ㅁ　　⑤ ㄱ, ㄴ, ㄷ, ㄹ, ㅁ

20. 甲은 乙에게 甲 소유의 X부동산을 부담 없이 증여하기로 하였다. 부동산등기 특별조치법에 따른 부동산소유권등기의 신청에 관한 설명으로 틀린 것은? (다툼이 있으면 판례에 의함)

① 甲과 乙은 증여계약의 효력이 발생한 날부터 60일 내에 X부동산에 대한 소유권이전등기를 신청하여야 한다.

② 특별한 사정이 없으면, 신청기간 내에 X부동산에 대한 소유권이전등기를 신청하지 않아도 원인된 계약은 효력을 잃지 않는다.

③ 甲이 X부동산에 대한 소유권보존등기를 신청할 수 있음에도 이를 하지 않고 乙에게 증여하는 계약을 체결하였다면, 증여계약의 체결일이 보존등기 신청기간의 기산일이다.

④ X부동산에 관한 소유권이전등기를 신청기간 내에 신청하지 않고 乙이 丙에게 소유권이전등기청구권을 양도하여도 당연히 그 양도행위의 사법상 효력이 부정되는 것은 아니다.

⑤ 만일 甲이 乙에게 X부동산을 매도하였다면, 계약으로 정한 이행기가 그 소유권이전등기 신청기간의 기산일이다.

14. 소유권등기

③ 공유물의 소유권등기에 부기등기된 분할금지약정의 변경등기는 공유자의 1인이 단독으로 <u>공유자 전원이 공동으</u>로 신청할 수 있다.

④ 특정유증의 경우, 상속인의 소유권보존등기 후 수증자에게 소유권이전등기를 한다.

15. 등기신청

> 부동산등기법 제94조
> (가처분등기 이후의 등기 등의 말소)
> ① 민사집행법 제305조 제3항에 따라 권리의 이전, 말소 또는 설정등기청구권을 보전하기 위한 처분금지가처분등기가 된 후 가처분채권자가 가처분채무자를 등기의무자로 하여 권리의 이전, 말소 또는 설정의 등기를 신청하는 경우에는, <u>대법원규칙</u>으로 정하는 바에 따라 그 가처분등기 이후에 된 등기로서 가처분채권자의 권리를 침해하는 등기의 말소를 단독으로 신청할 수 있다.
> 1. 가처분등기 전에 마쳐진 가압류에 의한 강제경매개시결정등기
> 2. 가처분등기 전에 마쳐진 담보가등기, 전세권 및 저당권에 의한 임의경매개시결정등기
> 3. 가처분채권자에게 대항할 수 있는 주택임차권등기 등
> ② 등기관이 제1항의 신청에 따라 가처분등기 이후의 등기를 말소한 때에는 직권으로 그 가처분등기도 말소하여야 한다. 가처분등기 이후의 등기가 없는 경우로서 가처분채무자를 등기의무자로 하는 권리의 이전, 말소 또는 설정의 등기만을 할 때에도 또한 같다.
> ③ 등기관이 제1항의 신청에 따라 가처분등기 이후의 등기를 말소하였을 때에는 지체 없이 그 사실을 말소된 권리의 등기명의인에게 통지하여야 한다.

① 처분금지가처분등기가 된 후, 가처분채무자를 등기의무자로 하여 소유권이전등기를 신청하는 가처분채권자는 그 가처분등기 후에 마쳐진 등기 전부의 말소를 단독으로 신청할 수 있다. <u>없다.</u>
가처분채권자는 가처분에 의해 실효되는 등기만을 말소 신청할 수 있다.

16. 등기절차(보존기간)

영구: 공동담보목록, 공동전세목록, 도면, 매매목록, 신탁원부
5년: 신청정보, 첨부정보, 취하정보
1년: 통지·열람·증명·과세정보

17. 토지소유권이전등기의 신청정보

③ 토지대장 정보: 첨부정보

18. 전세권등기

> 부동산등기법 제73조(전세금반환채권의 일부양도에 따른 전세권 일부이전등기)
> ① 등기관이 전세금반환채권의 일부양도를 원인으로 한 전세권 일부이전등기를 할 때에는 양도액을 기록한다.
> ② 제1항의 전세권 일부이전등기의 신청은 전세권의 존속기간의 만료 전에는 할 수 없다. 다만, 존속기간만료 전이라도 해당 전세권이 소멸하였음을 증명하여 신청하는 경우에는 그러하지 아니하다.

④ 전세금과 전세권 분리양도 금지
전세권이 소멸하기 전에 전세금반환채권의 일부양도에 따른 전세권일부이전등기를 신청할 수 있다. <u>없다.</u>

19. 권리의 설정등기에 따른 필요적 기록사항

ㄱ. 지상권: 설정목적과 범위, 지료(임의적 기록사항)
ㄴ. 지역권: 승역지 등기기록에서 설정목적과 범위, 요역지
ㄷ. 전세권: 전세금과 설정범위
ㄹ. 임차권: 차임과 범위 존속기간(임의적 기록사항)
ㅁ. 저당권: 채권액과 채무자 변제기(임의적 기록사항)
ㄹ. 근저당권: 채권최고액과 채무자

20. 부동산등기 특별조치법

③ 甲이 X부동산에 대한 소유권보존등기를 신청할 수 있음에도 이를 하지 않고 乙에게 증여하는 계약을 체결하였다면, 증여계약의 체결일(효력발생일)이 보존등기 신청(60일 내)기간의 기산일이다.

⑤ 만일 甲이 乙에게 X부동산을 매도하였다면, 계약으로 정한 이행기가 잔금지급일이 그 소유권이전등기 신청기간의 기산일이다.
계약의 당사자가 서로 대가적인 채무를 부담하는 경우에는 반대급부의 이행이 완료된 날부터 60일 이내에 소유권이전등기를 신청해야 한다.
당사자가 서로 대가적인 채무를 부담하는 계약으로는 편무계약인 증여와 쌍무계약인 매매 등이 있다.
매매의 경우 반대급부의 이행이 완료된 날은 잔금지급일이다.

21. 가등기에 관한 설명으로 틀린 것은?
① 가등기 후 본등기의 신청이 있는 경우, 가등기의 순위번호를 사용하여 본등기를 하여야 한다.
② 소유권이전등기청구권보전 가등기에 의한 본등기를 한 경우, 등기관은 그 가등기 후 본등기 전에 마친 등기 전부를 직권말소한다.
③ 임차권설정등기청구권보전 가등기에 의한 본등기를 마친 경우, 등기관은 가등기 후 본등기 전에 가등기와 동일한 부분에 마친 부동산용익권 등기를 직권말소한다.
④ 저당권설정등기청구권보전 가등기에 의한 본등기를 한 경우, 등기관은 가등기 후 본등기 전에 마친 제3자 명의의 부동산용익권 등기를 직권말소할 수 없다.
⑤ 가등기명의인은 단독으로 그 가등기의 말소를 신청할 수 있다.

22. 저당권의 등기에 관한 설명으로 틀린 것은?
① 공동저당설정등기를 신청하는 경우, 각 부동산에 관한 권리의 표시를 신청정보의 내용으로 등기소에 제공하여야 한다.
② 저당의 목적이 되는 부동산이 5개 이상인 경우, 등기신청인은 공동담보목록을 작성하여 등기소에 제공하여야 한다.
③ 금전채권이 아닌 채권을 담보하기 위한 저당권설정등기를 할 수 있다.
④ 대지권이 등기된 구분건물의 등기기록에는 건물만을 목적으로 하는 저당권설정등기를 하지 못한다.
⑤ 저당권부 채권에 대한 질권을 등기할 수 있다.

23. 부동산등기법상 중복등기에 관한 설명으로 틀린 것은?
① 같은 건물에 관하여 중복등기기록을 발견한 등기관은 대법원규칙에 따라 그 중 어느 하나의 등기기록을 폐쇄하여야 한다.
② 중복등기기록의 정리는 실체의 권리관계에 영향을 미치지 않는다.
③ 선·후등기기록에 등기된 최종 소유권의 등기명의인이 같은 경우로서 후등기기록에 소유권 이외의 권리가 등기되고 선등기기록에 그러한 등기가 없으면, 선등기기록을 폐쇄한다.
④ 중복등기기록 중 어느 한 등기기록의 최종 소유권의 등기명의인은 그 명의의 등기기록의 폐쇄를 신청할 수 있다.
⑤ 등기된 토지의 일부에 관하여 별개의 등기기록이 개설된 경우, 등기관은 직권으로 분필등기를 한 후 중복등기기록을 정리하여야 한다.

24. 신탁등기에 관한 설명으로 옳은 것은?
① 수탁자가 수인일 경우, 신탁재산은 수탁자의 공유로 한다.
② 수익자가 수탁자를 대위하여 신탁등기를 신청할 경우, 해당 부동산에 대한 권리의 설정등기와 동시에 신청하여야 한다.
③ 신탁으로 인한 권리의 이전등기와 신탁등기는 별개의 등기이므로 그 순위번호를 달리한다.
④ 신탁종료로 신탁재산에 속한 권리가 이전된 경우, 수탁자는 단독으로 신탁등기의 말소등기를 신청할 수 있다.
⑤ 위탁자가 자기의 부동산에 채권자 아닌 수탁자를 저당권자로 하여 설정한 저당권을 신탁재산으로 하고 채권자를 수익자로 정한 신탁은 물권법정주의에 반하여 무효이다.

25. 소득세법상 양도소득세의 물납 및 분할납부에 관한 설명으로 옳은 것은?
① 양도소득세를 물납하고자 하는 자는 양도소득세 과세표준 확정신고기한이 끝난 후 10일 이내에 납세지 관할세무서장에게 신청하여야 한다.
② 양도소득세의 물납은 공공사업의 시행자에게 수용되어 발생한 양도차익에 대한 양도소득세를 한도로 토지 등을 양도한 연도의 납부세액이 1천만원 이하인 경우에 한한다.
③ 양도소득세의 물납을 부동산으로 하는 경우 그 수납가액은 「상속세 및 증여세법」상 부동산 등의 평가에 관한 규정을 준용하여 평가한 가액에 따른다.
④ 양도소득세의 분할납부는 예정신고납부시에는 적용되지 않고 확정신고납부시에만 적용된다.
⑤ 거주자가 양도소득세 확정신고에 따라 납부할 세액이 3천600만원인 경우 최대 1천 800만원까지 분할납부할 수 있다.

21. 가등기

> 부동산등기법 제92조(가등기에 의하여 보전되는 권리를 침해하는 가등기 이후 등기의 직권말소)
> ① 등기관은 가등기에 의한 본등기를 하였을 때에는 대법원규칙으로 정하는 바에 따라 가등기 이후에 된 등기로서 가등기에 의하여 보전되는 권리를 침해하는 등기를 직권으로 말소하여야 한다.
> ② 등기관이 제1항에 따라 가등기 이후의 등기를 말소하였을 때에는 지체 없이 그 사실을 말소된 권리의 등기명의인에게 통지하여야 한다.

② 소유권이전등기청구권보전 가등기에 의한 본등기를 한 경우, 등기관은 그 가등기 후 본등기 전에 마친 등기로서 가등기에 의하여 보전되는 권리를 침해하는 등기를 전부를 직권말소한다.

22. 저당권등기

② 저당의 목적이 되는 부동산이 5개 이상인 경우, 등기신청인 등기관은 공동담보목록(광의의 등기부, 영구 보존)을 작성하여 등기소에 제공하여야 한다.

④ 대지권이 등기된 구분건물의 등기기록
  전유부분 표제부: 대지권의 표시에 관한 사항
  1동 건물 표제부: 대지권의 목적인 토지의 표시에 관한 사항
  1동 건물 갑구: 소유권이 대지권이라는 뜻

⑤ 저당권부 채권에 대한 (권리)질권을 등기할 수 있다.

23. 중복등기

① 같은 건물 토지에 관하여 중복등기기록을 발견한 등기관은 대법원규칙에 따라 그 중 어느 하나의 등기기록을 폐쇄하여야 한다.

  건물에 대한 중복등기 정리절차는 등기예규로 별도로 정하고 있다.

  동일 건물에 대하여 동일인 명의로 2중으로 소유권보존등기가 경료된 경우 뒤에 경료된 등기는 무효이므로(부동산등기법이 1부동산 1등기용지주의를 채택하고 있으므로), 등기관은 부동산등기법의 규정에 의하여 그 등기를 직권으로 말소할 수 있다.

  그러나 뒤에 된 보존등기를 기초로 새로운 등기가 경료되어 현존하는 경우에는 등기관은 뒤에 된 보존등기와 그에 기하여 이루어진 각 현존등기를 직권으로 말소할 수는 없다.

24. 신탁등기

① 수탁자가 수인일 경우, 신탁재산은 수탁자의 공유 합유로 한다.

② 수익자가 수탁자를 대위하여 신탁등기를 신청할 경우, 해당 부동산에 대한 권리의 설정등기와 동시에 신청하여야 한다. 신청하지 않아도 된다.

③ 신탁으로 인한 권리의 이전등기와 신탁등기는 별개의 등기이므로 그 순위번호를 달리한다. 하나의 순위번호를 사용하여야 한다.

⑤ 위탁자가 자기의 부동산에 채권자 아닌 수탁자를 저당권자로 하여 설정한 저당권을 신탁재산으로 하고 채권자를 수익자로 정한 신탁은 물권법정주의에 반하여 무효이다. 유효하다.

  등기관은 저당권의 피담보채권이 여럿이고 각 피담보채권별로 등기사항이 다를 때에는 등기사항을 각 채권별로 구분하여 기록하여야 한다.

---

25. 양도소득세 물납(2016년 폐지) 및 분할납부

① 양도소득세를 물납하고자 하는 자는 양도소득세 과세표준 확정신고기한까지이 끝난 후 10일 이내에 납세지 관할 세무서장에게 신청하여야 한다.

② 양도소득세의 물납은 공공사업의 시행자에게 수용되어 발생한 양도차익에 대한 양도소득세를 한도로 토지 등을 양도한 연도의 납부세액이 1천만원 이하 초과인 경우에 한한다.

③ 양도소득세의 물납을 부동산으로 하는 경우 그 수납가액은 「상속세 및 증여세법」상 부동산 등의 평가에 관한 규정을 준용하여 평가한 가액에 따른다. 은 보상채권으로만 할 수 있다.

④ 양도소득세의 분할납부는 예정신고납부시에는 적용되지 않고 와 확정신고납부시에만 모두 적용된다.

⑤ 양도소득세 분납
  - 2천만원 초과: 50%
  - 2천만원 이하: 1천만원 초과분

26. 소득세법상 거주자 甲이 2008년 1월 20일에 취득한 건물(취득가액 3억원)을 甲의 배우자 乙에게 2012년 3월 5일자로 증여(해당 건물의 시가 8억원)한 후, 乙이 2014년 5월 20일에 해당 건물을 甲·乙의 특수관계인이 아닌 丙에게 10억원에 매도하였다. 해당 건물의 양도소득세에 관한 설명으로 옳은 것은? (단, 취득 증여 매도의 모든 단계에서 등기를 마침)

① 양도소득세 납세의무자는 甲이다.
② 양도소득금액 계산시 장기보유특별공제가 적용된다.
③ 양도차익 계산시 양도가액에서 공제할 취득가액은 8억원이다.
④ 乙이 납부한 증여세는 양도소득세 납부세액 계산시 세액공제된다.
⑤ 양도소득세에 대해 甲과 乙이 연대하여 납세의무를 진다.

27. 소득세법상 양도차익 계산시 취득 및 양도시기로 **틀린** 것은?

① 대금을 청산한 날이 분명하지 아니한 경우: 등기부·등록부 또는 명부 등에 기재된 등기 등록접수일 또는 명의개서일
② 증여에 의하여 취득한 자산: 증여를 받은 날
③ 「공익사업을 위한 토지 등의 취득 및 보상에 관한 법률」에 따라 공익사업을 위하여 수용되는 경우: 사업인정고시일
④ 대금을 청산하기 전에 소유권이전등기(등록 및 명의개서 포함)를 한 경우: 등기부·등록부 또는 명부 등에 기재된 등기접수일
⑤ 상속에 의하여 취득한 자산: 상속개시일

28. 소득세법상 거주자 甲이 2010년 5월 2일 취득하여 2014년 3월 20일 등기한 상태로 양도한 건물에 대한 자료이다. 甲의 양도소득세 부담을 최소화하기 위한 양도차익은?

○ 취득과 양도당시 실지거래가액은 확인되지 않는다.
○ 취득당시 매매사례가액과 감정가액은 없으며, 기준시가는 1억원이다.
○ 양도당시 매매사례가액은 3억원이고 감정가액은 없으며, 기준시가는 2억원이다.
○ 자본적 지출액(본래의 용도를 변경하기 위한 개조비)은 1억 4천만원, 양도비 지출액(공증비용·인지대·소개비)은 2천만원이다.

① 1억 4천만원
② 1억 4천 2백만원
③ 1억 4천 3백만원
④ 1억 4천 7백만원
⑤ 1억 4천 9백만원

29. 소득세법상 국외자산 양도에 관한 설명으로 옳은 것은?

① 양도차익 계산시 필요경비의 외화환산은 지출일 현재 「외국환거래법」에 의한 기준환율 또는 재정환율에 의한다.
② 국외자산 양도시 양도소득세의 납세의무자는 국외자산의 양도일까지 계속하여 3년간 국내에 주소를 둔 거주자이다.
③ 미등기 국외토지에 대한 양도소득세율은 70%이다.
④ 장기보유특별공제는 국외자산의 보유기간이 3년 이상인 경우에만 적용된다.
⑤ 국외자산의 양도가액은 실지거래가액이 있더라도 양도 당시 현황을 반영한 시가에 의하는 것이 원칙이다.

30. 소득세법상 양도소득의 과세대상자산을 모두 고른 것은? (단, 거주자가 국내 자산을 양도한 것으로 한정함)

> ㄱ. 지역권
> ㄴ. 등기된 부동산임차권
> ㄷ. 건물이 완성되는 때에 그 건물과 이에 딸린 토지를 취득할 수 있는 권리
> ㄹ. 영업권(사업용 고정자산과 분리되어 양도되는 것)
> ㅁ. 전세권

① ㄱ, ㄴ, ㄹ
② ㄴ, ㄷ, ㅁ
③ ㄷ, ㄹ, ㅁ
④ ㄱ, ㄴ, ㄷ, ㄹ
⑤ ㄱ, ㄴ, ㄷ, ㅁ

31. 소득세법상 국내에 소재한 주택을 임대한 경우 발생하는 소득에 관한 설명으로 **틀린** 것은? (단, 아래의 주택은 상시 주거용으로 사용하고 있음)

① 주택 1채만을 소유한 거주자가 과세기간 종료일 현재 기준시가 10억원인 해당 주택을 전세금을 받고 임대하여 얻은 소득에 대해서는 소득세가 과세되지 아니한다.
② 주택 2채를 소유한 거주자가 1채는 월세계약으로 나머지 1채는 전세계약의 형태로 임대한 경우, 월세계약에 의하여 받은 임대료에 대해서만 소득세가 과세된다.
③ 거주자의 보유주택 수를 계산함에 있어서, 다가구주택은 1개의 주택으로 보되 구분등기된 경우에는 각각을 1개의 주택으로 계산한다.
④ 주택의 임대로 인하여 얻은 과세대상 소득은 사업소득으로서 해당 거주자의 종합소득금액에 합산된다.
⑤ 주택을 임대하여 얻은 소득은 거주자가 사업자등록을 한 경우에 한하여 소득세 납세의무가 있다.

26. 양도소득세 이월과세(5년 내)
　특수관계인(배우자, 직계존비속)에게 부동산을 증여한 후 제3자에게 매도하는 경우 증여가 없었고 증여자가 매도한 것으로 보고 과세
① 양도소득세 납세의무자는 ~~甲~~ 乙이다.
② 장기보유특별공제(3년 이상 보유)
③ 양도차익 계산시 양도가액에서 공제할 취득가액은 ~~8억원~~ 3억원이다.
④ 乙이 납부한 증여세는 양도소득세 납부세액 계산시 ~~세액공제된다.~~ 필요경비에 산입되어 공제된다.
⑤ 양도소득세에 대해 甲과 乙이 ~~연대하여 납세의무를 진다.~~ 부담하지 않는다.

27. 양도차익 계산시 취득 및 양도시기
① 대금을 청산한 날이 분명하지 아니한 경우:
　등기부·등록부 또는 명부 등에 기재된 등기 등록접수일 또는 명의개서일
　ⓐ 대금을 청산한 날 ⓑ 수용의 개시일 ⓒ 소유권이전등기 접수일 중 빠른 날로 한다.

28. 양도차익
방법1(환산가액에 의한 필요경비 적용)
양도가액	3억원
- 필요경비	
취득가액	1억 5,000만원
개산공제	300만원
양도차익	1억 4,700만원

취득가액(환산가액)
　= 양도가액×[기준시가(취득)÷기준시가(양도)]
　= 3억원 × (1억원 ÷ 2억원) = 1억 5,000만원
개산공제: 기준시가(취득) × 3%
　= 1억원 × 3% = 300만원
방법2(자본적 지출 및 양도비용을 필요경비로 적용)
양도가액	3억원
- 필요경비	
자본적지출	1억 4,000만원
양도비	2,000만원
양도차익	1억 4,000만원

양도차익 = Min(방법1, 방법2) = 1억 4,000만원

29. 국외자산의 양도
② 국외자산 양도시 양도소득세의 납세의무자는 국외자산의 양도일까지 계속하여 ~~3년~~ 5년간 국내에 주소를 둔 거주자이다.
③ 국외자산의 양도시 등기 여부를 불문하고 초과누진세율(기본세율)을 적용한다.
④ 장기보유특별공제는 ~~국외자산의 보유기간이 3년 이상인 경우에만 적용된다.~~ 경우에는 적용되지 않는다.
⑤ 국외자산의 양도가액은 ~~실지거래가액이 있더라도 양도 당시 현황을 반영한 시가에 의하는 것이 원칙이다.~~ 있으면 실지거래가액(원칙)으로 하고 실지거래가액이 없으면 시가(예외)로 한다.

30. 양도소득세 과세대상자산
1. 부동산 및 부동산에 관한 권리
　1) 토지, 건물
　2) 부동산에 관한 권리
　　(1) 부동산 사용·수익에 관한 권리
　　　- 지상권
　　　- 전세권
　　　- 등기된 임차권
　　(2) 부동산을 취득할 수 있는 권리
　3) 기타 자산
2. 유가증권
3. 파생상품
4. 신탁수익권
5. 사업용 고정자산과 함께 양도하는 영업권
양도소득세 비과세대상
1. 지역권
2. 미등기 부동산임차권
3. 저작권, 상표권 등 무체재산권
4. 점포임차권(상가권리금)
5. 영업권만의 양도
6. 이축권 가액을 별도로 평가하여 구분 신고
　개발제한구역 내의 주택소유자가 인근 다른 개발제한구역 내에 건축 허가를 받아 주택을 옮겨 지을 수 있는 권리

31. 부동산 임대사업소득
⑤ 사실주의 과세 원칙
주택을 임대하여 얻은 소득은 거주자의 ~~사업자등록을 한 경우에 한하여~~ 여부와 무관하게 소득세 납세의무가 있다.

32. 2014년 4월 중 부동산을 취득하는 경우, 취득단계에서 부담할 수 있는 세금을 모두 고른 것은?

ㄱ. 재산세	ㄴ. 농어촌특별세
ㄷ. 종합부동산세	ㄹ. 지방교육세
ㅁ. 인지세	

① ㄱ, ㄴ, ㄷ ② ㄱ, ㄴ, ㅁ ③ ㄱ, ㄷ, ㄹ
④ ㄴ, ㄹ, ㅁ ⑤ ㄷ, ㄹ, ㅁ

33. 지방세법상 부동산의 유상취득으로 보지 않는 것은?
① 공매를 통하여 배우자의 부동산을 취득한 경우
② 파산선고로 인하여 처분되는 직계비속의 부동산을 취득한 경우
③ 배우자의 부동산을 취득한 경우로서 그 취득대가를 지급한 사실을 증명한 경우
④ 권리의 이전이나 행사에 등기가 필요한 부동산을 직계존속과 서로 교환한 경우
⑤ 증여자의 채무를 인수하는 부담부증여로 취득한 경우로서 그 채무액에 상당하는 부분을 제외한 나머지 부분의 경우

34. 지방세법상 취득세의 과세표준과 세율에 관한 설명으로 옳은 것은? (단, 2014년 중 취득한 과세대상 재산에 한함)
① 취득가액이 100만원인 경우에는 취득세를 부과하지 아니한다.
② 같은 취득물건에 대하여 둘 이상의 세율이 해당되는 경우에는 그 중 낮은 세율을 적용한다.
③ 국가로부터 유상취득한 경우에는 사실상의 취득가격 또는 연부금액을 과세표준으로 한다.
④ 대도시에서 법인이 사원에 대한 임대용으로 직접 사용할 목적으로 사원주거용 목적의 공동주택(1구의 건축물의 연면적이 60제곱미터 이하임)을 취득하는 경우에는 중과세율을 적용한다.
⑤ 유상거래를 원인으로 취득당시의 가액이 6억원 이하인 주택을 취득하는 경우에는 1천분의 20의 세율을 적용한다.

35. 지방세법상 취득세의 부과·징수에 관한 설명으로 틀린 것은?
① 납세의무자가 취득세 과세물건을 사실상 취득한 후 취득세 신고를 하지 아니하고 매각하는 경우에는 산출세액에 100분의 50을 가산한 금액을 세액으로 하여 보통징수의 방법으로 징수한다.
② 재산권을 공부에 등기하려는 경우에는 등기하기 전까지 취득세를 신고납부하여야 한다.
③ 등기·등록관서의 장은 취득세가 납부되지 아니하였거나 납부부족액을 발견하였을 때에는 다음 달 10일까지 납세지를 관할하는 시장·군수에게 통보하여야 한다.
④ 취득세 납세의무자가 신고 또는 납부의무를 다하지 아니하면 산출세액 또는 그 부족세액에 「지방세기본법」의 규정에 따라 산출한 가산세를 합한 금액을 세액으로 하여 보통징수의 방법으로 징수한다.
⑤ 지방자치단체의 장은 취득세 납세의무가 있는 법인이 장부 등의 작성과 보존의무를 이행하지 아니한 경우에는 산출된 세액 또는 부족세액의 100분의 10에 상당하는 금액을 징수하여야 할 세액에 가산한다.

36. 지방세법상 취득세 신고·납부에 관한 설명이다. ( ) 안에 들어갈 내용을 순서대로 나열한 것은? (단, 납세자가 국내에 주소를 둔 경우에 한함)

취득세 과세물건을 취득한 자는 그 취득한 날부터 ( ) 이내, 상속으로 인한 경우는 상속개시일이 속하는 달의 말일부터 ( ) 이내에 그 과세표준에 세율을 적용하여 산출한 세액을 신고하고 납부하여야 한다.

① 10일, 3개월 ② 30일, 3개월 ③ 60일, 3개월
④ 60일, 6개월 ⑤ 90일, 6개월

37. 조세의 납부방법으로 물납과 분할납부가 둘 다 가능한 것을 모두 고른 것은? (단, 물납과 분할납부의 법정 요건은 전부 충족한 것으로 가정함)

ㄱ. 부동산임대업에서 발생한 사업소득에 대한 종합소득세
ㄴ. 종합부동산세
ㄷ. 취득세
ㄹ. 재산세 도시지역분
ㅁ. 특정 부동산에 대한 지역자원시설세

① ㄱ, ㄴ ② ㄱ, ㄷ ③ ㄴ, ㄷ ④ ㄴ, ㄹ ⑤ ㄹ, ㅁ

32. 부동산취득시 부담 조세

취득	국세	상속세, 인지세, 증여세, **부가가치세, 농어촌특별세**
	지방세	취득세, 등록면허세, 지방교육세, 지방소비세
보유	국세	법인세, 종합소득세, 종합부동산세, **부가가치세, 농어촌특별세**
	지방세	재산세, 지방교육세, 지방소득세, 지방소비세, 지역자원시설세(소방분)
양도	국세	법인세, 양도소득세, 종합소득세, **부가가치세, 농어촌특별세**
	지방세	지방소득세, 지방소비세

33. 부동산 유상취득

⑤ 채무인수: 유상취득

　단, 직계존비속, 배우자간의 경우에는 무상취득(증여)으로 본다.

34. 취득세 과세표준과 세율

① **취득세** 면세점: 50만원

② 같은 취득물건에 대하여 둘 이상의 세율이 해당되는 경우에는 그 중 ~~낮은~~ <u>높은</u> 세율을 적용한다.

④ 대도시에서 법인이 사원에 대한 임대용으로 직접 사용할 목적으로 사원주거용 목적의 공동주택(1구의 건축물의 연면적이 60제곱미터 이하임)을 취득하는 경우에는 ~~중과세율을 적용한다.~~ <u>적용하지 않는다.</u>

　중과세율 적용 제외

　　- 사원에게 분양·임대 목적으로 취득하는 주거용 부동산

　　- 채권보전 목적으로 취득한 부동산

⑤ 개인의 주택 유상승계취득

　6억원 이하: 10/1,000

　9억원 이하: 차등 세율(10/1,000 ~ 30/1,000)

　9억원 초과: 30/1,000

※ 1세대 1주택인 경우, 조정대상지역 밖의 주택을 취득하여 2주택이 된 경우, 조정대상지역 안의 주택을 취득하여 일시적으로 2주택이 된 경우에 한하여 적용한다.

35. 취득세 부과·징수

① 미등기전매 가산세

　납세의무자가 취득세 과세물건을 사실상 취득한 후 취득세 신고를 하지 아니하고 매각하는 경우에는 산출세액에 ~~100분의 50~~ <u>100분의 80</u>을 가산한 금액을 세액으로 하여 보통징수의 방법으로 징수한다.

④ 의무불성실 가산세

⑤ 기장불성실 가산세

※ 취득세 중과

　1. 과밀억제권역 사업용 부동산 및 공장 신·증설

　　(지방세법 제13조 제1항)

　　　표준세율 + 중과기준세율×200/100

　2. 대도시 법인설립 등에 따른 부동산 취득

　　(지방세법 제13조 제2항)

　　　표준세율×300/100 - 중과기준세율×200/100

　3. 사치성 재산취득

　　(별장·골프장·고급주택·고급오락장 등)

　　　표준세율 + 중과기준세율×400/100

36. 취득세 신고·납부

　취득세 과세물건을 취득한 자는 그 취득한 날부터 (60일) 이내, 상속으로 인한 경우는 상속개시일이 속하는 달의 말일부터 (6개월, 외국에 주소를 둔 상속인이 있는 경우에는 9개월) 이내에 그 과세표준에 세율을 적용하여 산출한 세액을 신고하고 납부하여야 한다.

　토지거래계약허가를 받기 전에 대금을 완납한 경우에는 그 허가일 또는 허가구역 해제일 또는 축소일부터 60일 이내에 신고하고 납부하여야 한다.

　등기 또는 등록을 하는 경우에는 등기 또는 등록신청접수일까지 신고하고 납부하여야 한다.

37. 조세의 분납·물납

ㄱ. 종합소득세	분납	물납
ㄴ. 종합부동산세	분납	물납
		(2016년 물납 폐지)
ㄷ. 취득세	분납	물납
ㄹ. 재산세(도시지역분)	분납	물납
ㅁ. 지역자원시설세	분납	물납
ㅂ. 농어촌특별세	분납	물납
ㅅ. 상속세	분납	물납
ㅇ. 양도소득세	분납	물납
ㅈ. 증여세	분납	물납

38. 지방세법상 토지에 대한 재산세를 부과함에 있어서 과세대상의 구분(종합합산과세대상, 별도합산과세대상, 분리과세대상)이 같은 것으로만 묶인 것은?

> ㄱ. 1990년 5월 31일 이전부터 종중이 소유하고 있는 임야
> ㄴ. 「체육시설의 설치 이용에 관한 법률 시행령」에 따른 회원제 골프장이 아닌 골프장용 토지 중 원형이 보전되는 임야
> ㄷ. 과세기준일 현재 계속 염전으로 실제 사용하고 있는 토지
> ㄹ. 「도로교통법」에 따라 등록된 자동차운전학원의 자동차운전학원용 토지로서 같은 법에서 정하는 시설을 갖춘 구역 안의 토지

① ㄱ, ㄴ
② ㄴ, ㄷ
③ ㄴ, ㄹ
④ ㄱ, ㄴ, ㄷ
⑤ ㄱ, ㄷ, ㄹ

39. 지방세법상 재산세의 부과·징수에 관한 설명으로 틀린 것은?
① 재산세는 관할지방자치단체의 장이 세액을 산정하여 보통징수의 방법으로 부과·징수한다.
② 고지서 1장당 재산세로 징수할 세액이 2천원 미만인 경우에는 해당 재산세를 징수하지 아니한다.
③ 과세표준의 1천분의 40의 재산세 세율이 적용되는 별장에 대한 재산세의 납기는 별장 이외의 주택에 대한 재산세의 납기와 같다.
④ 국가 또는 지방자치단체의 체납된 재산세에 대하여는 가산금과 중가산금의 적용을 모두 배제한다.
⑤ 「신탁법」에 따라 수탁자 명의로 등기된 신탁재산에 대한 재산세가 체납된 경우에는 체납된 재산이 속한 신탁에 다른 재산이 있는 경우에도 체납된 해당 재산에 대해서만 압류할 수 있다.

40. 지방세법상 재산세의 납세의무자에 관한 설명으로 틀린 것은?
① 상속이 개시된 재산으로서 상속등기가 이행되지 아니하고 사실상의 소유자를 신고하지 아니하였을 경우: 「민법」상 상속지분이 가장 높은 상속자(상속지분이 가장 높은 상속자가 두 명 이상인 경우에는 그 중 연장자)
② 「신탁법」에 따라 수탁자 명의로 등기·등록된 신탁재산의 경우로서 위탁자별로 구분된 재산: 그 위탁자
③ 국가가 선수금을 받아 조성하는 매매용 토지로서 사실상 조성이 완료된 토지의 사용권을 무상으로 받은 경우: 그 사용권을 무상으로 받은 자
④ 「도시개발법」에 따라 시행하는 환지방식에 의한 도시개발사업 및 「도시 및 주거환경정비법」에 따른 주택재개발사업의 시행에 따른 환지계획에서 일정한 토지를 환지로 정하지 아니하고 체비지로 정한 경우: 사업시행자
⑤ 공부상의 소유자가 매매 등의 사유로 소유권이 변동되었는데도 신고하지 아니하여 사실상의 소유자를 알 수 없을 때: 공부상 소유자

38. 종합합산과세대상·별도합산과세대상·분리과세대상

　종합합산과세대상: 비업무용토지

　별도합산과세대상: 업무용 토지

　분리과세대상

　　- 저율분리과세: 전, 답, 과수원, 목장, 임야

　　- 고율분리과세: 회원제골프장, 고급오락장용 토지

　　- 일반분리과세: 사업용 토지(공장 등)

ㄱ. 분리과세대상

ㄴ. 별도합산과세대상　　- 대중제 골프장 토지

　(분리과세대상　　　　- 회원제 골프장 토지)

ㄷ. 분리과세대상

ㄹ. 별도합산과세대상: 건물에 딸린 토지, 영업용 토지

39. 재산세 부과·징수

⑤「신탁법」에 따라 수탁자 명의로 등기된 신탁재산에 대한 재산세가 체납된 경우에는 체납된 재산이 속한 신탁에 다른 재산이 있는 경우에도는 체납된 해당 재산에 대해서만 뿐 아니라 다른 재산도 압류할 수 있다.

　현황 부과 원칙:

　신탁재산의 위탁자가 재산세, 가산세 또는 체납처분비를 체납하고 그 위탁자의 다른 재산에 대하여 체납처분을 하여도 징수할 금액에 미달하면, 해당 신탁재산의 수탁자는 그 신탁재산으로써 위탁자의 재산세 등을 물납할 의무가 있다.

40. 재산세 납세의무자

②「신탁법」에 따라 수탁자 명의로 등기·등록된 신탁재산의 경우로서 위탁자별로 구분된 재산: 그 위탁자 수탁자

　※ 2021년 위탁자로 변경

2015년도 제26회 공인중개사 자격시험

1차 시험

제1교시

제1과목 부동산학개론

부동산학개론	85% 내외
부동산감정평가론	15% 내외

제2과목 민법 및 민사특별법

민법	85% 내외
민사특별법	15% 내외

주택임대차보호법, 집합건물의 소유 및 관리에 관한 법률,
가등기담보 등에 관한 법률, 부동산 실권리자명의 등기에 관한 법률,
상가건물 임대차보호법

2차 시험

제1교시

제1과목 공인중개사의 업무 및 부동산 거래신고에 관한 법률 및 중개실무

공인중개사법, 부동산 거래신고 등에 관한 법률	70% 내외
중개실무	30% 내외

제2과목 부동산공법 중 부동산 중개에 관련되는 규정

국토의 계획 및 이용에 관한 법률	30% 내외
도시개발법, 도시 및 주거환경정비법	30% 내외
주택법, 건축법, 농지법	40% 내외

제2교시

제1과목 부동산공시에 관한 법령 및 부동산 관련 세법

공간정보의 구축 및 관리에 관한 법률	30% 내외
부동산등기법	30% 내외
부동산 관련 세법	40% 내외

01. 부동산학에 관한 설명으로 <u>틀린</u> 것은?
① 과학을 순수과학과 응용과학으로 구분할 때, 부동산학은 응용과학에 속한다.
② 부동산학의 연구대상은 부동산활동 및 부동산현상을 포함한다.
③ 부동산학의 접근방법 중 종합식 접근방법은 부동산을 기술적·경제적·법률적 측면 등의 복합개념으로 이해하여 이를 종합해서 이론을 구축하는 방법이다.
④ 부동산학은 다양한 학문과 연계되어 있다는 점에서 종합 학문적 성격을 지닌다.
⑤ 부동산학의 일반원칙으로서 안전성의 원칙은 소유활동에 있어서 최유효이용을 지도원리로 삼고 있다.

02. 토지의 자연적 특성 중 영속성에 관한 설명으로 옳은 것을 모두 고른 것은?

ㄱ. 토지의 집약적 이용과 토지 부족 문제의 근거가 된다.
ㄴ. 소모를 전제로 하는 재생산이론과 감가상각(감가수정) 이론이 적용되지 않는다.
ㄷ. 부동산활동을 임장활동화시키며, 감정평가시 지역분석을 필요로 한다.
ㄹ. 일물일가의 법칙이 배제되며, 토지시장에서 상품간 완전한 대체관계가 제약된다.
ㅁ. 부동산활동을 장기배려하게 하며, 토지의 가치보존력을 우수하게 한다.

① ㄱ, ㄷ　　② ㄴ, ㅁ　　③ ㄱ, ㄴ, ㅁ
④ ㄱ, ㄷ, ㄹ　　⑤ ㄴ, ㄷ, ㄹ, ㅁ

03. 부동산 활동에 따른 토지의 분류 중 지적공부에 등록된 토지가 물에 침식되어 수면 밑으로 잠긴 토지는?
① 포락지(浦落地)　　② 법지(法地)　　③ 빈지(濱地)
④ 맹지(盲地)　　⑤ 소지(素地)

04. 부동산수요 증가에 영향을 주는 요인을 모두 고른 것은? (단, 다른 조건은 일정하다고 가정함)

ㄱ. 수요자의 실질소득 증가
ㄴ. 거래세 인상
ㄷ. 대출금리 하락
ㄹ. 부동산 가격 상승 기대
ㅁ. 인구 감소

① ㄱ, ㄷ　　② ㄷ, ㄹ　　③ ㄱ, ㄴ, ㄹ
④ ㄱ, ㄷ, ㄹ　　⑤ ㄴ, ㄷ, ㄹ, ㅁ

05. 부동산 수요 및 공급에 관한 설명으로 <u>틀린</u> 것은? (단, 다른 조건은 일정하다고 가정함)
① 아파트와 단독주택의 관계가 대체재라고 가정할 때 아파트의 가격이 상승하면, 단독주택의 수요가 증가하고 단독주택의 가격은 상승한다.
② 건축기자재 가격이 상승하더라도 주택가격이 변하지 않는다면 주택공급은 감소할 것이다.
③ 주택가격이 상승하면 주거용지의 공급이 감소한다.
④ 완전경쟁시장에서 부동산공급량은 한계비용곡선이 가격곡선과 일치하는 지점에서 결정된다.
⑤ 부동산의 물리적인 공급은 단기적으로 비탄력적이라 할 수 있다.

06. 레일리(W.Reilly)의 소매인력법칙을 적용할 경우, 다음과 같은 상황에서 ( )에 들어갈 숫자로 옳은 것은?

○ 인구가 1만명인 A시와 5천명인 B시가 있다. A시와 B시 사이에 인구 9천명의 신도시 C가 들어섰다. 신도시 C로부터 A시, B시까지의 직선거리는 각각 1km, 2km이다.
○ 신도시 C의 인구 중 비구매자는 없고 A시, B시에서만 구매활동을 한다고 가정할 때, 신도시 C의 인구 중 A시로의 유인 규모는 (ㄱ)명이고, B시로의 유인 규모는 (ㄴ)명이다.

① ㄱ: 6,000, ㄴ: 3,000　　② ㄱ: 6,500, ㄴ: 2,500
③ ㄱ: 7,000, ㄴ: 2,000　　④ ㄱ: 7,500, ㄴ: 1,500
⑤ ㄱ: 8,000, ㄴ: 1,000

07. A지역의 오피스텔 시장공급량이(Q_s)이 $3P$이고, A지역의 오피스텔 시장수요함수가 $Q_{d1} = 1200 - P$에서 $Q_{d2} = 1600 - P$로 변하였다. 이때 A지역 오피스텔 시장의 균형가격의 변화는? (단, P는 가격, Q_{d1}과 Q_{d2}는 수요량이며 다른 조건은 일정하다고 가정함)
① 50 하락　　② 50 상승　　③ 100 하락
④ 100 상승　　⑤ 변화 없음

01. 부동산학

⑤ 부동산학의 일반원칙으로서 안전성 <u>능률성</u>의 원칙은 소유활동에 있어서 최유효이용을 지도원리로 삼고 있다.

부동산학의 일반원칙으로서 경제성의 원칙은 최소비용-최대효과를 지도원리로 삼고 있다.

부동산학의 일반원칙으로서 안전성의 원칙은 거래활동에 있어서 거래질서 확립을 지도원리로 삼고 있다.

안정성은 기술적 측면, 경제적 측면, 법률적 측면을 복합적으로 고려해야 한다.

안정성은 능률성과 상충관계에 있다.

02. 토지의 특성

ㄱ. 부증성

ㄷ. 부동성

ㄹ. 개별성

03. 토지의 분류

② 법지(法地)

토지의 붕괴를 막기 위하여 경사를 이루어놓은 것으로 소유권이 인정되고 측량면적에는 포함되지만 사용할 수는 없는 토지

③ 빈지(濱地)

과거에는 소유권이 인정되는 전·답 등이었으나, 지반이 절토되어 무너져내린 토지로 바다나 하천으로 변한 토지

④ 맹지(盲地)

도로에 직접 연결되지 않은 토지

⑤ 소지(素地)·원지(遠地)

대지 등으로 개발되기 이전의 자연 상태로서의 토지

04. 부동산 수요 증감에 영향을 주는 요인

정상재 열등재

ㄱ. 수요자의 실질소득 증가   (+)

ㄴ. 거래세 인상   (-)

ㄷ. 대출금리 하락   (+)

ㄹ. 부동산 가격 상승 기대   (+)

ㅁ. 인구 감소   (-)

05. 부동산 수요 및 공급

③ 주택가격이 상승하면 주거용지의 공급이 <del>감소</del> 증가한다.

⑤ 부동산의 물리적인 공급은 단기적으로 비탄력적(가파른 공급곡선)이라 할 수 있다.

(탄력적 = 완만한 수요·공급곡선)

06. 레일리(W.Reilly)의 소매인력법칙

○ 인구가 1만명인 A시와 5천명인 B시가 있다. A시와 B시 사이에 인구 9천명의 신도시 C가 들어섰다. 신도시 C로부터 A시, B시까지의 직선거리는 각각 1km, 2km이다.

○ 신도시 C의 인구 중 비구매자는 없고 A시, B시에서만 구매활동을 한다고 가정할 때, 신도시 C의 인구 중 A시로의 유인 규모는 (8,000)명이고, B시로의 유인 규모는 (1,000)명이다.

B도시에 대한 A도시의 구매지향비율

$$\frac{A도시\ 인구}{B도시\ 인구} \times \left|\frac{B도시까지의\ 거리}{A도시까지의\ 거리}\right|^2$$

$$= 10,000/5,000 \times (^2/_1)^2 = 8$$

A도시와 B도시로 유인되는 인구 규모의 비율 = 8:1

07. 균형

전: $P = 1/3Q_s$ $P = -Q_{d1} + 1200$

균형: $1/3Q_s = -Q_{d1} + 1200 \rightarrow Q = 900, P = 300$

후: $P = 1/3Q_s$ $P = -Q_{d2} + 1600$

균형: $1/3Q_s = -Q_{d2} + 1600 \rightarrow Q = 1200, P = 40$

08. 주택구입에 대한 거래세 인상에 따른 경제적 후생의 변화로 틀린 것은? (단, 우상향하는 공급곡선과 우하향하는 수요곡선을 가정하며 다른 조건은 일정함)
① 수요곡선이 공급곡선에 비해 더 탄력적이면 수요자에 비해 공급자의 부담이 더 커진다.
② 공급곡선이 수요곡선에 비해 더 탄력적이면 공급자에 비해 수요자의 부담이 더 커진다.
③ 수요자가 실질적으로 지불하는 금액이 상승하므로 소비자잉여는 감소한다.
④ 공급자가 받는 가격이 하락하므로 생산자잉여는 감소한다.
⑤ 거래세 인상에 의한 세수입 증가분은 정부에 귀속되므로 경제적 순손실은 발생하지 않는다.

09. 부동산금융에 관한 설명으로 틀린 것은?
① 한국주택금융공사는 주택저당채권을 기초로 하여 주택저당증권을 발행하고 있다.
② 시장이자율이 대출약정이자율보다 높아지면 차입자는 기존대출금을 조기상환하는 것이 유리하다.
③ 자금조달방법 중 부동산 신디케이트(syndicate)는 지분금융(equity financing)에 해당한다.
④ 부동산금융은 부동산을 운용대상으로 하여 필요한 자금을 조달하는 일련의 과정이라 할 수 있다.
⑤ 프로젝트금융은 비소구 또는 제한적 소구 금융의 특징을 가지고 있다.

10. 우리나라의 부동산투자회사(REITs)에 관한 설명으로 옳은 것은?
① 자기관리 부동산투자회사의 설립 자본금은 10억원 이상으로 한다.
② 위탁관리 부동산투자회사의 설립 자본금은 3억원 이상이며 영업인가 후 6개월 이내에 30억원을 모집하여야 한다.
③ 자기관리 부동산투자회사와 기업구조조정 부동산투자회사는 모두 실체형 회사의 형태로 운영된다.
④ 위탁관리 부동산투자회사는 본점 외의 지점을 설치할 수 있으며, 직원을 고용하거나 상근 임원을 둘 수 있다.
⑤ 부동산투자회사는 금융기관으로부터 자금을 차입할 수 없다.

11. 주택담보대출을 희망하는 A의 소유 주택 시장가치가 3억원이고 연소득이 5,000만원이며 다른 부채가 없다면, A가 받을 수 있는 최대 대출가능 금액은? (단, 주어진 조건에 한함)

○ 연간저당상수: 0.1
○ 대출승인 기준
  - 담보인정비율(LTV): 시장가치기준 60%
  - 총부채상환비율(DTI): 40%
※ 두 가지 대출승인 기준을 모두 충족시켜야 함

① 1억원   ② 1억 5,000만원   ③ 1억 8,000만원
④ 2억원   ⑤ 2억 2,000만원

12. 주택구입을 위해 은행으로부터 2억원을 대출받았다. 대출조건이 다음과 같을 때, 2회차에 상환해야 할 원리금은? (단, 주어진 조건에 한함)

○ 대출금리: 고정금리, 연 5%
○ 대출기간: 20년
○ 원리금 상환조건:
  원금균등상환 방식으로 연 단위로 매 기말 상환

① 1,800만원   ② 1,850만원   ③ 1,900만원
④ 1,950만원   ⑤ 2,000만원

13. 부동산 경기변동에 관한 설명으로 틀린 것은?
① 부동산시장은 일반 경기변동과 같은 회복·상향·후퇴·하향의 4가지 국면 외에 안정시장이라는 국면이 있다.
② 부동산 경기변동 국면은 공실률, 건축허가건수, 거래량 등으로 확인할 수 있다.
③ 일반 경기변동에 비해 정점과 저점 간의 진폭이 작다.
④ 순환적 변동, 계절적 변동, 무작위적(불규칙, 우발적) 변동 등의 모습이 나타난다.
⑤ 상향국면에서 직전 회복국면의 거래사례가격은 새로운 거래가격의 하한선이 되는 경향이 있다.

14. X지역의 오피스텔 임대료가 10% 상승하고 오피스텔 임차수요가 15% 감소하자, 이 지역의 소형아파트 임차수요가 5% 증가하였다. X지역의 "소형아파트 임차수요의 교차탄력성"(A) 및 "소형아파트와 오피스텔의 관계"(B)로 옳은 것은? (단, 다른 조건은 일정하다고 가정함)
① A: 2.0, B: 보완재   ② A: 2.0, B: 대체재
③ A: 0.5, B: 보완재   ④ A: 0.5, B: 대체재
⑤ A: 0.3, B: 정상재

08. 거래세 인상에 따른 경제적 후생의 변화

① 수요곡선이 공급곡선에 비해 더 탄력적이면 (수요자의 선택의 폭이 넓다(대처 능력이 우월하다)는 뜻이므로) **수요자에 비해 공급자의 부담이 더 커진다.**

② 공급곡선이 수요곡선에 비해 더 탄력적이면 (공급자의 선택의 폭이 넓다(대처 능력이 우월하다)는 뜻이므로) **공급자에 비해 수요자의 부담이 더 커진다.**

⑤ 거래세 인상에 의한 세수입 증가분은 정부에 귀속되므로 경제적 순손실은 발생하지 않는다. 따라 경제적 순손실이 발생한다.

수요자가 실질적으로 지불하는 금액이 상승하므로 소비자잉여는 감소하고, 공급자가 받는 가격이 하락하므로 생산자잉여는 감소한다.

소비자잉여와 생산자 잉여의 감소분의 합이 정부에 귀속되는 세수입 증가분보다 크므로, 그 차이만큼 경제적 순손실(사회적 후생손실)이 발생한다.

09. 부동산금융

② 시장이자율이 대출약정이자율보다 높아지면 차입자는 기존대출금을 조기상환하는 것이 유리하다. 불리하다.

③ 자금조달방법 중 신디케이션(syndication)이란 자금공급자가 복수인 경우를 이르는 말로, 자기자본금융(지분금융, equity financing)과 타인자본금융(부채금융, debt financing) 모두에 적용될 수 있다.

10. 부동산투자회사(REITs)

① 자기관리 부동산투자회사의 설립 자본금은 10억원(2016년 5억원으로 감액) 이상으로 한다.
영업인가 후 6개월 이내에 70억원을 모집하여야 한다.

② 위탁관리 부동산투자회사의 설립 자본금은 3억원 5억원 (2016년 3억원으로 감액) 이상이며 영업인가 후 6개월 이내에 30억원 50억원을 모집하여야 한다.

③ 자기관리 부동산투자회사와는 실체형 회사, 기업구조조정 부동산투자회사는 모두 실체형 회사 명목형 회사의 형태로 운영된다.

④ 위탁관리 부동산투자회사는 본점 외의 지점을 설치할 수 있으며 없으며, 직원을 고용하거나 상근 임원을 둘 수 있다. 없다.

⑤ 부동산투자회사는 금융기관으로부터 자금을 차입할 수 없다. 있다.

11. 최대 대출 가능 금액

LTV = 대출금액 ÷ 부동산가격
　　대출금액 = 부동산가격 × LTV
　　　　　　 = 3억원 × 60% = 1억 8,000만원
DTI = 연원리금상환액 ÷ 연소득
방법1(공식)
　　대출금액 = (연소득 × DTI) ÷ 저당상수
　　　　　　 = (5천만원 × 40%) ÷ 0.1 = 2억원
방법2(사고)
　　DTI = 연원리금상환액 ÷ 연소득
　　0.4 = (대출금액 × 저당상수) ÷ 5천만원
　　0.4 = (대출금액 × 0.1) ÷ 5천만원
　　대출금액 = 2억원
대출가능금액 = Min(LTV, DTI) = 1억 8,000만원

12. 상환원리금

매기 상환원금: 2억원 ÷ 20년 = 1,000만원
1기말 대출잔액: 2억원 − 1,000만원 = 1억 9,000만원
2회차 상환원리금 = 1,950만원
　2회차 상환원금 = 1,000만원
　2회차 지급이자 = 1억 9천만원 × 0.05 = 950만원

13. 부동산 경기변동

③ 일반 경기변동에 비해 정점과 저점 간의 진폭이 작다. 크다.

14. 탄력성

오피스텔 수요의 가격탄력성
　　 = | 수요량 변화율 ÷ 가격 변화율 |
　　 = | −15% ÷ 10% | = 1.5 > 1 → 탄력적
A. 소형아파트 수요의 교차탄력성
　　 = 오피스텔 수요량 변화율 ÷ 아파트 가격 변화율
　　 = 5% ÷ 10%　　　 = 0.5
　　　　　 0 < 교차탄력성(+) → 대체재
　　　　　 교차탄력성(−) < 0 → 보완재
B. 소형아파트와 오피스텔의 관계
　　　 교차탄력성 = 0.5 > 0 → 대체재

15. 부동산시장에 관한 설명으로 틀린 것은?

① 부동산시장에서는 어떤 특정한 지역에 국한되는 시장의 지역성 혹은 지역시장성이 존재한다.

② 부동산시장에서는 정보의 비대칭성으로 인해 부동산 가격의 왜곡현상이 나타나기도 한다.

③ 할당효율적시장에서는 부동산 거래의 은밀성으로 인해 부동산가격의 과소평가 또는 과대평가 등 왜곡가능성이 높아진다.

④ 부동산 거래비용의 증가는 부동산 수요자와 공급자의 시장 진출입에 제약을 줄 수 있어 불완전경쟁시장의 요인이 될 수 있다.

⑤ 개별성의 특성은 부동산상품의 표준화를 어렵게 할 뿐만 아니라 부동산시장을 복잡하고 다양하게 한다.

16. 도시공간구조이론 및 지대론에 관한 설명으로 틀린 것은?

① 해리스(C. Harris)와 울만(E. Ullman)의 다핵이론에서는 상호편익을 가져다주는 활동들의 집적지향성(집적이익)을 다핵입지 발생 요인 중 하나로 본다.

② 알론소(W. Alonso)의 입찰지대곡선은 여러 개의 지대곡선 중 가장 높은 부분을 연결한 포락선이다.

③ 헤이그(R. Haig)의 마찰비용이론에서는 교통비와 지대를 마찰비용으로 본다.

④ 리카도(D. Ricardo)의 차액지대설에서는 지대 발생 원인을 농토의 비옥도에 따른 농작물 수확량의 차이로 파악한다.

⑤ 마샬(A. Marshall)은 일시적으로 토지의 성격을 가지는 기계, 기구 등의 생산요소에 대한 대가를 파레토지대로 정의하였다.

17. 부동산정책에 관한 설명으로 틀린 것은?

① 부동산에 대한 부담금제도나 보조금제도는 정부의 부동산시장에 대한 직접개입방식이다.

② 정부가 부동산시장에 개입하는 이유에는 시장실패의 보완, 부동산시장의 안정 등이 있다.

③ 개발제한구역은 도시의 무질서한 팽창을 억제하는 효과가 있다.

④ 공공토지비축제도는 공익사업용지의 원활한 공급과 토지시장의 안정에 기여하는 것을 목적으로 한다.

⑤ 정부의 시장개입은 사회적 후생손실을 발생시킬 수 있다.

18. 토지이용규제에 관한 설명으로 틀린 것은?

① 용도지역·지구제는 토지이용계획의 내용을 구현하는 법적·행정적 수단 중 하나다.

② 토지이용규제를 통해 토지이용에 수반되는 부(-)의 외부효과를 제거 또는 감소시킬 수 있다.

③ 지구단위계획을 통해 토지이용을 합리화하고 그 기능을 증진시키며, 미관을 개선하고 양호한 환경을 확보할 수 있다.

④ 용도지역·지구제는 토지이용을 제한하여 지역에 따라 지가의 상승 또는 하락을 야기할 수도 있다.

⑤ 용도지역 중 자연환경보전지역은 도시지역 중에서 자연환경·수자원·해안·생태계·상수원 및 문화재의 보전과 수산자원의 보호·육성을 위하여 필요한 지역이다.

19. 정부의 주택 임대 정책에 관한 설명으로 틀린 것은? (단, 규제임대료가 시장임대료보다 낮다고 가정함)

① 주택바우처(housing voucher)는 임대료 보조 정책의 하나다.

② 임대료 보조금 지급은 저소득층의 주거 여건 개선에 기여할 수 있다.

③ 임대료 규제는 장기적으로 민간 임대주택 공급을 위축시킬 우려가 있다.

④ 임대료 규제는 임대부동산을 질적으로 향상시키고 기존 세입자의 주거 이동을 촉진시킨다.

⑤ 장기전세주택이란 국가, 지방자치단체, 한국토지주택공사 또는 지방공사가 임대할 목적으로 건설 또는 매입하는 주택으로서 20년의 범위에서 전세계약의 방식으로 공급하는 임대주택을 말한다.

20. 외부효과에 관한 설명으로 틀린 것은?

① 외부효과란 어떤 경제활동과 관련하여 거래당사자가 아닌 제3자에게 의도하지 않은 혜택이나 손해를 가져다주면서도 이에 대한 대가를 받지도 지불하지도 않는 상태를 말한다.

② 정(+)의 외부효과가 발생하면 님비(NIMBY) 현상이 발생한다.

③ 인근지역에 쇼핑몰이 개발됨에 따라 주변 아파트 가격이 상승하는 경우, 정(+)의 외부효과가 나타난 것으로 볼 수 있다.

④ 부(-)의 외부효과를 발생시키는 시설의 경우, 발생된 외부효과를 제거 또는 감소시키기 위한 사회적 비용이 발생할 수 있다.

⑤ 여러 용도가 혼재되어 있어 인접지역 간 토지이용의 상충으로 인하여 토지시장의 효율적인 작동을 저해하는 경우, 부(-)의 외부효과가 발생할 수 있다.

15. 부동산시장

② 정보의 비대칭성(information asymmetry)

③ 할당효율적시장(allocation efficient market) (정보가치 = 정보비용 → 초과이윤 = 0)에서는 부동산 거래의 은밀성으로 인해 부동산가격의 과소평가 또는 과대평가 등 왜곡 가능성이 ~~높아진다.~~ 낮아진다.

16. 도시공간구조이론 및 지대론

② 포락선(envelope)

⑤ 마샬(A. Marshall)은 일시적으로(단기에) 토지의 성격을 가지는 기계, 기구 등의 생산요소에 대한 대가를 ~~파레토지대~~ 준지대(quasi-rent)로 정의하였다.

파레토(V. Pareto)는 전용수입을 초과하여 생산요소에 지불되는 보수를 경제지대(economic rent)로 정의하였다.

총수입 = 최소보수(기회비용) + 초과수입(잉여)

= 전용수입(이전수입) + 경제지대

17. 부동산정책

① 부동산에 대한 부담금제도나 보조금제도는 정부의 부동산시장에 대한 ~~직접개입방식~~ 간접개입방식이다.

직접 개입: (수요자·공급자로서) 인수

→ 공공임대·공공투자·공영개발·토지비축·토지수용

간접 개입: 보조

→ 금융, 보조금, 부담금, 조세, 정보 등

④ 공공토지비축제도 = 토지은행(land bank)제도

18. 토지이용규제

④ 용도지역·지구제는 토지이용을 제한하여 지역에 따라 지가의 상승(개발) 또는 하락(보전)을 야기할 수도 있다.

⑤ 용도지역 중 자연환경보전지역은 도시지역 중에서 자연환경·수자원·해안·생태계·상수원 및 문화재의 보전과 수산자원의 보호·육성을 위하여 필요한 지역이다.

용도지역

19. 주택 임대 정책

④ 임대료 규제는 임대부동산을 질적으로 ~~향상~~ 저하시키고 기존 세입자의 주거 이동을 ~~촉진~~ 감소·둔화·저하시킨다.

20. 외부효과 = 외부성(externalities)

= 외부경제(external economies) +

외부비경제(external diseconomies)

② 정(+)의 외부효과가 발생하면 ~~님비(NIMBY)~~ 핌피(PIMFY; Please In My Front Yard) 현상이 발생한다.

부(-)의 외부효과가 발생하면 님비(NIMBY; Not In My Back Yard) 현상이 발생한다.

21. 부동산 투자의 기대수익률과 위험에 관한 설명으로 옳은 것은? (단, 위험회피형 투자자라고 가정함)
 ① 부동산 투자안이 채택되기 위해서는 요구수익률이 기대수익률보다 커야 한다.
 ② 평균-분산 지배원리에 따르면 A투자안과 B투자안의 기대수익률이 같은 경우 A투자안보다 B투자안의 기대수익률의 표준편차가 더 크다면 A투자안이 선호된다.
 ③ 투자자가 위험을 회피할수록 위험(표준편차, X축)과 기대수익률(Y축)의 관계를 나타낸 투자자의 무차별곡선의 기울기는 완만해진다.
 ④ 투자위험(표준편차)과 기대수익률은 부(-)의 상관관계를 가진다.
 ⑤ 무위험 수익률의 상승은 투자자의 요구수익률을 하락시키는 요인이다.

22. 다음의 자료를 통해 산정한 값으로 틀린 것은? (단, 주어진 조건에 한함)

 ○ 총투자액: 10억원
 ○ 지분투자액: 6억원
 ○ 세전현금수지: 6,000만원/년
 ○ 부채서비스액: 4,000만원/년
 ○ (유효)총소득승수: 5

 ① (유효)총소득: 2억원/년   ② 순소득승수: 10
 ③ 세전현금수지승수: 10   ④ (종합)자본환원율 8%
 ⑤ 부채감당률: 2.5

23. 부동산 투자분석기법에 관한 설명으로 틀린 것은?
 ① 할인현금수지(discounted cash flow)법은 부동산투자기간 동안의 현금흐름을 반영하지 못한다는 단점이 있다.
 ② 회계적 이익률법은 화폐의 시간가치를 고려하지 않는다.
 ③ 순현재가치(NPV)가 0인 단일 투자안의 경우 수익성지수(PI)는 1이 된다.
 ④ 투자안의 경제성분석에서 민감도분석을 통해 투입요소의 변화가 그 투자안의 순현재가치에 미치는 영향을 분석할 수 있다.
 ⑤ 투자금액이 동일하고 순현재가치가 모두 0보다 큰 2개의 투자안을 비교 선택할 경우 부의 극대화 원칙에 따르면 순현재가치가 큰 투자안을 채택한다.

24. 포트폴리오 이론에 따른 부동산 투자의 포트폴리오 분석에 관한 설명으로 옳은 것은?
 ① 인플레이션, 경기변동 등의 체계적 위험은 분산투자를 통해 제거가 가능하다.
 ② 투자자산 간의 상관계수가 1보다 작을 경우, 포트폴리오 구성을 통한 위험절감 효과가 나타나지 않는다.
 ③ 2개의 투자자산의 수익률이 서로 다른 방향으로 움직일 경우, 상관계수는 양(+)의 값을 가지므로, 위험분산 효과가 작아진다.
 ④ 효율적 프론티어(efficient frontier)와 투자자의 무차별곡선이 접하는 지점에서 최적 포트폴리오가 결정된다.
 ⑤ 포트폴리오에 편입되는 투자자산 수를 늘림으로써 체계적 위험을 줄여나갈 수 있으며, 그 결과로 총 위험은 줄어들게 된다.

25. 화폐의 시간가치에 관한 설명으로 틀린 것은?
 ① 연금의 미래가치계수를 계산하는 공식에서는 이자 계산 방법으로 복리 방식을 채택한다.
 ② 원리금균등상환 방식으로 주택저당대출을 받은 경우, 저당대출의 매 기 원리금 상환액을 계산하려면, 저당상수를 활용할 수 있다.
 ③ 5년 후 주택구입에 필요한 자금 3억원을 모으기 위해 매월말 불입해야 하는 적금액을 계산하려면, 3억원에 연금의 현재가치계수(월 기준)를 곱하여 구한다.
 ④ 매 월말 50만원씩 5년간 들어올 것으로 예상되는 임대료 수입의 현재가치를 계산하려면, 저당상수(월 기준)의 역수를 활용할 수 있다.
 ⑤ 상환비율과 잔금비율을 합하면 1이 된다.

26. 부동산 투자와 관련한 재무비율과 승수를 설명한 것으로 틀린 것은?
 ① 동일한 투자안의 경우, 일반적으로 순소득승수가 총소득승수보다 크다.
 ② 동일한 투자안의 경우, 일반적으로 세전현금수지승수가 세후현금수지승수보다 크다.
 ③ 부채감당률(DCR)이 1보다 작으면, 투자로부터 발생하는 순영업소득이 부채서비스액을 감당할 수 없다고 판단된다.
 ④ 담보인정비율(LTV)을 통해서 투자자가 재무레버리지를 얼마나 활용하고 있는지를 평가할 수 있다.
 ⑤ 총부채상환비율(DTI)은 차입자의 상환능력을 평가할 때 사용할 수 있다.

21. 기대수익률과 위험

① 부동산 투자안이 채택되기 위해서는 요구수익률이 기대수익률보다 커야 작아야 한다.

③ 투자자가 위험을 회피할수록 위험(표준편차, X축)과 기대수익률(Y축)의 관계를 나타낸 투자자의 무차별곡선의 기울기는 완만해진다. 가팔라진다.

④ 투자위험(표준편차)과 기대수익률은 부(-) 정(+)의 상관관계를 가진다.

⑤ 무위험 수익률의 상승은 투자자의 요구수익률을 하락 상승시키는 요인이다.

22. 수지분석

    가능총소득
-   공실 및 대손손실상당액
+   기타소득(영업외소득)
    유효총소득   2억원
-   영업경비   (1억원)
    순영업소득   1억원
-   부채상환액   4,000만원
    세전현금흐름   6,000만원
-   영업소득세
    세후현금흐름

① (유효)총소득승수 = 총투자액 ÷ (유효)총소득
                 = 10억원 ÷ (유효)총소득   = 5
                 유효총소득 = 2억원

② 순소득승수 = 총투자액 ÷ 순영업소득
             = 10억원 ÷ 1억원   = 10

③ 세전현금수지승수 = 지분투자액 ÷ 세전현금수지
                 = 6억원 ÷ 6천만원   = 10

④ (종합)자본환원률 = 순영업소득 ÷ 총투자액
                 = 1억원 ÷ 10억원   = 10%

⑤ 부채감당률 = 순영업소득 ÷ 부채서비스액
            = 1억원 ÷ 4,000만원   = 2.5

23. 부동산 투자분석

① 할인현금수지(DCF; discounted cash flow)법은 부동산투자기간 동안의 현금흐름을 반영하지 못한다는 단점이 있다. 모두 반영하는 분석기법이다.

24. 포트폴리오 이론

① 인플레이션, 경기변동 등의 체계적 위험(systematic risk)은 분산투자를 통해 제거가 가능하다. 불가능하다.

② 투자자산 간의 상관계수가 1보다 작을 경우 1인 경우, 포트폴리오 구성을 통한 위험절감 효과가 나타나지 않는다.

        -1 ≤ 상관계수 ≤ 1

    상관계수 < 1 → 위험감소 효과   有
    상관계수 = 1 → 위험감소 효과   無
    상관계수 = -1 → 위험감소 효과   最大

③ 2개의 투자자산의 수익률이 서로 다른 방향으로 움직일 경우, 상관계수는 양(+) 음(-)의 값을 가지므로, 위험분산 효과가 작아진다. 커진다.

⑤ 포트폴리오에 편입되는 투자자산 수를 늘림으로써 체계적 비체계적 위험(unsystematic risk)을 줄여나갈 수 있으며, 그 결과로 총 위험은 줄어들게 된다.

25. 화폐의 시간가치(Time Value of Money)

③ 5년 후 주택구입에 필요한 자금 3억원을 모으기 위해 매월 말 불입해야 하는 적금액을 계산하려면, 3억원에 연금의 현재가치계수 감채기금계수(월 기준)를 곱하여 구한다.

    감채기금계수 = 연금의 내가계수의 역수 = 상환기금률

26. 재무비율과 승수

② 동일한 투자안의 경우, 일반적으로 세전현금수지승수가 세후현금수지승수보다 크다. 작다.

    세전현금수지승수 = 지분투자액 ÷ 세전현금수지
    세후현금수지승수 = 지분투자액 ÷ 세후현금수지
    세전현금수지   > 세후현금수지
    세전현금수지승수 < 세후현금수지승수

27. 대출 상환 방식에 관한 설명으로 옳은 것을 모두 고른 것은? (단, 대출금액과 기타 대출조건은 동일함)

> ㄱ. 상환 첫 회의 원리금 상환액은 원리금균등상환 방식이 원금균등상환 방식보다 크다.
> ㄴ. 체증(점증)상환 방식의 경우, 미래 소득이 감소될 것으로 예상되는 은퇴예정자에게 적합하다.
> ㄷ. 원금균등상환 방식의 경우, 매 기에 상환하는 원리금이 점차적으로 감소한다.
> ㄹ. 원리금균등상환 방식의 경우, 매 기에 상환하는 원금액이 점차적으로 늘어난다.

① ㄱ, ㄴ ② ㄱ, ㄷ ③ ㄱ, ㄹ ④ ㄴ, ㄹ ⑤ ㄷ, ㄹ

28. 부동산관리에 관한 설명으로 틀린 것은?
① 법률적 측면의 부동산관리는 부동산의 유용성을 보호하기 위하여 법률상의 제반 조치를 취함으로써 법적인 보장을 확보하려는 것이다.
② 시설관리(facility management)는 부동산시설을 운영하고 유지하는 것으로 시설사용자나 기업의 요구에 따르는 소극적 관리에 해당한다.
③ 자기(직접)관리방식은 전문(위탁)관리방식에 비해 기밀유지에 유리하고 의사결정이 신속한 경향이 있다.
④ 임차 부동산에서 발생하는 총수입(매상고)의 일정 비율을 임대료로 지불한다면, 이는 임대차의 유형 중 비율임대차에 해당한다.
⑤ 경제적 측면의 부동산관리는 대상 부동산의 물리적, 기능적 하자의 유무를 판단하여 필요한 조치를 취하는 것이다.

29. 부동산마케팅에 관한 설명으로 틀린 것은?
① 셀링포인트(selling point)는 상품으로서 부동산이 지니는 여러 특징 중 구매자(고객)의 욕망을 만족시켜주는 특징을 말한다.
② 고객점유 마케팅 전략이란 공급자 중심의 마케팅 전략으로 표적시장을 선정하거나 틈새시장을 점유하는 전략을 말한다.
③ 관계마케팅 전략에서는 공급자와 소비자의 관계를 일회적이 아닌 지속적인 관계로 유지하려 한다.
④ STP전략은 시장세분화(segmentation), 표적시장 선정(targeting), 포지셔닝(positioning)으로 구성된다.
⑤ AIDA는 주의(attention), 관심(interest), 욕망(desire), 행동(action)의 단계가 있다..

30. 건물의 내용연수와 생애주기 및 관리방식에 관한 설명으로 틀린 것은?
① 건물과 부지와의 부적응, 설계 불량, 설비 불량 건물의 외관과 디자인 낙후는 기능적 내용연수에 영향을 미치는 요인이다.
② 인근지역의 변화, 인근환경과 건물의 부적합, 당해지역 건축물의 시장성 감퇴는 경제적 내용연수에 영향을 미치는 요인이다.
③ 건물의 생애주기 단계 중 안정단계에서 건물의 양호한 관리가 이루어진다면, 안정단계의 국면이 연장될 수 있다.
④ 건물의 생애주기 단계 중 노후단계는 일반적으로 건물의 구조, 설비, 외관 등이 악화되는 단계이다.
⑤ 건물의 관리에 있어서 재무, 회계관리, 시설이용, 임대차 계약, 인력관리는 위탁하고 청소를 포함한 그 외 나머지는 소유자가 직접관리할 경우 이는 전문(위탁)관리방식에 해당한다.

31. 민간의 부동산개발 방식에 관한 설명으로 틀린 것은?
① 자체개발사업에서는 사업시행자의 주도적인 사업추진이 가능하나 사업의 위험성이 높을 수 있어 위기관리능력이 요구된다.
② 토지소유자가 제공한 토지에 개발업자가 공사비를 부담하여 부동산을 개발하고, 개발된 부동산을 제공된 토지가격과 공사비의 비율에 따라 나눈다면, 이는 등가교환방식에 해당된다.
③ 토지(개발)신탁방식과 사업수탁방식은 형식의 차이가 있으나, 소유권을 이전하고 사업주체가 토지소유자가 된다는 점이 동일하다.
④ 개발 사업에 있어서 사업자금 조달 또는 상호 기술 보완 등 필요에 따라 법인 간에 컨소시엄을 구성하여 사업을 추진한다면, 이는 컨소시엄구성방식에 해당된다.
⑤ 토지소유자가 사업을 시행하면서 건설업체에 공사를 발주하고 공사비의 지급은 분양 수입금으로 지급한다면, 이는 분양금 공사비 지급(청산)형 사업방식에 해당된다.

27. 대출 상환 방식

ㄱ. 상환 첫 회의 원리금 상환액은 원리금균등상환 방식이
   원금균등상환 방식보다 크다. 작다.
   상환 첫 회의 원리금 상환액
   원리금균등상환 방식 원금 < 원금균등상환 방식 원금
   원리금균등상환 방식 이자 = 원금균등상환 방식 이자
   ∴ 원리금균등상환 방식 < 원금균등상환 방식

ㄴ. 체증(점증)상환 방식의 경우, 미래 소득이 감소 증가될
   것으로 예상되는 은퇴예정자 청년층에게 적합하다.

ㄷ. ㄹ.

28. 부동산관리

⑤ 경제적 기술적 측면의 부동산관리(소극적 관리)는 대상
  부동산의 물리적, 기능적 하자의 유무를 판단하여 필요한
  조치를 취하는 것이다.
   경제적 측면의 부동산관리(적극적 관리)는 이익창출을 위
   한 회계·재무관리, 인력관리, 매입·매각관리 등을 내용으
   로 한다.

29. 부동산마케팅

② 고객점유 마케팅 전략 시장점유 마케팅 전략이란 공급자
  중심의 마케팅 전략으로 표적시장을 선정하거나 틈새시
  장을 점유하는 전략을 말한다.

③ 관계 마케팅 전략: 브랜드마케팅

④ 시장점유 마케팅 전략: 4P, STP

⑤ 고객점유 마케팅 전략: AIDA

30. 건물의 내용연수와 생애주기 및 관리방식

① 기능적 내용연수(economic durable years)

② 경제적 내용연수(functional durable years)

③ 자본적 지출(CapEx; Capital Expenditure)

⑤ 건물의 관리에 있어서 재무, 회계관리, 시설이용, 임대차
  계약, 인력관리는 위탁하고 청소를 포함한 그 외 나머지는
  소유자가 직접 관리할 경우 이는 전문(위탁)관리방식 혼
  합관리방식에 해당한다.

31. 민간의 부동산개발 방식

   자체개발방식
   지주공동사업
     - 공사비대물변제방식(등가교환)
     - 분양금공사비지급방식
     - 투자자모집방식
     - 사업위·수탁방식
   토지신탁개발
   컨소시엄방식

③ 토지(개발)신탁방식은과 사업수탁방식은 형식의 차이가
  있으나, 사업주체가 토지소유자가 된다는 점이 동일하다.
  신탁회사 앞으로 토지소유권을 이전하고 신탁회사가 자
  금조달, 건축시공, 사업시행을 하고 수익을 토지소유자에
  게 배당하는 방식이다.
   사업수탁방식은 토지소유권을 이전하지 않고 토지소유자
   명의로 개발이 이루어지나, 모든 사업 진행은 개발업자가
   하고 사업주체인 토지소유자로터 보수(수수료)를 수취하
   는 방식이다.

32. 부동산개발이 다음과 같은 5단계만 진행된다고 가정할 때, 일반적인 진행 순서로 적절한 것은?

> ㄱ. 사업부지 확보
> ㄴ. 예비적 타당성 분석
> ㄷ. 사업구상(아이디어)
> ㄹ. 사업 타당성 분석
> ㅁ. 건설

	1단계	2단계	3단계	4단계	5단계
①	ㄷ →	ㄴ →	ㄱ →	ㄹ →	ㅁ
②	ㄷ →	ㄱ →	ㄴ →	ㅁ →	ㄹ
③	ㄴ →	ㄷ →	ㄹ →	ㄱ →	ㅁ
④	ㄴ →	ㄹ →	ㄱ →	ㄷ →	ㅁ
⑤	ㄴ →	ㄱ →	ㄹ →	ㄷ →	ㅁ

33. 다음에서 설명하는 민간투자 사업방식은?

> ○ 시설의 준공과 함께 시설의 소유권이 정부 등에 귀속되지만, 사업시행자가 정해진 기간 동안 시설에 대한 운영권을 가지고 수익을 내는 방식이다.
> ○ 도로, 터널 등 시설이용자로부터 이용료를 징수할 수 있는 사회기반시설 건설의 사업방식으로 활용되고 있다.

① BOT(build-operate-transfer)방식
② BTO(build-transfer-operate)방식
③ BLT(build-lease-transfer)방식
④ BTL(build-transfer-lease)방식
⑤ BOO(build-own-operate)방식

34. 토지 취득방식에 따라 개발방식을 분류할 때, 다음에서 설명하는 개발방식은?

> ○ 택지가 개발되기 전 토지의 위치·지목·면적·등급·이용도 및 기타 사항을 고려하여, 택지가 개발된 후 개발된 토지를 토지소유자에게 재분배하는 방식이다.
> ○ 도시개발사업에서 이 방식을 많이 활용한다.
> ○ 이 방식에 따라 개발된 토지의 재분배 설계 시 평가식이나 면적식을 적용할 수 있다.

① 환지방식   ② 단순개발방식
③ 매수방식   ④ 혼합방식
⑤ 수용방식

35. 제시된 자료를 활용해 감정평가에 관한 규칙에서 정한 공시지가기준법으로 평가한 토지 평가액(원/㎡)은?

> ○ 기준시점: 2015. 10. 24
> ○ 소재지 등: A시 B구 C동 177, 제2종일반주거지역, 면적 200㎡
> ○ 비교표준지: A시 B구 C동 123, 제2종일반주거지역, 2015. 1. 1. 공시지가 2,000,000원/㎡
> ○ 지가변동률(2015. 1. 1~2015. 10. 24): A시 B구 주거지역 5% 상승
> ○ 지역요인: 대상 토지가 비교표준지의 인근지역에 위치하여 동일
> ○ 개별요인: 대상 토지가 비교표준지에 비해 가로조건은 5% 열세, 환경조건은 20% 우세하고 다른 조건은 동일(상승식으로 계산할 것)
> ○ 그 밖의 요인으로 보정할 사항 없음

① 1,995,000원/㎡   ② 2,100,000원/㎡   ③ 2,280,000원/㎡
④ 2,394,000원/㎡   ⑤ 2,520,000원/㎡

36. 감정평가에 관한 규칙에서 직접 규정하고 있는 사항이 아닌 것은?
① 시장가치기준 원칙
② 현황기준 원칙
③ 개별물건기준 원칙
④ 원가방식, 비교방식, 수익방식
⑤ 최유효이용 원칙

37. 감정평가에 관한 규칙상 감정평가방법에 관한 설명으로 틀린 것은?
① 건물의 주된 평가방법은 원가법이다.
②「집합건물의 소유 및 관리에 관한 법률」에 따른 구분소유권의 대상이 되는 건물부분과 그 대지사용권을 일괄하여 감정평가하는 경우 거래사례비교법을 주된 평가방법으로 적용한다.
③ 임대료를 평가할 때는 적산법을 주된 평가방법으로 적용한다.
④ 영업권, 특허권 등 무형자산은 수익환원법을 주된 평가방법으로 적용한다.
⑤ 자동차의 주된 평가방법과 선박 및 항공기의 주된 평가방법은 다르다.

32. 부동산개발의 진행

ㄷ. 사업구상(아이디어)

→ ㄴ. 예비적 타당성 분석

→ ㄱ. 사업부지 확보

→ ㄹ. 사업 타당성 분석

→ ㅁ. 건설

33. 민간투자사업

○ 시설의 준공과 함께(Build) 시설의 소유권이 정부 등에 귀속되지만(Transfer), 사업시행자가 정해진 기간 동안 시설에 대한 운영권을 가지고 수익을 내는(Operate) 방식이다.

○ 도로, 터널 등 시설이용자로부터 이용료를 징수할 수 있는 사회기반시설 건설의 사업방식으로 활용되고 있다.

34. 토지 취득방식에 따른 개발방식

환지계획구역의 평균 토지부담률

면적식

$$= \frac{\text{보류지면적} \quad -(\text{무상귀속토지면적}+\text{소유토지면적})}{\text{환지계획구역면적} -(\text{무상귀속토지면적}+\text{소유토지면적})}$$

평가식

$$= \frac{\text{사업 후 평가액} - \text{총 사업비}}{\text{환지전평가액}} \times 100$$

② 단순개발방식: 소유자 자력 개발

③ 매수방식: 대상 토지 전면 매수, 수용 수반

④ 혼합방식: 매수 + 환지

35. 공시지가기준법

사정보정	∵ 표준지공시지가
감가수정	
감가상각	
시점보정:	105/100
지역요인:	100/100
개별요인	
- 가로조건:	95/100
- 환경조건:	120/100
기타요인보정:	100/100
면적조정	
토지가액	

= 2,000,000원/㎡ × 105/100 × 95/100 × 120/100

= 2,394,000원/㎡

36. 감정평가에 관한 규칙

① 시장가치기준 원칙

② 현황기준 원칙

③ 개별물건기준 원칙

④ 원가방식, 비교방식, 수익방식

⑤ 최유효이용 원칙

토지의 부증성은 지대 또는 지가를 발생시키며,

최유효이용의 근거가 된다.

37. 감정평가방법

③ 임대료를 평가할 때는 적산법 임대사례비교법을 주된 평가방법으로 적용한다.

적산법:

적산임료 = 기대수익(기초가액 × 기대이율) + 필요경비

⑤ 자동차의 주된 평가방법(거래사례비교법)과 선박 및 항공기의 주된 평가방법(원가법)은 (거래 빈도가 다르므로) 다르다.

38. 부동산 가격공시 및 감정평가에 관한 법령상 공시가격에 관한 설명으로 틀린 것은?
① 표준지공시지가의 공시기준일은 원칙적으로 매년 1월 1일이다.
② 토지를 평가하는 공시지가기준법은 표준지공시지가를 기준으로 한다.
③ 개별공시지가를 결정하기 위해 토지가격비준표가 활용된다.
④ 표준주택은 단독주택과 공동주택 중에서 각각 대표성 있는 주택을 선정한다.
⑤ 표준지공시지가와 표준주택가격 모두 이의신청 절차가 있다.

39. 다음은 감정평가방법에 관한 설명이다. ( )에 들어갈 내용으로 옳은 것은?

> ○ 원가법은 대상물건의 재조달원가에 (ㄱ)을 하여 대상물건의 가액을 산정하는 감정평가방법이다.
> ○ 거래사례비교법을 적용할 때 (ㄴ), 시점수정, 가치형성요인 비교 등의 과정을 거친다.
> ○ 수익환원법에서는 장래 산출할 것으로 기대되는 순수익이나 미래의 현금흐름을 환원하거나 (ㄷ)하여 가액을 산정한다.

① ㄱ: 감가수정, ㄴ: 사정보정, ㄷ: 할인
② ㄱ: 감가수정, ㄴ: 지역요인비교, ㄷ: 할인
③ ㄱ: 사정보정, ㄴ: 감가수정, ㄷ: 할인
④ ㄱ: 사정보정, ㄴ: 개별요인비교, ㄷ: 공제
⑤ ㄱ: 감가수정, ㄴ: 사정보정, ㄷ: 공제

40. 부동산 가격원칙(혹은 평가원리)에 관한 설명으로 틀린 것은?
① 최유효이용은 대상 부동산의 물리적 채택가능성, 합리적이고 합법적인 이용, 최고 수익성을 기준으로 판정할 수 있다.
② 균형의 원칙은 구성요소의 결합에 대한 내용으로, 균형을 이루지 못하는 과잉부분은 원가법을 적용할 때 경제적 감가로 처리한다.
③ 적합의 원칙은 부동산의 입지와 인근환경의 영향을 고려한다.
④ 대체의 원칙은 부동산의 가격이 대체관계의 유사부동산으로부터 영향을 받는다는 점에서, 거래사례비교법의 토대가 될 수 있다.
⑤ 예측 및 변동의 원칙은 부동산의 현재보다 장래의 활용 및 변화 가능성을 고려한다는 점에서, 수익환원법의 토대가 될 수 있다.

38. 공시가격

③ 개별공시지가를 결정하기 위해 토지가격비준표(국토교통부장관 제공)가 활용된다.

④ 표준주택은 단독주택과 공동주택 중에서 각각 대표성 있는 주택을 선정한다.

국토교통부장관은 용도지역, 건물구조 등이 일반적으로 유사하다고 인정되는 일단의 단독주택 중에서 선정한 표준주택에 대하여 매년 공시기준일 현재의 적정가격(이하 '표준주택가격'이라 한다)을 조사·산정하고, 중앙부동산가격공시위원회의 심의를 거쳐 (1월 말) 이를 공시하여야 한다.

39. 감정평가방법

○ 원가법은 대상물건의 재조달원가에 (감가수정)을 하여 대상물건의 가액을 산정하는 감정평가방법이다.

○ 거래사례비교법을 적용할 때 (사정보정), 시점수정, 가치형성요인 비교 등의 과정을 거친다.

○ 수익환원법에서는 장래 산출할 것으로 기대되는 순수익이나 미래의 현금흐름을 환원하거나 (할인)하여 가액을 산정한다.

40. 부동산 가격원칙(혹은 평가원리)

② 균형의 원칙은 구성요소의 결합에 대한 내용으로, 균형을 이루지 못하는 과잉부분은 원가법을 적용할 때 경제적 기능적 감가로 처리한다.

③ 적합의 원칙은 부동산의 입지와 인근환경의 영향(경제적 감가)을 고려한다.

41. 통정허위표시의 무효는 선의의 '제3자'에게 대항하지 못한다는 규정의 '제3자'에 해당하는 자를 모두 고른 것은? (다툼이 있으면 판례에 따름)

> ㄱ. 통정허위표시에 의한 채권을 가압류한 자
> ㄴ. 통정허위표시에 의해 설정된 전세권에 대해 저당권을 설정 받은 자
> ㄷ. 대리인의 통정허위표시에서 본인
> ㄹ. 통정허위표시에 의해 체결된 제3자를 위한 계약에서 제3자

① ㄱ, ㄴ   ② ㄱ, ㄷ   ③ ㄴ, ㄷ   ④ ㄴ, ㄹ   ⑤ ㄷ, ㄹ

42. 준법률행위인 것은? (다툼이 있으면 판례에 따름)
① 법정대리인의 동의
② 착오에 의한 의사표시의 취소
③ 채무이행의 최고
④ 무권대리행위에 대한 추인
⑤ 임대차계약의 해지

43. 甲은 토지거래허가구역 내 자신의 토지를 乙에게 매도하였고 곧 토지거래허가를 받기로 하였다. 다음 설명 중 옳은 것을 모두 고른 것은? (다툼이 있으면 판례에 따름)

> ㄱ. 甲과 乙은 토지거래허가신청절차에 협력할 의무가 있다.
> ㄴ. 甲은 계약상 채무불이행을 이유로 계약을 해제할 수 있다.
> ㄷ. 계약이 현재 유동적 무효 상태라는 이유로 乙은 이미 지급한 계약금 등을 부당이득으로 반환청구할 수 있다.
> ㄹ. 乙은 토지거래허가가 있을 것을 조건으로 하여 甲을 상대로 소유권이전등기절차의 이행을 청구할 수 없다.

① ㄱ, ㄴ, ㄹ   ② ㄱ, ㄷ   ③ ㄱ, ㄹ
④ ㄴ, ㄷ   ⑤ ㄴ, ㄹ

44. 반사회질서의 법률행위로서 무효인 것을 모두 고른 것은? (다툼이 있으면 판례에 따름)

> ㄱ. 무허가 건물의 임대행위
> ㄴ. 처음부터 보험사고를 가장하여 보험금을 취할 목적으로 체결한 보험계약
> ㄷ. 변호사가 민사소송의 승소 대가로 성공보수를 받기로 한 약정
> ㄹ. 수사기관에서 참고인으로서 자신이 잘 알지 못하는 내용에 대한 허위진술을 하고 대가를 제공받기로 하는 약정

① ㄱ, ㄴ   ② ㄴ   ③ ㄴ, ㄹ   ④ ㄷ   ⑤ ㄷ, ㄹ

45. 무권대리에 관한 설명으로 옳은 것은? (다툼이 있으면 판례에 따름)
① 무권대리행위의 일부에 대한 추인은 상대방의 동의를 얻지 못하는 한 효력이 없다.
② 무권대리행위를 추인한 경우 원칙적으로 추인한 때로부터 유권대리와 마찬가지의 효력이 생긴다.
③ 무권대리행위의 추인의 의사표시는 본인이 상대방에게 하지 않으면, 상대방이 그 사실을 알았더라도 상대방에게 대항하지 못한다.
④ 무권대리인의 계약상대방은 계약 당시 대리권 없음을 안 경우에도 본인에 대해 계약을 철회할 수 있다.
⑤ 무권대리행위가 무권대리인의 과실없이 제3자의 기망 등 위법행위로 야기된 경우 특별한 사정이 없는 한, 무권대리인은 상대방에게 책임을 지지 않는다.

46. 甲은 자신의 X토지를 乙에게 매도하고 중도금을 수령한 후, 다시 丙에게 매도하고 소유권이전등기까지 경료해 주었다. 다음 설명 중 틀린 것은? (다툼이 있으면 판례에 따름)
① 특별한 사정이 없는 한 丙은 X토지의 소유권을 취득한다.
② 특별한 사정이 없는 한 乙은 최고 없이도 甲과의 계약을 해제할 수 있다.
③ 丙이 甲의 乙에 대한 배임행위에 적극 가담한 경우, 乙은 丙을 상대로 직접 등기의 말소를 청구할 수 없다.
④ 甲과 乙의 계약이 사회질서 위반으로 무효인 경우, 丙으로부터 X토지를 전득한 丁은 선의이더라도 그 소유권을 취득하지 못한다.
⑤ 만약 丙의 대리인 戊가 丙을 대리하여 X토지를 매수하면서 甲의 배임행위에 적극 가담하였다면, 그러한 사정을 모르는 丙은 그 소유권을 취득한다.

47. 표현대리에 관한 설명으로 옳은 것은? (다툼이 있으면 판례에 따름)
① 상대방의 유권대리 주장에는 표현대리의 주장도 포함된다.
② 권한을 넘은 표현대리의 기본대리권은 대리행위와 같은 종류의 행위에 관한 것이어야 한다.
③ 권한을 넘은 표현대리의 기본대리권에는 대리인에 의하여 선임된 복대리인의 권한도 포함된다.
④ 대리권수여표시에 의한 표현대리에서 대리권수여표시는 대리권 또는 대리인이라는 표현을 사용한 경우에 한정된다.
⑤ 대리권소멸 후의 표현대리가 인정되고 그 표현대리의 권한을 넘는 대리행위가 있는 경우, 권한을 넘은 표현대리가 성립할 수 없다.

제26회

41. 무효인 법률행위를 기초로

　　새로운 법률상 이해관계를 맺은 제3자가 아닌 자

　　채권자·채무자·추심자 + 상속인·수익자·(지위)승계인

ㄱ. 통정허위표시에 의한 (가장) 채권을 (진정)가압류한 자(제3자)

ㄴ. 통정허위표시에 의해 설정된 (가장) 전세권에 대해 (진정) 저당권을 설정 받은 자(제3자)

42. 준법률행위: 법률규정에 따른 효과

　　표현행위　　의사표시: 최고

　　　　　　　관념통지: 승인

　　　　　　　감정표시: 용서

　　사실행위:　가공·선점·유실물습득·매장물발견

≒ 법률행위: 법률행위(의사표시)에 따른 효과

① 동의: 상대방 있는 단독행위

② 취소: 상대방 있는 단독행위

④ 추인: 상대방 있는 단독행위

⑤ 해지: 상대방 있는 단독행위

43. 토지거래허가

ㄴ. 甲은 계약상 채무불이행을 이유로 계약을 해제할 수 있다. 없다.

　　유동적 무효상태에서는 (토지거래허가 전 이행의무가 없으므로) 채무불이행이 없으므로 계약을 해제하거나 손해배상을 청구할 수 없다.

ㄷ. 계약이 현재 유동적 무효 상태라는 이유로 乙은 이미 지급한 계약금 등을 부당이득으로 반환청구할 수 있다. 없다.

　　유동적 무효상태에서는 부당이득반환을 청구할 수 없다. 확정적 무효가 되면 부당이득반환을 청구할 수 있다.

44. 반사회질서의 법률행위(민법 제103조)

　　① 반인륜 ② 부정의 ③ 극심한 자유 제한

　　④ 생존 기초 재산 처분 ⑤ 사행성 ⑥ 불공정

ㄱ. 적법행위: 단속규정 위반이나 임대행위 효력 유지

ㄴ. 부정의

ㄷ. 변호사가 민사소송 형사소송의 승소 대가로 성공보수를 받기로 한 약정 → 반사회질서의 법률행위

ㄹ. 부정의

45. 무권대리

① 무권대리행위의 일부(또는 변경)에 대한 추인은 상대방의 동의를 얻지 못하는 한 효력이 없다.

② 무권대리행위를 추인한 경우 원칙적으로 추인한 때로부터 계약체결시로 소급하여 유권대리와 마찬가지의 효력 (△: ○본인에게 효력이 있다, ×유권대리가 되는 것은 아니다)이 생긴다.

③ 무권대리행위의 추인의 의사표시는 본인이 상대방에게 하지 않으면, 상대방이 그 사실을 알았더라도 상대방에게 대항하지 못한다.

> 민법 제132조(추인·거절의 상대방)
> 추인 또는 거절의 의사표시는 상대방에 대하여 하지 아니하면 그 상대방에 대항하지 못한다. 그러나 상대방이 그 사실을 안 때에는 그러하지 아니하다.

④ 무권대리인의 계약상대방은 계약 당시 대리권 없음을 안 경우에도는 본인에 대해 계약을 철회할 수 있다. 없다.

> 민법 제134조(상대방의 철회권)
> 대리권 없는 자가 한 계약은 본인의 추인이 있을 때까지 상대방은 본인이나 그 대리인에 대하여 이를 철회할 수 있다. 그러나 계약 당시에 상대방이 대리권 없음을 안 때에는 그러하지 아니하다.

⑤ 무권대리행위가 무권대리인의 과실없이 제3자의 기망 등 위법행위로 야기된 경우 특별한 사정이 없는 한, 무권대리인은 상대방에게 책임을 지지 않는다. 무권대리인의 상대방에 대한 책임은 (무과실책임이므로) 부정되지 않는다.

46. 이중매매

　　유효(원칙): 제1, 제2 매매 모두

　　무효: 민법 제103조(반사회질서의 법률행위) 위반

47. 표현대리

① 상대방의 유권대리 주장에는 표현대리의 주장도 포함된다. 주장이 포함된다고 볼 수 없다.

② 권한을 넘은 표현대리의 기본대리권은 대리행위와 같은 종류의 행위에 관한 것이어야 한다. 속할 필요는 없다.

④ 대리권수여표시에 의한 표현대리에서 대리권수여표시는 대리권 또는 대리인이라는 표현을 사용한 경우에 한정된다. 사용해야 하는 것은 아니다.

⑤ 대리권소멸 후의 표현대리가 인정되고 그 표현대리의 권한을 넘는 대리행위가 있는 경우, 권한을 넘은 표현대리가 성립할 수 없다. 있다.

48. 미성년자 甲은 법정대리인 丙의 동의없이 자신의 토지를 甲이 미성년자임을 안 乙에게 매도하고 대금수령과 동시에 소유권이전등기를 해주었는데, 丙이 甲의 미성년을 이유로 계약을 적법하게 취소하였다. 다음 설명 중 **틀린** 것은? (다툼이 있으면 판례에 따름)

① 계약은 소급적으로 무효가 된다.
② 甲이 미성년자임을 乙이 몰랐더라도 丙은 계약을 취소할 수 있다.
③ 甲과 乙의 반환의무는 서로 동시이행관계에 있다.
④ 甲이 대금을 모두 생활비로 사용한 경우 대금 전액을 반환하여야 한다.
⑤ 만약 乙이 선의의 丁에게 매도하고 이전등기하였다면, 丙이 취소하였더라도 丁은 소유권을 취득한다.

49. 착오에 관한 설명으로 옳은 것은? (다툼이 있으면 판례에 따름)

① 매도인이 계약을 적법하게 해제한 후에도 매수인은 계약해제에 따른 불이익을 면하기 위하여 중요부분의 착오를 이유로 취소권을 행사하여 계약 전체를 무효로 할 수 있다.
② 표의자가 착오를 이유로 의사표시를 취소한 경우, 취소된 의사표시로 인해 손해를 입은 상대방은 불법행위를 이유로 손해배상을 청구할 수 있다.
③ 착오에 의한 의사표시로 표의자가 경제적 불이익을 입지 않더라도 착오를 이유로 그 의사표시를 취소할 수 있다.
④ 착오가 표의자의 중대한 과실로 인한 경우에는 상대방이 표의자의 착오를 알고 이용하더라도 표의자는 의사표시를 취소할 수 없다.
⑤ 표의자의 중대한 과실 유무는 착오에 의한 의사표시의 효력을 부인하는 자가 증명하여야 한다.

50. 乙은 甲의 X토지에 건물을 소유하기 위하여 지상권을 설정받았다. 다음 설명 중 옳은 것은? (다툼이 있으면 판례에 따름)

① 乙은 甲의 의사에 반하여 제3자에게 지상권을 양도할 수 없다.
② X토지를 양수한 자는 지상권의 존속 중에 乙에게 그 토지의 인도를 청구할 수 없다.
③ 乙이 약정한 지료의 1년 6개월분을 연체한 경우, 甲은 지상권의 소멸을 청구할 수 있다.
④ 존속기간의 만료로 지상권이 소멸한 경우, 건물이 현존하더라도 乙은 계약의 갱신을 청구할 수 없다.
⑤ 지상권의 존속기간을 정하지 않은 경우, 甲은 언제든지 지상권의 소멸을 청구할 수 있다.

51. 제사주재자인 장남 甲은 1985년 乙의 토지에 허락없이 부친의 묘를 봉분 형태로 설치한 이래 2015년 현재까지 평온·공연하게 분묘의 기지(基地)를 점유하여 분묘의 수호와 봉사를 계속하고 있다. 다음 설명 중 옳은 것은? (다툼이 있으면 판례에 따름)

① 乙은 甲에게 분묘의 이장을 청구할 수 있다.
② 甲은 乙에게 분묘기지에 대한 소유권이전등기를 청구할 수 있다.
③ 甲은 부친의 묘에 모친의 시신을 단분(單墳) 형태로 합장할 권능이 있다.
④ 甲이 분묘기지권을 포기하는 의사를 표시한 경우 점유의 포기가 없더라도 분묘기지권이 소멸한다.
⑤ 甲은 乙에게 지료를 지급할 의무가 있다.

52. 지역권에 관한 설명으로 **틀린** 것은?

① 1필의 토지 일부를 승역지로 하여 지역권을 설정할 수 있다.
② 요역지의 공유자 1인이 지역권을 취득한 때에는 다른 공유자도 이를 취득한다.
③ 지역권은 요역지와 분리하여 양도하지 못한다.
④ 요역지의 소유자는 지역권에 필요한 부분의 토지소유권을 지역권설정자에게 위기(委棄)하여 공작물의 설치나 수선의무의 부담을 면할 수 있다.
⑤ 지역권자에게는 방해제거청구권과 방해예방청구권이 인정된다.

53. 물권에 관한 설명으로 옳은 것은? (다툼이 있으면 판례에 따름)

① 지상권은 본권이 아니다.
② 온천에 관한 권리는 관습법상의 물권이다.
③ 타인의 토지에 대한 관습법상 물권으로서 통행권이 인정된다.
④ 근린공원을 자유롭게 이용한 사정만으로 공원이용권이라는 배타적 권리를 취득하였다고 볼 수는 없다.
⑤ 미등기 무허가건물의 양수인은 소유권이전등기를 경료받지 않아도 소유권에 준하는 관습법상의 물권을 취득한다.

48. 취소

> 민법 제140조(법률행위의 취소권자)
> 취소할 수 있는 법률행위는 제한능력자, 하자 있는 의사
> 표시를 한 자, 그 대리인 또는 승계인에 한하여 취소할 수
> 있다.
> 민법 제141조(취소의 효과)
> 취소한 법률행위는 처음부터 무효인 것으로 본다. 그러
> 나 제한능력자는 그 행위로 인하여 받은 이익이 현존하
> 는 한도에서 상환할 책임이 있다.
> 민법 제748조(수익자의 반환범위)
> ① 선의의 수익자는 그 받은 이익이 현존한 한도에서 전
> 조(민법 제747조, 원물반환불능한 경우와 가액반환, 전득
> 자의 책임)의 책임이 있다.
> ② 악의의 수익자는 그 받은 이익에 이자를 붙여 반환하
> 고 손해가 있으면 이를 배상하여야 한다.

① 절대적 무효
② 선악 불문
③ 무효·취소·해제에 따른 반환의무는 서로 동시이행관계에
　 있다.
④ 생활비로 사용 = 현존이익
⑤ 만약 乙이 선의의 丁에게 매도하고 이전등기하였다면, 丙
　 이 취소하였더라도 취소하면 丁은 (선악 불문) 소유권을
　 취득한다. 취득하지 못한다.

49. 착오
① 무효(←해제)·취소(→무효, 현존이익 반환)의 이중효
② 표의자가 착오를 이유로 의사표시를 취소한 경우(적법),
　 취소된 의사표시로 인해 손해를 입은 상대방은 불법행위
　 를 이유로 손해배상을 청구할 수 있다. 없다.
③ 착오에 의한 의사표시로 표의자가 경제적 불이익(중요부
　 분 판단 기준)을 입지 않더라도 않았다면(손해X) 착오를
　 이유로 그 의사표시를 취소할 수 있다. 없다.
④ 착오가 표의자의 중대한 과실로 인한 경우에는 상대방이
　 표의자의 착오를 알고 이용하더라도 이용한 경우 표의자
　 는 의사표시를 취소할 수 없다. 있다.
　 상대방은 표의자의 중과실을 원용할 수 없다.
⑤ 표의자의 중대한 과실 유무는 착오에 의한 의사표시의 효
　 력을 부인하는 주장하는 자(상대방)가 증명하여야 한다.

50. 지상권
① 乙은 甲의 의사에 반하여 제3자에게 지상권을 양도할 수
　 없다. 있다.
② 지상권: 대세권(對世權) 대인권(對人權)
③ 乙이 약정한 지료의 1년 6개월분 2년분 이상을 연체한 경
　 우, 甲은 지상권의 소멸을 청구할 수 있다.

④ 존속기간의 만료로 지상권이 소멸한 경우, 건물이 현존하
　 더라도면 乙은 계약의 갱신을 청구할 수 없다. 있다.
　 甲(지상권설정자)이 갱신을 거절하면 乙(지상권자)은 지
　 상물의 매수를 청구할 수 있다.
⑤ 지상권의 존속기간을 정하지 않은 경우, 甲은 언제든지 지
　 상권의 소멸을 청구할 수 있다.
　 그 기간은 민법 제280조(존속기간을 약정한 지상권)의 최
　 단존속기간으로 한다.

51. 분묘기지권
　 - 양도형: 　　　　　　　 지료지급 의무
　 - 취득시효형(20년): 청구시부터 지료지급 의무 발생
　 『장사 등에 관한 법률』 시행(2001년) 전 분묘
　 관습상 법정지상권은 성립시부터 지료지급 의무
① 乙은 甲에게 분묘의 이장을 청구할 수 있다. 없다.
② 甲은 乙에게 분묘기지에 대한 소유권이전등기를 청구할
　 수 있다. 없다(∵ 타주점유).
③ 甲은 부친의 묘에 모친의 시신을 단분(單墳) 형태로 합장
　 할 권능이 있다. 없다.
⑤ 甲은 乙에게 지료를 지급할 의무가 있다. 없다.
　 ※ 2021년 판례 변경: 청구시 지료지급 의무 발생

52. 지역권
① '一物一權 주의' 원칙의 예외
② 불가분성
③ 부종성
④ 요역지 승역지의 소유자는 지역권에 필요한 부분의 토지
　 소유권을 지역권설정자에게 위기(委棄)하여 공작물의 설
　 치나 수선의무의 부담을 면할 수 있다.
　 지역권은 혼동(混同)으로 소멸한다.
　 위기(委棄)는 승역지를 지역권자의 처분에 맡기기 위하여
　 그 소유권을 포기하는 물권적 단독행위로 등기 후 효력이
　 발생한다.

53. 관습법상의 물권이 아닌 사례
② 온천에 관한 권리
③ 타인의 토지에 대한 통행권(사도통행권)
④ 공원이용권
⑤ 소유권이전등기를 경료받지 않은 미등기 무허가건물의
　 양수인의 권리
① 지상권은 본권이 아니다. 이다.
　 ○ 본권: 점유권을 제외한 물권
　 　 물건을 사실상 지배하는 경우, 그 지배를 정당화하는
　 　 법률상의 권리

54. 乙은 丙의 토지 위에 있는 甲소유의 X건물을 매수하여 대금완납 후 그 건물을 인도받고 등기서류를 교부받았지만 아직 이전등기를 마치지 않았다. 다음 설명 중 틀린 것은? (다툼이 있으면 판례에 따름)
① 甲의 채권자가 X건물에 대해 강제집행하는 경우, 乙은 이의를 제기하지 못한다.
② X건물로 인해 丙의 토지가 불법점거당하고 있다면, 丙은 乙에게 X건물의 철거를 청구할 수 있다.
③ X건물의 점유를 방해하는 자에 대해 乙은 점유권에 기한 방해제거청구권을 행사할 수 있다.
④ 乙은 X건물로부터 생긴 과실(果實)의 수취권을 가진다.
⑤ 乙로부터 X건물을 다시 매수하여 점유·사용하고 있는 丁에 대하여 甲은 소유권에 기한 물권적 청구권을 행사할 수 있다.

55. 등기에 관한 설명으로 옳은 것은? (다툼이 있으면 판례에 따름)
① 법률행위를 원인으로 하여 소유권이전등기를 명하는 판결에 따른 소유권의 취득에는 등기를 요하지 않는다.
② 상속인은 피상속인의 사망과 더불어 상속재산인 부동산에 대한 등기를 한 때 소유권을 취득한다.
③ 피담보채권이 소멸하더라도 저당권의 말소등기가 있어야 저당권이 소멸한다.
④ 민사집행법상 경매의 매수인은 등기를 하여야 소유권을 취득할 수 있다.
⑤ 기존 건물 멸실 후 건물이 신축된 경우, 기존 건물에 대한 등기는 신축건물에 대한 등기로서 효력이 없다.

56. 점유에 관한 설명으로 옳은 것은? (다툼이 있으면 판례에 따름)
① 점유자의 점유가 자주점유인지 타주점유인지의 여부는 점유자 내심의 의사에 의하여 결정된다.
② 점유자의 점유권원에 관한 주장이 인정되지 않는다는 것만으로도 자유점유의 추정이 깨진다.
③ 점유물이 멸실 훼손된 경우, 선의의 타주점유자는 이익이 현존하는 한도 내에서 회복자에게 배상책임을 진다.
④ 악의의 점유자는 과실(過失)없이 과실(果實)을 수취하지 못한 때에도 그 과실의 대가를 회복자에게 보상하여야 한다.
⑤ 점유자의 특정승계인이 자기의 점유와 전(前)점유자의 점유를 아울러 주장하는 경우, 그 하자도 승계한다.

57. 상린관계에 관한 설명으로 틀린 것은?
① 서로 인접한 토지의 통상의 경계표를 설치하는 경우, 측량비용을 제외한 설치비용은 다른 관습이 없으면 쌍방이 토지면적에 비례하여 부담한다.
② 甲과 乙이 공유하는 토지가 甲의 토지와 乙의 토지로 분할됨으로 인하여 甲의 토지가 공로에 통하지 못하게 된 경우, 甲은 공로에 출입하기 위하여 乙의 토지를 통행할 수 있으나, 乙에게 보상할 의무는 없다.
③ 인지소유자는 자기의 비용으로 담의 높이를 통상보다 높게 할 수 있다.
④ 토지소유자는 과다한 비용이나 노력을 요하지 아니하고는 토지이용에 필요한 물을 얻기 곤란한 때에는 이웃 토지소유자에게 보상하고 여수(餘水)의 급여를 청구할 수 있다.
⑤ 지상권자는 지상권의 목적인 토지의 경계나 그 근방에서 건물을 수선하기 위하여 필요한 범위 내에서 이웃토지의 사용을 청구할 수 있다.

58. 시효취득을 할 수 없는 것은? (다툼이 있으면 판례에 따름)
① 저당권
② 계속되고 표현된 지역권
③ 지상권
④ 국유재산 중 일반재산
⑤ 성명불상자(姓名不詳者)의 토지

59. X토지를 甲이 2/3 지분, 乙이 1/3 지분으로 등기하여 공유하면서 그 관리방법에 관해 별도로 협의하지 않았다. 다음 설명 중 틀린 것은? (다툼이 있으면 판례에 따름)
① 丙이 甲으로부터 X토지의 특정부분의 사용·수익을 허락받아 점유하는 경우, 乙은 丙을 상대로 그 토지부분의 반환을 청구할 수 있다.
② 甲이 부정한 방법으로 X토지 전부에 관한 소유권이전등기를 甲의 단독명의로 행한 경우, 乙은 甲을 상대로 자신의 지분에 관하여 그 등기의 말소를 청구할 수 있다.
③ X토지에 관하여 丁 명의로 원인무효의 소유권이전등기가 경료되어 있는 경우, 乙은 丁을 상대로 그 등기 전부의 말소를 청구할 수 있다.
④ 戊가 X토지 위에 무단으로 건물을 신축한 경우, 乙은 특별한 사유가 없는 한 자신의 지분에 대응하는 비율의 한도 내에서만 戊를 상대로 손해배상을 청구할 수 있다.
⑤ X토지가 나대지인 경우, 甲은 乙의 동의 없이 건물을 신축할 수 없다.

54. 물권적 청구권

불법(토지소유권이 없는) 건물(무단건축물) 법률관계

B(건물소유자)	C(건물임차인)	D(건물매수인)(미등기매수인)
A(토지소유자)		

소유권에 기한 물권적 청구권
- A→B: 인도청구권 철거청구권 퇴거청구권
  (반환청구권) (방해제거청구권)
- A→C: 인도청구권 철거청구권 퇴거청구권
- A→D: 인도청구권 철거청구권 퇴거청구권

① 乙은 소유자가 아니므로
④ 乙은 (건물 인도 후) X건물로부터 생긴 과실(果實)의 수취권을 가진다.
⑤ 乙(제1 미등기매수인)로부터 X건물을 다시 매수하여 점유·사용하고 있는 丁(진정 소유자, 제2 미등기매수인)에 대하여 (乙에 대하여도) 甲은 소유권에 기한 물권적 청구권을 행사할 수 있다. 없다.

55. 등기

① 법률행위를 원인으로 하여 소유권이전등기를 명하는 판결(이행판결)에 따른 소유권의 취득에는 등기를 요하지 않는다. 요한다.
② 상속인은 피상속인의 사망과 더불어 상속재산인 부동산에 대한 등기를 한 때 사망시 등기 없이 소유권을 취득한다.
③ 부종성
피담보채권이 소멸하더라도면 저당권의 말소등기가 있어야 없어도 저당권이 소멸한다.
④ 민사집행법상 경매의 매수인은 매각대금 완납시 등기를 하여야 등기 없이 소유권을 취득할 수 있다.
⑤ 표제부 등기 유용(≒ 무효행위 추인) 불가

56. 점유

① 점유자의 점유가 자주점유인지 타주점유인지의 여부는 점유자 내심의 의사에 의하여 권원의 성질에 의하여 객관적으로(객관적·외형적 사실관계) 결정된다.
② 점유자의 점유권원에 관한 주장이 인정되지 않는다는 것만으로도 자주점유의 추정이 깨진다. 깨지는 것은 아니다.
③ 점유물이 멸실 훼손된 경우, 선의의 타주점유자(전손배상 = 손해 전부 배상) 자주점유자는 이익이 현존하는 한도 내에서 회복자에게 배상책임을 진다.
④ 악의의 점유자는 과실(過失)없이로 과실(果實)을 수취하지 못한 때에도는 그 과실의 대가를 회복자에게 보상하여야 한다.
⑤ 점유의 분리·병합의 자유

57. 상린관계

① 서로 인접한 토지의 통상의 경계표를 설치하는 경우, 측량비용을 제외한 설치비용은 다른 관습이 없으면 쌍방이 토지면적에 비례하여 부담한다.
설치비용은 쌍방이 절반씩 부담한다.

58. 시효취득의 요건 = 자주점유

① 저당권 ∵ 목적물을 점유하지 않으므로
② 계속되고 표현된(점유의 대용) 지역권
③ 지상권
④ 국유재산 중 일반재산 행정재산
⑤ 성명불상자(姓名不詳者)의 토지
시효로 인한 부동산 소유권의 취득은 원시취득으로서 취득시효의 요건을 갖추면 곧 등기청구권을 취득하는 것이고 타인의 소유권을 승계취득하는 것이 아니어서, 시효취득의 대상이 반드시 타인의 소유물이어야 하거나 그 타인이 특정되어 있어야만 하는 것은 아니다.

59. 공유

민법 제263조
(공유지분의 처분과 공유물의 사용·수익)
공유자는 그 지분을 처분할 수 있고 공유물 전부를 지분의 비율로 사용·수익할 수 있다.
민법 제264조(공유물의 처분·변경)
공유자는 다른 공유자의 동의없이 공유물을 처분하거나 변경하지 못한다.
민법 제265조(공유물의 관리·보존)
공유물의 관리에 관한 사항은 공유자의 지분의 과반수로써 결정한다. 그러나 보존행위는 각자가 할 수 있다.

과반수지분권자
- 물권: 사용·수익·관리
- 채권: 부당이득(지분 초과) 반환

① 丙이 甲으로부터 X토지의 특정부분의 사용·수익을 허락받아 (적법)점유하는 경우, 乙은 丙을 상대로 그 토지부분의 반환을 청구할 수 있다. 없다.
② 甲이 부정한 방법으로 X토지 전부에 관한 소유권이전등기를 甲의 단독명의로 행한 경우(2/3 유효), 乙은 甲을 상대로 자신의 지분(1/3)에 관하여 그 등기의 말소를 청구할 수 있다.
③ 보존행위
⑤ X토지가 나대지인 경우, 甲은 乙의 동의 없이 건물을 신축(처분행위)할 수 없다.
처분행위는 공유자 전원의 동의가 필요하다.

60. 저당권에 관한 설명으로 <u>틀린</u> 것은? (다툼이 있으면 판례에 따름)

① 저당권자는 목적물 반환청구권을 갖지 않는다.

② 저당부동산의 종물에는 저당권의 효력이 미치지 않는다는 약정은 등기하지 않더라도 제3자에 대해 효력이 있다.

③ 원본의 반환이 2년간 지체된 경우 채무자는 원본 및 지연배상금의 전부를 변제하여야 저당권등기의 말소를 청구할 수 있다.

④ 저당권은 그 담보하는 채권과 분리하여 다른 채권의 담보로 하지 못한다.

⑤ 저당권이 설정된 토지가 「공익사업을 위한 토지 등의 취득 및 보상에 관한 법률」에 따라 협의취득된 경우, 저당권자는 토지소유자가 수령할 보상금에 대하여 물상대위를 할 수 없다.

61. 전세권에 관한 설명으로 옳은 것은?

① 원전세권자가 소유자의 동의 없이 전전세를 하면 원전세권은 소멸한다.

② 건물에 대한 전세권이 법정갱신되는 경우 그 존속기간은 2년으로 본다.

③ 제3자가 불법 점유하는 건물에 대해 용익목적으로 전세권을 취득한 자는 제3자를 상대로 건물의 인도를 청구할 수 있다.

④ 전세권자는 특약이 없는 한 목적물의 현상을 유지하기 위해 지출한 필요비의 상환을 청구할 수 있다.

⑤ 전전세권자는 원전세권이 소멸하지 않은 경우에도 전전세권의 목적 부동산에 대해 경매를 신청할 수 있다.

62. 유치권에 관한 설명으로 옳은 것은? (다툼이 있으면 판례에 따름)

① 목적물에 대한 점유를 취득한 뒤 그 목적물에 관하여 성립한 채권을 담보하기 위한 유치권은 인정되지 않는다.

② 채권자가 채무자를 직접점유자로 하여 간접점유하는 경우에도 유치권은 성립할 수 있다.

③ 유치권자가 점유를 침탈당한 경우 점유보호청구권과 유치권에 기한 반환청구권을 갖는다.

④ 유치권자는 유치물의 보존에 필요하더라도 채무자의 승낙 없이는 유치물을 사용할 수 없다.

⑤ 임대차종료 후 법원이 임차인의 유익비상환청구권에 유예기간을 인정한 경우, 임차인은 그 기간 내에는 유익비상환청구권을 담보하기 위해 임차목적물을 유치할 수 없다.

63. 甲은 그 소유 나대지(X토지)에 乙의 저당권을 설정한 뒤 건물을 신축하였다. 다음 중 옳은 것을 모두 고른 것은? (다툼이 있으면 판례에 따름)

> ㄱ. X토지에 대한 저당권실행을 위한 경매개시결정 전에 甲이 A에게 건물 소유권을 이전한 경우, 乙은 X토지와 건물에 대해 일괄경매를 청구할 수 있다.
>
> ㄴ. 乙의 저당권이 실행되어 B가 X토지를 매수하고 매각대금을 다 낸 경우, 甲은 법정지상권을 취득한다.
>
> ㄷ. 저당권 설정 뒤 X토지에 대해 통상의 강제경매가 실시되어 C가 그 토지를 취득한 경우, 甲은 관습상 법정지상권을 취득하지 못한다.
>
> ㄹ. 저당권 설정 뒤 D가 X토지를 매수 취득하여 그 토지에 필요비를 지출한 경우, 乙의 저당권이 실행되면 D는 경매대가로부터 필요비를 우선상환 받을 수 없다.

① ㄱ, ㄴ ② ㄱ, ㄹ ③ ㄴ, ㄹ ④ ㄷ ⑤ ㄷ, ㄹ

64. 근저당권에 관한 설명으로 <u>틀린</u> 것은? (다툼이 있으면 판례에 따름)

① 피담보채무의 확정 전에는 채무자를 변경할 수 없다.

② 1년분이 넘는 지연배상금이라도 채권최고액의 한도 내라면 전액 근저당권에 의해 담보된다.

③ 근저당권이 성립하기 위해서는 그 설정행위와 별도로 피담보채권을 성립시키는 법률행위가 있어야 한다.

④ 후순위 근저당권자가 경매를 신청한 경우 선순위 근저당권의 피담보채권은 매각대금이 완납된 때에 확정된다.

⑤ 선순위 근저당권의 확정된 피담보채권액이 채권최고액을 초과하는 경우, 후순위 근저당권자가 그 채권최고액을 변제하더라도 선순위 근저당권의 소멸을 청구할 수 없다.

65. 계약의 청약과 승낙에 관한 설명으로 옳은 것은?

① 격지자간의 청약은 이를 자유로이 철회할 수 있다.

② 청약은 상대방 있는 의사표시이므로 청약할 때 상대방이 특정되어야 한다.

③ 청약자가 그 통지를 발송한 후 도달 전에 사망한 경우, 청약은 효력을 상실한다.

④ 격지자간의 계약은 승낙의 통지가 도달한 때에 성립한다.

⑤ 승낙기간을 정하여 청약을 하였으나 청약자가 승낙의 통지를 그 기간 내에 받지 못한 경우 원칙적으로 청약은 효력을 상실한다.

60. 저당권

① ∵ 저당권자는 목적물을 점유하지 않는다.

② 저당부동산의 종물에는 저당권의 효력이 미치지 않는다는 약정은 등기하지 않더라도 ~~등기해야~~ 제3자에 대해 효력(대항력)이 있다.

③ 이행지체로 인한 지연배상은 이행기일 경과 후의 1년분에 한하여만 저당권으로 담보된다. 이는 이해관계 있는 제3자를 보호하기 위함이므로 채무자의 경우에는 적용되지 않는다.

> 민법 제360조(피담보채권의 범위)
> 저당권은 원본, 이자, 위약금(등기해야 저당권의 효력이 미친다), 채무불이행으로 인한 손해배상(지연배상) 및 저당권의 실행비용을 담보한다. 그러나 지연배상에 대하여는 원본의 이행기일을 경과한 후의 1년분에 한하여 저당권을 행사할 수 있다.

④ 부종성

저당권(종된 권리)은 그 담보하는 채권(주된 권리)과 분리하여 다른 채권의 담보로 하지 못한다.

⑤ 저당권이 설정된 토지가 「공익사업을 위한 토지 등의 취득 및 보상에 관한 법률」에 따라 협의취득된 경우(계약), 저당권자는 그 보상금에 대하여 물상대위(멸실·훼손·공용징수)권을 행사할 수 없다.

61. 전세권

① 원전세권자가 소유자의 동의 없이 전전세를 하면 원전세권은 ~~소멸한다.~~ 소멸하지 않는다.

> 민법 제306조(전세권의 양도, 임대)
> 전세권자는 전세권을 타인에게 양도 또는 담보로 제공할 수 있고 그 존속기간내에서 그 목적물을 타인에게 전세 또는 임대할 수 있다. 그러나 설정행위로 이를 금지한 때에는 그러하지 아니하다.

② 건물에 대한 전세권이 법정갱신되는 경우 그 존속기간은 ~~2년으로 본다.~~ 정함이 없는 것으로 본다.

④ 전세권자는 특약이 없는 한 목적물의 현상을 유지하기 위해 지출한 필요비(상환청구 불가) 목적물을 개량하기 위해 지출한 유익비의 상환을 청구할 수 있다.

⑤ 전전세권자는 원전세권이 소멸하지 않은 경우에도는 전전세권의 목적 부동산에 대해 경매를 신청할 수 ~~있다.~~ 없다.

경매신청: 원전세권 소멸 + 원전세금 반환×
전전세권 소멸 + 전전세금 반환×

62. 유치권

① 목적물에 대한 점유를 취득한 뒤 그 목적물에 관하여 성립한 채권을 담보하기 위한 유치권은 ~~인정되지 않는다.~~ 인정된다.

② 채권자가 채무자를 직접점유자로 하여 간접점유하는 경우에도는 유치권은 성립할 수 ~~있다.~~ 성립하지 않는다.

③ 유치권자가 점유를 침탈당한 경우 점유보호청구권(점유권에 기한 반환청구권, 민법 제204조)과 ~~유치권 기한 반환청구권을~~ 갖는다.

유치권에 기한 반환청구권은 인정되지 않는다.

④ 유치권자는 유치물의 보존에 필요하더라도 ~~필요한 경우~~ 채무자의 승낙 없이는 유치물을 ~~사용할 수 없다.~~ 있다.

63. 법정지상권과 일괄경매청구권

ㄱ. X토지에 대한 저당권실행을 위한 경매개시결정 전에 甲이 A에게 건물 소유권을 이전한 경우, 乙은 X토지와 건물에 대해 일괄경매(토지소유자 = 건물소유자)를 청구할 수 ~~있다.~~ 없다.

ㄴ. 乙의 저당권이 실행되어 B가 X토지를 매수하고 매각대금을 다 낸 경우, 甲은 법정지상권을 ~~취득한다.~~ 취득하지 못한다(∵ 경매).

ㄹ. 저당권 설정 뒤 D(제3취득자)가 X토지를 매수 취득하여 그 토지에 필요비를 지출한 경우, 乙의 저당권이 실행되면 D는 경매대가로부터 필요비를 우선상환 받을 수 ~~없다.~~ 있다.

64. 근저당권

① 피담보채무의 확정 전에는도 채무자를 변경할 수 ~~없다.~~ 있다.

③ 근저당권(물권)이 성립하기 위해서는 그 설정행위와 별도로 피담보채권(채권)을 성립시키는 법률행위가 있어야 한다.

④ 경매신청 후 취하해도 번복되지 않는다.

⑤ 물상보증인·제3취득자는 채권최고액을 변제하고 근저당권의 소멸을 청구할 수 있다.

채무자·후순위근저당권자는 전액 변제 후 근저당권의 소멸을 청구할 수 있다.

65. 청약과 승낙

① 청약은 이를 자유로이 철회할 수 없다.

② 청약은 상대방 있는 의사표시이므로이나 청약할 때 상대방이 ~~특정되어야 한다.~~ 특정될 필요는 없다.

③ 청약자가 그 통지를 발송한 후 도달 전에 사망(또는 행위능력 상실)한 경우, 청약은 ~~효력을 상실한다.~~ 청약의 효력에 영향을 미치지 아니한다.

④ 격지자간의 계약은 승낙의 통지가 ~~도달한~~ 통지를 발신한 때에 성립한다(발신주의, 도달주의 원칙의 예외).

66. 계약의 유형에 관한 설명으로 틀린 것은?
① 예약은 채권계약이다.
② 전형계약 중 쌍무계약은 유상계약이다.
③ 교환계약은 요물계약이다.
④ 매매계약은 쌍무계약이다.
⑤ 임대차계약은 유상계약이다.

67. 동시이행의 항변권에 관한 설명으로 옳은 것은? (다툼이 있으면 판례에 따름)
① 동시이행관계에 있는 쌍방의 채무 중 어느 한 채무가 이행불능이 되어 손해배상채무로 바뀌는 경우, 동시이행의 항변권은 소멸한다.
② 임대차 종료 후 보증금을 반환받지 못한 임차인이 동시이행의 항변권에 기하여 임차목적물을 점유하는 경우, 불법점유로 인한 손해배상책임을 진다.
③ 동시이행의 항변권은 당사자의 주장이 없어도 법원이 직권으로 고려할 사항이다.
④ 채권자의 이행청구소송에서 채무자가 주장한 동시이행의 항변이 받아들여진 경우, 채권자는 전부 패소판결을 받게 된다.
⑤ 선이행의무자가 이행을 지체하는 동안에 상대방의 채무의 변제기가 도래한 경우, 특별한 사정이 없는 한 쌍방의 의무는 동시이행관계가 된다.

68. 甲은 자신의 토지를 乙에게 매도하면서 그 대금은 乙이 甲의 의무이행과 동시에 丙에게 지급하기로 약정하고 丙은 乙에게 수익의 의사표시를 하였다. 다음 설명 중 틀린 것은? (다툼이 있으면 판례에 따름)
① 丙은 乙의 채무불이행을 이유로 甲과 乙의 매매계약을 해제할 수 없다.
② 甲과 乙의 매매계약이 적법하게 취소된 경우, 丙의 급부청구권은 소멸한다.
③ 甲이 乙에게 매매계약에 따른 이행을 하지 않더라도 乙은 특별한 사정이 없는 丙에게 대금지급을 거절할 수 없다.
④ 丙이 수익의 의사표시를 한 후에는 특별한 사정이 없는 한 甲과 乙의 합의에 의해 丙의 권리를 소멸시킬 수 없다.
⑤ 丙이 대금을 수령하였으나 매매계약이 무효인 것으로 판명된 경우, 특별한 사정이 없는 한 乙은 丙에게 대금반환을 청구할 수 없다.

69. 계약의 해제에 관한 설명으로 틀린 것은? (다툼이 있으면 판례에 따름)
① 계약이 합의해제된 경우, 특약이 없는 한 반환할 금전에 그 받은 날로부터 이자를 붙여 지급할 의무가 없다.
② 계약의 상대방이 여럿인 경우, 해제권자는 그 전원에 대하여 해제권을 행사하여야 한다.
③ 매매계약의 해제로 인하여 양당사자가 부담하는 원상회복의무는 동시이행의 관계에 있다.
④ 성질상 일정한 기간 내에 이행하지 않으면 그 목적을 달성할 수 없는 계약에서 당사자 일방이 그 시기에 이행하지 않으면 해제의 의사표시가 없더라도 해제의 효과가 발생한다.
⑤ 매매대금채권이 양도된 후 매매계약이 해제된 경우, 그 양수인은 해제로 권리를 침해당하지 않는 제3자에 해당하지 않는다.

70. 계약금에 관한 설명으로 틀린 것은? (다툼이 있으면 판례에 따름)
① 계약금은 별도의 약정이 없는 한 해약금으로 추정된다.
② 매매해약금에 관한 민법 규정은 임대차에도 적용된다.
③ 해약금에 기해 계약을 해제하는 경우에는 원상회복의 문제가 생기지 않는다.
④ 토지거래허가구역 내 토지에 관한 매매계약을 체결하고 계약금만 지급한 상태에서 거래허가를 받은 경우, 다른 약정이 없는 한 매도인은 계약금의 배액을 상환하고 계약을 해제할 수 없다.
⑤ 계약금만 수령한 매도인이 매수인에게 계약의 이행을 최고하고 매매잔금의 지급을 청구하는 소송을 제기한 경우, 다른 약정이 없는 한 매수인은 계약금을 포기하고 계약을 해제할 수 있다.

71. 매매에 관한 설명으로 틀린 것은? (다툼이 있으면 판례에 따름)
① 매매비용을 매수인이 전부 부담한다는 약정은 특별한 사정이 없는 한 유효하다.
② 지상권은 매매의 대상이 될 수 없다.
③ 매매목적물의 인도와 동시에 대금을 지급할 경우, 그 인도장소에서 대금을 지급하여야 한다.
④ 매매목적물이 인도되지 않고 대금도 완제되지 않은 경우, 목적물로부터 생긴 과실은 매도인에게 속한다.
⑤ 당사자 사이에 행사기간을 정하지 않은 매매의 예약완결권은 그 예약이 성립한 때로부터 10년 내에 행사하여야 한다.

---

66. 계약의 유형

② 쌍무계약 —○→유상계약, 유상계약 —×→쌍무계약

유상계약	
현상광고(편무계약)	쌍무계약

③ 교환계약은 요물 쌍무·유상·낙성·불요식계약이다.

67. 동시이행의 항변권

① 동시이행관계에 있는 쌍방의 채무 중 어느 한 채무가 이행 불능이 되어 손해배상채무로 바뀌는 경우(질적 변경), 동시이행의 항변권은 소멸한다. 소멸하지 않는다.

② 임대차 종료 후 보증금을 반환받지 못한 임차인이 동시이행의 항변권(또는 유치권)에 기하여 임차목적물을 (적법) 점유하는 경우, 불법점유로 인한 손해배상책임을 진다. 지지 아니한다.

③ 동시이행의 항변권(연기적 항변권, 주장하는 경우 고려)은 당사자의 주장이 없어도 법원이 직권으로 고려할 사항이다. 사항이 아니다.

④ 채권자의 이행청구소송에서 채무자가 주장한 동시이행의 항변이 받아들여진 경우, 채권자는 전부 패소판결 일부 승소·일부패소판결(상환이행판결, 상환급부판결)을 받게 된다.

⑤ 선이행의무자의 동시이행의 항변권(예외)
1. 변제기의 도래
2. 불안의 항변권

68. 민법 제539조(제3자를 위한 계약)

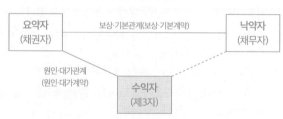

- 요약자-수익자 간의 원인관계가 무효가 되더라도 요약자-낙약자 간의 기본관계에는 영향을 미치지 않는다.
- 낙약자는 요약자에 발생한 사유로 수익자에게 항변(이행거절)할 수 있다(동시이행의 항변).
- 수익자는 기본계약을 해제할 수 없다.
  수익자는 (낙약자에게) 손해배상을 청구할 수 있다.
  수익자에게는 원상회복·부당이득반환을 청구할 수 없다.

③ 甲(요약자, 채권자)이 乙(낙약자, 채무자)에게 매매계약에 따른 이행을 하지 않더라도 않으면 乙은 특별한 사정이 없는 한 丙(수익자, 제3자)에게 대금지급을 거절할 수 없다. 있다(동시이행의 항변).

④ 미리 변경권을 유보한 경우, 가능하다.

69. 해제

> 민법 제548조(해제의 효과, 원상회복의무)
> ① 당사자 일방이 계약을 해제한 때에는 각 당사자는 그 상대방에 대하여 원상회복의 의무가 있다. 그러나 제3자의 권리를 해하지 못한다.
> ② 전항의 경우에 반환할 금전에는 그 받은 날로부터 이자를 가하여야 한다.

① 합의해제 ≠ 일방해제 = 법정해제(민법 제548조)

② 해제의 불가분성

④ 성질상 일정한 기간 내에 이행하지 않으면 그 목적을 달성할 수 없는 계약(정기행위: 최고 없이도 해제할 수 있다)에서 당사자 일방이 그 시기에 이행하지 않으면 해제의 의사표시가 없더라도 있어야 해제의 효과가 발생한다.

⑤ 해제로 권리를 침해당하지 않는 제3자
  = 해제된 계약으로부터 생긴 법률효과를 기초로 새로운 권리를 취득한 자
  ≠ 미등기, (가)압류, 대항력 없는 자

70. 계약금

③ 해약금에 기해 계약을 해제(약정해제: 당사자 일방이 이행에 착수하기 전까지)하는 경우에는 원상회복(·손해배상)의 문제가 생기지 않는다.

④ 토지거래허가구역 내 토지에 관한 매매계약을 체결하고 계약금만 지급한 상태에서 거래허가를 받은 경우(≠ 이행의 착수), 다른 약정이 없는 한 (중도금 지급(이행착수) 전까지) 매도인은 계약금의 배액을 상환하고 계약을 해제할 수 없다. 있다.

⑤ 계약금만 수령한 매도인이 매수인에게 계약의 이행을 최고하고 매매잔금의 지급을 청구하는 소송을 제기한 경우(≠ 이행의 착수), 다른 약정이 없는 한 매수인은 계약금을 포기하고 계약을 해제할 수 있다.

71. 매매

① 원칙: 쌍방균분(임의규정)

② 지상권(재산권: 물권, 채권, 유가증권)은 매매의 대상이 될 수 없다. 있다.

③ 현실매매

⑤ 당사자 사이에 행사기간을 정하지 않은 매매의 예약완결권(형성권)은 그 예약이 성립한 때로부터 10년 내에 행사하여야 한다(제척기간).

제26회

72. 임차인의 권리에 관한 설명으로 옳은 것은? (다툼이 있으면 판례에 따름)

① 임차물에 필요비를 지출한 임차인은 임대차 종료시 그 가액증가가 현존한 때에 한하여 그 상환을 청구할 수 있다.

② 건물임차인이 그 사용의 편익을 위해 임대인으로부터 부속물을 매수한 경우, 임대차 종료 전에도 임대인에게 그 매수를 청구할 수 있다.

③ 건물소유를 목적으로 한 토지임대차를 등기하지 않았더라도, 임차인이 그 지상건물의 보존등기를 하면 토지임대차는 제3자에 대하여 효력이 생긴다.

④ 건물소유를 목적으로 한 토지임대차의 기간이 만료된 경우, 임차인은 계약갱신의 청구 없이도 매도인에게 건물의 매수를 청구할 수 있다.

⑤ 토지임대차가 묵시적으로 갱신된 경우, 임차인은 언제든지 해지통고할 수 있으나 임대인은 그렇지 않다.

73. 건물임대인 甲의 동의를 얻어 임차인 乙이 丙과 전대차계약을 체결하고 그 건물을 인도해주었다. 옳은 것을 모두 고른 것은? (다툼이 있으면 판례에 따름)

> ㄱ. 甲과 乙의 합의로 임대차계약이 종료되어도 丙의 권리는 소멸하지 않는다.
>
> ㄴ. 전대차 종료시에 丙은 건물 사용의 편익을 위해 乙의 동의를 얻어 부속한 물건의 매수를 甲에게 청구할 수 있다.
>
> ㄷ. 임대차와 전대차 기간이 모두 만료된 경우, 丙은 건물을 甲에게 직접 명도해도 乙에 대한 건물명도의무를 면하지 못한다.
>
> ㄹ. 乙의 차임연체액이 2기의 차임액에 달하여 甲이 임대차계약을 해지하는 경우, 甲은 丙에 대해 그 사유의 통지 없이도 해지로써 대항할 수 있다.

① ㄱ, ㄷ　② ㄱ, ㄹ　③ ㄴ, ㄷ　④ ㄴ, ㄹ　⑤ ㄷ, ㄹ

74. 매도인의 담보책임에 관한 설명으로 옳은 것은? (다툼이 있으면 판례에 따름)

① 타인의 권리를 매도한 자가 그 전부를 취득하여 매수인에게 이전할 수 없는 경우, 악의의 매수인은 계약을 해제할 수 없다.

② 저당권이 설정된 부동산의 매수인이 저당권의 행사로 그 소유권을 취득할 수 없는 경우, 악의의 매수인은 특별한 사정이 없는 한 계약을 해제하고 손해배상을 청구할 수 있다.

③ 매매목적인 권리의 전부가 타인에게 속하여 권리의 전부를 이전할 수 없게 된 경우, 매도인은 선의의 매수인에게 신뢰이익을 배상하여야 한다.

④ 매매목적 부동산에 전세권이 설정된 경우, 계약의 목적달성 여부와 관계없이, 선의의 매수인은 계약을 해제할 수 있다.

⑤ 권리의 일부가 타인에게 속한 경우, 선의의 매수인이 갖는 손해배상청구권은 계약한 날로부터 1년 내에 행사되어야 한다.

75. 주택임대차보호법에 관한 설명으로 옳은 것은? (다툼이 있으면 판례에 따름)

① 주민등록의 신고는 행정청이 수리한 때가 아니라, 행정청에 도달한 때 효력이 발생한다.

② 등기명령의 집행에 따라 주택 전부에 대해 타인 명의의 임차권등기가 끝난 뒤 소액보증금을 내고 그 주택을 임차한 자는 최우선변제권을 행사할 수 없다.

③ 임차권보다 선순위의 저당권이 존재하는 주택이 경매로 매각된 경우, 경매의 매수인은 임대인의 지위를 승계한다.

④ 소액임차인은 경매신청의 등기 전까지 임대차계약서에 확정일자를 받아야 최우선변제권을 행사할 수 있다.

⑤ 주택임차인의 우선변제권은 대지의 환가대금에는 미치지 않는다.

76. 집합건물의 소유 및 관리에 관한 법령상 집합건물에 관한 설명으로 틀린 것은? (다툼이 있으면 판례에 따름)

① 집합건축물대장에 등록되지 않더라도 구분소유가 성립할 수 있다.

② 공용부분의 사용과 비용부담은 전유부분의 지분비율에 따른다.

③ 집합건물의 공용부분은 시효취득의 대상이 될 수 없다.

④ 관리인 선임 여부와 관계 없이 공유자는 단독으로 공용부분에 대한 보존행위를 할 수 있다.

⑤ 구분소유자는 규약 또는 공정증서로써 달리 정하지 않는 한 그가 가지는 전유부분과 분리하여 대지사용권을 처분할 수 없다.

72. 임차인의 권리

① 임차물에 필요비 유익비를 지출한 임차인은 임대차 종료
시 그 가액증가가 현존한 때에 한하여 그 상환을 청구할
수 있다.

임차인이 임차물의 보존에 관한 필요비를 지출한 때에는
임대차의 종료를 기다리지 않고서 곧 임대인에 대하여 그
상환을 청구할 수 있다.

② 건물임차인이 그 사용의 편익을 위해 (ⓐ 임대인의 동의
를 얻은 부속물) ⓑ 임대인으로부터 부속물을 매수한 경
우, 임대차 종료 전에도 종료시에 임대인에게 그 매수를
청구할 수 있다.

③ 임차권등기 의제

④ 건물소유를 목적으로 한 토지임대차의 기간이 만료된 경
우, 임차인은 계약갱신의 청구 없어도 후 임대인이 계약의
갱신을 원하지 아니하는 때에는 매도인에게 건물의 매수
를 청구할 수 있다.

⑤ 토지임대차가 묵시적으로 갱신된 경우, 임차인과 임대인
은 언제든지 해지통고할 수 있으나 임대인은 그렇지 않
다. 있다.

기간의 약정이 없거나 법정갱신(묵시의 갱신):

해지 통고 후 계약 소멸

- 임대차: 임대인 6월, 임차인 1월 (동산 5일)
- 전세권: 임대인 6월, 임차인 6월
- 주택임대차보호법, 상가건물 임대차보호법:

임태인   임차인 3월

73. 동의 있는 전대차

ㄴ. 전대차 종료시에 丙(전차인)은 건물 사용의 편익을 위해
乙(임차인·전대인)의 동의를 얻어 부속한 물건의 매수를
甲(임대인)에게 청구할 수 있다. 없다.

ㄷ. 임대차와 전대차 기간이 모두 만료된 경우, 丙은 건물을
甲에게 직접 명도해도하면 乙에 대한 건물명도의무를 면
하지 못한다. 면한다.

74. 매도인의 담보책임: 무과실책임

① 전부 타인의 권리(민법 제570조)

타인의 권리를 매도한 자가 그 전부를 취득하여 매수인에
게 이전할 수 없는 경우, 선의·악의 매수인은 계약을 해
제할 수 없다. 있다.

선의의 매수인은 손해배상을 청구할 수 있다.

② 담보물권(민법 제576조)

저당권이 설정된 부동산의 매수인이 저당권의 행사로 그
소유권을 취득할 수 없는 경우, (선의·악의의) (선악 불
문) 매수인은 특별한 사정이 없는 한 계약을 해제하고 손
해배상을 청구할 수 있다.

③ 매매목적인 권리의 전부가 타인에게 속하여 권리의 전부
를 이전할 수 없게 된 경우, 매도인은 선의의 매수인에게
신뢰이익 이행이익을 배상하여야 한다.

④ 용익물권(민법 제575조)

매매목적 부동산에 전세권이 설정된 경우, 계약의 목적달
성 여부와 관계없이 을 달성할 수 없는 경우에 한하여, 선
의의 매수인은 계약을 해제할 수 있다. 기타의 경우에 선
의의 매수인은 손해배상만을 청구할 수 있다.

⑤ 일부타인의 권리(민법 제572조)

권리의 일부가 타인에게 속한 경우, 선의의 매수인이 갖
는 손해배상청구권은 계약한 날로부터 그 사실을 안 날로
부터 1년 내에 행사되어야 한다.

선의의 매수인은 그 부분의 비율로 대금의 감액을 청구할
수 있고, 잔존한 부분만이면 이를 매수하지 아니하였을
때에는 계약 전부를 해제할 수 있다.

75. 주택임대차보호법

① 주민등록의 신고는 행정청이 수리한 때 행정청에 도달한
때가 아니라, 행정청에 도달한 때 행정청이 수리한 때(전
입신고시) 효력이 발생한다.

② 우선변제권은 행사할 수 있다.

③ 임차권보다 선순위의 저당권이 존재하는 주택이 경매로
매각된 경우, 경매의 매수인은 임대인의 지위를 승계한다.
임차권은 소멸한다.

④ 소액임차인은 경매신청의 등기 전까지 임대차계약서에
확정일자를 받아야 대항요건(주택인도 + 전입신고 + 확정
일자)을 갖추면 최우선변제권을 행사할 수 있다.

⑤ 주택임차인의 우선변제권은 대지의 환가대금에는도 미치
자 않는다. 미친다.

76. 집합건물의 소유 및 관리에 관한 법률

① 집합건축물대장에 등록되지 않더라도 (등기되지 않더라
도) (건물 완성시) 구분소유가 성립할 수 있다.

② 공용부분(등기, 분할, 전유부분과 분리처분)의 사용(용도
에 따라)과 비용부담은 전유부분의 지분비율에 따른다.

각 공유자는 규약에 달리 정한 바가 없으면, 그 지분의 비
율에 따라 공용부분의 관리비용과 그 밖의 의무를 부담하
며 이익을 취득한다.

⑤ 주된 권리(계약)   종된 권리(계약)

주된 권리(계약)	종된 권리(계약)
요역지	지역권
전세금	전세권
피담보채권	저당권, 가등기담보권
전유부분	대지사용권
매매계약	계약금계약·보증금계약·환매계약

77. 가등기담보 등에 관한 법률에 관한 설명으로 옳은 것은?
   (다툼이 있으면 판례에 따름)
① 공사대금채무를 담보하기 위한 가등기에도 「가등기담보
   등에 관한 법률」이 적용된다.
② 청산금을 지급할 필요 없이 청산절차가 종료된 경우, 그때
   부터 담보목적물의 과실수취권은 채권자에게 귀속한다.
③ 가등기담보의 채무자는 귀속청산과 처분청산 중 하나를
   선택할 수 있다.
④ 가등기담보의 채무자의 채무변제와 가등기 말소는 동시
   이행관계에 있다.
⑤ 담보가등기 후의 저당권자는 청산기간 내라도 저당권의
   피담보채권의 도래 전에는 담보목적 부동산의 경매를 청
   구할 수 없다.

78. 2015년 甲은 丙의 X토지를 취득하고자 친구 乙과 명의신
   탁약정을 체결하고 乙에게 그 매수자금을 주었다. 甲과
   의 약정대로 乙은 명의신탁 사실을 모르는 丙으로부터 X
   토지를 매수하는 계약을 자기 명의로 체결하고 소유권이
   전등기를 경료받았다. 다음 설명 중 옳은 것은? (다툼이
   있으면 판례에 따름)
① X토지의 소유자는 丙이다.
② 甲이 乙과의 관계에서 소유권을 가지는 것을 전제로 하여
   장차 X토지의 처분대가를 乙이 甲에게 지급하기로 하는
   약정은 유효하다.
③ 甲과 乙 및 甲의 친구 丁 사이의 새로운 명의신탁약정에
   의하여 乙이 다시 甲이 지정한 丁에게 X토지의 이전등기
   를 해준 경우, 丁은 그 소유권을 취득한다.
④ 만약 乙이 甲의 아들이라면 명의신탁약정은 유효하다.
⑤ 만약 乙과 명의신탁 사실을 아는 丙이 매매계약에 따른 법
   률효과를 직접 甲에게 귀속시킬 의도로 계약을 체결한 사
   정이 인정된다면, 甲과 乙의 명의신탁은 3자간 등기명의
   신탁으로 보아야 한다.

79. 부동산 실권리자명의 등기에 관한 법률에 관한 설명으로
   옳은 것은? (다툼이 있으면 판례에 따름)
① 소유권 이외의 부동산 물권의 명의신탁은 동 법률의 적용
   을 받지 않는다.
② 채무변제를 담보하기 위해 채권자가 부동산 소유권을 이전
   받기로 하는 약정은 동 법률의 명의신탁약정에 해당한다.
③ 양자간 등기명의신탁의 경우 신탁자는 수탁자에게 명의
   신탁약정의 해지를 원인으로 소유권이전등기를 청구할
   수 없다.
④ 3자간 등기명의신탁의 경우, 수탁자가 자진하여 신탁자에
   게 소유권이전등기를 해주더라도 그 등기는 무효이다.
⑤ 명의신탁약정의 무효는 악의의 제3자에게 대항할 수 있다.

80. 상가건물 임대차보호법상 임차인이 그가 주선한 신규임
   차인이 되려는 자로부터 권리금을 지급받는 것을 방해한
   임대인에게 손해배상을 청구할 권리는 "임대차가 종료한
   날부터 (   ) 이내에 행사하지 않으면 시효의 완성으로 소
   멸한다." 빈 칸에 들어갈 기간은?
① 6개월   ② 1년   ③ 2년   ④ 3년   ⑤ 5년

77. 가등기담보 등에 관한 법률

① 공사대금채무(·매매대금채무)를 담보하기 위한 가등기에도는 「가등기담보 등에 관한 법률」(차용물의 반환에 관하여)이 적용된다. 적용되지 않는다.

③ 가등기담보의 채무자 채권자는 귀속청산과 처분청산 중 하나를 선택할 수 있다.

> 가등기담보권 실행: 채권자의 선택
> - 공적 실행: 처분청산 = 경매절차
> - 사적 실행: 귀속청산 = 권리취득

④ 가등기담보의 채무자의 채무변제(선이행의무)와 가등기 말소(후이행의무)는 동시이행관계에 있다. 있지 않다.

⑤ 담보가등기 후의 저당권자는 청산기간 내에 변제기 도래 전이라도 담보목적 부동산의 경매를 청구할 수 있다.

78. 부동산 실권리자명의 등기에 관한 법률
위임형 명의신탁(계약명의신탁)
- 약정: 무효
- 등기: 무효(악의 매도인), 유효(선의 매도인)

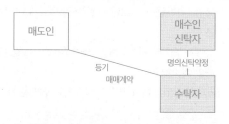

① X토지의 소유자는 丙(매도인) 乙(수탁자)이다.

② 甲(신탁자)이 乙(수탁자)과의 관계에서 소유권을 가지는 것을 전제로 하여 장차 X토지의 처분대가를 乙이 甲에게 지급하기로 하는 약정은 유효하다. 무효이다.

③ 甲과 乙 및 甲의 친구 丁 사이의 새로운 명의신탁약정에 의하여 乙이 다시 甲이 지정한 丁에게 X토지의 이전등기를 해준 경우, 丁은 (명의신탁약정을 기초로 새로운 이해관계를 맺은 제3자에 해당하지 않으므로) 그 소유권을 취득한다. 취득하지 못한다.

④ 만약 乙이 甲의 아들이라면 명의신탁약정은 유효하다. 무효이다.

⑤ 만약 乙과 명의신탁 사실을 아는(악의) 丙이 매매계약에 따른 법률효과를 직접 甲에게 귀속시킬 의도로 계약을 체결한 사정이 인정된다면, 甲과 乙의 명의신탁은 3자간 등기명의신탁(중간생략형 명의신탁, 소유자 = 매도인 丙)으로 보아야 한다.

79. 부동산 실권리자명의 등기에 관한 법률

① 소유권 이외의 부동산 물권의 명의신탁은 동 법률의 적용을 받지 않는다. 받는다.

② 채무변제를 담보하기 위해 채권자가 부동산 소유권을 이전받기로 하는 약정은 동 법률의 명의신탁약정에 해당한다. 해당하지 않는다.

> 비전형 담보
> - 매매 매도담보: 환매 + 재매매의 예약
> - 소비대차 양도담보: 계약 + 동시 소유권이전
>   가등기담보: 계약 + 장래 소유권이전

③ 양자간 등기명의신탁(약정·등기: 무효)의 경우 신탁자는 수탁자에게 명의신탁약정의 해지(유효 약정 전제)를 원인으로 소유권이전등기를 청구할 수 없다.

> (신탁자: 소유권에 기한 방해제거청구권, 등기말소청구권, 진정 명의 회복 원인 소유권이전등기청구권)

④ 3자간 등기명의신탁의 경우, 수탁자가 자진하여 신탁자에게 소유권이전등기를 해주더라도 해주면(실체관계 부합), 그 등기는 무효이다. 유효하다.

⑤ 명의신탁약정의 무효는 (선의·)악의의 (선악불문) 제3자에게 대항할 수 있다. 없다.

80. 상가건물 임대차보호법

상가건물 임대차보호법상 임차인이 그가 주선한 신규임차인이 되려는 자로부터 권리금을 지급받는 것을 방해한 임대인에게 손해배상을 청구할 권리는 임대차가 종료한 날부터 (3년) 이내에 행사하지 않으면 시효의 완성으로 소멸한다.

42. 법률사실 - 보충

용태	외부적 용태(행위)			
		적법행위	법률행위	계약
				단독행위
			준법률행위	표현행위
				사실행위
		위법행위	채무불이행	
			불법행위	
	내부적 용태(의식)			
		선의·악의, 소유의사, 반대의사		
사건	부합, 부당이득, 건물의 멸실, 시간의 경과			

01. 공인중개사법령상 용어와 관련된 설명으로 옳은 것은?
(다툼이 있으면 판례에 따름)

① 법정지상권을 양도하는 행위를 알선하는 것은 중개에 해당한다.
② 반복 계속성이나 영업성 없이 단 1회 건물매매계약의 중개를 하고 보수를 받은 경우, 중개를 업으로 한 것으로 본다.
③ 외국의 법에 따라 공인중개사 자격을 취득한 자도 공인중개사법에서 정의하는 공인중개사로 본다.
④ 소속공인중개사란 법인인 개업공인중개사에 소속된 공인중개사만을 말한다.
⑤ 중개보조원이란 공인중개사가 아닌 자로서 개업공인중개사에 소속되어 중개대상물에 대한 현장안내와 중개대상물의 확인·설명의무를 부담하는 자를 말한다.

02. 공인중개사법령상 중개대상에 관한 설명으로 틀린 것은?
(다툼이 있으면 판례에 따름)

① 중개대상물인 '건축물'에는 기존의 건축물뿐만 아니라 장차 건축될 특정의 건물도 포함될 수 있다.
② 공용폐지가 되지 아니한 행정재산인 토지는 중개대상물에 해당하지 않는다.
③「입목에 관한 법률」에 따라 등기된 입목은 중개대상물에 해당한다.
④ 주택이 철거될 경우 일정한 요건하에 택지개발지구 내에 이주자 택지를 공급받을 지위인 대토권은 중개대상물에 해당하지 않는다.
⑤ "중개"의 정의에서 말하는 '그 밖의 권리'에 저당권은 포함되지 않는다.

03. 공인중개사법령상 공인중개사 자격증이나 중개사무소 등록증의 교부에 관한 설명으로 틀린 것은?

① 자격증 및 등록증의 교부는 국토교통부령이 정하는 바에 따른다.
② 등록증은 중개사무소를 두려는 지역을 관할하는 시장(구가 설치되지 아니한 시의 시장과 특별자치도 행정시의 시장을 말함)·군수 또는 구청장이 교부한다.
③ 자격증 및 등록증을 잃어버리거나 못쓰게 된 경우에는 시·도지사에게 재교부를 신청한다.
④ 등록증을 교부한 관청은 그 사실을 공인중개사협회에 통보해야 한다.
⑤ 자격증의 재교부를 신청하는 자는 당해 지방자치단체의 조례가 정하는 바에 따라 수수료를 납부해야 한다.

04. 공인중개사법령상 법인이 중개사무소를 개설하려는 경우 그 등록기준의 내용으로 옳은 것을 모두 고른 것은?
(다른 법률에 따라 중개업을 할 수 있는 경우는 제외함)

> ㄱ. 상법상 회사로서 자본금이 5천만원 이상일 것
> ㄴ. 대표자는 공인중개사일 것
> ㄷ. 대표자를 포함한 임원 또는 사원의 3분의 1 이상이 공인중개사일 것
> ㄹ. 법인의 대표자, 임원 또는 사원의 3분의 1 이상이 실무교육을 받았을 것

① ㄱ   ② ㄱ, ㄴ   ③ ㄷ, ㄹ
④ ㄱ, ㄴ, ㄷ   ⑤ ㄱ, ㄴ, ㄷ, ㄹ

05. 2015년 10월 23일 현재 공인중개사법령상 중개사무소 개설등록 결격사유에 해당하는 자는? (주어진 조건만 고려함)

① 형의 선고유예 기간 중에 있는 자
② 2009년 4월 15일 파산선고를 받고 2015년 4월 15일 복권된 자
③「도로교통법」을 위반하여 2012년 11월 15일 벌금 500만원을 선고받은 자
④ 거짓으로 중개사무소의 개설등록을 하여 2012년 11월 15일 개설등록이 취소된 자
⑤ 2015년 4월 15일 공인중개사 자격의 정지처분을 받은 자

06. 공인중개사법령상 중개사무소의 설치에 관한 설명으로 틀린 것은?

① 법인 아닌 개업공인중개사는 분사무소를 둘 수 없다.
② 분사무소의 설치는 업무정지기간 중에 있는 다른 개업공인중개사의 중개사무소를 공동으로 사용하는 방법으로는 할 수 없다.
③ 법인인 개업공인중개사가 분사무소를 설치하려는 경우 분사무소 소재지의 시장·군수 또는 구청장에게 신고해야 한다.
④ 공인중개사법을 위반하여 2 이상의 중개사무소를 둔 경우 등록관청은 중개사무소의 개설등록을 취소할 수 있다.
⑤ 개업공인중개사는 이동이 용이한 임시 중개시설물을 설치해서는 아니된다.

01. 공인중개사법령
① 중개대상 권리: 이전성 요건

    ○ 소유권, 지상권, 지역권, 전세권, (근)저당권,

             가등기담보권, 임차권, 공장재단, 광업재단

유치권	~~계약~~	성립	이전	행사
법정지상권	~~계약~~	성립	이전	행사
법정저당권	~~계약~~	성립	이전	행사
부동산환매권	계약	성립	이전	행사

    × 동산질권, 분묘기지권, 광업권, 어업권,

             산업재산권, 지식재산권, 특허권

② 반복 계속성이나 영업성 없이 단 1회 건물매매계약의 중개를 하고 보수를 받은 경우, 중개를 업으로 한 것으로 ~~본다.~~ <u>보지 않는다.</u>

③ 외국의 법에 따라 공인중개사 자격을 취득한 자도는 공인중개사법에서 정의하는 공인중개사로 ~~본다.~~ <u>보지 않는다.</u>

④ 소속공인중개사란 법인 또는 공인중개사인 개업공인중개사(개인, 법인×)에 소속된 공인중개사만을를 말한다.

⑤ 중개보조원이란 공인중개사가 아닌 자로서 개업공인중개사에 소속되어 ~~중개대상물에 대한 현장안내와 중개대상물의 확인 설명의무를 부담하는 자를 말한다.~~ <u>일반서무 등 개업공인중개사의 중개업무와 관련된 단순한 업무를 보조하는 자를 말한다.</u>

02. 중개대상물(공인중개사법 제3조)
② 행정재산×, 일반재산○
③ 등기된 입목: 소유권, 저당권의 객체
   명인방법을 갖춘 수목: 소유권, ~~저당권의 객체~~
④ ~~대토권~~
⑤ "중개"의 정의에서 말하는 '그 밖의 권리'
   유치권, 법정지상권, 법정저당권, 부동산환매권

03. 자격증, 등록증의 교부
① 국토교통부령 = 시행규칙
② 등록관청
   시장(구가 설치되지 아니한 시의 시장과 특별자치도 행정시의 시장을 말함)·군수 또는 구청장
③ 자격증 및 등록증(등록관청)을 잃어버리거나 못쓰게 된 경우에는 시·도지사에게 재교부를 신청한다.
④ 등록증을 교부한 관청은 그 사실을 (다음 달 10일까지) 공인중개사협회에 통보해야 한다.
⑤ 수수료 납부(공인중개사법 제47조)
   시험응시, 자격증 재교부, 개설등록, 등록증 재교부, 분사무소설치, 분사무소설치신고확인서 재교부

04. 중개사무소 등록기준(공인중개사법 제9조)
ㄷ. 대표자를 포함 <u>제외한</u> 임원 또는 사원의 **3분의 1 이상**이 공인중개사일 것
ㄹ. 법인의 대표자, 임원 또는 사원의 **3분의 1** <u>이상</u> 전원이 실무교육을 받았을 것

05. 개설등록 결격사유(공인중개사법 제10조)
   1. 미성년자
   2. 피성년후견인 또는 피한정후견인
   3. 파산선고를 받고 복권되지 아니한 자
   4. 금고 이상의 실형의 선고를 받고 그 집행이 종료되거나 집행이 면제된 날부터 3년이 지나지 아니한 자
   5. 금고 이상의 형의 집행유예를 받고 그 유예기간이 만료된 날부터 2년이 지나지 아니한 자(2023년 개정)
   6. 공인중개사의 자격이 취소된 후 3년이 지나지 아니한 자
   7. 공인중개사의 자격이 정지된 자로서 자격정지기간중에 있는 자
   8. 중개사무소의 개설등록이 취소된 후 3년이 지나지 아니한 자
   9. 업무정지처분을 받고 폐업신고를 한 자로서 업무정지기간(폐업에도 불구하고 진행되는 것으로 본다)이 지나지 아니한 자
   10. 업무정지처분을 받은 개업공인중개사인 법인의 업무정지의 사유가 발생한 당시의 사원 또는 임원이었던 자로서 해당 개업공인중개사에 대한 업무정지기간이 지나지 아니한 자
   11. 이 법을 위반하여 300만원 이상의 벌금형의 선고를 받고 3년이 지나지 아니한 자
   12. 사원 또는 임원 중 제1호부터 제11호까지의 어느 하나에 해당하는 자가 있는 법인
① 선고유예
② 파산선고 후 복권: 신청 복권, 당연 복권(10년)
③ 「공인중개사법」외의 법률 위반 벌금형
④ 등록취소 후 3년(2015년 11월 15일) 미경과
⑤ 자격정지기간(최대 6월, 2015년 10월 15일) 종료

06. 중개사무소의 설치(공인중개사법 제13조)
③ 법인인 개업공인중개사가 분사무소를 설치하려는 경우 ~~분사무소~~ <u>주된</u> 사무소 소재지의 시장·군수 또는 구청장(등록관청)에게 신고해야 한다.
④ 임의적(상대적) 등록취소
⑤ 1년 이하의 징역 또는 1천만원 이하의 벌금

07. 공인중개사법령상 법인인 개업공인중개사가 겸업할 수 있는 업무를 모두 고른 것은? (다른 법률에 따라 중개업을 할 수 있는 경우는 제외함)

> ㄱ. 주택의 분양대행
> ㄴ. 부동산의 이용·개발 및 거래에 관한 상담
> ㄷ. 중개의뢰인의 의뢰에 따른 이사업체의 소개
> ㄹ. 개업공인중개사를 대상으로 한 중개업의 경영기법의 제공

① ㄱ, ㄷ   ② ㄴ, ㄷ   ③ ㄱ, ㄴ, ㄷ
④ ㄱ, ㄴ, ㄹ   ⑤ ㄱ, ㄴ, ㄷ, ㄹ

08. 공인중개사법령상 개업공인중개사의 고용인과 관련된 설명으로 옳은 것은? (다툼이 있으면 판례에 따름)
① 소속공인중개사에 대한 고용신고를 받은 등록관청은 공인중개사 자격증을 발급한 시·도지사에게 그 자격 확인을 요청해야 한다.
② 개업공인중개사가 소속공인중개사를 고용한 경우 그 업무개시 후 10일 이내에 등록관청에 신고해야 한다.
③ 소속공인중개사는 고용신고일 전 1년 이내에 직무교육을 받아야 한다.
④ 중개보조원의 업무상 행위는 그를 고용한 개업공인중개사의 행위로 추정한다.
⑤ 중개보조원의 업무상 과실로 인한 불법행위로 의뢰인에게 손해를 입힌 경우 개업공인중개사가 손해배상책임을 지고 중개보조원은 그 책임을 지지 않는다.

09. 공인중개사법령상 공인중개사 자격·자격증 중개사무소 등록증에 관한 설명으로 틀린 것은? (다툼이 있으면 판례에 따름)
① 자격증 대여행위는 유·무상을 불문하고 허용되지 않는다.
② 자격을 취득하지 않은 자가 자신의 명함에 '부동산뉴스(중개사무소의 상호임) 대표'라는 명칭을 기재하여 사용한 것은 공인중개사와 유사한 명칭을 사용한 것에 해당한다.
③ 공인중개사가 자기 명의로 개설등록을 마친 후 무자격자에게 중개사무소의 경영에 관여하게 하고 이익을 분배하였더라도 그 무자격자에게 부동산거래 중개행위를 하도록 한 것이 아니라면 등록증 대여행위에 해당하지 않는다.
④ 개업공인중개사가 등록증을 타인에게 대여한 경우 공인중개사 자격의 취소사유가 된다.
⑤ 자격증이나 등록증을 타인에게 대여한 자는 1년 이하의 징역 또는 1천만원 이하의 벌금에 처한다.

10. 공인중개사법령상 등록관청 관할지역 외의 지역으로 중개사무소를 이전한 경우에 관한 설명으로 틀린 것은?
① 개업공인중개사는 이전 후의 중개사무소를 관할하는 등록관청에 이전사실을 신고해야 한다.
② 법인인 개업공인중개사가 분사무소를 이전한 경우 이전 후의 분사무소를 관할하는 등록관청에 이전사실을 신고해야 한다.
③ 등록관청은 중개사무소의 이전신고를 받은 때에는 그 사실을 공인중개사협회에 통보해야 한다.
④ 이전신고 전에 발생한 사유로 인한 개업공인중개사에 대한 행정처분은 이전후 등록관청이 이를 행한다.
⑤ 업무정지 중이 아닌 다른 개업공인중개사의 중개사무소를 공동사용하는 방법으로 사무소의 이전을 할 수 있다.

11. 공인중개사법령상 개업공인중개사의 휴업의 신고에 관한 설명으로 옳은 것을 모두 고른 것은?

> ㄱ. 개업공인중개사는 3월을 초과하는 휴업을 하고자 하는 경우 미리 등록관청에 신고해야 한다.
> ㄴ. 개업공인중개사가 휴업신고를 하고자 하는 때에는 국토교통부령이 정하는 신고서에 중개사무소등록증을 첨부해야 한다.
> ㄷ. 등록관청에 휴업신고를 한 때에는 개업공인중개사는 지체 없이 사무소의 간판을 철거해야 한다.

① ㄱ   ② ㄴ   ③ ㄱ, ㄴ   ④ ㄴ, ㄷ   ⑤ ㄱ, ㄴ, ㄷ

12. 전속중개계약을 체결한 개업공인중개사가 공인중개사법령상 공개해야 할 중개대상물에 대한 정보에 해당하는 것을 모두 고른 것은? (중개의뢰인이 비공개를 요청하지 않은 경우임)

> ㄱ. 벽면 및 도배의 상태
> ㄴ. 중개대상물의 권리관계에 관한 사항 중에서 권리자의 주소·성명 등 인적 사항에 관한 정보
> ㄷ. 도로 및 대중교통수단과의 연계성
> ㄹ. 오수·폐수·쓰레기 처리시설 등의 상태

① ㄱ, ㄷ   ② ㄱ, ㄹ   ③ ㄴ, ㄹ
④ ㄱ, ㄷ, ㄹ   ⑤ ㄱ, ㄴ, ㄷ, ㄹ

07. 법인인 개업공인중개사의 겸업 제한
(공인중개사법 제14조)

1. 상업용 건축물 및 주택의 임대관리 등 부동산의 관리대행
2. 부동산의 이용·개발 및 거래에 관한 상담
3. 개업공인중개사를 대상으로 한 중개업의 경영기법 및 경영정보의 제공
4. 상업용 건축물 및 주택의 분양대행
5. 그 밖에 중개업에 부수되는 업무로서 대통령령으로 정하는 업무
   - 도배·이사업체의 소개 등 주거이전에 부수되는 용역의 알선

08. 고용인(공인중개사법 제15조)

② 개업공인중개사가 소속공인중개사를 고용한 경우 그 업무개시 후 10일 이내 전에 등록관청에 신고해야 한다.
③ 소속공인중개사는 고용신고일 전 1년 이내에 직무교육(중개보조원) 실무교육을 받아야 한다.
④ 간주규정
   중개보조원의 업무상 행위는 그를 고용한 개업공인중개사의 행위로 추정한다. 본다.
⑤ 중개보조원의 업무상 과실로 인한 불법행위로 의뢰인에게 손해를 입힌 경우 개업공인중개사가 손해배상책임을 지고 중개보조원은도 그 책임을 지지 않는다. 진다.

09. 자격증 및 등록증

② '부동산뉴스 대표'라는 명칭은 일반인으로 하여금 그 명칭을 사용하는 자를 공인중개사로 오인하도록 할 위험성이 있는 것으로 「공인중개사법」 제8조(유사명칭의 사용금지)가 사용을 금지하는 '공인중개사와 유사한 명칭'에 해당한다.
④ 필요적(절대적) 등록취소
   개업공인중개사가 등록증(자격증)을 타인에게 대여한 경우 중개사무소 등록의 취소사유(공인중개사 자격의 취소사유)가 된다.

10. 중개사무소의 이전(공인중개사법 제20조).

② 법인인 개업공인중개사가 분사무소를 이전한 경우 이전 후의 분사무소 주된 사무소를 관할하는 등록관청에 이전 사실을 신고해야 한다.

11. 휴업(공인중개사법 제21조)

> 공인중개사법 제21조(휴업 또는 폐업)
> ① 개업공인중개사는 3개월을 초과하는 휴업(중개사무소의 개설등록 후 업무를 개시하지 아니하는 경우를 포함한다. 이하 같다), 폐업 또는 휴업한 중개업을 재개하고자 하는 때에는 등록관청에 그 사실을 신고하여야 한다. 휴업기간을 변경하고자 하는 때에도 또한 같다.
> ② 제1항에 따른 휴업은 6개월을 초과할 수 없다. 다만, 질병으로 인한 요양 등 대통령령으로 정하는 부득이한 사유가 있는 경우에는 그러하지 아니하다.
> ③ 제1항에 따른 신고의 절차 등에 관하여 필요한 사항은 대통령령으로 정한다.

ㄷ. 등록관청에 휴업신고를 한 때에는 개업공인중개사는 지체 없이 사무소의 간판을 철거해야 한다. 간판을 철거하지 않아도 된다.

> 공인중개사법 제21조의2(간판의 철거)
> ① 개업공인중개사는 다음 각 호의 어느 하나에 해당하는 경우에는 지체 없이 사무소의 간판을 철거하여야 한다.
>   1. 제20조(중개사무소의 이전신고) 제1항에 따라 등록관청에 중개사무소의 이전사실을 신고한 경우
>   2. 제21조(휴업 또는 폐업의 신고) 제1항에 따라 등록관청에 폐업사실을 신고한 경우
>   3. 제38조(등록의 취소) 제1항 또는 제2항에 따라 중개사무소의 개설등록 취소처분을 받은 경우
> ② 등록관청은 제1항에 따른 간판의 철거를 개업공인중개사가 이행하지 아니하는 경우에는 행정대집행법에 따라 대집행을 할 수 있다.

12. 전속중개계약(공인중개사법 제23조)

ㄱ. 중개대상물의 세부 확인 사항(벽면·바닥면·도배)
ㄴ. 중개대상물의 권리관계에 관한 사항을 공개하여야 한다.
   각 권리자의 주소·성명 등 인적 사항에 관한 정보는 공개하여서는 아니 된다.
ㄷ. 중개대상물의 기본 확인 사항(입지조건)
ㄹ. 중개대상물의 기본 확인 사항(비선호시설)

13. 공인중개사법령의 내용으로 옳은 것은? (다툼이 있으면 판례에 따름)

① 지역농업협동조합이 농지의 임대차에 관한 중개업무를 하려면 공인중개사법에 따라 중개사무소 개설등록을 해야 한다.

② 휴업기간 중에 있는 개업공인중개사는 다른 개업공인중개사인 법인의 사원이 될 수 있다.

③ 시·도지사가 공인중개사의 자격정지처분을 한 경우에 다른 시·도지사에게 통지해야 하는 규정이 없다.

④ 등록의 결격사유 중 '이 법을 위반하여 300만원 이상의 벌금형의 선고를 받고 3년이 경과되지 아니한 자'에는 개업공인중개사가 사용주로서 양벌규정으로 처벌받는 경우도 포함된다.

⑤ 업무의 정지에 관한 기준은 대통령령으로 정하고, 과태료는 국토교통부령으로 정하는 바에 따라 부과·징수한다.

14. 개업공인중개사가 작성하는 거래계약서에 기재해야 할 사항으로 공인중개사법령상 명시된 것을 모두 고른 것은?

```
ㄱ. 계약일
ㄴ. 물건의 인도일시
ㄷ. 권리이전의 내용
ㄹ. 중개대상물확인·설명서 교부일자
```

① ㄱ, ㄴ, ㄷ   ② ㄱ, ㄴ, ㄹ
③ ㄱ, ㄷ, ㄹ   ④ ㄴ, ㄷ, ㄹ
⑤ ㄱ, ㄴ, ㄷ, ㄹ

15. 개업공인중개사가 2015년 10월 23일 중개를 의뢰받아 공인중개사법령상 중개대상물의 확인·설명을 하는 경우에 관한 내용으로 틀린 것은?

① 개업공인중개사는 중개가 완성되기 전에 확인·설명 사항을 확인하여 이를 당해 중개대상물에 관한 권리를 취득하고자 하는 중개의뢰인에게 설명해야 한다.

② 개업공인중개사가 성실·정확하게 중개대상물의 확인·설명을 하지 아니하면 업무정지사유에 해당한다.

③ 중개대상물에 대한 권리를 취득함에 따라 부담해야 할 조세의 종류 및 세율은 개업공인중개사가 확인·설명해야 할 사항이다.

④ 개업공인중개사는 거래계약서를 작성하는 때에는 확인·설명서를 작성하여 거래당사자에게 교부하고 확인·설명서 사본을 3년 동안 보존해야 한다.

⑤ 확인·설명서에는 개업공인중개사가 서명 및 날인하되, 당해 중개행위를 한 소속공인중개사가 있는 경우에는 소속공인중개사가 함께 서명 및 날인해야 한다.

16. 공인중개사법령상 중개보수에 관한 설명으로 틀린 것은? (다툼이 있으면 판례에 따름)

① 공인중개사 자격이 없는 자가 중개사무소 개설등록을 하지 아니한 채 부동산중개업을 하면서 거래당사자와 체결한 중개보수 지급약정은 무효이다.

② 개업공인중개사와 중개의뢰인간에 중개보수의 지급시기 약정이 없을 때는 중개대상물의 거래대금 지급이 완료된 날로 한다.

③ 주택(부속토지 포함) 외의 중개대상물의 중개에 대한 보수는 국토교통부령으로 정한다.

④ 주택(부속토지 포함)의 중개에 대한 보수는 중개의뢰인 쌍방으로부터 각각 받되 그 일방으로부터 받을 수 있는 한도는 매매의 경우에는 거래금액의 1천분의 9 이내로 한다.

⑤ 중개대상물의 소재지와 중개사무소의 소재지가 다른 경우 개업공인중개사는 중개대상물의 소재지를 관할하는 시·도의 조례에 따라 중개보수를 받아야 한다.

17. 공인중개사법령상 손해배상책임의 보장에 관한 설명으로 옳은 것을 모두 고른 것은?

```
ㄱ. 지역농업협동조합이 부동산중개업을 하는 때에는 중개업무를 개시하기 전에 보장금액 1천만원 이상의 보증을 보증기관에 설정하고 그 증명서류를 갖추어 등록관청에 신고해야 한다.
ㄴ. 개업공인중개사는 자기의 중개사무소를 다른 사람의 중개행위의 장소로 제공함으로써 거래당사자에게 재산상의 손해를 발생하게 한 때에는 그 손해를 배상할 책임이 없다.
ㄷ. 개업공인중개사는 보증보험금으로 손해배상을 한 때에는 10일 이내에 보증보험에 다시 가입하여야 한다.
```

① ㄱ   ② ㄴ   ③ ㄱ, ㄷ   ④ ㄴ, ㄷ   ⑤ ㄱ, ㄴ, ㄷ

18. 공인중개사법령상 개업공인중개사의 금지행위와 그에 대한 벌칙의 연결이 옳은 것을 모두 고른 것은?

	금지행위	벌칙
ㄱ	거래당사자 쌍방을 대리하는 행위	3년 이하의 징역 또는 2천만원 이하의 벌금
ㄴ	중개대상물의 매매를 업으로 하는 행위	1년 이하의 징역 또는 1천만원 이하의 벌금
ㄷ	관계 법령에서 양도가 금지된 부동산의 분양과 관련 있는 증서 등의 매매를 중개하는 행위	1년 이하의 징역 또는 1천만원 이하의 벌금
ㄹ	사례의 명목으로 보수 또는 실비를 초과하여 금품을 받는 행위	3년 이하의 징역 또는 2천만원 이하의 벌금

① ㄱ, ㄴ ② ㄱ, ㄷ ③ ㄱ, ㄹ ④ ㄴ, ㄷ ⑤ ㄷ, ㄹ

13. 공인중개사법령
① 지역농업협동조합이 농지의 임대차에 관한 중개업무를 하려면 공인중개사법에 따라 중개사무소 개설등록을 해야 한다. 하지 않아도 된다.
② 휴업기간 중에 있는 개업공인중개사는 다른 개업공인중개사인 법인의 사원이 될 수 있다. 없다.
③ 자격취소: 5일 내 국토교통부장관 보고
　　　　　　 5일 내 다른 시·도지사 통지
④ 등록의 결격사유 중 '이 법을 위반하여 300만원 이상의 벌금형의 선고를 받고 3년이 경과되지 아니한 자'에는 개업공인중개사가 사용주로서 양벌규정으로 처벌받는 경우도는 포함된다. 포함되지 않는다.
⑤ 업무의 정지에 관한 기준은 대통령령 국토교통부령으로 정하고, 과태료는 국토교통부령 대통령령으로 정하는 바에 따라 부과·징수한다.

14. 거래계약서(공인중개사법 제26조)
작성: 개업공인중개사·소속공인중개사
시기: 중개완성
서식: 미확정
필수 기재 사항　1. 거래당사자 인적사항
　　　　　　　　　2. 물건의 표시
　　　　　　　　　3. 계약일
　　　　　　　　　4. 거래금액·계약금액·지급일자 등
　　　　　　　　　5. 물건의 인도일시
　　　　　　　　　6. 권리이전의 내용
　　　　　　　　　7. 조건·기한
　　　　　　　　　8. 중개대상물 확인·설명서 교부일자
　　　　　　　　　9 기타 약정사항
　　　　※ 거짓 기재, 이중계약서 작성 금지
서명·날인: 개업공인중개사 + (중개행위)소속공인중개사
교부·보관: 5년(공인전자문서센터 보관시 제외)

15. 중개대상물의 확인·설명(공인중개사법 제25조)
개업공인중개사 업무정지
　- 교부·보존하지 아니한 경우
　- 서명 및 날인을 하지 아니한 경우
소속공인중개사 자격정지
　- 성실·정확하게 중대개상물의 확인·설명을 하지 아니한 경우
　- 서명 및 날인을 하지 아니한 경우
과태료(5백만원 이하) - 개업공인중개사
　- 성실·정확하게 중대개상물의 확인·설명을 하지 아니하거나 설명의 근거자료를 제시하지 아니한 자
② 개업공인중개사가 (설명의 근거자료를 제시하지 않거나) 성실·정확하게 중개대상물의 확인·설명을 하지 아니하면 업무정지사유에 5백만원 이하의 과태료 부과 사유에 해당한다.

16. 중개보수(공인중개사법 제32조)
③ 주택(부속 토지 포함)의 중개에 대한 보수는 국토교통부령이 정하는 범위 내에서 시·도조례로 정한다.
⑤ 중개대상물의 소재지와 중개사무소의 소재지가 다른 경우 개업공인중개사는 중개대상물 중개사무소의 소재지를 관할하는 시·도의 조례에 따라 중개보수를 받아야 한다.

17. 손해배상책임의 보장(공인중개사법 제30조)
ㄱ. 지역농업협동조합이 부동산중개업을 하는 때에는 중개업무를 개시하기 전에 보장금액 1천만원(2021년 2천만원으로 증액) 이상의 보증을 보증기관에 설정하고 그 증명서류를 갖추어 등록관청에 신고해야 한다.
ㄴ. 개업공인중개사는 자기의 중개사무소를 다른 사람의 중개행위의 장소로 제공함으로써 거래당사자에게 재산상의 손해를 발생하게 한 때에는 그 손해를 배상할 책임이 없다. 있다.
ㄷ. 개업공인중개사는 보증보험금으로 손해배상을 한 때에는 10일 15일 이내에 보증보험에 다시 가입하여야 한다.

18. 금지행위(공인중개사법 제33조)

	금지행위	벌칙
ㄱ	거래당사자 쌍방을 대리하는 행위	3년 이하의 징역 또는 2천만원(2016년 3천만원으로 변경) 이하의 벌금
ㄴ	중개대상물의 매매를 업으로 하는 행위	1년 이하의 징역 또는 1천만원 이하의 벌금
ㄷ	관계 법령에서 양도가 금지된 부동산의 분양과 관련 있는 증서 등의 매매를 중개하는 행위	1년 3년 이하의 징역 또는 1천만원 3천만원 이하의 벌금
ㄹ	사례의 명목으로 보수 또는 실비를 초과하여 금품을 받는 행위	3년 1년 이하의 징역 또는 2천만원 1천만원 이하의 벌금

19. 공인중개사법령상 개업공인중개사 등의 교육에 관한 설명으로 옳은 것은?

① 실무교육을 받은 개업공인중개사는 실무교육을 받은 후 2년마다 시·도지사가 실시하는 직무교육을 받아야 한다.

② 분사무소의 책임자가 되고자 하는 공인중개사는 고용신고일 전 1년 이내에 시·도지사가 실시하는 연수교육을 받아야 한다.

③ 고용관계 종료 신고 후 1년 이내에 다시 중개보조원으로 고용신고의 대상이 된 자는 시·도지사 또는 등록관청이 실시하는 직무교육을 받지 않아도 된다.

④ 실무교육은 28시간 이상 32시간 이하, 연수교육은 3시간 이상 4시간 이하로 한다.

⑤ 국토교통부장관이 마련하여 시행하는 교육지침에는 교육 대상, 교육과목 및 교육시간 등이 포함되어야 하나 수강료는 그러하지 않다.

20. 공인중개사법령상 개업공인중개사의 업무정지 사유인 동시에 중개행위를 한 소속공인중개사의 자격정지 사유에 해당하는 것은?

① 최근 1년 이내에 공인중개사법에 의하여 2회 이상 업무정지 처분을 받고 다시 과태료의 처분에 해당하는 행위를 한 경우

② 거래계약서 사본을 보존기간동안 보존하지 아니한 경우

③ 거래계약서를 작성 교부하지 아니한 경우

④ 중개대상물확인·설명서에 서명 및 날인을 하지 아니한 경우

⑤ 중개대상물확인·설명서를 교부하지 아니한 경우

21. 공인중개사법령상 개업공인중개사의 사유로 중개사무소 개설등록을 취소할 수 있는 경우가 아닌 것은?

① 중개사무소 등록기준에 미달하게 된 경우

② 국토교통부령이 정하는 전속중개계약서에 의하지 아니하고 전속중개계약을 체결한 경우

③ 이동이 용이한 임시 중개시설물을 설치한 경우

④ 대통령령으로 정하는 부득이한 사유가 없음에도 계속하여 6월을 초과하여 휴업한 경우

⑤ 손해배상책임을 보장하기 위한 조치를 이행하지 아니하고 업무를 개시한 경우

22. 공인중개사법령상 부동산거래정보망에 관한 설명으로 틀린 것은?

① 거래정보사업자는 의뢰받은 내용과 다르게 정보를 공개해서는 아니된다.

② 거래정보사업자는 개업공인중개사로부터 공개를 의뢰받은 중개대상물의 정보에 한하여 이를 부동산거래정보망에 공개해야 한다.

③ 거래정보사업자가 정당한 사유없이 지정받은 날부터 1년 이내에 부동산거래정보망을 설치·운영하지 아니한 경우에는 그 지정을 취소해야 한다.

④ 거래정보사업자는 지정받은 날부터 3월 이내에 부동산 거래정보망의 이용 및 정보제공방법 등에 관한 운영규정을 정하여 국토교통부장관의 승인을 얻어야 한다.

⑤ 개업공인중개사는 당해 중개대상물의 거래가 완성된 때에는 지체 없이 이를 당해 거래정보사업자에게 통보해야 한다.

23. 공인중개사법령상 개업공인중개사인 甲에 대한 처분으로 옳음(O), 틀림(X)의 표기가 옳은 것은? (주어진 사례의 조건만 고려함)

> ㄱ. 甲이 중개사무소등록증을 대여한 날부터 2개월 후 폐업을 하였고, 2년의 폐업기간 경과 후 다시 개설 등록을 하고 업무 개시를 한 경우, 위 대여행위를 이유로 업무정지처분을 할 수 있다.
>
> ㄴ. 甲이 미성년자를 중개보조원으로 고용한 날부터 45일만에 고용관계를 해소한 경우, 이를 이유로 업무정지처분을 할 수 있다.
>
> ㄷ. 甲이 업무정지사유에 해당하는 거짓 보고를 한 날부터 1개월 후 폐업을 하였고 4년의 폐업기간 경과 후 다시 개설 등록을 한 경우, 위 거짓 보고를 한 행위를 이유로 업무정지처분을 할 수 있다.

① ㄱ-(O), ㄴ-(O), ㄷ-(O)   ② ㄱ-(O), ㄴ-(O), ㄷ-(X)

③ ㄱ-(O), ㄴ-(X), ㄷ-(X)   ④ ㄱ-(X), ㄴ-(O), ㄷ-(X)

⑤ ㄱ-(X), ㄴ-(X), ㄷ-(X)

24. 공인중개사법령상 포상금에 관한 설명으로 틀린 것은?

① 등록관청은 거짓으로 중개사무소의 개설등록을 한 자를 수사기관에 신고한 자에게 포상금을 지급할 수 있다.

② 포상금의 지급에 소요되는 비용은 그 전부 또는 일부를 국고에서 보조할 수 있다.

③ 포상금은 1건당 50만원으로 한다.

④ 포상금지급신청서를 제출받은 등록관청은 포상금의 지급을 결정한 날부터 1월 이내에 포상금을 지급해야 한다.

⑤ 하나의 사건에 대하여 포상금 지급요건을 갖춘 2건의 신고가 접수된 경우, 등록관청은 최초로 신고한 자에게 포상금을 지급한다.

19. 교육(공인중개사법 제34조)

① 실무교육을 받은 개업공인중개사는 실무교육을 받은 후 2년마다 시·도지사가 실시하는 직무교육 <u>연수교육</u>을 받아야 한다.

② 분사무소의 책임자가 되고자 하는 공인중개사는 고용신고일 전 1년 이내에 시·도지사가 실시하는 연수교육 <u>실무교육</u>을 받아야 한다.

④ 실무교육은 28시간 이상 32시간 이하, 연수교육은 3시간 이상 4시간 이하 <u>12시간 이상 16시간 이하</u>로 한다.

⑤ 국토교통부장관이 마련하여 시행하는 교육지침에는 <u>교육목적, 교육대상, 교육과목 및 교육시간, 강사자격, 수강료, 학사운영 및 관리(수강신청, 출결확인, 교육평가, 교육수료증 발급 등)</u>, 그 밖에 균형 있는 교육의 실시에 필요한 <u>기준과 절차</u>가 등이 포함되어야 하나 수강료는 그러하지 않다. <u>포함되어야 한다.</u>

20. 개업공인중개사의 업무정지(공인중개사법 제39조) & 소속공인중개사의 자격정지(공인중개사법 제36조)

1. 중개대상물 확인·설명서에 서명 및 날인을 하지 아니한 경우
2. 거래계약서에 서명 및 날인을 하지 아니한 경우
3. 인장등록을 하지 아니하거나 등록하지 아니한 인장을 사용한 경우

① 개업공인중개사의 업무정지 6월
② 개업공인중개사의 업무정지 3월, 보존기간 = 5년
③ 개업공인중개사의 업무정지 3월
④ 개업공인중개사의 업무정지 3월 소속공인중개사의 자격정지 3월
⑤ 개업공인중개사의 업무정지 3월

21. 중개사무소 개설등록 취소(공인중개사법 제38조)

① 임의적(상대적) 등록취소
② 개업공인중개사의 업무정지(3월)
③ 임의적(상대적) 등록취소
④ 임의적(상대적) 등록취소
⑤ 임의적(상대적) 등록취소

22. 부동산거래정보망(공인중개사법 제24조)

③ 재량행위

거래정보사업자가 정당한 사유없이 지정받은 날부터 1년 이내에 부동산거래정보망을 설치·운영하지 아니한 경우에는 그 지정을 취소해야 한다. <u>취소할 수 있다.</u>

④ 거래정보사업자는 지정(신청 후 30일 내)받은 날부터 3월 이내에 부동산 거래정보망의 이용 및 정보제공방법 등에 관한 운영규정을 정하여 국토교통부장관의 승인을 얻어야 한다.

승인 후 1년 이내에 운영을 개시하여야 한다.

23. 개업공인중개사의 업무정지(공인중개사법 제39조)

ㄱ. 甲이 중개사무소등록증을 대여한 날부터 2개월 후 폐업을 하였고, 2년의 폐업기간 경과 후(3년 경과 ×) 다시 개설 등록을 하고 업무 개시를 한 경우, 위 대여행위를 이유로 업무정지처분 <u>등록취소처분</u>을 할 수 있다.

ㄴ. 甲이 미성년자를 중개보조원으로 고용한 날부터 45일만에(2개월 이내에) 고용관계를 해소한 경우 (등록취소사유에 해당하지 아니한다), 이를 이유로 업무정지처분을 할 수 있다. 없다(고용신고를 하지 않았으므로 업무정지처분을 할 수 없다).

ㄷ. 甲이 업무정지사유에 해당하는 거짓 보고를 한 날부터 1개월 후 폐업을 하였고 4년의 폐업기간 경과 후(3년 경과 또는 폐업 후 1년 경과시) 다시 개설 등록을 한 경우, 위 거짓 보고를 한 행위를 이유로 업무정지처분을 할 수 있다. 없다.

24. 포상금(공인중개사법 제46조)

② 포상금의 지급에 소요되는 비용은 그 전부 또는 일부(50/100 이내)를 국고에서 보조할 수 있다.

25. 공인중개사법령상 100만원 이하의 과태료 부과대상인 개업공인중개사에 해당하지 <u>않는</u> 자는?
① 중개사무소를 이전한 날부터 10일 이내에 이전신고를 하지 아니한 자
② 중개사무소등록증을 게시하지 아니한 자
③ 공인중개사법에 따른 연수교육을 정당한 사유 없이 받지 아니한 자
④ 사무소의 명칭에 "공인중개사사무소" 또는 "부동산중개"라는 문자를 사용하지 아니한 자
⑤ 「옥외광고물 등 관리법」에 따른 옥외 광고물에 성명을 거짓으로 표기한 자

26. 공인중개사법령상 공인중개사의 자격취소에 관한 설명으로 <u>틀린</u> 것은?
① 자격취소처분은 중개사무소의 소재지를 관할하는 시·도지사가 한다.
② 시·도지사는 자격증 대여를 이유로 자격을 취소하고자 하는 경우 청문을 실시해야 한다.
③ 시·도지사는 자격취소처분을 한 때에는 5일 이내에 이를 국토교통부장관에게 보고하고 다른 시·도지사에게 통지해야 한다.
④ 자격취소처분을 받아 자격증을 반납하고자 하는 자는 그 처분을 받은 날부터 7일 이내에 반납해야 한다.
⑤ 자격이 취소된 자는 자격증을 교부한 시·도지사에게 그 자격증을 반납해야 한다.

27. 공인중개사법령의 내용으로 옳은 것은?
① 등록관청은 개업공인중개사 등의 부동산거래사고 예방을 위한 교육을 실시할 수 없다.
② 개업공인중개사는 등록관청에 중개사무소의 이전사실을 신고한 경우 지체 없이 사무소의 간판을 철거해야 한다.
③ 개업공인중개사로서 폐업신고를 한 후 1년 이내에 소속공인중개사로 고용 신고의 대상이 된 자는 고용 신고일 전에 다시 실무교육을 받아야 한다.
④ 개업공인중개사가 조직한 사업자단체가 「독점규제 및 공정거래에 관한 법률」을 위반하여 공정거래위원회로부터 과징금 처분을 최근 2년 이내에 2회 이상 받은 경우 그의 공인중개사 자격이 취소된다.
⑤ 중개보조원은 중개사무소의 명칭, 소재지 및 연락처, 자기의 성명을 명시하여 중개대상물에 대한 표시·광고를 할 수 있다.

28. 부동산 거래신고에 관한 법령상 부동산거래신고에 관한 설명으로 <u>틀린</u> 것은?
① 「도시 및 주거환경정비법」에 따른 관리처분계획의 인가로 취득한 입주자로 선정된 지위에 관한 매매계약을 체결한 경우 거래신고를 해야 한다.
② 공인중개사법령상 중개대상물에 해당한다고 하여 모두 부동산거래 신고의 대상이 되는 것은 아니다.
③ 거래의 신고를 받은 등록관청은 그 신고내용을 확인한 후 신고인에게 부동산거래계약 신고필증을 즉시 발급해야 한다.
④ 거래의 신고를 하려는 개업공인중개사는 부동산거래계약 신고서에 서명 또는 날인하여 중개사무소 소재지 등록관청에 제출해야 한다.
⑤ 거래의 신고를 해야 하는 개업공인중개사의 위임을 받은 소속공인중개사는 부동산거래계약 신고서의 제출을 대행할 수 있다.

29. 공인중개사법령상 공인중개사인 개업공인중개사의 거래계약서 작성 등에 관한 설명으로 <u>틀린</u> 것은?
① 거래계약서는 국토교통부장관이 정한 표준서식을 사용해야 한다.
② 거래계약서에 거래내용을 거짓으로 기재한 경우 등록관청은 중개사무소 개설등록을 취소할 수 있다.
③ 개업공인중개사는 하나의 거래계약에 서로 다른 2 이상의 거래계약서를 작성해서는 아니된다.
④ 개업공인중개사가 거래계약서 사본을 보존해야 하는 기간은 5년이다.
⑤ 거래계약서에는 당해 중개행위를 한 소속공인중개사가 있는 경우 개업공인중개사와 소속공인중개사가 함께 서명 및 날인해야 한다.

30. 공인중개사법령상 전속중개계약에 관한 설명으로 <u>틀린</u> 것은?
① 개업공인중개사는 중개의뢰인에게 전속중개계약체결 후 2주일에 1회 이상 중개업무 처리상황을 문서로 통지해야 한다.
② 전속중개계약의 유효기간은 당사자간 다른 약정이 없는 경우 3개월로 한다.
③ 개업공인중개사가 전속중개계약을 체결한 때에는 그 계약서를 5년 동안 보존해야 한다.
④ 개업공인중개사는 중개의뢰인이 비공개를 요청한 경우 중개대상물에 관한 정보를 공개해서는 아니된다.
⑤ 전속중개계약에 정하지 않은 사항에 대하여는 중개의뢰인과 개업공인중개사가 합의하여 별도로 정할 수 있다.

25. 과태료(공인중개사법 제51조)

① ② ④ ⑤

    100만원 이하의 과태료

③ 500만원 이하의 과태료

26. 자격취소(공인중개사법 제35조)

① 자격취소처분은 중개사무소의 소재지를 관할하는 <u>자격증을 교부한</u> 시·도지사가 한다.

    자격증을 교부한 시·도지사와 중개사무소의 소재지를 관할하는 시·도지사가 서로 다른 경우에는 사무소 소재지를 관할하는 시·도지사가 자격취소처분에 필요한 절차를 이행해야 한다.

    사무소 소재지 시·도지사 절차(청문) 이행

    → 자격증 교부시·도지사에게 통보

    → 자격증 교부시·도지사의 자격취소처분

② 청문

    공인중개사법 위반으로 적발시 시·도지사 및 등록관청은 의견제출의 기회를 부여한다.

27. 공인중개사법령

① 등록관청, 국토교통부장관, 시·도지사는 개업공인중개사 등의 부동산거래사고 예방을 위한 교육을 ~~실시할 수 없다.~~ <u>있다.</u>

③ 개업공인중개사로서 폐업신고를 한 후 1년 이내에 소속공인중개사로 고용 신고의 대상이 된 자는 고용 신고일 전에 ~~다시 실무교육을 받아야 한다.~~ <u>받지 않아도 된다.</u>

④ 개업공인중개사가 조직한 사업자단체가 「독점규제 및 공정거래에 관한 법률」을 위반하여 공정거래위원회로부터 과징금 처분을 최근 2년 이내에 2회 이상 받은 경우 ~~그의 공인중개사 자격이 취소된다.~~ <u>업무정지사유에 해당한다.</u>

⑤ 중개대상물에 대한 표시·광고

    개업공인중개사: 의무

    소속공인중개사: 선택

    중개보조원: 금지(1백만원 이하의 과태료)

28. 부동산 거래신고 등에 관한 법률

① 입주권:

    「도시 및 주거환경정비법」에 따른 관리처분계획의 인가로 취득한 입주자로 선정된 지위

    분양권:

    「주택법」에 따라 주택의 입주자로 선정된 지위

② 신고 대상 계약

    - 매매계약: 토지, 건축물, 분양권, 입주권

    - 공급계약: 법에 따른 토지·건축물 공급계약

④ 거래의 신고를 하려는 개업공인중개사는 부동산거래계약 신고서에 서명 또는 날인하여 중개사무소 <u>부동산</u> 소재지 등록관청에 제출해야 한다.

29. 거래계약서(공인중개사법 제26조)

> 공인중개사법 제26조(거래계약서의 작성 등)
>
> ① 개업공인중개사는 중개대상물에 관하여 중개가 완성된 때에는 대통령령으로 정하는 바에 따라 거래계약서를 작성하여 거래당사자에게 교부하고 대통령령으로 정하는 기간 동안 그 원본, 사본 또는 전자문서를 보존하여야 한다. 다만, 거래계약서가 공인전자문서센터에 보관된 경우에는 그러하지 아니하다.
>
> ② 제25조(중개대상물의 확인·설명) 제4항의 규정은 제1항에 따른 거래계약서의 작성에 관하여 이를 준용한다.
>
>   ④ 개업공인중개사가 서명 및 날인하되, 해당 중개행위를 한 소속공인중개사가 있는 경우에는 소속공인중개사가 함께 서명 및 날인하여야 한다.
>
> ③ 개업공인중개사는 제1항에 따라 거래계약서를 작성하는 때에는 거래금액 등 거래내용을 거짓으로 기재하거나 서로 다른 둘 이상의 거래계약서를 작성하여서는 아니된다.

① 국토교통부장관은 개업공인중개사가 작성하는 거래계약서의 표준서식을 정하여 그 사용을 권장할 수 있다. 그러나 표준서식이 정해져 있지는 않다.

30. 전속중개계약(공인중개사법 제23조)

    서류 보존 의무

    1. 전속중개계약서(공인중개사법 제23조):   3년

    2. 중개대상물 확인·설명서(공인중개사법 제25조): 3년

    3. 거래계약서(공인중개사법 제26조):   5년

③ 개업공인중개사가 전속중개계약을 체결한 때에는 그 계약서를 ~~5년~~ <u>3년</u> 동안 보존해야 한다.

31. 甲은 개업공인중개사 丙에게 중개를 의뢰하여 乙 소유의 전용면적 70제곱미터 오피스텔을 보증금 2천만원, 월차임 25만원에 임대차계약을 체결하였다. 이 경우 丙이 甲으로부터 받을 수 있는 중개보수의 최고한도액은? (임차한 오피스텔은 건축법령상 업무시설로 상·하수도 시설이 갖추어진 전용입식 부엌, 전용수세식 화장실 및 목욕시설을 갖춤)

① 150,000원　　② 180,000원　　③ 187,500원
④ 225,000원　　⑤ 337,500원

32. 개업공인중개사가 중개의뢰인에게 주택임대차보호법령에 대해 설명한 내용으로 틀린 것은? (다툼이 있으면 판례에 따름)

① 차임의 증액청구에 관한 규정은 임대차계약이 종료된 후 재계약을 하는 경우에는 적용되지 않는다.
② 확정일자는 확정일자번호, 확정일자 부여일 및 확정일자 부여기관을 주택임대차계약증서에 표시하는 방법으로 부여한다.
③ 주택임차인이 그 지위를 강화하고자 별도로 전세권설정등기를 마쳤더라도 주택임대차보호법상 대항요건을 상실하면 이미 취득한 주택임대차보호법상 대항력 및 우선변제권을 상실한다.
④ 임차인이 다세대주택의 동·호수 표시 없이 그 부지 중 일부 지번으로만 주민등록을 한 경우 대항력을 취득할 수 없다.
⑤ 「지방공기업법」에 따라 주택사업을 목적으로 설립된 지방공사는 주택임대차보호법상 대항력이 인정되는 법인이 아니다.

33. 개업공인중개사가 중개의뢰인에게 상가건물 임대차보호법에 대해 설명한 내용으로 틀린 것은?

① 권리금 계약이란 신규임차인이 되려는 자가 임차인에게 권리금을 지급하기로 하는 계약을 말한다.
② 임차인의 차임연체액이 3기의 차임액에 달하는 때에는 임대인은 계약을 해지할 수 있다.
③ 국토교통부장관은 권리금에 대한 감정평가의 절차와 방법 등에 관한 기준을 고시할 수 있다.
④ 국토교통부장관은 권리금 계약을 체결하기 위한 표준권리금계약서를 정하여 그 사용을 권장할 수 있다.
⑤ 보증금이 전액 변제되지 아니한 대항력이 있는 임차권은 임차건물에 대하여 「민사집행법」에 따른 경매가 실시된 경우에 그 임차건물이 매각되면 소멸한다.

34. 개업공인중개사가 중개의뢰인에게 농지법상 농지의 임대차에 대해 설명한 내용으로 틀린 것은?

① 선거에 따른 공직취임으로 인하여 일시적으로 농업경영에 종사하지 아니하게 된 자가 소유하고 있는 농지는 임대할 수 있다.
② 농업경영을 하려는 자에게 농지를 임대하는 임대차계약은 서면계약을 원칙으로 한다.
③ 농지이용증진사업 시행계획에 따라 농지를 임대하는 경우 임대차기간은 5년 이상으로 해야 한다.
④ 농지 임대차계약의 당사자는 임차료에 관하여 협의가 이루어지지 아니한 경우 농지소재지를 관할하는 시장·군수 또는 자치구구청장에게 조정을 신청할 수 있다.
⑤ 임대 농지의 양수인은 농지법에 따른 임대인의 지위를 승계한 것으로 본다.

35. 공인중개사법령상 토지 매매의 경우 중개대상물 확인·설명서 서식의 '개업공인중개사 기본 확인사항'에 해당하지 않는 것은?

① 입지조건
② 실제 권리관계 또는 공시되지 않은 물건의 권리사항
③ 거래예정금액
④ 취득 시 부담할 조세의 종류 및 세율
⑤ 비선호시설 이내(1km)

36. 공인중개사법령상 개업공인중개사가 비주거용 건축물의 중개대상물 확인·설명서를 작성하는 방법에 관한 설명으로 틀린 것은?

① '대상물건의 표시'는 토지대장 및 건축물대장 등을 확인하여 적는다.
② '권리관계'의 "등기부기재사항"은 등기사항증명서를 확인하여 적는다.
③ "건폐율 상한 및 용적률 상한"은 시·군의 조례에 따라 적는다.
④ "중개보수"는 실제거래금액을 기준으로 계산하고, 협의가 없는 경우 부가가치세는 포함된 것으로 본다.
⑤ 공동중개시 참여한 개업공인중개사(소속공인중개사 포함)는 모두 서명 및 날인해야 한다.

31. 중개보수(공인중개사법 제32조)

　　임대차: 거래대금 × 요율

　　　거래대금(> 5천만원) = 보증금 + (월차임×100)

　　　거래대금(< 5천만원) = 보증금 + (월차임× 70)

　　거래대금

　　　= 2천만원 + (25만원×100) = 4천 500만원 < 5천만원

　　　= 2천만원 + (25만원× 70) = 3천 750만원

　　중개보수 = 3천 750만원 × 0.4% = 15만원

　　　　　　　(오피스텔 매매: 0.5%, 임대차: 0.4%)

32. 주택임대차보호법

⑤「지방공기업법」에 따라 주택사업을 목적으로 설립된 지방공사는 「주택임대차보호법」상 대항력이 인정되는 법인이다. 아니다.

　　예외 인정: 한국토지주택공사, 지방공사, 중소기업

33. 상가건물 임대차보호법

⑤ 보증금이 전액 변제되지 아니한 대항력이 있는 임차권은 임차건물에 대하여 「민사집행법」에 따른 경매가 실시된 경우에 그 임차건물이 매각되면더라도 소멸한다. 소멸되지 않는다.

　　경락인(경매물건을 낙찰받은 새로운 소유권자)은 임차인의 변제되지 아니한 임차보증금을 인수한다.

34. 농지 임대차

③ 농지이용증진사업 시행계획에 따라 농지를 임대하는 경우 임대차기간은 5년 3년 이상으로 해야 한다.

35. 중개대상물의 확인·설명서(공인중개사법 제25조)

　　[Ⅰ] (주거용 건축물), [Ⅱ] (비주거용 건축물),

　　[Ⅲ] (토지), [Ⅳ] (입목·광업재단·공장재단)

1. 기본 확인 사항	[Ⅰ]	[Ⅱ]	[Ⅲ]	[Ⅳ]
대상물건	○	○	○	○
권리관계※	○	△	△	△
공법상 제한 등	○	○	○	○
입지조건※	○	○	△	×
관리사항	○	○	×	×
비선호시설(1km 내)	○	×	○	×
거래예정금액 등	○	○	○	○
취득 관련 조세	○	○	○	○

※ 권리관계	[Ⅰ]	[Ⅱ]	[Ⅲ]	[Ⅳ]
등기부 기재사항	○	○	○	○
민간임대등록	○	○	×	×
갱신요구권 행사	○	○	×	×
다가구주택 정보	○	×	×	×

※ 입지조건	[Ⅰ]	[Ⅱ]	[Ⅲ]	[Ⅳ]
도로	○	○	○	×
대중교통	○	○	○	×
주차장	○	○	×	×

2. 세부 확인 사항	[Ⅰ]	[Ⅱ]	[Ⅲ]	[Ⅳ]
실제 권리관계	○	○	○	○
시설상태※	○	○	×	×
벽면·바닥면·도배※	○	△	×	×
환경조건(일조·소음·진동)	○	×	×	×

　※ 시설상태 중 소방시설
　 - 주거용 건축물: 단독 감응형 경보기
　 - 비주거용 건축물: 비상벨, 소화전

※ 벽면·바닥면·도배	[Ⅰ]	[Ⅱ]	[Ⅲ]	[Ⅳ]
벽면	○	○	×	×
바닥면	○	○	×	×
도배	○	×	×	×

　3. 중개보수 등에 관한 사항

36. 중개대상물의 확인·설명(공인중개사법 제25조)

④ "중개보수"는 실제거래금액 거래예정금액을 기준으로 계산하고, 협의가 없는 경우 부가가치세는 포함된 것으로 본다. 별도로 부과할 수 있다.

37. 개업공인중개사가 민사집행법에 따른 경매에 대해 의뢰인에게 설명한 내용으로 옳은 것은?

① 기일입찰에서 매수신청인은 보증으로 매수가격의 10분의 1에 해당하는 금액을 집행관에게 제공해야 한다.

② 매각허가결정이 확정되면 법원은 대금지급기일을 정하여 매수인에게 통지해야 하고 매수인은 그 대금지급기일에 매각대금을 지급해야 한다.

③ 민법·상법 그 밖의 법률에 의하여 우선변제청구권이 있는 채권자는 매각결정기일까지 배당요구를 할 수 있다.

④ 매수인은 매각부동산 위의 유치권자에게 그 유치권으로 담보하는 채권을 변제할 책임이 없다.

⑤ 매각부동산 위의 전세권은 저당권에 대항할 수 있는 경우라도 전세권자가 배당요구를 하면 매각으로 소멸된다.

38. 「공인중개사의 매수신청대리인 등록 등에 관한 규칙」의 내용으로 틀린 것은?

① 개업공인중개사의 중개업 폐업신고에 따라 매수신청대리인 등록이 취소된 경우는 그 등록이 취소된 후 3년이 지나지 않더라도 등록의 결격사유에 해당하지 않는다.

② 개업공인중개사는 매수신청대리인이 된 사건에 있어서 매수신청인으로서 매수신청을 하는 행위를 해서는 아니 된다.

③ 개업공인중개사는 매수신청대리에 관하여 위임인으로부터 수수료를 받은 경우, 그 영수증에는 중개행위에 사용하기 위해 등록한 인장을 사용해야 한다.

④ 소속공인중개사는 매수신청대리인 등록을 할 수 있다.

⑤ 매수신청대리인 등록을 한 개업공인중개사는 법원행정처장이 인정하는 특별한 경우 그 사무소의 간판에 "법원"의 휘장 등을 표시할 수 있다.

39. 외국인토지법상 "외국인"의 토지취득에 관한 설명으로 옳은 것은? (다툼이 있으면 판례에 따름)

① 외국인토지법은 대한민국영토에서 외국인의 상속·경매 등 계약 외의 원인에 의한 토지취득에는 적용되지 않는다.

② 외국인은 「부동산 거래신고에 관한 법률」에 따라 부동산 거래의 신고를 한 경우에도 외국인토지법에 따른 토지취득의 신고를 해야 한다.

③ 외국인이 대한민국에 소재하는 건물에 대한 저당권을 취득하는 경우에는 외국인토지법이 적용될 여지가 없다.

④ 외국의 법령에 따라 설립된 법인이라도 구성원의 2분의 1이 대한민국 국민인 경우 외국인토지법에 따른 "외국인"에 해당하지 아니한다.

⑤ 전원이 외국인으로 구성된 비법인사단은 외국인토지법에 따른 "외국인"에 해당하지 아니한다.

40. 부동산 거래신고에 관한 법령상 부동산거래계약 신고서 작성에 관한 설명으로 옳은 것은?

① 신고를 해야 하는 부동산별 '거래금액'과 '실제 거래가격(전체)'란에는 부가가치세를 제외한 금액을 적는다.

② 계약대상 면적에는 실제 거래면적을 계산하여 적되, 건축물 면적은 집합건축물의 경우 연면적을 적는다.

③ 실제 거래가격이 6억원을 초과하는 거래대상 부동산의 취득에 필요한 자금 조달계획은 신고서 작성사항에 해당한다.

④ 분양금액란에는 분양권의 경우 권리가격과 추가부담금의 합계금액을 적는다.

⑤ 개업공인중개사가 거짓으로 신고서를 작성하여 신고한 경우 500만원 이하의 과태료 부과사유에 해당한다.

37. 민사집행법

① 기일입찰에서 매수신청인은 보증으로 매수가격 <u>최저매각 가격</u>의 10분의 1에 해당하는 금액을 집행관에게 제공해야 한다.

② 매각허가결정이 확정되면 법원은 대금지급기일 <u>대금지급 기한</u>을 정하여 매수인에게 통지해야 하고 매수인은 그 대금지급기일에 매각대금을 지급해야 한다.

③ 민법·상법 그 밖의 법률에 의하여 우선변제청구권이 있는 채권자는 매각결정기일 <u>배당요구종기</u>(첫 매각기일 전)까지 배당요구를 할 수 있다.

④ 매수인은 매각부동산 위의 유치권자에게 그 유치권으로 담보하는 채권을 변제할 책임이 없다. <u>있다.</u>

⑤ 매각부동산 위의 전세권은 저당권에 대항할 수 있는 경우라도 전세권자가 배당요구를 하면 (전세권이 저당권으로 전환되어) 매각으로 소멸된다.

38. 공인중개사의 매수신청대리인 등록 등에 관한 규칙

④ 소속공인중개사 <u>개업공인중개사</u>(법인인 개업공인중개사, 공인중개사인 개업공인중개사)는 매수신청대리인 등록을 할 수 있다.

39. 외국인토지법

① 외국인토지법은 대한민국영토에서 외국인의 상속·경매 등 계약 외의 원인에 의한 토지취득에는도 적용되지 않는다. <u>적용된다.</u>

② 외국인은 「부동산 거래신고에 관한 법률」에 따라 부동산 거래의 신고를 한 경우에도는 외국인토지법에 따른 토지취득의 신고를 해야 한다. <u>가 면제된다.</u>

④ 외국의 법령에 따라 설립된 법인이라도 구성원의 2분의 1이 대한민국 국민인 경우 외국인토지법에 따른 "외국인"에 해당하지 아니한다. <u>해당한다.</u>

⑤ 전원이 외국인으로 구성된 비법인사단은 외국인토지법에 따른 "외국인"에 해당하지 아니한다. <u>해당한다.</u>

40. 부동산 거래신고 등에 관한 법률
  복수(①, ③) 정답 처리

① 분양권·입주권: 부가가치세 포함

② 계약대상 면적에는 실제 거래면적을 계산하여 적되, 건축물 면적은 집합건축물의 경우 연면적 <u>전용면적</u>을 적는다.

③ 자금조달계획 및 입주계획 신고
  1. 주택의 매수자가 법인인 경우
  2. 투기과열지구 또는 조정대상지역에 소재하는 주택을 매수하는 경우
  3. 법인과 규제지역 외의 경우에는 실제 거래가격이 6억원 이상인 주택의 매수
  4. 토지는 수도권 등은 1억원, 그 외의 지역은 6억원 이상인 경우
  5. 매수자에 국가 등이 포함된 경우 제외

④ 분양금액란에는 분양권의 경우 권리가격과 추가부담금의 합계금액 (입주권) 분양금액을 적는다.

⑤ 개업공인중개사가 거짓으로 신고서를 작성하여 신고한 경우 500만원 <u>취득가액의 5/100</u> 이하의 과태료 부과사유에 해당한다.

41. 국토의 계획 및 이용에 관한 법령상 광역도시계획에 관한 설명으로 틀린 것은?

① 동일 지역에 대하여 수립된 광역도시계획의 내용과 도시·군기본계획의 내용이 다를 때에는 광역도시계획의 내용이 우선한다.

② 광역계획권은 광역시장이 지정할 수 있다.

③ 도지사는 시장 또는 군수가 협의를 거쳐 요청하는 경우에는 단독으로 광역도시계획을 수립할 수 있다.

④ 광역도시계획을 수립하려면 광역도시계획의 수립권자는 미리 공청회를 열어야 한다.

⑤ 국토교통부장관이 조정의 신청을 받아 광역도시계획의 내용을 조정하는 경우 중앙도시계획위원회의 심의를 거쳐야 한다.

42. 국토의 계획 및 이용에 관한 법령상 도시·군관리계획에 관한 설명으로 틀린 것은?

① 도시·군관리계획 결정의 효력은 지형도면을 고시한 날의 다음 날부터 발생한다.

② 용도지구의 지정은 도시·군관리계획으로 결정한다.

③ 주민은 기반시설의 설치·정비 또는 개량에 관한 사항에 대하여 입안권자에게 도시·군관리계획의 입안을 제안할 수 있다.

④ 도시·군관리계획은 광역도시계획과 도시·군기본계획에 부합되어야 한다.

⑤ 도시·군관리계획을 조속히 입안하여야 할 필요가 있다고 인정되면 도시·군기본계획을 수립할 때에 도시·군관리계획을 함께 입안할 수 있다.

43. 국토의 계획 및 이용에 관한 법령상 기반시설부담구역에 설치가 필요한 기반시설에 해당하지 <u>않는</u> 것은?

① 공원   ② 도로
③ 대학   ④ 폐기물처리시설
⑤ 녹지

44. 국토의 계획 및 이용에 관한 법령상 공동구가 설치된 경우 공동구에 수용하기 위하여 공동구협의회의 심의를 거쳐야 하는 시설은?

① 전선로   ② 수도관
③ 열수송관   ④ 가스관
⑤ 통신선로

45. 국토의 계획 및 이용에 관한 법령상 ( ) 안에 알맞은 것은?

> 도시지역 내 지구단위계획구역의 지정이 한옥마을의 보존을 목적으로 하는 경우 지구단위계획으로 「주차장법」 제19조제3항에 의한 주차장 설치기준을 ( )퍼센트까지 완화하여 적용할 수 있다.

① 0   ② 30   ③ 50   ④ 80   ⑤ 100

46. 국토의 계획 및 이용에 관한 법령상 도시·군계획시설부지의 매수청구에 관한 설명으로 틀린 것은? (단, 토지는 지목이 대(垈)이며 조례는 고려하지 않음)

① 매수의무자가 매수하기로 결정한 토지는 매수 결정을 알린 날부터 3년 이내에 매수하여야 한다.

② 지방자치단체가 매수의무자인 경우에는 토지소유자가 원하는 경우에 채권을 발행하여 매수대금을 지급할 수 있다.

③ 도시·군계획시설채권의 상환기간은 10년 이내로 한다.

④ 매수청구를 한 토지의 소유자는 매수의무자가 매수하지 아니하기로 결정한 경우에는 개발행위허가를 받아서 공작물을 설치할 수 있다.

⑤ 해당 도시·군계획시설사업의 시행자가 정하여진 경우에는 그 시행자에게 토지의 매수를 청구할 수 있다.

47. 국토의 계획 및 이용에 관한 법령상 도시·군관리계획으로 결정하여야 하는 사항만을 모두 고른 것은?

> ㄱ. 도시자연공원구역의 지정
> ㄴ. 개발밀도관리구역의 지정
> ㄷ. 도시개발사업에 관한 계획
> ㄹ. 기반시설의 정비에 관한 계획

① ㄴ   ② ㄷ, ㄹ   ③ ㄱ, ㄴ, ㄷ
④ ㄱ, ㄴ, ㄹ   ⑤ ㄱ, ㄷ, ㄹ

48. 국토의 계획 및 이용에 관한 법령상 기반시설의 종류와 그 해당시설의 연결로 틀린 것은?

① 교통시설 - 폐차장
② 공간시설 - 유원지
③ 공공·문화체육시설 - 청소년수련시설
④ 방재시설 - 저수지
⑤ 환경기초시설 - 하수도

41. 광역도시계획

② 광역계획권은 광역시장어 <u>국토교통부장관 또는 도지사</u>가 지정할 수 있다.

⑤ 국토교통부장관이 조정의 신청(시·도지사)을 받아 광역도시계획의 내용을 조정하는 경우 중앙도시계획위원회의 심의를 거쳐야 한다.

42. 도시·군관리계획

① 도시·군관리계획 결정의 효력은 지형도면을 고시한 날의 다음 날부터 발생한다.

③ 주민은 기반시설의 설치·정비 또는 개량에 관한 사항에 대하여 입안권자에게 (도시·군관리계획 도서 및 도시·군관리계획 설명서를 첨부하여) 도시·군관리계획의 입안을 제안할 수 있다.

⑤ 도시·군관리계획을 조속히 입안하여야 할 필요가 있다고 인정되면 도시·군기본계획(·광역도시계획)을 수립할 때에 도시·군관리계획을 함께 입안할 수 있다.

43. 기반시설부담구역에 설치가 필요한 기반시설

1. 공원
2. 녹지
3. 도로
4. 상하수도
5. 재활용시설
6. 폐기물처리시설
7. 학교(대학 제외)

44. 공동구협의회의 심의(임의 설치: 7, 8)

1. 전선로	
2. 통신선로	
3. 수도관	
4. 열수송관	
5. 중수도관	↑
<u>6. 쓰레기수송관</u>	<u>필수 설치</u>
7. 가스관	↑
8. 하수관, 그 밖의 시설	임의 설치

45. 지구단위계획으로 주차장 설치기준을 100%까지 완화

1. 한옥마을의 보존
2. 차 없는 거리
3. 기타 국토교통부령으로 정하는 경우

도시지역 내 지구단위계획구역의 지정이 한옥마을의 보존을 목적으로 하는 경우 지구단위계획으로 「주차장법」 제19조 제3항에 의한 주차장 설치기준을 (100)퍼센트까지 완화하여 적용할 수 있다.

46. 도시·군계획시설부지의 매수청구(10년 미집행시)

① 매수의무자가 매수하기로 결정한 토지는 매수 결정을 알린 날(매수청구 후 6개월 내 소유자 등에게 결정 통보)부터 3년 2년 이내에 매수하여야 한다.

② 지방자치단체가 매수의무자인 경우에는 ⓐ 토지소유자가 원하는 경우와 ⓑ 부재부동산 소유자 토지이거나 비업무용 토지로 매수대금이 3천만원을 초과하는 경우에 채권(도시·군계획시설채권)을 발행하여 매수대금을 지급할 수 있다.

⑤ 해당 도시·군계획시설사업의 시행자(원칙: 지방자치단체장)가 정하여진 경우에는 그 시행자에게 토지의 매수를 청구할 수 있다.

47. 도시·군관리계획으로 결정

― 용도지역·용도지구의 지정·변경에 관한 계획

ㄱ. 개발제한구역·도시자연공원구역·시가화조정구역·수산자원보호구역의 지정·변경에 관한 계획

ㄴ. 개발밀도관리구역의 지정

ㄷ. 도시개발사업·정비사업에 관한 계획

ㄹ. 기반시설의 설치·정비·개량에 관한 계획

― 지구단위계획구역의 지정·변경에 관한 계획, 지구단위계획

― 입지규제최소구역의 지정·변경에 관한 계획, 입지규제최소구역계획

48. 기반시설

1. 교통시설: 도로, 차량 검사 및 면허시설 등
2. 공간시설: 광장, 공원, 녹지, 유원지, 공공공지 등
3. 유통·공급시설: 방송·통신시설, 공동구·시장, 유류저장 및 송유설비 등
4. 공공·문화체육시설: 학교(대학교 제외), 공공청사, 연구시설, 청소년수련시설 등
5. 방재시설: 하천, 유수지, 저수지 등
6. 보건위생시설: 장사시설, 도축장, 종합의료시설 등
7. 환경기초시설: 폐기물처리 및 재활용시설 등

① 교통시설 - <u>도로, 철도, 항만</u> 폐차장(환경기초시설)

49. 국토의 계획 및 이용에 관한 법령상 용도지역에 관한 설명으로 틀린 것은?

① 도시지역의 축소에 따른 용도지역의 변경을 도시·군관리계획으로 입안하는 경우에는 주민 및 지방의회의 의견청취 절차를 생략할 수 있다.

②「택지개발촉진법」에 따른 택지개발지구로 지정·고시되었다가 택지개발사업의 완료로 지구 지정이 해제되면 그 지역은 지구 지정 이전의 용도지역으로 환원된 것으로 본다.

③ 관리지역에서「농지법」에 따른 농업진흥지역으로 지정·고시된 지역은「국토의 계획 및 이용에 관한 법률」에 따른 농림지역으로 결정·고시된 것으로 본다.

④ 용도지역을 다시 세부 용도지역으로 나누어 지정하려면 도시·군관리계획으로 결정하여야 한다.

⑤ 도시지역이 세부 용도지역으로 지정되지 아니한 경우에는 용도지역의 용적률 규정을 적용할 때에 보전녹지지역에 관한 규정을 적용한다.

50. 국토의 계획 및 이용에 관한 법령상 개발행위허가에 관한 설명으로 틀린 것은? (단, 조례는 고려하지 않음)

① 토지 분할에 대해 개발행위허가를 받은 자가 그 개발행위를 마치면 관할 행정청의 준공검사를 받아야 한다.

② 건축물의 건축에 대해 개발행위허가를 받은 후 건축물 연면적을 5퍼센트 범위 안에서 확대하려면 변경허가를 받아야 한다.

③ 개발행위허가를 하는 경우 미리 허가신청자의 의견을 들어 경관 등에 관한 조치를 할 것을 조건으로 허가할 수 있다.

④ 도시·군관리계획의 시행을 위한「도시개발법」에 따른 도시개발사업에 의해 건축물을 건축하는 경우에는 개발행위허가를 받지 않아도 된다.

⑤ 토지의 일부를 공공용지로 하기 위해 토지를 분할하는 경우에는 개발행위허가를 받지 않아도 된다.

51. 국토의 계획 및 이용에 관한 법령상 도시·군계획시설에 관한 설명으로 옳은 것은?

① 도시지역에서 사회복지시설을 설치하려면 미리 도시·군관리계획으로 결정하여야 한다.

② 도시·군계획시설 부지에 대한 매수청구의 대상은 지목이 대(垈)인 토지에 한정되며 그 토지에 있는 건축물은 포함되지 않는다.

③ 용도지역 안에서의 건축물의 용도·종류 및 규모의 제한에 대한 규정은 도시·군계획시설에 대해서도 적용된다.

④ 도시·군계획시설 부지에서 도시·군관리계획을 입안하는 경우에는 그 계획의 입안을 위한 토지적성평가를 실시하지 아니할 수 있다.

⑤ 도시·군계획시설사업의 시행자가 행정청인 경우 시행자의 처분에 대해서는 행정심판을 제기할 수 없다.

52. 甲은 A도 B군에 토지 110제곱미터를 소유한 자로서, 관할 A도지사는 甲의 토지 전부가 포함된 녹지지역 일대를 토지거래계약 허가구역으로 지정하였다. 국토의 계획 및 이용에 관한 법령상 이에 관한 설명으로 틀린 것은? (단, 도지사는 허가를 요하지 아니하는 토지의 면적을 따로 정하지 않았음)

① 甲이 자신의 토지 전부에 대해 대가를 받고 지상권을 설정하려면 토지거래계약 허가를 받아야 한다.

② 甲의 토지가 농지라면 토지거래계약 허가를 받은 경우에는「농지법」에 따른 농지취득자격증명을 받은 것으로 본다.

③ 허가구역에 거주하는 농업인 乙이 그 허가구역에서 농업을 경영하기 위해 甲의 토지 전부를 임의매수하는 경우에는 토지거래계약 허가가 필요하지 않다.

④ 丙이 자기의 거주용 주택용지로 이용하려는 목적으로 甲의 토지 전부를 임의매수하는 경우, 해당 토지거래계약 허가의 신청에 대하여 B군수는 허가하여야 한다.

⑤ 토지거래계약 허가신청에 대해 불허가처분을 받은 경우 甲은 그 통지를 받은 날부터 1개월 이내에 B군수에게 해당 토지에 관한 권리의 매수를 청구할 수 있다.

---

53. 도시개발법령상 환지처분의 효과에 관한 설명으로 틀린 것은?

① 환지 계획에서 정하여진 환지는 그 환지처분이 공고된 날의 다음 날부터 종전의 토지로 본다.

② 환지처분은 행정상 처분으로서 종전의 토지에 전속(專屬)하는 것에 관하여 영향을 미친다.

③ 도시개발구역의 토지에 대한 지역권은 도시개발사업의 시행으로 행사할 이익이 없어진 경우 환지처분이 공고된 날이 끝나는 때에 소멸한다.

④ 보류지는 환지 계획에서 정한 자가 환지처분이 공고된 날의 다음 날에 해당 소유권을 취득한다.

⑤ 청산금은 환지처분이 공고된 날의 다음 날에 확정된다.

49. 용도지역

② 「택지개발촉진법」에 따른 택지개발지구(·산업단지·전원 개발사업구역)로 지정·고시되었다가 택지개발사업의 완료로 지구 지정이 해제되면 그 지역은 지구 지정 이전의 용도지역으로 환원된 것으로 본다. 보지 않는다.

50. 개발행위허가

　1. 건축물의 건축
　2. 공작물의 설치
　3. 토지의 형질변경
　4. 토석의 채취
　5. 토지의 분할
　6. 물건을 쌓아놓는 행위
　7. 죽목의 벌채 및 식재

① 토지 분할, 물건을 쌓아놓는 행위에 대해 개발행위허가를 받은 자가 그 개발행위를 마치면 관할 행정청의 준공검사를 받아야 한다. 받지 않아도 된다.

51. 도시·군계획시설

① 도시지역에서 사회복지시설을 설치(당연, 경미한 사항)하려면 미리 도시·군관리계획으로 결정하여야 한다. 결정하지 않아도 된다.

② 도시·군계획시설 부지에 대한 매수청구(10년 미시행)의 대상은 지목이 대(垈)인 토지에 한정되며 와 그 토지에 있는 건축물은 포함되지 않는다. 및 정착물을 포함한다.

③ 용도지역 안에서의 건축물의 용도·종류 및 규모의 제한 (사적 이용 제한)에 대한 규정은 도시·군계획시설(공적 시설)에 대해서도 적용된다. 대해서는 적용되지 않는다.

④ 도시·군계획시설 부지에서 (또는 지구단위계획구역에서) 도시·군관리계획을 입안하는 경우에는 그 계획의 입안을 위한 토지적성평가를 실시하지 아니할 수 있다.

⑤ 도시·군계획시설사업의 시행자가 행정청인이 아닌 경우 시행자의 처분에 대해서는 행정심판을 제기할 수 없다.
　도시·군계획시설사업의 시행자가 행청청인 경우에는 지정권자의 처분에 대해서 행정심판을 제기할 수 있다.

52. 토지거래계약 허가구역

① 甲이 자신의 토지 전부에 대해 대가를 받고 지상권을 설정하려면 (또는 소유권을 이전하려면) 토지거래계약 허가를 받아야 한다.

③ 허가구역에 거주하는 농업인 乙이 그 허가구역에서 농업을 경영하기 위해 甲의 토지 전부를 임의매수하는 경우에는 토지거래계약 허가가 필요하지 않다. 필요하다.

53. 환지처분의 효과

② 환지처분은 (재판상 처분 또는) 행정상 처분으로서 종전의 토지에 전속(專屬)하는 것(주소 등, 지역권 제외)에 관하여 영향을 미친다. 미치지 않는다.
　다만, 종전의 토지에 전속하는 지역권은 종전의 토지에 존속한다.

54. 도시개발법령상 토지 등의 수용 또는 사용의 방식에 따른 도시개발사업 시행에 관한 설명으로 옳은 것은?
① 지방자치단체가 시행자인 경우 토지상환채권을 발행할 수 없다.
② 지방자치단체인 시행자가 토지를 수용하려면 사업대상 토지면적의 3분의 2 이상의 토지를 소유하여야 한다.
③ 시행자는 조성토지를 공급받는 자로부터 해당 대금의 전부를 미리 받을 수 없다.
④ 시행자는 학교를 설치하기 위한 조성토지를 공급하는 경우, 해당 토지의 가격을 「부동산 가격공시 및 감정평가에 관한 법률」에 따른 감정평가업자가 감정평가한 가격 이하로 정할 수 있다.
⑤ 시행자는 지방자치단체에게 도시개발구역 전체 토지면적의 2분의 1 이내에서 원형지를 공급하여 개발하게 할 수 있다.

55. 도시개발법령상 국토교통부장관이 도시개발구역을 지정할 수 있는 경우가 아닌 것은?
① 국가가 도시개발사업을 실시할 필요가 있는 경우
② 산업통상자원부장관이 10만 제곱미터 규모로 도시개발구역의 지정을 요청하는 경우
③ 지방공사의 장이 30만 제곱미터 규모로 도시개발구역의 지정을 요청하는 경우
④ 한국토지주택공사 사장이 30만 제곱미터 규모로 국가계획과 밀접한 관련이 있는 도시개발구역의 지정을 제안하는 경우
⑤ 천재·지변으로 인하여 도시개발사업을 긴급하게 할 필요가 있는 경우

56. 도시개발법령상 도시개발구역을 지정한 후에 개발계획을 수립할 수 있는 경우가 아닌 것은?
① 개발계획을 공모하는 경우
② 자연녹지지역에 도시개발구역을 지정할 때
③ 도시지역 외의 지역에 도시개발구역을 지정할 때
④ 국토교통부장관이 국가균형발전을 위하여 관계 중앙행정기관의 장과 협의하여 상업지역에 도시개발구역을 지정할 때
⑤ 해당 도시개발구역에 포함되는 주거지역이 전체 도시개발구역 지정 면적의 100분의 40인 지역을 도시개발구역으로 지정할 때

57. 도시개발법령상 도시개발구역의 지정과 개발계획에 관한 설명으로 틀린 것은?
① 지정권자는 도시개발사업의 효율적 추진을 위하여 필요하다고 인정하는 경우 서로 떨어진 둘 이상의 지역을 결합하여 하나의 도시개발구역으로 지정할 수 있다.
② 도시개발구역을 둘 이상의 사업시행지구로 분할하는 경우 분할 후 사업시행지구의 면적은 각각 1만 제곱미터 이상이어야 한다.
③ 세입자의 주거 및 생활 안정 대책에 관한 사항은 도시개발구역을 지정한 후에 개발계획의 내용으로 포함시킬 수 있다.
④ 지정권자는 도시개발사업을 환지 방식으로 시행하려고 개발계획을 수립할 때 시행자가 지방자치단체인 경우 토지소유자의 동의를 받아야 한다.
⑤ 도시·군기본계획이 수립되어 있는 지역에 대하여 개발계획을 수립하려면 개발계획의 내용이 해당 도시·군기본계획에 들어맞도록 하여야 한다.

58. 도시개발법령상 조성토지 등의 공급에 관한 설명으로 옳은 것은?
① 지정권자가 아닌 시행자가 조성토지 등을 공급하려고 할 때에는 조성토지 등의 공급계획을 작성하여 지정권자의 승인을 받아야 한다.
② 조성토지 등을 공급하려고 할 때 「주택법」에 따른 공공택지의 공급은 추첨의 방법으로 분양할 수 없다.
③ 조성토지 등의 가격 평가는 「부동산 가격공시 및 감정평가에 관한 법률」에 따른 감정평가업자가 평가한 금액을 산술평균한 금액으로 한다.
④ 공공청사용지를 지방자치단체에게 공급하는 경우에는 수의계약의 방법으로 할 수 없다.
⑤ 토지상환채권에 의하여 토지를 상환하는 경우에는 수의계약의 방법으로 할 수 없다.

54. 수용 또는 사용의 방식

수용·사용 → 시행 → 공급(조성토지, 원형지)

① 지방자치단체가 시행자인 경우 토지상환채권을 발행할 수 없다. 있다.

모든 시행자는 토지상환채권을 발행할 수 있다.

② 지방자치단체인 시행자가 토지를 수용하려면 사업대상 토지면적의 3분의 2 이상의 토지를 소유하여야 한다. 소유할 필요가 없다. 토지소유자의 동의도 필요 없다.

③ 시행자는 조성토지를 공급받는 자로부터 해당 대금의 전부(또는 일부)를 미리 받을 수 없다. 있다.

⑤ 시행자는 지방자치단체에게 도시개발구역 전체 토지면적의 2분의 1 3분의 1 이내에서 원형지를 공급하여 개발하게 할 수 있다.

55. 도시개발구역의 지정:

국토교통부장관, 시·도지사, 대도시 시장

② 산업통상자원부장관(중앙행정기관의 장)이 10만 제곱미터 규모로(면적 무관) 도시개발구역의 지정을 요청하는 경우

③ 지방공사 중앙행정기관의 장이 30만 제곱미터 규모로(면적 무관) 도시개발구역의 지정을 요청하는 경우

공공기관의 장 또는 정부출연기관의 장이 30만㎡ 이상으로서 국가계획과 밀접한 관련이 있는 도시개발구역의 지정을 제안하는 경우

④ 한국토지주택공사 사장(공공기관·정부출연기관의 장)이 30만 제곱미터 규모로(30만 제곱미터 이상) 국가계획과 밀접한 관련이 있는 도시개발구역의 지정을 제안하는 경우

56. 도시개발구역 지정 후 개발계획 수립

① 개발계획을 공모하는 경우

1. 자연녹지지역
2. 생산녹지지역(생산녹지지역이 도시개발구역 지정 면적의 30/100 이하인 경우)
3. 도시지역 외의 지역
4. 국토교통부장관이 국가균형발전을 위하여 관계 중앙행정기관의 장과 협의하여 도시개발구역으로 지정하려는 지역(자연환경보전지역 제외)
5. 해당 도시개발구역에 포함되는 주거지역·상업지역·공업지역의 면적의 합계가 전체 도시개발구역 지정 면적의 30/100 이하인 지역

57. 도시개발구역의 지정과 개발계획

① 지정권자는 도시개발사업의 효율적 추진을 위하여 필요하다고 인정하는 경우 서로 떨어진 둘 이상의 지역(각각 10만㎡ 이상)을 결합하여 하나의 도시개발구역으로 지정할 수 있다.

④ 지정권자는 도시개발사업을 환지 방식으로 시행하려고 개발계획을 수립할 때 시행자가 지방자치단체인 경우 토지소유자의 동의를 받아야 한다. 받지 않아도 된다.

58. 조성토지 등의 공급

① 지정권자가 아닌 시행자가 조성토지 등을 공급하려고 할 때에는 조성토지 등의 공급계획을 작성하여 지정권자의 승인을 받아야 한다. 에게 제출하여야 한다.

② 조성토지 등을 공급하려고 할 때 「주택법」에 따른 공공택지의 공급은 추첨의 방법으로 분양할 수 없다. 있다.

④ 공공청사용지를 지방자치단체에게 공급하는 경우에는 수의계약의 방법으로 할 수 없다. 있다.

⑤ 토지상환채권에 의하여 토지를 상환하는 경우에는 수의계약의 방법으로 할 수 없다. 있다.

59. 도시 및 주거환경정비법령상 도시·주거환경정비기본계획(이하 '기본계획'이라 함)의 수립에 관한 설명으로 <u>틀린</u> 것은?
① 대도시가 아닌 시의 경우 도지사가 기본계획의 수립이 필요하다고 인정하는 시를 제외하고는 기본계획을 수립하지 아니할 수 있다.
② 기본계획을 수립하고자 하는 때에는 14일 이상 주민에게 공람하고 지방의회의 의견을 들어야 한다.
③ 대도시의 시장이 아닌 시장이 기본계획을 수립한 때에는 도지사의 승인을 얻어야 한다.
④ 기본계획을 수립한 때에는 지체 없이 당해 지방자치단체의 공보에 고시하여야 한다.
⑤ 기본계획에 대하여는 3년마다 그 타당성 여부를 검토하여 그 결과를 기본계획에 반영하여야 한다.

60. 도시 및 주거환경정비법령상 도시환경정비사업의 시공자 선정에 관한 설명으로 <u>틀린</u> 것은?
① 토지등소유자가 사업을 시행하는 경우에는 경쟁입찰의 방법으로 시공자를 선정해야 한다.
② 군수가 직접 정비사업을 시행하는 경우 군수는 주민대표회의가 경쟁입찰의 방법에 따라 추천한 자를 시공자로 선정하여야 한다.
③ 주민대표회의가 시공자를 추천하기 위한 입찰방식에는 일반경쟁입찰·제한경쟁입찰 또는 지명경쟁입찰이 있다.
④ 조합원 100명 이하인 정비사업의 경우 조합총회에서 정관으로 정하는 바에 따라 시공자를 선정할 수 있다.
⑤ 사업시행자는 선정된 시공자와 공사에 관한 계약을 체결할 때에는 기존 건축물의 철거공사에 관한 사항을 포함하여야 한다.

61. 도시 및 주거환경정비법령상 조합의 정관을 변경하기 위하여 조합원 3분의 2 이상의 동의가 필요한 사항이 <u>아닌</u> 것은?
① 대의원의 수 및 선임절차
② 조합원의 자격에 관한 사항
③ 정비사업 예정구역의 위치 및 면적
④ 조합의 비용부담 및 조합의 회계
⑤ 시공자 설계자의 선정 및 계약서에 포함될 내용

62. 도시 및 주거환경정비법령상 청산금에 관한 설명으로 <u>틀린</u> 것은?
① 조합 총회의 의결을 거쳐 정한 경우에는 관리처분계획인가 후부터 소유권 이전의 고시일까지 청산금을 분할징수할 수 있다.
② 종전에 소유하고 있던 토지의 가격과 분양받은 대지의 가격은 그 토지의 규모·위치·용도·이용상황·정비사업비 등을 참작하여 평가하여야 한다.
③ 청산금을 납부할 자가 이를 납부하지 아니하는 경우에 시장·군수가 아닌 사업시행자는 시장·군수에게 청산금의 징수를 위탁할 수 있다.
④ 청산금을 징수할 권리는 소유권 이전의 고시일로부터 5년간 이를 행사하지 아니하면 소멸한다.
⑤ 정비사업의 시행지역 안에 있는 건축물에 저당권을 설정한 권리자는 그 건축물의 소유자가 지급받을 청산금에 대하여 청산금을 지급하기 전에 압류절차를 거쳐 저당권을 행사할 수 있다.

63. 도시 및 주거환경정비법령상 조합의 설립에 관한 설명으로 옳은 것은?
① 조합설립인가를 받은 경우에는 따로 등기를 하지 않아도 조합이 성립된다.
② 조합임원은 같은 목적의 정비사업을 하는 다른 조합의 임원을 겸할 수 있다.
③ 주택재건축사업은 조합을 설립하지 않고 토지등소유자가 직접 시행할 수 있다.
④ 가로주택정비사업을 시행하는 조합을 설립하고자 하는 경우에는 추진위원회를 구성하지 아니한다.
⑤ 조합임원이 결격사유에 해당하여 퇴임한 경우 그 임원이 퇴임 전에 관여한 행위는 효력을 잃는다.

64. 도시 및 주거환경정비법령상 군수가 직접 주택재개발사업을 시행할 수 있는 사유에 해당하지 <u>않는</u> 것은?
① 당해 정비구역 안의 토지면적 2분의 1 이상의 토지소유자와 토지등소유자의 3분의 2 이상에 해당하는 자가 군수의 직접시행을 요청하는 때
② 당해 정비구역 안의 국·공유지 면적이 전체 토지 면적의 3분의 1 이상으로서 토지등소유자의 과반수가 군수의 직접시행에 동의하는 때
③ 순환정비방식에 의하여 정비사업을 시행할 필요가 있다고 인정되는 때
④ 천재·지변으로 인하여 긴급히 정비사업을 시행할 필요가 있다고 인정되는 때
⑤ 고시된 정비계획에서 정한 정비사업 시행 예정일부터 2년 이내에 사업시행인가를 신청하지 아니한 때

59. 도시·주거환경정비기본계획

기본방침 수립: 국토교통부장관

기본계획 수립: 시·도지사, 대도시 시장, 시장

⑤ 행정계획 검토

기본계획에 대하여는 ~~3년~~ 5년마다 그 타당성 여부를 검토하여 그 결과를 기본계획에 반영하여야 한다.

60. 도시환경정비사업의 시공자 선정

① 토지등소유자가 사업을 시행하는 경우에는 **경쟁입찰**(조합)의 <u>규약으로 정하는</u> 방법으로 (건설업자 또는 등록사업자) 시공자를 선정해야 한다.

② 의무규정

61. 조합 정관의 변경(중요한 사항: 2/3 이상의 동의)

① 대의원의 수 및 선임절차: 1/2

② 조합원의 자격에 관한 사항

③ 정비사업 예정구역의 위치 및 면적

④ 조합의 비용부담 및 조합의 회계

⑤ 시공자 설계자의 선정 및 계약서에 포함될 내용

○ 정비사업비 10% 이상 증가

62. 청산금

③ **징수위탁** 수수료 4%

④ 청산금을 징수할 권리는 소유권 이전의 고시일 <u>다음 날</u>로부터 5년간 이를 행사하지 아니하면 소멸한다.

63. 조합의 설립

① 조합설립인가를 받은 경우에는 따로 등기를 하지 않아도 ~~않으면 조합이 성립된다.~~ 성립하지 않는다.

설립인가를 받은 날부터 30일 이내에 주된 사무소 소재지 관할법원에 등기함으로써 성립한다.

인가 + 등기 = 조합설립

② 조합임원은 같은 목적의 정비사업을 하는 다른 조합의 임원을 ~~겸할 수 있다.~~ 없다.

③ 주택재건축사업은 조합을 설립하지 않고 토지등소유자가 직접 ~~시행할 수 있다.~~ 없다.

조합원 과반수 동의가 있는 경우 한국토지주택공사 등과 공동으로 시행하거나 시장·군수·구청장이 시행할 수 있다.

④ 가로주택정비사업: 2018년 폐지

종전의 가로구역을 유지하면서 기반시설 추가 부담 없이 노후 주거지를 소규모로 정비

⑤ 조합임원이 결격사유에 해당하여 퇴임한 경우 그 임원이 퇴임 전에 관여한 행위는 ~~효력을 잃는다.~~ <u>잃지 않는다.</u>

64. 시장·군수 등의 주택재개발사업의 시행

② 당해 정비구역 안의 국·공유지 면적이 전체 토지 면적의 ~~3분의 1~~ 2분의 1 이상으로서 토지등소유자의 과반수가 군수의 직접시행에 동의하는 때

정비구역의 국·공유지 면적 또는 국·공유지와 한국토지주택공사 등이 소유한 토지를 합한 면적이 전체 토지면적의 1/2 이상으로서 토지등소유자의 과반수가 동의하는 때

65. 주택법령상 주택건설사업 등의 등록과 관련하여 ( ) 안에 들어갈 내용으로 옳게 연결된 것은? (단, 사업등록이 필요한 경우를 전제로 함)

> 연간 (ㄱ)호 이상의 단독주택 건설사업을 시행하려는 자 또는 연간 (ㄴ) 제곱미터 이상의 대지조성사업을 시행하려는 자는 국토교통부장관에게 등록하여야 한다.

① ㄱ: 10, ㄴ: 10만   ② ㄱ: 20, ㄴ: 1만
③ ㄱ: 20, ㄴ: 10만   ④ ㄱ: 20, ㄴ: 1만
⑤ ㄱ: 30, ㄴ: 10만

66. 주택법령상 주택의 공급에 관한 설명으로 옳은 것은?
① 한국토지주택공사가 사업주체로서 복리시설의 입주자를 모집하려는 경우 시장·군수·구청장에게 신고하여야 한다.
② 지방공사가 사업주체로서 견본주택을 건설하는 경우에는 견본주택에 사용되는 마감자재 목록표와 견본주택의 각 실의 내부를 촬영한 영상물 등을 제작하여 시장·군수·구청장에게 제출하여야 한다.
③ 「관광진흥법」에 따라 지정된 관광특구에서 건설 공급하는 50층 이상의 공동주택은 분양가상한제의 적용을 받는다.
④ 공공택지 외의 택지로서 분양가상한제가 적용되는 지역에서 공급하는 도시형 생활주택은 분양가상한제의 적용을 받는다.
⑤ 시·도지사는 사업계획승인 신청이 있는 날부터 30일 이내에 분양가심사위원회를 설치·운영하여야 한다.

67. 사업주체 甲은 사업계획승인권자 乙로부터 주택건설사업을 분할하여 시행하는 것을 내용으로 사업계획승인을 받았다. 주택법령상 이에 관한 설명으로 틀린 것은?
① 乙은 사업계획승인에 관한 사항을 고시하여야 한다.
② 甲은 최초로 공사를 진행하는 공구 외의 공구에서 해당 주택단지에 대한 최초 착공신고일부터 2년 이내에 공사를 시작하여야 한다.
③ 甲이 소송 진행으로 인하여 공사착수가 지연되어 연장신청을 한 경우, 乙은 그 분쟁이 종료된 날부터 2년의 범위에서 공사 착수기간을 연장할 수 있다.
④ 주택분양보증을 받지 않은 甲이 파산하여 공사 완료가 불가능한 경우, 乙은 사업계획승인을 취소할 수 있다.
⑤ 甲이 최초로 공사를 진행하는 공구 외의 공구에서 해당 주택단지에 대한 최초 착공신고일부터 2년이 지났음에도 사업주체가 공사를 시작하지 아니한 경우, 乙은 사업계획승인을 취소할 수 없다.

68. 주택법령상 사업계획승인을 받은 사업주체에게 인정되는 매도청구권에 관한 설명으로 옳은 것은?
① 주택건설대지에 사용권원을 확보하지 못한 건축물이 있는 경우 그 건축물은 매도청구의 대상이 되지 않는다.
② 사업주체는 매도청구일 전 60일부터 매도청구 대상이 되는 대지의 소유자와 협의를 진행하여야 한다.
③ 사업주체가 주택건설대지면적 중 100분의 90에 대하여 사용권원을 확보한 경우, 사용권원을 확보하지 못한 대지의 모든 소유자에게 매도청구를 할 수 있다.
④ 사업주체가 주택건설대지면적 중 100분의 80에 대하여 사용권원을 확보한 경우, 사용권원을 확보하지 못한 대지의 소유자 중 지구단위계획구역 결정·고시일 10년 이전에 해당 대지의 소유권을 취득하여 계속 보유하고 있는 자에 대하여는 매도청구를 할 수 없다.
⑤ 사업주체가 리모델링주택조합인 경우 리모델링 결의에 찬성하지 아니하는 자의 주택에 대하여는 매도청구를 할 수 없다.

69. 주택법령상 ( ) 안에 알맞은 것은?

> 도시지역에서 국민주택 건설 사업계획승인을 신청하려는 경우 공구별로 분할하여 주택을 건설 공급하려면 주택단지의 전체 세대수는 (   )세대 이상이어야 한다.

① 200   ② 300   ③ 400   ④ 500   ⑤ 600

70. 주택법령상 주택단지 전체를 대상으로 증축형 리모델링을 하기 위하여 리모델링주택조합을 설립하려는 경우 조합설립인가 신청 시 제출해야 할 첨부서류가 아닌 것은? (단, 조례는 고려하지 않음)
① 창립총회의 회의록
② 조합원 전원이 자필로 연명한 조합규약
③ 해당 주택 소재지의 100분의 80 이상의 토지에 대한 토지 사용승낙서
④ 해당 주택이 사용검사를 받은 후 15년 이상 경과하였음을 증명하는 서류
⑤ 조합원 명부

부동산공법

65. 주택건설사업

(주택건설)등록사업자

연간 (20)호 이상의 단독주택 건설사업을 시행하려는 자 또는 연간 (1만) 제곱미터 이상의 대지조성사업을 시행하려는 자는 국토교통부장관에게 등록하여야 한다.

66. 주택의 공급

① 民: 주택 승인, 복리시설 신고

公: 주택 승인×, 복리시설 신고×

한국토지주택공사(公)가 사업주체로서 복리시설의 입주자를 모집하려는 경우 시장·군수·구청장에게 신고하여야 한다. 신고하지 않아도 된다.

③ 「관광진흥법」에 따라 지정된 관광특구에서 건설 공급하는 50층 이상의 공동주택은 분양가상한제의 적용을 받는다. 받지 않는다.

④ 공공택지 외의 택지로서 분양가상한제가 적용되는 지역에서 공급하는 도시형 생활주택은 분양가상한제의 적용을 받는다. 받지 않는다.

⑤ 시·도지사는 시장·군수·구청장은 사업계획승인 신청이 있는 날부터 30일 20일 이내에 분양가심사위원회를 설치·운영하여야 한다.

67. 주택법상 사업계획승인의 취소사유

1. 사업주체가 착공의무(최초로 공사를 진행하는 공구 외의 공구일 때 해당 주택단지에 대한 최초 착공신고일로부터 2년 이내인 경우는 제외)를 위반하여 공사를 시작하지 아니하는 경우

2. 사업주체가 경매·공매 등으로 인하여 대지소유권을 상실한 경우

3. 사업주체의 부도·파산 등으로 공사의 완료가 불가능한 경우

③ 甲이 소송 진행으로 인하여 공사착수가 지연되어 연장(최초 5년 + 연장 1년)신청을 한 경우, 乙은 그 분쟁이 종료된 날부터 2년 1년의 범위에서 공사 착수기간을 연장할 수 있다.

68. 매도청구권

① 주택건설대지에 사용권원을 확보하지 못한 건축물이 있는 경우 그 건축물은 매도청구의 대상이 되지 않는다. 대상이다.

② 사업주체는 매도청구일 전 60일부터 3개월 이상 매도청구 대상이 되는 대지의 소유자와 협의를 진행하여야 한다.

③ 사업주체가 주택건설대지면적 중 100분의 90 100분의 95에 대하여 사용권원을 확보한 경우, 사용권원을 확보하지 못한 대지의 모든 소유자에게 매도청구를 할 수 있다.

⑤ 사업주체가 리모델링주택조합인 경우 리모델링 결의에 찬성하지 아니하는 자의 주택에 대하여는도 매도청구를 할 수 없다. 있다.

69. 주택법령

도시지역에서 국민주택 건설 사업계획승인을 신청하려는 경우 공구별로 분할하여 주택을 건설 공급하려면 주택단지의 전체 세대수는 (600)세대 이상이어야 한다.

∵ 공구별 최소 세대수 = 300세대

70. 조합설립인가 신청시 제출해야 할 첨부서류

지역주택조합 또는 직장주택조합의 경우

1) 창립총회 회의록

2) 조합장선출동의서

3) 조합원 전원이 자필로 연명(連名)한 조합규약

4) 조합원 명부

5) 사업계획서

6) 해당 주택건설대지의 80퍼센트 이상에 해당하는 토지의 사용권원을 확보하였음을 증명하는 서류

7) 해당 주택건설대지의 15퍼센트 이상에 해당하는 토지의 소유권을 확보하였음을 증명하는 서류

8) 그 밖에 국토교통부령으로 정하는 서류

③ 지역주택조합, 직장주택조합

④ 대수선: 10년

증축: 15년

(15년 이상 20년 미만의 연수 중 특별시·광역시·특별자치시·도 또는 특별자치도의 조례로 정하는 경우에는 그 연수로 한다)

71. 주택법령상 ( )안에 들어갈 내용으로 옳게 연결된 것은? (단, 주택 외의 시설과 주택이 동일 건축물로 건축되지 않음을 전제로 함)

> ○ 한국토지주택공사가 서울특별시 A구에서 대지면적 10만 제곱미터에 50호의 한옥 건설사업을 시행하려는 경우 (ㄱ)으로부터 사업계획승인을 받아야 한다.
> ○ B광역시 C구에서 지역균형개발이 필요하여 국토교통부장관이 지정 고시하는 지역 안에 50호의 한옥 건설사업을 시행하는 경우 (ㄴ)으로부터 사업계획승인을 받아야 한다.

① ㄱ: 국토교통부장관,   ㄴ: 국토교통부장관
② ㄱ: 서울특별시장,   ㄴ: C구청장
③ ㄱ: 서울특별시장,   ㄴ: 국토교통부장관
④ ㄱ: A구청장,   ㄴ: C구청장
⑤ ㄱ: 국토교통부장관,   ㄴ: B광역시장

---

72. 건축법령상 건축법이 모두 적용되지 않는 건축물이 아닌 것은?
① 「문화재보호법」에 따른 지정문화재인 건축물
② 철도의 선로 부지에 있는 철도 선로의 위나 아래를 가로지르는 보행시설
③ 고속도로 통행료 징수시설
④ 지역자치센터
⑤ 궤도의 선로 부지에 있는 플랫폼

73. 건축법령상 다중이용 건축물에 해당하는 것은? (단, 불특정한 다수의 사람들이 이용하는 건축물을 전제로 함)
① 종교시설로 사용하는 바닥면적의 합계가 4천 제곱미터인 5층의 성당
② 문화 및 집회시설로 사용하는 바닥면적의 합계가 5천 제곱미터인 10층의 전시장
③ 숙박시설로 사용하는 바닥면적의 합계가 4천 제곱미터인 16층의 관광호텔
④ 교육연구시설로 사용하는 바닥면적의 합계가 5천 제곱미터인 15층의 연구소
⑤ 문화 및 집회시설로 사용하는 바닥면적의 합계가 5천 제곱미터인 2층의 동물원

74. 건축법령상 실내건축의 재료 또는 장식물에 해당하는 것을 모두 고른 것은?

> ㄱ. 실내에 설치하는 배수시설의 재료
> ㄴ. 실내에 설치하는 환기시설의 재료
> ㄷ. 실내에 설치하는 난간의 재료
> ㄹ. 실내에 설치하는 창호의 재료
> ㅁ. 실내에 설치하는 전기시설의 재료

① ㄱ, ㄴ
② ㄷ, ㄹ, ㅁ
③ ㄱ, ㄷ, ㄹ, ㅁ
④ ㄴ, ㄷ, ㄹ, ㅁ
⑤ ㄱ, ㄴ, ㄷ, ㄹ, ㅁ

75. 건축법령상 건축물의 가구·세대 등 간 소음 방지를 위한 경계벽을 설치하여야 하는 경우가 아닌 것은?
① 숙박시설의 객실 간
② 공동주택 중 기숙사의 침실 간
③ 판매시설 중 상점 간
④ 교육연구시설 중 학교의 교실 간
⑤ 의료시설의 병실 간

76. 건축법령상 지역 및 지구의 건축물에 관한 설명으로 옳은 것은? (단, 조례 및 특별건축구역에 대한 특례는 고려하지 않음)
① 하나의 건축물이 방화벽을 경계로 방화지구와 그 밖의 구역에 속하는 부분으로 구획되는 경우, 건축물 전부에 대하여 방화지구 안의 건축물에 관한 「건축법」의 규정을 적용한다.
② 하나의 건축물이 미관지구와 그 밖의 구역에 걸치는 경우, 그 건축물과 대지 전부에 대하여 미관지구 안의 건축물과 대지 등에 관한 「건축법」의 규정을 적용한다.
③ 대지가 녹지지역과 관리지역에 걸치면서 녹지지역 안의 건축물이 취락지구에 걸치는 경우에는 건축물과 대지 전부에 대해 취락지구에 관한 「건축법」의 규정을 적용한다.
④ 시장·군수는 도시의 관리를 위하여 필요하면 가로구역별 건축물의 높이를 시·군의 조례로 정할 수 있다.
⑤ 상업지역에서 건축물을 건축하는 경우에는 일조의 확보를 위하여 건축물을 인접 대지경계선으로부터 1.5미터 이상 띄어 건축하여야 한다.

71. 국토교통부장관의 사업계획 승인
  1. 국가 및 한국토지공사가 시행하는 경우
  2. 330만㎡ 이상의 규모로 「택지개발촉진법」에 의한 택지개발사업 또는 「도시개발법」에 의한 도시개발사업을 추진하는 지역 중 국토교통부장관이 지정·고시하는 지역 안에서 주택건설사업을 시행하는 경우
  3. 수도권·광역시 지역의 긴급한 주택난 해소가 필요하거나 지역균형개발 또는 광역적 차원의 조정이 필요하여 국토교통부장관이 지정·고시하는 지역 안에서 주택건설사업을 시행하는 경우
  4. 국가, 지방자치단체, 한국토지주택공사, 지방공사가 단독 또는 공동으로 총지분의 50%를 초과하여 출자한 위탁관리 부동산투자회사(해당 부동산투자회사의 자산관리회사가 한국토지주택공사인 경우)가 공공주택건설사업을 시행하는 경우
  ○ 한국토지주택공사가 서울특별시 A구에서 대지면적 10만제곱미터에 50호의 한옥 건설사업을 시행하려는 경우 (국토교통부장관)으로부터 사업계획승인을 받아야 한다.
  ○ B광역시 C구에서 지역균형개발이 필요하여 국토교통부장관이 지정 고시하는 지역 안에 50호의 한옥 건설사업을 시행하는 경우 (국토교통부장관)으로부터 사업계획승인을 받아야 한다.

- -

72. 건축법이 적용되지 않는 건축물
  1. 「문화재보호법」에 따른 지정문화재나 임시지정문화재
  2. 철도나 궤도의 선로 부지에 있는 다음의 시설
    - 운전보안시설
    - 철도 선로의 위나 아래를 가로지르는 보행시설
    - 플랫폼
    - 해당 철도 또는 궤도사업용 급수·급탄 및 급유 시설
  3. 고속도로 통행료 징수시설
  4. 컨테이너를 이용한 간이창고(「산업집적활성화 및 공장설립에 관한 법률」에 따른 공장의 용도로만 사용되는 건축물의 대지에 설치하는 것으로 이동이 쉬운 것)
  5. 「하천법」에 따른 하천구역 내의 수문조작실

73. 다중이용 건축물
  1. 바닥면적 합계 5,000㎡ 이상
    - 문화 및 집회시설(동물원·식물원·전시장 제외)
    - 종교시설
    - 판매시설
    - (운수시설 중) 여객용 시설
    - (의료시설 중) 종합병원
    - (숙박시설 중) 관광숙박시설
  2. 16층 이상의 건축물

74. 실내건축의 재료 또는 장식물
  1. 벽, 천장 바닥 및 반자틀의 재료
  2. 실내에 설치하는 난간, 창호 및 출입문의 재료
  3. 실내에 설치하는 전기 가스 급수 배수 환기시설의 재료
  4. 실내에 설치하는 충돌 끼임 등 사용자의 안전사고 방지를 위한 시설의 재료

75. 소음 방지를 위한 경계벽
  ① 숙박시설의 객실 간
  ② 공동주택 중 기숙사의 침실 간
  ③ 판매시설 중 상점 간
  ④ 교육연구시설 중 학교의 교실 간
  ⑤ 의료시설의 병실 간

76. 지역 및 지구의 건축물
  ① 하나의 건축물이 방화벽을 경계로 방화지구와 그 밖의 구역에 속하는 부분으로 구획되는 경우, 건축물 전부에 대하여 중 방화지구 쪽은 방화지구 안의 건축물에 관한 「건축법」의 규정을 적용한다.
  ② 미관지구: 2018년 경관지구로 통합
  ③ 대지가 녹지지역과 관리지역에 걸치면서 녹지지역 안의 건축물이 취락지구 미관지구(2018년 경관지구로 통합)에 걸치는 경우에는 건축물과 대지 전부에 대해 취락지구 미관지구(2018년 경관지구로 통합)에 관한 「건축법」의 규정을 적용한다.
  ④ 시장·군수는 특별시장이나 광역시장은 도시의 관리를 위하여 필요하면 가로구역별 건축물의 높이를 시·군 특별시나 광역시의 조례로 정할 수 있다.
  ⑤ 상업지역 전용주거지역·일반주거지역에서 건축물을 건축하는 경우에는 일조의 확보를 위하여 건축물을 인접 대지경계선으로부터 1.5미터 이상 띄어 건축하여야 한다.

77. 건축법령상 건축허가의 제한에 관한 설명으로 틀린 것은?
① 국방부장관이 국방을 위하여 특히 필요하다고 인정하여 요청하면 국토교통부장관은 허가권자의 건축허가를 제한할 수 있다.
② 교육감이 교육환경의 개선을 위하여 특히 필요하다고 인정하여 요청하면 국토교통부장관은 허가를 받은 건축물의 착공을 제한할 수 있다.
③ 특별시장은 지역계획에 특히 필요하다고 인정하면 관할 구청장의 건축허가를 제한할 수 있다.
④ 건축물의 착공을 제한하는 경우 제한기간은 2년 이내로 하되, 1회에 한하여 1년 이내의 범위에서 제한기간을 연장할 수 있다.
⑤ 도지사가 관할 군수의 건축허가를 제한한 경우, 국토교통부장관은 제한 내용이 지나치다고 인정하면 해제를 명할 수 있다.

78. 건축법령상 공개공지 또는 공개공간을 설치하여야 하는 건축물에 해당하지 않는 것은? (단, 건축물은 해당 용도로 쓰는 바닥면적의 합계가 5천 제곱미터 이상이며 조례는 고려하지 않음)
① 일반공업지역에 있는 종합병원
② 일반주거지역에 있는 교회
③ 준주거지역에 있는 예식장
④ 일반상업지역에 있는 생활숙박시설
⑤ 유통상업지역에 있는 여객자동차터미널

---

79. 농지법령상 농지취득자격증명을 발급받지 아니하고 농지를 취득할 수 있는 경우에 해당하지 않는 것은?
① 농업법인의 합병으로 농지를 취득하는 경우
② 농지를 농업인 주택의 부지로 전용하려고 농지전용신고를 한 자가 그 농지를 취득하는 경우
③ 공유농지의 분할로 농지를 취득하는 경우
④ 상속으로 농지를 취득하는 경우
⑤ 시효의 완성으로 농지를 취득하는 경우

80. 농지법령상 주말·체험영농을 하려고 농지를 소유하는 경우에 관한 설명으로 틀린 것은?
① 농업인이 아닌 개인도 농지를 소유할 수 있다.
② 세대원 전부가 소유한 면적을 합하여 총 1천 제곱미터 미만의 농지를 소유할 수 있다.
③ 농지를 취득하려면 농지취득자격증명을 발급받아야 한다.
④ 소유 농지를 농수산물 유통 가공시설의 부지로 전용하려면 농지전용신고를 하여야 한다.
⑤ 농지를 취득한 자가 징집으로 인하여 그 농지를 주말체험영농에 이용하지 못하게 되면 1년 이내에 그 농지를 처분하여야 한다.

77. 건축허가의 제한

② 교육감 교육부장관(중앙행정기관의 장)이 교육환경의 개선을 위하여 특히 필요하다고 인정하여 요청하면 국토교통부장관은 허가를 받은 건축물의 착공을 제한할 수 있다.

78. 공개공지 또는 공개공간의 설치

1. 일반주거지역, 준주거지역
2. 상업지역
3. 준공업지역
4. 특별자치시장·특별자치도시자 또는 시장·군수·구청장이 도시화의 가능성이 크거나 노후산업단지의 정비가 필요하다고 인정하여 지정·공고하는 지역

① 일반공업지역

----

79. 농지취득자격증명 없이 농지 취득(농지법 제8조 제1항)

1. 농지법 제6조 제2항
   1. 국가나 지방자치단체가 농지를 소유하는 경우
   4. 상속(상속인에게 한 유증(遺贈)을 포함한다)으로 농지를 취득하여 소유하는 경우
   6. 담보농지를 취득하여 소유하는 경우
   8. 농지전용협의를 마친 농지를 소유하는 경우
   10. 다음 각 목의 어느 하나에 해당하는 경우
      가. 한국농어촌공사가 농지를 취득하여 소유하는 경우
      나. 「농어촌정비법」에 따라 농지를 취득하여 소유하는 경우
      다. 「공유수면 관리 및 매립에 관한 법률」에 따라 매립농지를 취득하여 소유하는 경우
      라. 토지수용으로 농지를 취득하여 소유하는 경우
      마. 농림축산식품부장관과 협의를 마치고 「공익사업을 위한 토지 등의 취득 및 보상에 관한 법률」에 따라 농지를 취득하여 소유하는 경우
2. 농업법인의 합병으로 농지를 취득하는 경우
3. 공유 농지의 분할이나 그 밖에 대통령령으로 정하는 원인으로 농지를 취득하는 경우
   - 시효의 완성으로 농지를 취득하는 경우
   - 환매권 등에 따라 농지를 취득하는 경우
   - 농지이용증진사업 시행계획에 따라 농지를 취득하는 경우

② 경영계획서 제출 면제

80. 주말·체험영농

⑤ 농지를 취득한 자가 징집(정당·불가피한 사유)으로 인하여 그 농지를 주말체험영농에 이용하지 못하게 되면 1년 이내에 그 농지를 처분하여야 한다. 되는 경우, 농지 처분 의무가 면제된다.

51. 도시·군계획시설 - 보충

기초조사(환경성검토·토지적성평가·재해취약성분석)를 실시하지 아니할 수 있는 요건

1. 해당 지구단위계획구역이 도심지(상업지역과 상업지역에 연접한 지역을 말한다)에 위치하는 경우
2. 해당 지구단위계획구역 안의 나대지면적이 구역면적의 2퍼센트에 미달하는 경우
3. 해당 지구단위계획구역 또는 도시·군계획시설부지가 다른 법률에 따라 지역·지구 등으로 지정되거나 개발계획이 수립된 경우
4. 해당 지구단위계획구역의 지정목적이 해당 구역을 정비 또는 관리하고자 하는 경우로서 지구단위계획의 내용에 너비 12미터 이상 도로의 설치계획이 없는 경우
5. 기존의 용도지구를 폐지하고 지구단위계획을 수립 또는 변경하여 그 용도지구에 따른 건축물이나 그 밖의 시설의 용도·종류 및 규모 등의 제한을 그대로 대체하려는 경우
6. 해당 도시·군계획시설의 결정을 해제하려는 경우
7. 그 밖에 국토교통부령으로 정하는 요건에 해당하는 경우

64. 시장·군수 등의 주택재개발사업의 시행 - 보충

1. 천재지변, …, 긴급히 정비사업을 시행할 필요가 있다고 인정하는 때
2. 정비사업시행 예정일부터 2년 이내에 사업시행인가를 신청하지 아니하거나 신청한 내용이 위법 또는 부당하다고 인정하는 때(재건축사업 제외)
3. 추진위원회가 시장·군수등의 구성승인을 받은 날부터 3년 이내에 조합설립인가를 신청하지 아니하거나 조합이 조합설립인가를 받은 날부터 3년 이내에 사업시행인가를 신청하지 아니한 때
4. 지방자치단체의 장이 시행하는 도시·군계획사업과 병행하여 사업을 시행할 필요가 있다고 인정하는 때
5. 순환정비방식에 의하여 정비사업을 시행할 필요가 있다고 인정하는 때
6. 사업시행인가가 취소된 때
7. 정비구역의 국·공유지 면적 또는 국·공유지와 토지주택공사 등이 소유한 토지를 합한 면적이 전체 토지면적의 1/2 이상으로서 토지등소유자의 과반수가 동의하는 때
8. 해당 정비구역의 토지면적 1/2 이상의 토지소유자와 토지등소유자의 2/3 이상에 해당하는 자가 시장·군수 등 또는 한국토지주택공사 등을 사업시행자로 지정할 것을 요청하는 때

01. 공간정보의 구축 및 관리 등에 관한 법령상 토지의 이동 사유를 등록하는 지적공부는?

① 경계점좌표등록부　　　② 대지권등록부

③ 토지대장　　　　　　　④ 공유지연명부

⑤ 지적도

02. 공간정보의 구축 및 관리 등에 관한 법령에 따라 지적측량의뢰인과 지적측량수행자가 서로 합의하여 토지의 분할을 위한 측량기간과 측량검사기간을 합쳐 20일로 정하였다. 이 경우 측량검사기간은? (단, 지적기준점의 설치가 필요 없는 지역임)

① 5일　② 8일　③ 10일　④ 12일　⑤ 15일

03. 공간정보의 구축 및 관리 등에 관한 법령상 지번에 관한 설명으로 옳은 것은?

① 지적소관청이 지번을 변경하기 위해서는 국토교통부장관의 승인을 받아야 한다.

② 임야대장 및 임야도에 등록하는 토지의 지번은 숫자 뒤에 "산"자를 붙인다.

③ 지번은 본번(本番)과 부번(副番)으로 구성하며, 북동에서 남서로 순차적으로 부여한다.

④ 분할의 경우에는 분할된 필지마다 새로운 본번을 부여한다.

⑤ 지적소관청은 축척변경으로 지번에 결번이 생긴 때에는 지체 없이 그 사유를 결번대장에 적어 영구히 보존하여야 한다.

04. 공간정보의 구축 및 관리 등에 관한 법령상 도시개발사업 등 시행지역의 토지이동 신청 특례에 관한 설명으로 틀린 것은?

① 「농어촌정비법」에 따른 농어촌정비사업의 시행자는 그 사업의 착수·변경 및 완료 사실을 시·도지사에게 신고하여야 한다.

② 도시개발사업 등의 사업의 착수 또는 변경의 신고가 된 토지의 소유자가 해당 토지의 이동을 원하는 경우에는 해당 사업의 시행자에게 그 토지의 이동을 신청하도록 요청하여야 한다.

③ 도시개발사업 등의 사업시행자가 토지의 이동을 신청한 경우 토지의 이동은 토지의 형질변경 등의 공사가 준공된 때에 이루어진 것으로 본다.

④ 「도시개발법」에 따른 도시개발사업의 시행자는 그 사업의 착수·변경 또는 완료 사실의 신고를 그 사유가 발생한 날부터 15일 이내에 하여야 한다.

⑤ 「주택법」에 따른 주택건설사업의 시행자가 파산 등의 이유로 토지의 이동 신청을 할 수 없을 때에는 그 주택의 시공을 보증한 자 또는 입주예정자 등이 신청할 수 있다.

05. 공간정보의 구축 및 관리 등에 관한 법령상 지적공부의 복구에 관한 관계 자료에 해당하지 않는 것은?

① 지적공부의 등본

② 부동산종합증명서

③ 토지이동정리 결의서

④ 지적측량 수행계획서

⑤ 법원의 확정판결서 정본 또는 사본

06. 공간정보의 구축 및 관리 등에 관한 법령상 지목의 구분으로 옳은 것은?

① 축산업 및 낙농업을 하기 위하여 초지를 조성한 토지와 그 토지에 설치된 주거용 건축물의 부지의 지목은 "목장용지"로 한다.

② 물건 등을 보관하거나 저장하기 위하여 독립적으로 설치된 보관시설물의 부지와 이에 접속된 부속시설물의 부지의 지목은 "대"로 한다.

③ 제조업을 하고 있는 공장시설물의 부지와 같은 구역에 있는 의료시설 등 부속시설물의 부지의 지목은 "공장용지"로 한다.

④ 물을 상시적으로 직접 이용하여 벼·연(蓮)·미나리·왕골 등의 식물을 주로 재배하는 토지의 지목은 "농지"로 한다.

⑤ 용수(用水) 또는 배수(排水)를 위하여 일정한 형태를 갖춘 인공적인 수로·둑 및 그 부속시설물의 부지의 지목은 "제방"으로 한다.

07. 경계점좌표등록부를 갖춰두는 지역의 지적도에 등록하는 사항으로 옳은 것은?

① 좌표에 의하여 계산된 경계점 간의 높이

② 좌표에 의하여 계산된 경계점 간의 거리

③ 좌표에 의하여 계산된 경계점 간의 오차

④ 좌표에 의하여 계산된 경계점 간의 각도

⑤ 좌표에 의하여 계산된 경계점 간의 방위

08. 공간정보의 구축 및 관리 등에 관한 법령상 지적측량을 실시하여야 할 대상으로 틀린 것은?

① 「지적재조사에 관한 특별법」에 따른 지적재조사사업에 따라 토지의 이동이 있는 경우로서 측량을 할 필요가 있는 경우

② 지적측량수행자가 실시한 측량성과에 대하여 지적소관청이 검사를 위해 측량을 하는 경우

③ 연속지적도에 있는 경계점을 지상에 표시하기 위해 측량을 하는 경우

④ 지상건축물 등의 현황을 지적도 및 임야도에 등록된 경계와 대비하여 표시하기 위해 측량을 할 필요가 있는 경우

⑤ 「도시 및 주거환경정비법」에 따른 정비사업 시행지역에서 토지의 이동이 있는 경우로서 측량을 할 필요가 있는 경우

01. 토지의 이동
   토지의 이동사유와 개별공시지가는 토지대장 및 임야대
   장에만 등록한다.

02. 측량기간과 측량검사기간
   지정측량의뢰인과 지적측량수행자의 합의×
   - 측량기간: 5일
   - 측량검사기간: 4일
   지정측량의뢰인과 지적측량수행자의 합의○
   - 측량기간: 3/4
   - 측량검사기간: 1/4

03. 지번
① 지적소관청이 지번을 변경하기 위해서는 국토교통부장관
   시·도지사나 대도시 시장의 승인을 받아야 한다.
② 임야대장 및 임야도에 등록하는 토지의 지번은 숫자 뒤에
   앞에 "산"자를 붙인다.
③ 지번은 본번(本番)과 부번(副番)으로 구성하며, 북동에서
   남서 북서에서 남동으로 순차적으로 부여한다.

   북서기번법

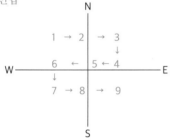

④ 분할의 경우에는 분할된 필지마다 새로운 본번 부번을 부
   여한다.
   분할 후의 필지 중 1필지의 지번은 분할 전의 지번으로 하
   고, 나머지 필지의 지번은 본번의 최종 부번 다음 순번으
   로 부번을 부여하는 것을 원칙으로 한다.

04. 도시개발사업 등 시행지역의 토지이동 신청 특례
   토지이동 신고
   - 도시개발사업: 15일
   - 등록 말소: 90일
   - 나머지: 60일
① 「농어촌정비법」에 따른 농어촌정비사업의 시행자는 그 사
   업의 착수·변경 및 완료 사실을 시·도지사에게 지적소관
   청에 신고하여야 한다.

05. 지적공부의 복구자료
   토지의 표시에 관한 사항
   1. 지적공부의 등본
   2. 측량 결과도
   3. 토지이동정리결의서
   4. 부동산등기부등본 등 등기사실을 증명하는 서류
   5. 지적소관청이 작성하거나 발행한 지적공부의 등록
      내용을 증명하는 서류
   6. 정보관리체계에 따라 복제된 지적공부
   7. 법원의 확정판결서 정본 또는 사본
   토지소유자에 관한 사항
   1. 부동산등기부
   2. 법원의 확정판결서 정본 또는 사본

06. 지목
① 축산업 및 낙농업을 하기 위하여 초지를 조성한 토지와 그
   토지에 설치된 주거용 건축물의 부지의 지목은 "목장용지"
   "대(垈)"로 한다.
② 물건 등을 보관하거나 저장하기 위하여 독립적으로 설치
   된 보관시설물의 부지와 이에 접속된 부속시설물의 부지
   의 지목은 "대" "창고용지"로 한다.
④ 물을 상시적으로 직접 이용하여 벼·연(蓮)·미나리·왕골
   등의 식물을 주로 재배하는 토지의 지목은 "농지" "답"(으)
   로 한다.
⑤ 용수(用水) 또는 배수(排水)를 위하여 일정한 형태를 갖춘
   인공적인 수로·둑 및 그 부속시설물의 부지의 지목은 "제
   방" "구거"(으)로 한다.

07. 경계점좌표등록부를 갖춰 두는 지역의 지적도
① 좌표에 의하여 계산된 경계점 간의 높이
② 좌표에 의하여 계산된 경계점 간의 거리
   경계점좌표등록부를 갖춰두는 지역의 지적도에만 등록
   한다.
③ 좌표에 의하여 계산된 경계점 간의 오차
④ 좌표에 의하여 계산된 경계점 간의 각도
⑤ 좌표에 의하여 계산된 경계점 간의 방위

08. 지적측량(지적공부)
① 지적재조사측량
② 검사측량
③ 연속지적도 ≠ 지적공부
   지적측량을 하지 아니하고 전산화된 지적도 및 임야도 파
   일을 이용하여 도면상 경계점들을 연결하여 만든, 측량에
   활용할 수 없는 도면
④ 지적현황측량
⑤ 지적확정측량

09. 공간정보의 구축 및 관리 등에 관한 법령상 지상경계점 등록부의 등록사항에 해당하는 것을 모두 고른 것은?

> ㄱ. 경계점표지의 종류 및 경계점 위치
> ㄴ. 공부상 지목과 실제 토지이용 지목
> ㄷ. 토지소유자와 인접토지소유자의 서명·날인
> ㄹ. 경계점 위치 설명도와 경계점의 사진 파일

① ㄱ, ㄹ   ② ㄴ, ㄷ   ③ ㄷ, ㄹ
④ ㄱ, ㄴ, ㄹ   ⑤ ㄱ, ㄴ, ㄷ, ㄹ

10. 공간정보의 구축 및 관리 등에 관한 법령상 지적공부의 관리 등에 관한 설명으로 틀린 것은?

① 지적공부를 정보처리시스템을 통하여 기록·저장한 경우 관할 시·도지사, 시장·군수 또는 구청장은 그 지적공부를 지적정보관리체계에 영구히 보존하여야 한다.
② 지적소관청은 해당 청사에 지적서고를 설치하고 그곳에 지적공부(정보처리시스템을 통하여 기록·저장한 경우는 제외한다)를 영구히 보존하여야 한다.
③ 국토교통부장관은 지적공부를 과세나 부동산정책자료 등으로 활용하기 위하여 주민등록전산자료, 가족관계등록 전산자료, 부동산등기전산자료 또는 공시지가전산자료 등을 관리하는 기관에 그 자료를 요청할 수 있다.
④ 토지소유자가 자기 토지에 대한 지적전산자료를 신청하거나, 토지소유자가 사망하여 그 상속인이 피상속인의 토지에 대한 지적전산자료를 신청하는 경우에는 승인을 받지 아니할 수 있다.
⑤ 지적소관청은 지적공부의 전부 또는 일부가 멸실되거나 훼손되어 이를 복구하고자 하는 경우에는 국토교통부장관의 승인을 받아야 한다.

11. 공간정보의 구축 및 관리 등에 관한 법령상 축척변경사업에 따른 청산금에 관한 내용이다. ( )에 들어갈 사항으로 옳은 것은?

> ○ 지적소관청이 납부고지하거나 수령통지한 청산금에 관하여 이의가 있는 자는 납부고지 또는 수령통지를 받은 날부터 (ㄱ) 이내에 지적소관청에 이의신청을 할 수 있다.
> ○ 지적소관청으로부터 청산금의 납부고지를 받은 자는 그 고지를 받은 날부터 (ㄴ) 이내에 청산금을 지적소관청에 내야 한다.

① ㄱ: 15일, ㄴ: 6개월   ② ㄱ: 1개월, ㄴ: 3개월
③ ㄱ: 1개월, ㄴ: 6개월   ④ ㄱ: 3개월, ㄴ: 6개월
⑤ ㄱ: 3개월, ㄴ: 1년

12. 공간정보의 구축 및 관리 등에 관한 법령상 지적측량성과에 대하여 다툼이 있는 경우에 토지소유자, 이해관계인 또는 지적측량수행자가 관할 시·도지사를 거쳐 지적측량 적부심사를 청구할 수 있는 위원회는?
① 지적재조사위원회   ② 지방지적위원회
③ 축척변경위원회   ④ 토지수용위원회
⑤ 국가지명위원회

-----

13. 전세권등기에 관한 설명으로 옳은 것은?
① 전세권의 이전등기는 주등기로 한다.
② 등기관이 전세권설정등기를 할 때에는 전세금을 기록하여야 한다.
③ 등기관이 전세권설정등기를 할 때에는 반드시 존속기간을 기록하여야 한다.
④ 건물의 특정부분이 아닌 공유지분에 대한 전세권설정등기도 가능하다.
⑤ 부동산의 일부에 대하여는 전세권설정등기를 신청할 수 없다.

14. 신탁등기에 관한 설명으로 틀린 것은?
① 신탁의 일부가 종료되어 권리이전등기와 함께 신탁등기의 변경등기를 할 때에는 하나의 순위번호를 사용한다.
② 신탁재산에 속하는 부동산의 신탁등기는 수탁자가 단독으로 신청한다.
③ 신탁재산이 수탁자의 고유재산이 되었을 때에는 그 뜻의 등기를 부기등기로 하여야 한다.
④ 신탁가등기의 등기신청도 가능하다.
⑤ 신탁등기의 신청은 해당 신탁으로 인한 권리의 이전 또는 보존이나 설정등기의 신청과 함께 1건의 신청정보로 일괄하여 하여야 한다.

15. 등기신청의 각하 사유가 아닌 것은?
① 공동가등기권자 중 일부의 가등기권자가 자기의 지분만에 관하여 본등기를 신청한 경우
② 구분건물의 전유부분과 대지사용권의 분리처분 금지에 위반한 등기를 신청한 경우
③ 저당권을 피담보채권과 분리하여 양도하거나, 피담보채권과 분리하여 다른 채권의 담보로 하는 등기를 신청한 경우
④ 이미 보존등기된 부동산에 대하여 다시 보존등기를 신청한 경우
⑤ 법령에 근거가 없는 특약사항의 등기를 신청한 경우

09. 지상경계점등록부

    1. 토지의 소재

    2. 지번

    3. 경계점 좌표(경계점좌표등록부 시행 지역)

    4. 경계점 위치설명도

    5. 그 밖에 국토교통부령으로 정하는 사항

      - 공부상 지목과 실제 토지이용 지목

      - 경계점의 사진파일

      - 경계점표지의 종류 및 경계점 위치

ㄷ. 토지소유자와 인접토지소유자의 서명·날인: 대장

10. 지적공부의 관리

⑤ 지적소관청(정보처리시스템을 통하여 기록·저장한 지적공부의 경우에는 시·도지사, 시장·군수·구청장)은 지적공부의 전부 또는 일부가 멸실되거나 훼손되어 이를 복구하고자 하는 경우에는 ~~국토교통부장관의 승인을 받아야 한다.~~ 지체 없이 직권으로 복구하여야 한다.

  국토교통부장관, 시도·지사의 승인을 요하지 않는다.

11. 축척변경사업에 따른 청산금

○ 지적소관청이 납부고지하거나 수령통지한 청산금에 관하여 이의가 있는 자는 납부고지 또는 수령통지를 받은 날부터 (1개월) 이내에 지적소관청에 이의신청을 할 수 있다.

○ 지적소관청으로부터 청산금의 납부고지를 받은 자는 그 고지를 받은 날부터 (3개월, 2017년 6개월로 개정) 이내에 청산금을 지적소관청에 내야 한다.

12. 지적측량 적부심사 - 지방지적위원회

    지적측량 적부재심사 - 중앙지적위원회

- -

13. 전세권등기

① 전세권의 이전등기는 주등기 부기등기로 한다.

② 전세금: 필요적 기록 사항

③ 등기관이 전세권설정등기를 할 때에는 반드시 존속기간(모든 등기에 있어 임의적(약정) 기록 사항)을 기록하여야 한다. 기록해야 하는 것은 아니다.

④ 건물의 특정부분이 아닌 공유지분에 대한 전세권설정등기도 가능하다. 는 허용되지 않는다.

⑤ 부동산의 일부에 대하여는 전세권설정등기를 신청할 수 ~~없다.~~ 있다.

14. 신탁등기

① 신탁의 일부가 종료되어 권리이전등기와 함께 신탁등기의 변경등기를 할 때에는(등기 2개) 하나의 순위번호를(순위번호 1개) 사용한다.

② 위탁자·수익자의 대위등기가 가능하다.

③ 신탁재산이 수탁자의 고유재산이 되었을 때에는 그 뜻의 등기를 ~~부기등기~~ 주등기로 하여야 한다.

15. 등기신청의 각하 사유

① 공동가등기권자 중 일부의 가등기권자

    - 수리: 자기의 지분만에 관하여 본등기 신청

    - 각하: 공유물 보존행위에 준하여 전원 명의의 본등기 신청

②③ 분리 처분 금지

    1. 피담보채권-저당권

    2. 전유부분-대지권

    3. 요역지-지역권등기

    4. 전세금-전세권

16. 말소등기에 관련된 설명으로 틀린 것은?
① 말소등기를 신청하는 경우, 그 말소에 대하여 등기상 이해
   관계 있는 제3자가 있으면 그 제3자의 승낙이 필요하다.
② 근저당권설정등기 후 소유권이 제3자에게 이전된 경우,
   제3취득자가 근저당권설정자와 공동으로 그 근저당권말
   소등기를 신청할 수 있다.
③ 말소된 등기의 회복을 신청하는 경우 등기상 이해관계 있
   는 제3자가 있을 때에는 그 제3자의 승낙이 필요하다.
④ 근저당권이 이전된 후 근저당권의 양수인은 소유자인 근
   저당설정자와 공동으로 그 근저당권말소등기를 신청할
   수 있다.
⑤ 가등기의무자는 가등기명의인의 승낙을 받아 단독으로
   가등기의 말소를 신청할 수 있다.

17. 담보권의 등기에 관한 설명으로 옳은 것은?
① 일정한 금액을 목적으로 하지 아니하는 채권을 담보하기
   위한 저당권설정등기는 불가능하다.
② 채권자가 수인인 근저당권의 설정등기를 할 경우, 각 채권
   자별로 채권최고액을 구분하여 등기부에 기록한다.
③ 채권의 일부에 대한 대위변제로 인한 저당권 일부이전등
   기는 불가능하다.
④ 근저당권의 피담보채권이 확정되기 전에 그 피담보채권
   이 양도된 경우, 이를 원인으로 하여 근저당권이전등기를
   신청할 수 없다.
⑤ 근저당권이전등기를 신청할 경우, 근저당권설정자가 물
   상보증인이면 그의 승낙을 증명하는 정보를 등기소에 제
   공하여야 한다.

18. 등기에 관한 설명으로 틀린 것은? (다툼이 있으면 판례에
    따름)
① 등기원인을 실제와 다르게 증여를 매매로 등기한 경우, 그
   등기가 실체관계에 부합하면 유효하다.
② 미등기부동산을 대장상 소유자로부터 양수인이 이전받아
   양수인명의로 소유권보존등기를 한 경우, 그 등기가 실체
   관계에 부합하면 유효하다.
③ 전세권설정등기를 하기로 합의하였으나 당사자 신청의
   착오로 임차권으로 등기된 경우, 그 불일치는 경정등기로
   시정할 수 있다.
④ 권리자는 甲임에도 불구하고 당사자 신청의 착오로 乙명의
   로 등기된 경우, 그 불일치는 경정등기로 시정할 수 없다.
⑤ 건물에 관한 보존등기상의 표시와 실제건물과의 사이에
   건물의 건축시기, 건물 각 부분의 구조, 평수, 소재지, 지번
   등에 관하여 다소의 차이가 있다 할지라도 사회통념상 동
   일성 혹은 유사성이 인식될 수 있으면 그 등기는 당해 건
   물에 관한 등기로서 유효하다.

19. 법인 아닌 사단이 등기신청을 하는 경우, 등기소에 제공
    하여야 할 정보에 관한 설명으로 틀린 것은?
① 대표자의 성명, 주소 및 주민등록번호를 신청정보의 내용
   으로 제공하여야 한다.
② 법인 아닌 사단이 등기권리자인 경우, 사원총회결의가 있
   었음을 증명하는 정보를 첨부정보로 제공하여야 한다.
③ 등기되어 있는 대표자가 등기를 신청하는 경우, 대표자임
   을 증명하는 정보를 첨부정보로 제공할 필요가 없다.
④ 대표자의 주소 및 주민등록번호를 증명하는 정보를 첨부
   정보로 제공하여야 한다.
⑤ 정관이나 그 밖의 규약의 정보를 첨부정보로 제공하여야
   한다.

20. 등기의 효력에 관한 설명으로 틀린 것은? (다툼이 있으면
    판례에 따름)
① 등기를 마친 경우 그 등기의 효력은 대법원규칙으로 정하
   는 등기신청정보가 전산정보처리조직에 저장된 때 발생
   한다.
② 대지권을 등기한 후에 한 건물의 권리에 관한 등기는 건물
   만에 관한 것이라는 뜻의 부기등기가 없으면 대지권에 대
   하여 동일한 등기로서 효력이 있다.
③ 같은 주등기에 관한 부기등기 상호간의 순위는 그 등기순
   서에 따른다.
④ 소유권이전등기청구권을 보전하기 위한 가등기에 대하여
   는 가압류등기를 할 수 없다.
⑤ 등기권리의 적법추정은 등기원인의 적법에서 연유한 것
   이므로 등기원인에도 당연히 적법추정이 인정된다.

21. 소유권이전등기에 관한 내용으로 틀린 것은?
① 상속을 원인으로 하여 농지에 대한 소유권이전등기를 신
   청하는 경우, 농지취득자격증명은 필요하지 않다.
② 소유권의 일부에 대한 이전등기를 신청하는 경우, 이전되는
   지분을 신청정보의 내용으로 등기소에 제공하여야 한다.
③ 소유권이 대지권으로 등기된 구분건물의 등기기록에는
   건물만에 관한 소유권이전등기를 할 수 없다.
④ 소유권이전등기절차의 이행을 명하는 확정판결이 있는
   경우, 그 판결 확정 후 10년을 경과하면 그 판결에 의한 등
   기를 신청할 수 없다.
⑤ 승소한 등기권리자가 단독으로 판결에 의한 소유권이전
   등기를 신청하는 경우, 등기의무자의 권리에 관한 등기필
   정보를 제공할 필요가 없다.

16. 말소등기

② 근저당권설정등기 후 소유권이 제3자에게 이전된 경우,
제3취득자(현재 소유자)가 근저당권설정자 ~~근저당권자~~와
공동으로 그 근저당권말소등기를 신청할 수 있다.

　제3취득자와 근저당권설정자는 근저당권말소등기에 있
어서의 등기권리자다.

17. 담보권 등기

① 일정한 금액을 목적으로 하지 아니하는 채권을 담보하기
위한 저당권설정등기는 ~~불가능하다.~~ <u>가능하다.</u>

② 채권자가 수인인 근저당권의 설정등기를 할 경우, 각 채권
자별로 채권최고액을 ~~구분하여 등기부에 기록한다.~~ <u>기록
하지 않는다(단일 기록).</u>

③ 채권의 일부에 대한 대위변제로 인한 저당권 일부이전등
기는 ~~불가능하다.~~ <u>가능하다.</u>

> 부동산등기법 제79조(채권일부의 양도 또는 대위변제로
> 인한 저당권 일부이전등기의 등기사항)
> 등기관이 채권의 일부에 대한 양도 또는 대위변제로 인
> 한 저당권 일부이전등기를 할 때에는 제48조(등기사항)
> 에서 규정한 사항 외에 양도액 또는 변제액을 기록하여
> 야 한다.

⑤ 근저당권이전등기를 신청할 경우, 근저당권설정자가 물
상보증인이면 (소유자가 제3 취득자인 경우에도) ~~그의 승
낙을 증명하는 정보를 등기소에 제공하여야 한다.~~ <u>제공할
필요가 없다.</u>

18. 등기

①② 실체관계 부합 → 유효, 세금 별도 부과

③ 전세권설정등기를 하기로 합의하였으나 당사자 신청의
착오로 임차권으로 등기된 경우, (경정등기를 하기 위해서
는 경정등기 전과 후에 동일성이 있을 것을 요하므로) 그
불일치는 ~~경정등기로 시정할 수 있다.~~ <u>없다.</u>

　임차권설정등기를 말소하고 다시 전세권설정등기를 하여
야 한다.

④ 권리자는 甲임에도 불구하고 당사자 신청의 착오로 乙명
의로 등기된 경우, (무효인 등기이므로) 그 불일치는 경정
등기로 시정할 수 없다.

19. 법인 아닌 사단의 등기신청

> 부동산등기법 제48조(등기사항)
> ① 등기관이 갑구 또는 을구에 권리에 관한 등기를 할 때
> 에는 다음 각 호의 사항을 기록하여야 한다.
> 　1. 순위번호
> 　2. 등기목적
> 　3. 접수연월일 및 접수번호
> 　4. 등기원인 및 그 연월일
> 　5. 권리자
> ② 제1항 제5호의 권리자에 관한 사항을 기록할 때에는
> 권리자의 성명 또는 명칭 외에 주민등록번호 또는 부동
> 산등기용등록번호와 주소 또는 사무소 소재지를 함께 기
> 록하여야 한다.
> ③ 제26조(법인 아닌 사단 등의 등기신청)에 따라 법인
> 아닌 사단이나 재단 명의의 등기를 할 때에는 그 대표자
> 나 관리인의 성명, 주소 및 주민등록번호를 함께 기록하
> 여야 한다.
> ④ 제1항 제5호의 권리자가 2인 이상인 경우에는 권리자
> 별 지분을 기록하여야 하고 등기할 권리가 합유인 때에
> 는 그 뜻을 기록하여야 한다.

① 대표자의 성명, 주소 및 <u>주민등록번호</u>를 신청정보의 내용
으로 제공하여야 한다.

　법인이 등기신청을 하는 경우에는 대표자의 주민등록번
호를 신청정보의 내용으로 제공할 필요가 없다.

② 법인 아닌 사단이 등기권리자 <u>등기의무자</u>인 경우, 사원총
회결의가 있었음을 증명하는 정보를 첨부정보로 제공하
여야 한다.

20. 등기의 효력

① 등기신청정보가 전산정보처리조직에 저장된 때
　　　　　　　= 등기신청정보가 접수된 때
　　　　　　　　　등기의 효력이 발생한다.

④ 소유권이전등기청구권을 보전하기 위한 가등기에 대하여
는 가압류등기(금전적 가치가 있는 재산 대상)를 ~~할 수 없
다.~~ <u>있다.</u>

21. 소유권이전등기

① 농지취득자격증명: 투기 방지 목적

　상속: 투기와 무관

④ 소유권이전등기절차의 이행을 명하는 확정판결이 있는
경우, 그 판결 확정 후 10년을 경과하면하더라도 그 판결
에 의한 등기를 ~~신청할 수 없다.~~ <u>있다(기간 제한 없다).</u>

22. 가등기에 관한 내용으로 틀린 것은?

① 소유권보존등기의 가등기는 할 수 없다.

② 가등기 후 소유권을 취득한 제3취득자는 가등기 말소를 신청할 수 있다.

③ 청산절차를 거치지 아니하여 첨부정보를 제공하지 아니한 채 담보가등기에 기초하여 본등기가 이루어진 경우, 등기관은 그 본등기를 직권으로 말소할 수 있다.

④ 가등기 후 제3자에게 소유권이 이전된 경우, 가등기에 의한 본등기 신청의 등기의무자는 가등기를 할 때의 소유자이다.

⑤ 가등기가처분명령에 의하여 이루어진 가등기의 말소는 통상의 가등기 말소절차에 따라야 하며,「민사집행법」에서 정한 가처분 이의의 방법으로 가등기의 말소를 구할 수 없다.

23. 소유권보존등기의 내용으로 틀린 것은?

① 건물에 대하여 국가를 상대로 한 소유권확인판결에 의해서 자기의 소유권을 증명하는 자는 소유권보존등기를 신청할 수 있다.

② 일부지분에 대한 소유권보존등기를 신청한 경우에는 그 등기신청은 각하되어야 한다.

③ 토지에 관한 소유권보존등기의 경우 당해 토지가 소유권보존등기 신청인의 소유임을 이유로 소유권보존등기의 말소를 명한 확정판결에 의해서 자기의 소유권을 증명하는 자는 소유권보존등기를 신청할 수 있다.

④ 1동의 건물에 속하는 구분건물 중 일부만에 관하여 소유권보존등기를 신청하는 경우에는 나머지 구분건물의 표시에 관한 등기를 동시에 신청하여야 한다.

⑤ 미등기 주택에 대하여 임차권등기명령에 의한 등기촉탁이 있는 경우에 등기관은 직권으로 소유권보존등기를 한 후 주택임차권등기를 하여야 한다.

24. 등기관의 처분에 대한 이의신청에 관한 내용으로 틀린 것은?

① 이의신청은 새로운 사실이나 새로운 증거방법을 근거로 할 수 있다.

② 상속인이 아닌 자는 상속등기가 위법하다 하여 이의신청을 할 수 없다.

③ 이의신청은 구술이 아닌 서면으로 하여야 하며 그 기간에는 제한이 없다.

④ 이의에는 집행정지의 효력이 없다.

⑤ 등기신청의 각하결정에 대한 이의신청은 등기관의 각하결정이 부당하다는 사유로 족하다.

25. 지방세법상 부동산 취득시 취득세 과세표준에 적용되는 표준세율로 옳은 것을 모두 고른 것은?

> ㄱ. 상속으로 인한 농지취득: 1천분의 23
>
> ㄴ. 합유물 및 총유물의 분할로 인한 취득: 1천분의 23
>
> ㄷ. 원시취득(공유수면의 매립 또는 간척으로 인한 농지취득 제외): 1천분의 28
>
> ㄹ. 법령으로 정한 비영리사업자의 상속 외의 무상취득: 1천분의 28

① ㄱ, ㄴ   ② ㄴ, ㄷ   ③ ㄱ, ㄷ

④ ㄴ, ㄷ, ㄹ   ⑤ ㄱ, ㄴ, ㄷ, ㄹ

26. 지방세법상 등록면허세에 관한 설명으로 옳은 것은?

① 부동산 등기에 대한 등록면허세 납세지는 부동산 소유자의 주소지이다.

② 등록을 하려는 자가 신고의무를 다하지 않은 경우 등록면허세 산출세액을 등록하기 전까지 납부하였을 때에는 신고 납부한 것으로 보지만 무신고 가산세가 부과된다.

③ 상속으로 인한 소유권 이전 등기의 세율은 부동산 가액의 1천분의 15로 한다.

④ 부동산을 등기하려는 자는 과세표준에 세율을 적용하여 산출한 세액을 등기를 하기 전까지 납세지를 관할하는 지방자치단체의 장에게 신고·납부하여야 한다.

⑤ 대도시 밖에 있는 법인의 본점이나 주사무소를 대도시로 전입함에 따른 등기는 법인등기에 대한 세율의 100분의 200을 적용한다.

27. 지방세법상 취득세의 과세표준 및 세율에 관한 설명으로 틀린 것은?

① 취득세의 과세표준은 취득 당시의 가액으로 한다. 다만, 연부로 취득하는 경우의 과세표준은 매회 사실상 지급되는 금액을 말하며, 취득금액에 포함되는 계약보증금을 포함한다. (단, 신고가액은 시가표준액보다 큼)

② 건축(신축·재축 제외)으로 인하여 건축물 면적이 증가할 때에는 그 증가된 부분에 대하여 원시취득으로 보아 해당 세율을 적용한다.

③ 환매등기를 병행하는 부동산의 매매로서 환매기간 내에 매도자가 환매한 경우의 그 매도자와 매수자의 취득에 대한 취득세는 표준세율에 중과기준세율(100분의 200)을 합한 세율로 산출한 금액으로 한다.

④ 토지를 취득한 자가 그 취득한 날부터 1년 이내에 그에 인접한 토지를 취득한 경우에는 그 전후의 취득에 관한 토지의 취득을 1건의 토지 취득으로 보아 면세점을 적용한다.

⑤ 지방자치단체장은 조례로 정하는 바에 따라 취득세 표준세율의 100분의 50 범위에서 가감할 수 있다.

22. 가등기

① 소유권보존등기의 가등기

② 가등기 후 소유권을 취득한 제3취득자는 (가등기명의인의 승낙서를 첨부하여) 가등기 말소를 신청할 수 있다.

③ 청산절차를 거치지 아니하여 첨부정보를 제공하지 아니한 채 담보가등기에 기초하여 본등기가 이루어진 경우, (부동산등기법 제29조(신청의 각하)의 각하 사유에 해당하는 무효인 등기이므로) 등기관은 그 본등기를 직권으로 말소할 수 있다. 없다.

⑤ 가등기가처분명령(단독신청, 가처분등기 → 촉탁)에 의하여 이루어진 가등기의 말소는 통상의 가등기 말소절차에 따라야 하며, 「민사집행법」에서 정한 가처분 이의의 방법으로 가등기의 말소를 구할 수 없다.

23. 소유권보존등기

① 건물 토지에 대하여 국가를 상대로 한 소유권확인판결에 의해서 자기의 소유권을 증명하는 자는 소유권보존등기를 신청할 수 있다.

대장상 소유자란를 특정할 수 없을 때, 건물의 경우에는 특별자치도지사나 시장·군수·구청장을 피고로, 토지의 경우에는 국가를 피고로 하여 소를 제기하여 소유권을 입증해야 한다.

⑤ 직권 소유권보존등기

1. 미등기 주택에 대하여 (법원의) 임차권등기명령에 의한 등기촉탁이 있는 경우

2. 미등기 부동산에 대하여 법원의 소유권에 관한 처분제한 등기촉탁이 있는 경우

24. 등기관의 처분에 대한 이의신청

> 부동산등기법 제100조(이의신청과 그 관할)
> 등기관의 결정 또는 처분에 이의가 있는 자는 관할지방법원에 이의신청을 할 수 있다.
> 부동산등기법 제101조(이의절차)
> 이의의 신청은 대법원규칙으로 정하는 바에 따라 등기소에 이의신청서를 제출하는 방법으로 한다.
> 부동산등기법 제102조(새로운 사실에 의한 이의금지)
> 새로운 사실이나 새로운 증거방법을 근거로 이의신청을 할 수는 없다.
> 부동산등기법 제104조(집행 부정지)
> 이의에는 집행정지(執行停止)의 효력이 없다.

① 이의신청은 새로운 사실이나 새로운 증거방법을 근거로 할 수 있다. 없다.

25. 취득세 과세표준에 적용되는 표준세율

ㄱ. 상속으로 인한 농지취득: 1천분의 23
  상속으로 인한 농지 외의 취득: 28/1,000

ㄴ. 공유물, 합유물 및 총유물의 분할로 인한 취득:
  1천분의 23

ㄷ. 원시취득(공유수면의 매립 또는 간척으로 인한 농지취득 제외): 1천분의 28

ㄹ. 법령으로 정한 비영리사업자의 상속 외의 무상취득:
  1천분의 28

ㅁ. 법령으로 정한 영리사업자의 상속 외의 무상취득:
  35/1,000

26. 등록면허세

① 부동산 등기에 대한 등록면허세 납세지는 부동산 소유자와 주소지(국세의 경우) 부동산 소재지이다.

② 신고의제·간주신고
  등록을 하려는 자(납세의무자)가 신고의무를 다하지 않은 경우(무신고, 과소신고, 초과환급신고) 등록면허세 산출세액을 등록하기 전까지 납부하였을 때에는 신고 납부한 것으로 보지만 무신고 가산세가 부과된다. 가산세가 부과되지 않는다.

③ 상속으로 인한 소유권 이전 등기의 세율은 부동산 가액의 1천분의 15 1천분의 8로 한다.

⑤ 대도시 밖에 있는 법인의 본점이나 주사무소를 대도시로 전입함에 따른 등기는 법인등기에 대한 세율의 100분의 200 100분의 300(중과세)을 적용한다.
  취득세 2배, 등록세 3배, 재산세 5배 중과세

27. 취득세의 과세표준 및 세율

① 취득세의 과세표준은 취득 당시의 (신고)가액으로 한다. 다만, 연부로 취득하는 경우의 과세표준은 매회 사실상 지급되는 금액(연부금)을 말하며, 취득금액에 포함되는 계약보증금을 포함한다. (단, 신고가액은 시가표준액보다 큼)

② 간주취득: 개수(증축·개축), 지목변경, 과점주주
  → 중과기준세율(2%)

③ 형식상 취득:
  건축물 이전, 공유물 분할, 상속, 이혼, 환매
  환매등기를 병행하는 부동산의 매매로서 환매기간 내에 매도자가 환매한 경우의 그 매도자와 매수자의 취득에 대한 취득세는 표준세율에 중과기준세율(100분의 200 1,000분의 20)을 합한 뺀 세율로 산출한 금액으로 한다.

④ 취득세 면세점: 500,000원

28. 지방세기본법상 부과 및 징수, 불복에 관한 설명으로 옳은 것은?
① 납세자가 법정신고기한까지 소득세의 과세표준신고서를 제출하지 아니하여 해당 지방소득세를 부과할 수 없는 경우에 지방세 부과 제척기간은 5년이다.
② 지방세에 관한 불복시 불복청구인은 이의신청을 거치지 않고 심판청구를 제기할 수 없다.
③ 취득세는 원칙적으로 보통징수 방법에 의한다.
④ 납세의무자가 지방세관계법에 따른 납부기한까지 지방세를 납부하지 않은 경우 산출세액의 100분의 20을 가산세로 부과한다.
⑤ 지방자치단체 징수금의 징수순위는 체납처분비, 지방세, 가산금의 순서로 한다.

29. 지방세법상 취득세의 납세의무자 등에 관한 설명으로 옳은 것은?
① 취득세는 부동산, 부동산에 준하는 자산, 어업권을 제외한 각종 권리 등을 취득한 자에게 부과한다.
② 건축물 중 조작설비로서 그 주체구조부와 하나가 되어 건축물로서의 효용가치를 이루고 있는 것에 대하여는 주체구조부 취득자 외의 자가 가설한 경우에도 주체구조부의 취득자가 함께 취득한 것으로 본다.
③ 법인설립시 발행하는 주식을 취득함으로써 지방세기본법에 따른 과점주주가 되었을 때에는 그 과점주주가 해당 법인의 부동산등을 취득한 것으로 본다.
④ 토지의 지목을 사실상 변경함으로써 그 가액이 증가한 경우에 취득으로 보지 아니한다.
⑤ 증여자의 채무를 인수하는 부담부증여의 경우에 그 채무액에 상당하는 부분은 부동산등을 유상 취득한 것으로 보지 아니한다.

30. 지방세기본법상 특별시세 세목이 <u>아닌</u> 것은?
① 주민세 ② 취득세 ③ 지방소비세
④ 지방교육세 ⑤ 등록면허세

31. 소득세법상 양도에 해당하는 것으로 옳은 것은?
① 법원의 확정판결에 의하여 신탁해지를 원인으로 소유권 이전등기를 하는 경우
② 법원의 확정판결에 의한 이혼위자료로 배우자에게 토지의 소유권을 이전하는 경우
③ 공동소유의 토지를 공유자지분 변경없이 2개 이상의 공유토지로 분할하였다가 공동지분의 변경없이 그 공유토지를 소유지분별로 단순히 재분할 하는 경우
④ 본인 소유자산을 경매·공매로 인하여 자기가 재취득하는 경우
⑤ 매매원인 무효의 소에 의하여 그 매매사실이 원인무효로 판시되어 환원될 경우

32. 2007년 취득 후 등기한 토지를 2015년 6월 15일에 양도한 경우, 소득세법상 토지의 양도차익계산에 관한 설명으로 <u>틀린</u> 것은? (단, 특수관계자와의 거래가 아님)
① 취득당시 실지거래가액을 확인할 수 없는 경우에는 매매사례가액, 환산가액, 감정가액, 기준시가를 순차로 적용하여 산정한 가액을 취득가액으로 한다.
② 양도와 취득시의 실지거래가액을 확인할 수 있는 경우에는 양도가액과 취득가액을 실지거래가액으로 산정한다.
③ 취득가액을 실지거래가액으로 계산하는 경우 자본적 지출액은 필요경비에 포함된다.
④ 취득가액을 매매사례가액으로 계산하는 경우 취득당시 개별공시지가에 3/100을 곱한 금액이 필요경비에 포함된다.
⑤ 양도가액을 기준시가에 따를 때에는 취득가액도 기준시가에 따른다.

33. 소득세법상 건물의 양도에 따른 장기보유특별공제에 관한 설명으로 <u>틀린</u> 것은?
① 100분의 70의 세율이 적용되는 미등기 건물에 대해서는 장기보유특별공제를 적용하지 아니한다.
② 보유기간이 3년 이상인 등기된 상가건물은 장기보유특별공제가 적용된다.
③ 1세대 1주택 요건을 충족한 고가주택(보유기간: 2년 6개월)이 과세되는 경우 장기보유특별공제가 적용된다.
④ 장기보유특별공제액은 건물의 양도차익에 보유기간별 공제율을 곱하여 계산한다.
⑤ 보유기간이 12년인 등기된 상가건물의 보유기간별 공제율은 100분의 30이다.

34. 소득세법상 사업자가 아닌 거주자 甲이 2015년 5월 15일에 토지(토지거래계약에 관한 허가구역 외에 존재)를 양도하였고 납부할 양도소득세액은 1천 5백만원이다. 이 토지의 양도소득세 신고납부에 관한 설명으로 <u>틀린</u> 것은? (단, 과세기간 중 당해 거래 이외에 다른 양도거래는 없고 답지항은 서로 독립적이며, 주어진 조건 외에는 고려하지 않음)
① 2015년 7월 31일까지 양도소득과세표준을 납세지 관할 세무서장에게 신고하여야 한다.
② 예정신고를 하지 않은 경우 확정신고를 하면 예정신고에 대한 가산세는 부과되지 아니한다.
③ 예정신고하는 경우 양도소득세의 분할납부가 가능하다.
④ 예정신고를 한 경우에는 확정신고를 하지 아니할 수 있다.
⑤ 토지가 법률에 따라 수용된 경우로서 예정신고시 양도소득세를 물납하고자 하는 경우, 예정신고기한 10일 전까지 납세지 관할 세무서장에게 신청하여야 한다.

28. 부과·징수·불복

① 납세자가 법정신고기한까지 소득세의 과세표준신고서를 제출하지 아니하여(무신고: 7년, 사기: 10년, 기타: 5년) 해당 지방소득세를 부과할 수 없는 경우에 지방세 부과 제척기간은 ~~5년~~ 7년이다.

② 지방세에 관한 불복시 불복청구인은 이의신청을 거치지 않고(선택적 규정, 도지사 등 지방자치단체장에게) 심판청구를 제기할 ~~수 없다.~~ 있다.

　국세에 관한 불복시 불복청구인은 이의신청 후 심판청구를 제기할 수 있다.

③ 취득세는 원칙적으로 ~~보통징수~~(예외) 신고납부 방법에 의한다.

④ 납세의무자가 지방세관계법에 따른 납부기한까지 지방세를 납부하지 않은 경우 산출세액의 100분의 20을 가산세로 '미납부세액 또는 과소납부세액 × 대통령령으로 정하는 연체이자율(25/100,000/일) × 납부지연일수'에 해당하는 납부지연가산세를 부과한다.

　※ 2022년 개정, 연체이자율(22/100,000/일)

⑤ 징수순위

　국세:　강제징수비 → 국세　 → 가산세

　지방세: 체납처분비 → 지방세 → 가산금

29. 취득세 납세의무자

① 취득세는 부동산, 부동산에 준하는 자산, 어업권을 ~~제외~~ 포함한 각종 권리 등을 취득한 자에게 부과한다.

② 건축물 중 조작설비로서 그 주체구조부와 하나가 되어 건축물로서의 효용가치를 이루고 있는 것에 대하여는 주체구조부 취득자 외의 자(임차인)가 가설한 경우에도 주체구조부의 취득자(임대인)가 함께 취득한 것으로 본다.

③ 법인설립시 이후 발행하는 주식을 취득함으로써 지방세기본법에 따른 과점주주가 되었을 때에는 그 과점주주가 해당 법인의 부동산등을 취득한 것으로 본다.

④ 간주취득: 개수(증축·개축), 지목변경, 과점주주

　　→ 중과기준세율(2%)

　토지의 지목을 사실상 변경함으로써 그 가액이 증가한 경우에 취득으로 ~~보지 아니한다.~~ 본다.

⑤ 증여자의 채무를 인수하는 부담부증여의 경우에 그 채무액에 상당하는 부분은 부동산등을 유상 취득한 것으로 ~~보지 아니한다.~~ 본다.

30. 특별시세 세목

　보통세: 레저세, 주민세, 취득세, 자동차세, 지방소득세,

　　　　　지방소비세, 담배소비세

　목적세: 지방교육세, 지역자원시설세

⑤ 등록면허세: 구세

31. 소득세법상 양도

①③ 형식상 이전으로 양도로 보지 아니한다.

② 법원의 확정판결에 의한 이혼위자료로 배우자에게 토지의 소유권을 이전하는 경우 양도로 본다.

　이혼 재산분할의 경우 양도로 보지 아니한다.

④ 본인 소유자산을 경매·공매로 인하여 자기가 재취득하는 경우 양도로 보지 아니한다.

⑤ 강제적 소유권 환원으로 양도로 보지 아니한다.

　적법 계약해제의 경우에는 양도로 본다.

32. 양도차익

① 취득당시 실지거래가액(원칙)을 확인할 수 없는 경우에는 매매사례가액, 감정가액, 환산가액, 기준시가를 순차로 적용하여 산정한 가액(예외: 추계)을 취득가액으로 한다.

④ 필요경비 개산공제

　등기: 3/100, 미등기: 3/1,000

33. 장기보유특별공제

　3년 이상 보유한 부동산과 주택조합원입주권(조합원으로부터 취득한 것은 제외)

① 100분의 70의 세율이 적용되는 미등기 건물(·비사업용 토지)에 대해서는 장기보유특별공제를 적용하지 아니한다.

③ 1세대 1주택 요건을 충족한 고가주택(보유기간: ~~2년 6개월~~ 3년 이상)이 과세되는 경우 장기보유특별공제가 적용된다.

④⑤ 세법 개정으로 변경

34. 양도소득세 - 토지거래허가구역

① 예정신고 양도일 말일부터 2개월 후까지

② 예정신고를 하지 않은 경우 확정신고를 하면 예정신고에 대한 가산세는 ~~부과되지 아니한다.~~ 부과된다.

　예정신고 관련 이미 부과된 가산세는 확정신고시 중복적용되지 않는다.

③ 분할납부: 1천만원 초과

⑤ 2016년 양도소득세 물납 폐지

35. 1세대 1주택 요건을 충족하는 거주자 甲이 다음과 같은 단층 겸용주택(주택은 국내 상시주거용이며, 도시지역 내에 존재)을 7억원에 양도하였을 경우 양도소득세가 과세되는 건물면적과 토지면적으로 옳은 것은? (단, 주어진 조건 외에는 고려하지 않음)

> ○ 건물: 주택 80㎡, 상가 120㎡
> ○ 토지: 건물 부수토지 800㎡

① 건물 120㎡, 토지 320㎡   ② 건물 120㎡, 토지 420㎡
③ 건물 120㎡, 토지 480㎡   ④ 건물 200㎡, 토지 400㎡
⑤ 건물 200㎡, 토지 480㎡

36. 소득세법상 거주자의 양도소득세 과세대상이 아닌 것은? (단, 국내 자산을 가정함)
① 지상권의 양도
② 전세권의 양도
③ 골프회원권의 양도
④ 등기되지 않은 부동산임차권의 양도
⑤ 사업용 건물과 함께 양도하는 영업권

37. 지방세법상 재산세의 과세표준과 세율에 관한 설명으로 틀린 것은?
① 주택에 대한 과세표준은 주택 시가표준액에 100분의 60의 공정시장가액비율을 곱하여 산정한다.
② 주택이 아닌 건축물에 대한 과세표준은 건축물 시가표준액에 100분의 70의 공정시장가액비율을 곱하여 산정한다.
③ 토지에 대한 과세표준은 사실상 취득가격이 증명되는 때에는 장부가액으로 한다.
④ 같은 재산에 대하여 둘 이상의 세율이 해당되는 경우에는 그중 높은 세율을 적용한다.
⑤ 주택에 대한 재산세는 주택별로 표준세율을 적용한다.

38. 지방세법상 재산세 부과·징수에 관한 설명으로 틀린 것은?
① 해당 연도에 주택에 부과할 세액이 100만원인 경우 납기를 7월 16일부터 7월 31일까지로 하여 한꺼번에 부과 징수한다.
② 재산세를 징수하려면 토지, 건축물, 주택, 선박 및 항공기로 각각 구분된 납세고지서에 과세표준과 세액을 적어 늦어도 납기개시 5일 전까지 발급하여야 한다.
③ 토지에 대한 재산세는 납세의무자별로 한 장의 납세고지서로 발급하여야 한다.
④ 재산세는 관할 지방자치단체의 장이 세액을 산정하여 보통징수의 방법으로 부과 징수한다.
⑤ 고지서 1장당 징수할 세액이 2천원 미만인 경우에는 해당 재산세를 징수하지 아니한다.

39. 종합부동산세의 과세기준일 현재 과세대상자산이 아닌 것을 모두 고른 것은? (단, 주어진 조건 외에는 고려하지 않음)

> ㄱ. 여객자동차운송사업 면허를 받은 자가 그 면허에 따라 사용하는 차고용 토지(자동차운송사업의 최저보유차고면적기준의 1.5배에 해당하는 면적 이내의 토지)의 공시가격이 100억원인 경우
> ㄴ. 국내에 있는 부부공동명의(지분비율이 동일함)로 된 1세대 1주택의 공시가격이 10억원인 경우
> ㄷ. 공장용 건축물
> ㄹ. 회원제 골프장용 토지(회원제 골프장업의 등록시 구분등록의 대상이 되는 토지)의 공시가격이 100억원인 경우

① ㄱ, ㄴ   ② ㄷ, ㄹ   ③ ㄱ, ㄴ, ㄷ
④ ㄱ, ㄷ, ㄹ   ⑤ ㄴ, ㄷ, ㄹ

40. 지방세법상 2015년 재산세 과세기준일 현재 납세의무자가 아닌 것을 모두 고른 것은?

> ㄱ. 5월 31일에 재산세 과세대상 재산의 매매잔금을 수령하고 소유권이전등기를 한 매도인
> ㄴ. 공유물 분할등기가 이루어지지 아니한 공유토지의 지분권자
> ㄷ. 신탁법에 따라 위탁자별로 구분되어 수탁자 명의로 등기 등록된 신탁재산의 위탁자
> ㄹ. 도시환경정비사업시행에 따른 환지계획에서 일정한 토지를 환지로 정하지 아니하고 체비지로 정한 경우 종전 토지소유자

① ㄱ, ㄷ   ② ㄴ, ㄹ   ③ ㄱ, ㄴ, ㄹ
④ ㄱ, ㄷ, ㄹ   ⑤ ㄴ, ㄷ, ㄹ

35. 양도소득세 - 복합주택(겸용주택)

주택 면적 < 상가 면적 → 주택: 비과세, 상가: 과세

주택 면적 > 상가 면적 → 비과세

토지: 건물 면적 비율 안분

- 주택: 80 ÷ (80 + 120) × 800 = 320 → 비과세
- 상가: 120 ÷ (80 + 120) × 800 = 480 → 과세

36. 양도소득세 과세 대상

① 지상권의 양도: 등기 여부 무관

② 전세권의 양도: 등기 여부 무관

지역권의 양도

③ 골프회원권의 양도

④ 등기되지 않은 등기된 부동산임차권의 양도

⑤ 사업용 건물과 함께 양도하는 영업권

37. 재산세 과세표준과 세율

②③ 주택이 아닌 건축물(과 토지)에 대한 과세표준은 건축물(과 토지) 시가표준액에 100분의 70의 공정시장가액비율을 곱하여 산정한다.

재산세는 실거래가가 확인되어도 언제나 시가표준액을 기준으로 과세한다.

38. 재산세 부과·징수

① 해당 연도에 주택에 부과할 세액이 100만원 20만원 이하인 경우 납기를 7월 16일부터 7월 31일까지로 하여 한꺼번에 부과 징수한다.

⑤ 소액부징수

- 국세(부과징수): 10,000원 미만
- 국세(원천징수): 1,000원 미만
- 지방세: 2,000원 미만

39. 종합부동산세 과세 대상 자산

ㄱ. 80억원을 초과하는 별도합산과세대상 토지: 과세
상가 및 사무실 부속 토지 등
(5억원을 초과하는 종합합산과세대상 토지: 과세
나대지, 잡종지 등)

ㄴ. 종합부동산세는 인당 (6억원 초과시) 부과한다.

ㄷ. **건축물**은 종합부동산세 과세 대상 자산(주택, 토지)이 아니다.

ㄹ. 분리과세대상 토지(**회원제 골프장업의 등록시 구분등록의 대상이 되는 토지 = 회원제 골프장용 토지**)는 종합부동산세 과세 대상 자산(주택, 토지)이 아니다.

40. 재산세 납세의무자

ㄱ. 기준일: 6월 1일

ㄷ. 신탁법에 따라 위탁자별로 구분되어 수탁자 명의로 등기 등록된 신탁재산의 위탁자 수탁자
※ 2021년, 수탁자 → 위탁자

ㄹ. 도시환경정비사업시행에 따른 환지계획에서 일정한 토지를 환지로 정하지 아니하고 체비지로 정한 경우 종전 토지소유자 사업시행자

2016년도 제27회 공인중개사 자격시험

1차 시험

제1교시

제1과목 **부동산학개론**

부동산학개론   85% 내외
부동산감정평가론   15% 내외

제2과목 **민법 및 민사특별법**

민법   85% 내외
민사특별법   15% 내외
주택임대차보호법, 집합건물의 소유 및 관리에 관한 법률,
가등기담보 등에 관한 법률, 부동산 실권리자명의 등기에 관한 법률,
상가건물 임대차보호법

2차 시험

제1교시

제1과목 **공인중개사의 업무 및 부동산 거래신고에 관한 법률 및 중개실무**

공인중개사법, 부동산 거래신고 등에 관한 법률   70% 내외
중개실무   30% 내외

제2과목 **부동산공법 중 부동산 중개에 관련되는 규정**

국토의 계획 및 이용에 관한 법률   30% 내외
도시개발법, 도시 및 주거환경정비법   30% 내외
주택법, 건축법, 농지법   40% 내외

제2교시

제1과목 **부동산공시에 관한 법령 및 부동산 관련 세법**

공간정보의 구축 및 관리에 관한 법률   30% 내외
부동산등기법   30% 내외
부동산 관련 세법   40% 내외

01. 다음의 파생현상을 모두 발생시키는 토지 특성은?

> ○ 소유함으로써 생기는 자본이익(capital gain)과 이용하여 생기는 운용이익(income gain)을 발생시킨다.
> ○ 가격이 하락해도 소모되지 않기 때문에 차후에 가격 상승을 기대하여 매각을 미룰 수 있다.
> ○ 부동산관리의 중요성을 강조하게 한다.

① 부동성　　　② 개별성　　　③ 인접성
④ 영속성　　　⑤ 적재성

02. 부동산을 다양한 기준에 따라 분류하여 설명한 것으로 옳은 것은?

① 공간정보의 구축 및 관리 등에 관한 법령상 용수를 위하여 일정한 형태를 갖춘 인공적인 수로·둑 및 그 부속시설물의 부지의 지목을 유지(溜池)라고 한다.
② 건축법령상 용도별 건축물의 종류에 따라 운전학원 및 정비학원은 자동차 관련 시설로, 무도학원은 위락시설로 분류한다.
③ 택지지역, 농지지역, 임지지역 상호 간에 다른 지역으로 전환되고 있는 지역의 토지를 이행이라고 한다.
④ 주택법령상 도시형 생활주택은 주택 외의 건축물과 그 부속토지로서 주거시설로 이용가능한 시설 등을 말한다.
⑤ 국토의 계획 및 이용에 관한 법령상 공용시설을 보호하고 공공업무기능을 효율화하기 위하여 필요한 지구에 대해 중요시설물보존지구로 지정한다.

03. 부동산의 개념에 관한 설명으로 틀린 것은?

① 복합개념의 부동산이란 부동산을 법률적·경제적·기술적 측면 등이 복합된 개념으로 이해하는 것을 말한다.
② 민법상 부동산은 토지 및 그 정착물을 말한다.
③ 기술적 개념의 부동산은 생산요소, 자산, 공간, 자연 등을 의미한다.
④ 준부동산은 등기·등록의 공시방법을 갖춤으로써 부동산에 준하여 취급되는 특정의 동산 등을 말한다.
⑤ 토지와 건물이 각각 독립된 거래의 객체이면서도 마치 하나의 결합된 상태로 다루어져 부동산활동의 대상으로 인식될 때 이를 복합부동산이라 한다.

04. 아파트 매매가격이 16% 상승함에 따라 다세대주택의 매매수요량이 8% 증가하고 아파트 매매수요량이 4% 감소한 경우에, 아파트 매매수요의 가격탄력성(A), 다세대주택 매매수요의 교차탄력성(B), 아파트에 대한 다세대주택의 관계(C)는? (단, 수요의 가격탄력성은 절대값으로 표시하며, 다른 조건은 불변이라고 가정함)

① A: 0.25,　B: 0.50,　C: 대체재
② A: 0.25,　B: 2.00,　C: 보완재
③ A: 0.50,　B: 0.25,　C: 대체재
④ A: 0.50,　B: 2.00,　C: 보완재
⑤ A: 2.00,　B: 0.50,　C: 대체재

05. 수요의 가격탄력성에 관한 설명으로 틀린 것은? (단, 수요의 가격탄력성은 절대값을 의미하며, 다른조건은 불변이라고 가정함)

① 미세한 가격변화에 수요량이 무한히 크게 변화하는 경우 완전탄력적이다.
② 대체재의 존재여부는 수요의 가격탄력성을 결정하는 중요한 요인 중 하나이다.
③ 일반적으로 부동산 수요에 대한 관찰기간이 길어질수록 수요의 가격탄력성은 작아진다.
④ 일반적으로 재화의 용도가 다양할수록 수요의 가격탄력성은 커진다.
⑤ 수요의 가격탄력성이 비탄력적이라는 것은 가격의 변화율에 비해 수요량의 변화율이 작다는 것을 의미한다.

06. A, B, C부동산시장이 다음과 같을 때 거미집이론에 따른 각 시장의 모형형태는? (단, X축은 수량, Y축은 가격을 나타내며, 다른 조건은 동일함)

구분	A시장	B시장	C시장
수요곡선 기울기	-0.8	-0.3	-0.6
공급곡선 기울기	0.6	0.3	1.2

① A: 수렴형,　B: 발산형,　C: 순환형
② A: 순환형,　B: 발산형,　C: 수렴형
③ A: 발산형,　B: 수렴형,　C: 순환형
④ A: 수렴형,　B: 순환형,　C: 발산형
⑤ A: 발산형,　B: 순환형,　C: 수렴형

07. 부동산 공급 및 공급곡선에 관한 설명으로 틀린 것은? (단, 다른 조건은 동일함)

① 부동산 수요가 증가할 때 부동산 공급곡선이 탄력적일수록 부동산가격은 더 크게 상승한다.
② 공급량은 주어진 가격수준에서 공급자가 공급하고자 하는 최대수량이다.
③ 해당 부동산 가격 변화에 의한 공급량의 변화는 다른 조건이 불변일 때 동일한 공급곡선상에서 점의 이동으로 나타난다.
④ 물리적 토지공급량이 불변이라면 토지의 물리적 공급은 토지가격 변화에 대해 완전비탄력적이다.
⑤ 용도변경을 제한하는 법규가 강화될수록 공급곡선은 이전에 비해 비탄력적이 된다.

01. 토지의 특성

① 부동성

부동산활동에서 임장활동 필요성의 근거가 된다.

② 개별성

토지시장을 불완전경쟁시장으로 만드는 요인이다.

③ 인접성

다른 토지와의 물리적 연속의 특성을 말하며, 외부효과의 근거가 되고 용도적 대체를 가능하게 한다.

④ 영속성

부동산활동에서 감가상각 필요성을 배제하는 근거가 된다.

⑤ 적재성

토지가 건물 등을 지탱하여 그 기능을 발휘할 수 있도록 하는 성질을 말한다.

02. 부동산의 분류

① 공간정보의 구축 및 관리 등에 관한 법령상 용수를 위하여 일정한 형태를 갖춘 인공적인 수로·둑 및 그 부속시설물의 부지의 지목을 유지(溜池) 구거(溝渠)라고 한다.

③ 택지지역, 농지지역, 임지지역 상호 간에 다른 지역으로 전환되고 있는 지역의 토지를 이행지 후보지라고 한다.

④ 주택법령상 도시형 생활주택 준주택(기숙사, 다중생활시설, 노인복지주택, 오피스텔)은 주택 외의 건축물과 그 부속토지로서 주거시설로 이용가능한 시설 등을 말한다.

⑤ 국토의 계획 및 이용에 관한 법령상 공용시설을 보호하고 공공업무기능을 효율화하기 위하여 필요한 지구에 대해 중요시설물보존지구 공용시설물보존지구로 지정한다.

국토의 계획 및 이용에 관한 법령상 국방상 또는 안보상 중요한 시설물의 보호와 보존을 위하여 필요한 지구에 대해 중요시설물보존지구(2018년 중요시설물보호지구로 변경, 보존지구 폐지)로 지정한다.

03. 부동산의 개념

② 민법상 부동산

> 민법 제99조(부동산, 동산)
> ① 토지 및 그 정착물은 부동산이다.
> ② 부동산 이외의 물건은 동산이다.

③ 기술적 개념의 부동산은 생산요소, 자산, 공간, 자연, 위치, 환경 등을 의미한다.

경제적 개념의 부동산은 생산요소, 자산, 자본, 소비재, 생산재 등을 의미한다.

04. 탄력성

A. 아파트 수요의 가격탄력성

= | 수요량 변화율 ÷ 가격 변화율 |

= | 4% ÷ 16% | = 0.25 < 1 → 비탄력적

B. 다세대주택 수요의 교차탄력성

= 다세대주택 수요량변화율 ÷ 아파트 가격변화율

= 8% ÷ 16%   = 0.5

C. 아파트와 다세대주택의 관계

교차탄력성   = 0.5 > 0 → 대체재

교차탄력성(cross elasticity)

X재 가격변화에 따른 Y재 수요량변화의 교차탄력성

$\varepsilon Q_Y, P_X = \Delta Q_Y/Q_Y \times 100\% \div \Delta P_X/P_X \times 100\%$

$\varepsilon Q_Y, P_X > 0$ (양수) → 대체재

$\varepsilon Q_Y, P_X < 0$ (음수) → 보완재

수요(량)가 상이한 방향으로 변화 → 대체재

수요(량)가 동일한 방향으로 변화 → 보완재

05. 수요의 가격탄력성

③ 일반적으로 부동산 수요에 대한 관찰기간이 길어질수록 (대안이 많아진다, 선택의 폭이 넓어진다) 수요의 가격탄력성은 작아진다. 커진다.

06. 거미집이론(cob-web theory)

α: | 수요곡선 기울기 |

β: | 공급곡선 기울기 |

α < β → 수렴형

(수요의 가격탄력성 > 공급의 가격탄력성)

α > β → 발산형

(수요의 가격탄력성 < 공급의 가격탄력성)

α = β → 순환형

(수요의 가격탄력성 = 공급의 가격탄력성)

A시장: α(= 0.8) > β(= 0.6) → 발산형

B시장: α(= 0.3) = β(= 0.3) → 순환형

C시장: α(= 0.6) < β(= 1.2) → 수렴형

07. 공급 및 공급곡선

① 부동산 수요가 증가할 때 부동산 공급곡선이 탄력적일수록(신속 대응(공급량 증가)할 수 있다) 부동산가격은 더 크게 작게 상승한다.

④ 물리적 토지공급량이 불변이라면 토지의 물리적 공급은 토지가격 변화에 대해 완전비탄력적(수직 공급곡선)이다.

08. 각 도시의 산업별 고용자 수가 다음과 같을 때 X산업의 입지계수(locational quotient)가 1을 초과하는 도시를 모두 고른 것은? (단, 주어진 조건에 한함)

(단위:명)

구분	A도시	B도시	C도시	D도시	전국
X산업	400	1,200	650	1,100	3,350
Y산업	600	800	500	1,000	2,900
합계	1,000	2,000	1,150	2,100	6,250

① A, B   ② A, C   ③ B, C   ④ B, D   ⑤ C, D

09. 주거분리에 관한 설명으로 틀린 것은? (단, 다른 조건은 동일함)
① 고소득층 주거지와 저소득층 주거지가 서로 분리되는 현상을 의미한다.
② 고소득층 주거지와 저소득층 주거지가 인접한 경우, 경계지역 부근의 저소득층 주택은 할인되어 거래되고 고소득층 주택은 할증되어 거래된다.
③ 저소득층은 다른 요인이 동일할 경우 정(+)의 외부효과를 누리고자 고소득층 주거지에 가까이 거주하려 한다.
④ 고소득층 주거지와 저소득층 주거지가 인접한 지역에서는 침입과 천이 현상이 발생할 수 있다.
⑤ 도시 전체에서 뿐만 아니라 지리적으로 인접한 근린지역에서도 발생할 수 있다.

10. 다음의 내용을 모두 설명하는 지대는?

○ 지대는 토지소유자가 토지를 소유하고 있다는 독점적 지위 때문에 받는 수입이므로 최열등지에서도 발생함
○ 지대란 토지의 비옥도나 생산력에 관계없이 발생함
○ 지대는 토지의 사유화로 인해 발생함

① 마샬(A. Marshall)의 준지대
② 리카도(D. Ricardo)의 차액지대
③ 알론소(W. Alonso)의 입찰지대
④ 튀넨(J. H. von Thünen)의 위치지대
⑤ 마르크스(K. Marx)의 절대지대

11. 부동산시장의 효율성에 관한 설명으로 틀린 것은?
① 효율적 시장은 어떤 정보를 지체 없이 가치에 반영하는가에 따라 구분될 수 있다.
② 강성 효율적 시장은 공표된 정보는 물론이고 아직 공표되지 않은 정보까지도 시장가치에 반영되어 있는 시장이므로 이를 통해 초과이윤을 얻을 수 없다.
③ 강성 효율적 시장은 완전경쟁시장의 가정에 가장 근접하게 부합되는 시장이다.
④ 약성 효율적 시장에서는 현재가치에 대한 과거의 역사적 자료를 분석하여 정상이윤을 초과하는 이윤을 획득할 수 있다.

⑤ 준강성 효율적 시장은 과거의 추세적 정보뿐만 아니라 현재 새로 공표되는 정보가 지체 없이 시장가치에 반영되므로 공식적으로 이용가능한 정보를 기초로 기본적 분석을 하여 투자해도 초과이윤을 얻을 수 없다.

12. 부동산시장에 영향을 미치는 요인 중 하나로, 불황과 물가상승이 동시에 나타나는 현상은?
① 콘드라티에프 파동(kondratiev wave)
② 스태그플레이션(stagflation)
③ 디플레이션(deflation)
④ 쥬글라 파동(juglar wave)
⑤ 키친 파동(kitchin wave)

13. A, B도시 사이에 C도시가 위치한다. 레일리(W. Reilly)의 소매인력법칙을 적용할 경우, C도시에서 A, B도시로 구매활동에 유인되는 인구규모는? (단, C도시의 인구는 모두 구매자이고, A, B도시에서만 구매하는 것으로 가정하며, 주어진 조건에 한함)

○ A도시 인구 수: 400,000명
○ B도시 인구 수: 100,000명
○ C도시 인구 수: 50,000명
○ C도시와 A도시 간의 거리: 10km
○ C도시와 B도시 간의 거리: 5km

① A: 15,000명, B: 35,000명
② A: 20,000명, B: 30,000명
③ A: 25,000명, B: 25,000명
④ A: 30,000명, B: 20,000명
⑤ A: 35,000명, B: 15,000명

14. 정부의 부동산 시장개입에 관한 설명으로 틀린 것은?
① 개발부담금 부과 제도는 정부의 직접적 시장개입수단이다.
② 공공임대주택의 공급은 소득재분배 효과를 기대할 수 있다.
③ 정부가 주택가격 안정을 목적으로 신규주택의 분양가를 규제할 경우, 신규주택 공급량이 감소하면서 사회적 후생손실이 발생할 수 있다.
④ 시장에서 어떤 원인으로 인해 자원의 효율적 배분에 실패하는 현상을 시장의 실패라 하는데, 이는 정부가 시장에 개입하는 근거가 된다.
⑤ 토지수용과 같은 시장개입수단에서는 토지매입과 보상과정에서 사업시행자와 피수용자 간에 갈등이 발생하기도 한다.

08. 입지계수(LQ; Location Quotient)

○지역 □산업 LQ =

$$\frac{○지역\ □산업\ 고용자수 \div ○지역\ 고용자수\ 합계}{□산업\ 전체\ 고용자수 \div 전지역\ 고용자수\ 합계}$$

1 < LQ → 기반산업

A도시 X산업 LQ = 400/1000 ÷ 3350/6250 = 0.746

B도시 X산업 LQ = 1200/2000 ÷ 3350/6250 = 1.119

C도시 X산업 LQ = 650/1150 ÷ 3350/6250 = 1.054

D지역 X산업 LQ = 1100/2100 ÷ 3350/6250 = 0.978

09. 주거분리(residential segregation)

② 고소득층 주거지와 저소득층 주거지가 인접한 경우, 경계지역 부근의 저소득층 주택은 ~~할인~~ 할증되어 거래되고 고소득층 주택은 ~~할증~~ 할인되어 거래된다.

④ 침입(incursion)이란 이질적인 새로운 것이 개입되는 현상을 말한다.

천이(succession, 계승)는 생물학에서 환경의 변화에 따라 식물 군락이 변해가는 과정을 말한다. 부동산학에서는, 침입의 결과 새로운 것이 주도적으로 결정해감으로써 종래의 이용을 교체하는 (규모화·집단화) 현상을 말한다.

10. 지대이론

① 마샬(A. Marshall)의 준지대

토지 사용에 있어서 지대의 성질에 준하는 소득으로, 토지 이외의 생산요소에 귀속되는, 일시적 성격을 가진다.

② 리카도(D. Ricardo)의 차액지대

지대 발생의 원인으로 비옥한 토지의 부족과 수확체감의 법칙을 제시하였다.

③ 알론소(W. Alonso)의 입찰지대

위치지대론(농업지대론)을 도시 토지이용으로 확장

④ 튀넨(J. H. von Thünen)의 위치지대

= 차액지대론 + 위치 개념

11. 효율적시장가설(EMH; Efficient Market Hypothesis)

강형(strong form) 효율적 시장
-모든 정보-

준강형(semi-strong form) 효율적 시장
-공개 정보(public information)-

약형(weak form) 효율적 시장
-과거 정보(historical information)-

④ 약성 효율적 시장에서는 현재가치에 대한 과거의 역사적 자료를 분석하여 정상이윤을 초과하는 이윤을 획득할 수 ~~있다.~~ 없다.

12. 경기변동

- 단기파동: ⑤ 키친 파동(Kitchin wave)

재고 변동 등을 원인으로 하는 약 40개월 주기의 경기 순환을 나타낸다.

- 중기파동: ④ 주글라 파동(Juglar wave)

설비투자 변동 등을 원인으로 하는 약 10년 주기의 경기순환을 나타낸다.

- 중장기파동: 쿠즈네츠 파동(Kuznets wave)

인구 변동 등을 원인으로 하는 약 20년 주기의 경기순환을 나타낸다.

- 장기파동: ① 콘드라티에프 파동(Kondratiev wave)

기술 혁신 등을 원인으로 하는 약 50년 주기의 경기순환을 나타낸다.

② 스태그플레이션(stagflation) = stagnation + inflation

③ 디플레이션(deflation) ↔ 인플레이션(inflation)

13. 레일리(W. Reilly)의 소매인력법칙

B도시에 대한 A도시의 구매지향비율

B도시에 대한 A도시의 구매지향비율

$$= \frac{A도시\ 인구}{B도시\ 인구} \times \left| \frac{B도시까지의\ 거리}{A도시까지의\ 거리} \right|^2$$

= 400,000/100,000 × (5/10)² = 1

A도시와 B도시로 유인되는 인구 규모의 비율 = 1:1

14. 정부의 시장개입

직접 개입: (수요자·공급자로서) 인수

→ 공공임대·공공투자·공영개발·토지비축·토지수용

간접 개입: 보조

→ 금융, 보조금, 부담금, 조세, 정보 등

① 개발부담금 부과 제도는 정부의 ~~직접적~~ 간접적 시장개입 수단이다.

15. 용도지역·지구제에 관한 설명으로 틀린 것은?

① 토지이용에 수반되는 부(-)의 외부효과를 제거하거나 감소시킬 수 있다.

② 국토의 계획 및 이용에 관한 법령상 제2종일반주거지역은 공동주택 중심의 양호한 주거환경을 보호하기 위해 필요한 지역이다.

③ 사적 시장이 외부효과에 대한 효율적인 해결책을 제시하지 못할 때, 정부에 의해 채택되는 부동산정책의 한 수단이다.

④ 용도지구는 하나의 대지에 중복지정될 수 있다.

⑤ 국토의 계획 및 이용에 관한 법령상 국토는 토지의 이용실태 및 특성 등을 고려하여 도시지역, 관리지역, 농림지역, 자연환경보전지역과 같은 용도지역으로 구분한다.

16. 분양가상한제에 관한 설명으로 틀린 것은?

① 주택법령상 분양가상한제 적용주택의 분양가격은 택지비와 건축비로 구성된다.

② 도입배경은 주택가격을 안정시키고, 무주택자의 신규주택구입 부담을 경감시키기 위해서이다.

③ 현재 정부가 시행중인 정책이다.

④ 신규분양주택의 공급위축 현상과 질이 하락하는 문제점이 나타날 수 있다.

⑤ 주택법령상 사업주체가 일반인에게 공급하는 공동주택 중 공공택지에서 공급하는 도시형 생활주택은 분양가상한제를 적용한다.

17. 정부가 시행중인 부동산정책에 관한 설명으로 옳은 것은?

① 부동산가격공시제도에 따라 부동산 가격공시 및 감정평가에 관한 법령상 시장·군수·구청장은 공동주택가격을 공시하기 위하여 공동주택의 가격을 산정한 때에는 국토교통부장관의 의견을 들어야 한다.

② 토지선매는 국토의 계획 및 이용에 관한 법령에 따라 시장·군수·구청장이 토지거래계약허가를 받아 취득한 토지를 그 이용목적대로 이용하고 있지 아니한 토지에 대해서 선매자에게 강제로 수용하게 하는 제도이다.

③ 부동산거래신고는 부동산 거래신고에 관한 법령에 따라 거래당사자가 매매계약을 체결한 경우 잔금지급일로부터 60일 이내에 신고하는 제도이다.

④ 주택선분양제도는 후분양제도에 비해 주택공급을 감소시켜 주택시장을 위축시킬 가능성이 있고, 건설업체가 직접 조달해야 하는 자금도 더 많음으로써 사업부담도 증가될 수 있다.

⑤ 준공공임대주택은 민간임대주택에 관한 특별법령상 일반형임대사업자가 8년 이상 임대할 목적으로 취득하여 임대하는 민간임대주택을 말한다.

18. 부동산투자분석기법에 관한 설명으로 틀린 것은? (단, 다른 조건은 동일함)

① 동일한 현금흐름의 투자안이라도 투자자의 요구수익률에 따라 순현재가치(NPV)가 달라질 수 있다.

② 투자규모에 차이가 있는 상호 배타적인 투자안의 경우 순현재가치법과 수익성지수법을 통한 의사결정이 달라질 수 있다.

③ 순현재가치법은 가치가산원리가 적용되나 내부수익률법은 적용되지 않는다.

④ 재투자율의 가정에 있어 순현재가치법보다 내부수익률법이 더 합리적이다.

⑤ 회수기간법은 회수기간 이후의 현금흐름을 고려하지 않는다는 단점이 있다.

19. 부동산투자의 레버리지효과에 관한 설명으로 옳은 것을 모두 고른 것은? (단, 주어진 조건에 한함)

> ㄱ. 타인자본의 이용으로 레버리지를 활용하면 위험이 감소된다.
>
> ㄴ. 부채비율이 50%, 총자본수익률(또는 종합수익률)이 10%, 저당수익률이 8%라면 자기자본수익률은 12%이다.
>
> ㄷ. 부(-)의 레버리지효과가 발생할 경우 부채비율을 낮추어서 정(+)의 레버리지효과로 전환할 수 있다.
>
> ㄹ. 총자본수익률과 저당수익률이 동일한 경우 부채비율의 변화는 자기자본수익률에 영향을 미치지 못한다.

① ㄱ, ㄷ   ② ㄴ, ㄷ   ③ ㄴ, ㄹ
④ ㄱ, ㄴ, ㄷ   ⑤ ㄱ, ㄷ, ㄹ

20. 부동산의 수익과 수익률에 관한 설명으로 옳은 것은?

① 요구수익률은 해당 부동산에 투자해서 획득할 수 있는 최대한의 수익률이다.

② 총투자수익률은 세전현금수지를 지분투자액으로 나누어서 산정한다.

③ 기대수익률이 요구수익률보다 작은 경우 투자안이 채택된다.

④ 순영업소득의 산정과정에서 해당 부동산의 재산세는 차감하나 영업소득세는 차감하지 않는다.

⑤ 회수 불가능한 임대료수입은 영업경비에 포함하여 순영업소득을 산정한다.

15. 용도지역·지구제도

② 국토의 계획 및 이용에 관한 법령상 제2종 일반주거지역은 공동주택 중층주택 중심의 양호한 편리한 주거환경을 보호하기 위해 필요한 지역이다.

제1종 전용주거지역
　　단독주택 중심의 양호한 주거환경을 보호
제2종 전용주거지역
　　공동주택 중심의 양호한 주거환경을 보호

제1종 일반주거지역
　　저층주택 중심의 편리한 주거환경을 보호
제2종 일반주거지역
　　중층주택 중심의 편리한 주거환경을 보호
제3종 일반주거지역
　　중고층주택 중심의 편리한 주거환경을 보호

④ 용도지구는 하나의 대지에 중복지정될 수 있다.
　　용도지역은 하나의 대지에 중복지정될 수 없다.

16. 분양가상한제

　　1. 공공택지에서 공급되는 공동주택
　　2. 민간택지 중 주거정책심의위원회의 심의를 거쳐 국토교통부장관이 지정한 지역

⑤ 주택법령상 사업주체가 일반인에게 공급하는 공동주택 중 공공택지에서 공급하는 도시형 생활주택은 분양가상한제를 적용한다. 적용하지 않는다.

17. 부동산정책

① 부동산가격공시제도에 따라 부동산 가격공시 및 감정평가에 관한 법령상 시장·군수·구청장 국토교통부장관은 공동주택가격을 공시하기 위하여 공동주택의 가격을 산정한 때에는 국토교통부장관 이해관계인의 의견을 들어야 한다. 또한 중앙부동산가격위원회의 심의를 거쳐야 한다.

② 토지선매는 국토의 계획 및 이용에 관한 법령에 따라 시장·군수·구청장이 토지거래계약허가를 받아 취득한 토지를 그 이용목적대로 이용하고 있지 아니한 토지에 대해서 선매자에게 강제로 수용하게 하는 선매자(국가, 지방자치단체, 한국토지주택공사, 그 밖에 대통령령으로 정하는 공공기관 또는 공공단체)를 지정하여 그 토지를 협의 매수하게 하는 제도이다.

③ 부동산거래신고는 부동산 거래신고에 관한 법령에 따라 거래당사자가 매매계약을 체결한 경우 잔금지급일 계약체결일로부터 60일 30일 이내에 신고하는 제도이다.

④ 주택선분양제도 주택후분양제도는 후분양제도 선분양제도에 비해 주택공급을 감소시켜 주택시장을 위축시킬 가능성이 있고, 건설업체가 직접 조달해야 하는 자금도 더 많음으로써 사업부담도 증가될 수 있다.

⑤ 준공공임대주택(2018년 법령 개정)

공공지원민간임대주택이란 임대사업자가 다음 각 목의 어느 하나에 해당하는 민간임대주택을 10년 이상 임대할 목적으로 취득하여 이 법에 따른 임대료 및 임차인의 자격 제한 등을 받아 임대하는 민간임대주택을 말한다.
장기일반민간임대주택이란 임대사업자가 공공지원민간임대주택이 아닌 주택을 10년 이상 임대할 목적으로 취득하여 임대하는 민간임대주택을 말한다.

18. 부동산 투자분석

④ 재투자율의 가정에 있어 순현재가치법(요구수익률)이 보다 내부수익률법(내부수익률)이 보다 더 합리적이다.

19. 레버리지효과(leverage effect)

전부 정답 처리(출제오류: ㄴ. 부채비율 → 대부비율)

ㄱ. 타인자본의 이용으로 레버리지를 활용하면 위험이 감소된다. 증가한다.

ㄴ. 부채비율 대부비율이 50%, 총자본수익률(또는 종합수익률)이 10%, 저당수익률이 8%라면 자기자본수익률은 12%이다.

부채비율 = 부채 ÷ 자본, 대부비율 = 부채 ÷ 자산
대부비율이 50%라면
(자기)자본수익률 = 순수익 ÷ (자기)자본
　　　　　　　　순수익 = 총수익 - 비용
　= [총자본수익률 - (대부비율 × 저당수익률)] ÷ 자본
　= [10% - (50% × 8%)] ÷ 50% = 12%

ㄷ. 부(-)의 레버리지효과가 발생할 경우 부채비율을 낮추어서 정(+)의 레버리지효과로 전환할 수 있다. 없다.

부(-)의 레버리지효과(총자본수익률<저당수익률)가 발생할 경우,
부채비율의 변경으로 정(+)의 레버리지효과(저당수익률<총자본수익률)로 전환될 수 없다.

20. 수익률

① 요구수익률은 해당 부동산에 투자해서 획득할 수 있는 최대한 최소한의 수익률이다.

② 총투자수익률은 세전현금수지를 총소득을 지분투자액 총투자액으로 나누어서 산정한다.

③ 기대수익률이 요구수익률보다 작은 경우 투자안이 채택된다. 기각된다.

⑤ 회수 불가능한 임대료수입은 영업경비에 포함하여 포함하지는 않으나 순영업소득을 산정한다. 산정하는 과정에서 고려된다.

가능총소득 - 공실및대손 = 유효총소득
　　　　　　　- 영업경비 = 순영업소득

21. 부동산투자의 위험에 관한 설명으로 옳은 것을 모두 고른 것은? (단, 위험회피형 투자자라고 가정함)

> ㄱ. 경기침체로 인해 부동산의 수익성이 악화되면서 야기되는 위험은 사업위험에 해당한다.
> ㄴ. 차입자에게 고정금리대출을 실행하면 대출자의 인플레이션 위험은 낮아진다.
> ㄷ. 효율적 프론티어(efficient frontier)에서는 추가적인 위험을 감수하지 않으면 수익률을 증가시킬 수 없다.
> ㄹ. 개별 부동산의 특성으로 인한 체계적인 위험은 포트폴리오를 통해 제거할 수 있다.

① ㄱ, ㄷ   ② ㄴ, ㄷ   ③ ㄴ, ㄹ   ④ ㄱ, ㄴ, ㄹ   ⑤ ㄴ, ㄷ, ㄹ

22. 부동산투자에 관한 설명으로 틀린 것은?
① 부동산은 실물자산의 특성과 토지의 영속성으로 인해 가치 보존력이 양호한 편이다.
② 임대사업을 영위하는 법인은 건물에 대한 감가상각과 이자비용을 세금산정시 비용으로 인정받을 수 있다.
③ 부동산투자자는 저당권과 전세제도 등을 통해 레버리지를 활용할 수 있다.
④ 부동산가격이 물가상승률과 연동하여 상승하는 기간에는 인플레이션을 방어하는 효과가 있다.
⑤ 부동산은 주식 등 금융상품에 비해서 단기간에 현금화할 수 있는 가능성이 높다.

23. 다음과 같이 부동산에 20억원을 투자한 A의 연간 세후 자기자본수익률은? (단, 주어진 조건에 한함)

> ○ 부동산가격: 20억원(토지 12억원, 건물 8억원)
> ○ 대출조건
> - 대출비율: 부동산가격의 60%
> - 대출금리: 연 5%
> - 대출기간: 20년
> - 원금 만기일시상환 방식
> (매년 말 연단위 이자지급)
> ○ 순영업소득: 연 2억원
> ○ 건물의 총 내용연수: 20년
> (잔존가치는 없고, 감가상각은 정액법을 적용함)
> ○ 영업소득세율: 20%

① 10%   ② 12%   ③ 15%   ④ 17%   ⑤ 20%

24. 부동산금융에 관한 설명으로 틀린 것은?
① CMO(collateralized mortgage obligations)는 트랜치별로 적용되는 이자율과 만기가 다른 것이 일반적이다.
② MBB(mortgage backed bond)는 채권형 증권으로 발행자는 초과담보를 제공하는 것이 일반적이다.

③ MPTS(mortgage pass-through securities)의 조기상환위험은 투자자가 부담한다.
④ 고정금리대출을 실행한 대출기관은 금리상승시 차입자의 조기상환으로 인한 위험이 커진다.
⑤ 2차 저당시장은 1차 저당시장에 자금을 공급하는 역할을 한다.

25. 시장가격이 5억원이고 순영업소득이 연 1억원인 상가를 보유하고 있는 A가 추가적으로 받을 수 있는 최대 대출가능 금액은? (단, 주어진 조건에 한함)

> ○ 연간 저당상수: 0.2
> ○ 대출승인조건(모두 충족하여야 함)
> - 담보인정비율(LTV): 시장가격기준 60% 이하
> - 부채감당률(DCR): 2 이상
> ○ 상가의 기존 저당대출금: 1억원

① 1억원   ② 1억 5천만원   ③ 2억원
④ 2억 5천만원   ⑤ 3억원

26. 대출상환방식에 관한 설명으로 옳은 것은? (단, 대출금액과 기타 대출조건은 동일함)
① 원리금균등상환방식은 매기 이자상환액이 감소하는 만큼 원금상환액이 증가한다.
② 원금균등상환방식은 원리금균등상환방식에 비해 전체 대출기간 만료시 누적원리금상환액이 더 크다.
③ 대출실행시점에서 총부채상환비율(DTI)은 체증(점증)상환방식이 원금균등상환방식보다 항상 더 크다.
④ 대출금을 조기상환하는 경우 원리금균등상환방식에 비해 원금균등상환방식의 상환액이 더 크다.
⑤ 체증(점증)상환방식은 대출잔액이 지속적으로 감소하므로 다른 상환방식에 비해 이자부담이 작다.

27. 부동산투자회사법령상 부동산투자회사에 관한 설명으로 틀린 것은?
① 부동산투자회사는 자기관리, 위탁관리, 기업구조조정 부동산투자회사로 구분할 수 있다.
② 자기관리 부동산투자회사의 설립 자본금은 3억원 이상으로 한다.
③ 감정평가사 또는 공인중개사로서 해당 분야에 5년 이상 종사한 사람은 자기관리 부동산투자회사의 상근자산운용 전문인력이 될 수 있다.
④ 위탁관리 부동산투자회사는 본점 외의 지점을 설치할 수 없으며, 직원을 고용하거나 상근 임원을 둘 수 없다.
⑤ 영업인가를 받거나 등록을 한 날부터 6개월이 지난 기업구조조정 부동산투자회사의 자본금은 50억원 이상이 되어야 한다.

21. 부동산투자위험

ㄴ. 차입자에게 고정금리대출을 실행하면 대출자의 인플레이션 위험은 낮아진다. 커진다.

ㄹ. 개별 부동산의 특성으로 인한 체계적인 비체계적 위험은 포트폴리오를 통해 제거할 수 있다.

22. 부동산의 관리

⑤ 부동산은 주식 등 금융상품에 비해서 단기간에 현금화할 수 있는 가능성이 높다. 작다.

= 유동성위험이 크다.

23. 자기자본수익률

전부 정답 처리

∵ 부동산가격상승률 정보 부재

(만약 부동산가격이 상승하면 자본이득이 발생하여 자기자본수익률이 변경(상승)할 수 있으므로)

아래 풀이는 '부동산가격상승률 = 0' 가정

세후현금흐름

순영업소득	2억원
- 부채상환액(서비스액)	6,000만원
세전현금흐름(수지)	1억 4,000만원
- 영업소득세	2,000만원
세후현금흐름(수지)	1억 2,000만원

영업소득세

순영업소득	2억원
- 이자지급액	6,000만원
- 감가상각액 (8억원÷20년)	4,000만원
과세표준	1억원
×세율	0.2
영업소득세	2,000만원

세후 자기자본수익률

= 세후 현금흐름 ÷ 지분투자액(20억원 - 12억원)

대출금액(타인자본투자) = 20억원 × 60% = 12억원

= 1억 2,000만원 ÷ 8억원 = 15%

24. 부동산금융

① CMO(collateralized mortgage obligations)   혼합형

② MBB(mortgage backed bond)   채권형

③ MPTS(mortgage pass-through securities)   지분형

④ 고정금리대출을 실행한 대출기관은 금리상승 금리하락 시 차입자의 조기상환으로 인한 위험이 커진다.

25. 최대 대출 가능 금액

LTV = 대출금액 ÷ 부동산가격

대출금액 = 부동산가격 × LTV

= 5억원 × 60% = 3억원

DCR

방법1(공식)

대출가능금액 = 순영업소득 ÷ (DCR × 저당상수)

= 1억원 ÷ (2 × 0.2) = 2.5억원

방법2(사고)

DCR × 연간원리금상환액(부채서비스액)	< 1
DCR × 대출금액 × 저당상수	< 1
2 × 대출금액 × 0.2	< 1
대출금액	< 2.5

Min(LTV, DCR) = 2.5억원 - 1억원(기존대출) = 1.5억원

26. 대출상환방식

② 원금균등상환방식은 원리금균등상환방식에 비해 전체 대출기간 만료시 누적원리금상환액이 더 크다. 작다.

③ 대출실행시점에서 총부채상환비율(DTI)은 체증(점증)상환방식이 원금균등상환방식보다 항상 더 크다. 작다.

④ 대출금을 조기상환하는 경우 원리금균등상환방식에 비해 원금균등상환방식의 상환액이 더 크다. 작다.

⑤ 체증(점증)상환방식은 대출잔액이 지속적으로 감소하므로 (원금 상환(대출잔액 감소) 속도가 늦어) 다른 상환방식에 비해 이자부담이 작다. 크다.

27. 부동산투자회사

② 자기관리 부동산투자회사의 설립 자본금은 3억원 5억원 이상으로 한다.

영업인가를 받거나 등록을 한 날부터 6개월이 지나면 자본금은 70억원 이상이 되어야 한다.

⑤ 영업인가를 받거나 등록을 한 날부터 6개월이 지난 기업구조조정 부동산투자회사의 자본금은 50억원 이상이 되어야 한다.

설립 자본금은 3억원이다.

28. 프로젝트 금융에 관한 설명으로 틀린 것은?

① 특정 프로젝트로부터 향후 일정한 현금흐름이 예상되는 경우, 사전 계약에 따라 미래에 발생할 현금흐름과 사업자 체자산을 담보로 자금을 조달하는 금융기법이다.

② 일반적으로 기업대출보다 금리 등이 높아 사업이 성공할 경우 해당 금융기관은 높은 수익을 올릴 수 있다.

③ 프로젝트 금융의 자금은 건설회사 또는 시공회사가 자체 계좌를 통해 직접 관리한다.

④ 프로젝트 금융이 부실화될 경우 해당 금융기관의 부실로 이어질 수 있다.

⑤ 비소구 또는 제한적 소구 금융의 특징을 가지고 있다.

29. 2년 전 연초(1월 1일)에 받은 주택담보대출의 대환 (refinancing)을 고려하고 있는 A가 대출 후 2년차 말에 대환을 통해 얻을 수 있는 이익의 현재가치는? (단, 주어진 조건에 한함)

○ 기존대출 조건
 - 대출금액: 1억원
 - 이자율: 연 4%
 - 만기 10년, 원금 만기일시상환조건
   (매년 말 연단위 이자 지급)
 - 조기상환수수료: 대출잔액의 1%
○ 신규대출 조건
 - 대출금액: 기존대출의 잔액
 - 이자율: 연 3%
 - 만기 8년, 원금 만기일시상환조건
   (매년 말 연단위 이자 지급)
 - 취급수수료: 대출금액의 1%
○ 8년간 연금의 현재가치계수(3% 연복리): 7

① 3백만원　　② 4백만원　　③ 5백만원
④ 6백만원　　⑤ 7백만원

30. 다음 설명에 모두 해당하는 부동산관리 방식은?

○ 소유자의 의사능력 및 지휘통제력이 발휘된다.
○ 업무의 기밀유지에 유리하다.
○ 업무행위의 안일화를 초래하기 쉽다.
○ 전문성이 낮은 경향이 있다.

① 외주관리　　② 혼합관리　　③ 신탁관리
④ 위탁관리　　⑤ 직접관리

31. 부동산개발에 관한 설명으로 틀린 것은?

① 부동산개발업의 관리 및 육성에 관한 법령상 부동산개발업이란 타인에게 공급할 목적으로 부동산개발을 수행하는 업을 말한다.

② 법률적 위험을 줄이는 하나의 방법은 이용계획이 확정된 토지를 구입하는 것이다.

③ 시장성분석 단계에서는 향후 개발될 부동산이 현재나 미래의 시장상황에서 매매되거나 임대될 수 있는지에 대한 경쟁력을 분석한다.

④ 토지(개발)신탁방식은 신탁회사가 토지소유권을 이전받아 토지를 개발한 후 분양하거나 임대하여 그 수익을 신탁자에게 돌려주는 것이다.

⑤ BTO(build-transfer-operate)방식은 민간이 개발한 시설의 소유권을 준공과 동시에 공공에 귀속시키고 민간은 시설 관리운영권을 가지며, 공공은 그 시설을 임차하여 사용하는 민간투자 사업방식이다.

32. 부동산개발과 관련하여 다음 설명에 해당하는 도시 및 주거환경정비법령상의 정비사업은?

단독주택 및 다세대주택 등이 밀집한 지역에서 정비기반시설과 공동이용시설의 확충을 통하여 주거환경을 보전·정비·개량하기 위하여 시행하는 사업

① 주거환경관리사업　　② 주택재건축사업
③ 주택재개발사업　　　④ 주거환경개선사업
⑤ 가로주택정비사업

33. 다음은 임대주택의 1년간 운영실적 자료이다. 가능총소득에 대한 영업경비 비율은? (단, 주어진 조건에 한함)

○ 호당 임대료: 연 5백만원
○ 임대가능호수: 60호
○ 공실률: 10%
○ 순영업소득: 연 2억 1천만원

① 2.38%　② 10%　③ 20%　④ 22.22%　⑤ 30%

34. 부동산 마케팅 4P[가격(price), 제품(product), 유통경로(place), 판매촉진(promotion)]전략과 다음 부동산 마케팅 활동의 연결이 옳은 것은?

ㄱ. 아파트 단지 내 자연친화적 실개천 설치
ㄴ. 부동산 중개업소 적극 활용
ㄷ. 시장분석을 통한 적정 분양가 책정
ㄹ. 주택청약자 대상 경품추첨으로 가전제품 제공

① ㄱ: 제품,　　ㄴ: 판매촉진, ㄷ: 가격,　　ㄹ: 유통경로
② ㄱ: 유통경로, ㄴ: 판매촉진, ㄷ: 가격,　　ㄹ: 제품
③ ㄱ: 유통경로, ㄴ: 제품,　　ㄷ: 가격,　　ㄹ: 판매촉진
④ ㄱ: 제품,　　ㄴ: 유통경로, ㄷ: 가격,　　ㄹ: 판매촉진
⑤ ㄱ: 제품,　　ㄴ: 유통경로, ㄷ: 판매촉진, ㄹ: 가격

28. 프로젝트 금융(project finance)

③ 위탁계정(escrow account)

　　대주(대출금융기관)에 의한 자금관리가 이루어진다.

⑤ 비소구 금융(non-recourse financing)

　　제한적 소구 금융(limited-recourse financing)

29. 대환(refinancing)

　　대환으로 인한 이자지급액 감소분

　　　= 1억원 × (4% - 3%) = 1백만원

　　2년차 말 대환으로 인한 이자지급액 감소분

　　　= 1백만원 × 7(연금의 현가계수) = 7백만원

　　2년차 말 대환으로 인한 비용

　　　= 조기상환수수료 + 취급수수료 = 2백만원

　　2년차 말 대환으로 인한 이익의 현재가치

　　　= 7백만원 - 2백만원 = 5백만원

30. 부동산관리

① 외주관리: 전문성·효율성

② 혼합관리 = 직접관리 + 위탁관리

④ 위탁관리 = 외주관리 = 간접관리

⑤ 직접관리 = 자가관리 = 자치관리 = 자영관리

31. 부동산개발

⑤ BTO(build-transfer-operate) BTL(Build-Transfer-Lease)

　　방식은 민간이 개발한 시설의 소유권을 준공과 동시에 공
　　공에 귀속시키고 민간은 시설관리운영권을 가지며, 공공
　　은 그 시설을 임차하여 사용하는 민간투자 사업방식이다.

32. 정비사업: 주거환경개선사업

① 주거환경관리사업　　　　　　2018년 폐지

④ 주거환경개선사업

　　도시 저소득 주민이 집단거주하는 지역으로서 정비기반
　　시설이 극히 열악하고 노후·불량건축물이 과도하게 밀집
　　한 지역의 주거환경을 개선하거나…

⑤ 가로주택정비사업　　　　　　2018년 폐지

33. 수지분석

　　가능총소득 = 임대 호수 × 호당 임대료

　　　　　　　　　　　　= 60호 × 5백만원 = 3억원

　　공실및대손 = 3억원 × 10% = 3천만원

　　영업경비율 = 6천만원 ÷ 3억원 = 20%

가능총소득	3억원
- 공실및대손손실상당액	3천만원
유효총소득	2억 7천만원
- 영업경비	(6천만원)
순영업소득	2억 1천만원
- 부채상환액	
세전현금흐름	
- 영업소득세	
세후현금흐름	

34. 부동산마케팅 4P 전략

ㄱ. Product

ㄴ. Place

ㄷ. Price

ㄹ. Promotion

35. 감정평가에 관한 규칙에 규정된 내용이 <u>아닌</u> 것은?

① 감정평가업자는 감정평가 의뢰인이 요청하는 경우에는 대상물건의 감정평가액을 시장가치 외의 가치를 기준으로 결정할 수 있다.

② 시장가치란 한정된 시장에서 성립될 가능성이 있는 대상물건의 최고가액을 말한다.

③ 감정평가는 기준시점에서의 대상물건의 이용상황(불법적이거나 일시적인 이용은 제외한다) 및 공법상 제한을 받는 상태를 기준으로 한다.

④ 둘 이상의 대상물건이 일체로 거래되거나 대상물건 상호간에 용도상 불가분의 관계가 있는 경우에는 일괄하여 감정평가할 수 있다.

⑤ 하나의 대상물건이라도 가치를 달리하는 부분은 이를 구분하여 감정평가할 수 있다.

36. 감정평가 과정상 지역분석과 개별분석에 관한 설명으로 <u>틀린</u> 것은?

① 지역분석을 통해 해당 지역 내 부동산의 표준적 이용과 가격수준을 파악할 수 있다.

② 지역분석에 있어서 중요한 대상은 인근지역, 유사지역 및 동일수급권이다.

③ 대상부동산의 최유효이용을 판정하기 위해 개별분석이 필요하다.

④ 지역분석보다 개별분석을 먼저 실시하는 것이 일반적이다.

⑤ 지역분석은 대상지역에 대한 거시적인 분석인 반면, 개별분석은 대상부동산에 대한 미시적인 분석이다.

37. 다음 자료를 활용하여 시산가액 조정을 통해 구한 감정평가액은? (단, 주어진 조건에 한함)

○ 거래사례를 통해 구한 시산가액(가치): 1.2억원
○ 조성비용을 통해 구한 시산가액(가치): 1.1억원
○ 임대료를 통해 구한 시산가액(가치): 1.0억원
○ 시산가액 조정 방법: 가중치를 부여하는 방법
○ 가중치: 원가방식 20%, 비교방식 50%, 수익방식 30%를 적용함

① 1.09억원　　② 1.10억원　　③ 1.11억원
④ 1.12억원　　⑤ 1.13억원

38. 다음은 임대료 감정평가방법의 종류와 산식이다. ( )에 들어갈 내용으로 옳은 것은?

○ 적산법:
　적산임료 = 기초가액 × (ㄱ) + 필요제경비
○ 임대사례비교법:
　(ㄴ)
　= 임대사례의 임대료 × 사정보정치 × 시점수정치 × 지역요인 비교치 × 개별요인 비교치
○ (ㄷ): 수익임료 = 순수익 + 필요제경비

① ㄱ: 기대이율, ㄴ: 비준임료, ㄷ: 수익분석법
② ㄱ: 환원이율, ㄴ: 지불임료, ㄷ: 수익분석법
③ ㄱ: 환원이율, ㄴ: 지불임료, ㄷ: 수익환원법
④ ㄱ: 기대이율, ㄴ: 비준임료, ㄷ: 수익환원법
⑤ ㄱ: 환원이율, ㄴ: 실질임료, ㄷ: 수익환원법

39. 부동산 가격공시 및 감정평가에 관한 법령에 규정된 내용으로 옳은 것은?

① 개별공시지가에 대하여 이의가 있는 자는 개별공시지가의 결정·공시일부터 60일 이내에 이의를 신청할 수 있다.

② 국토교통부장관은 표준지의 가격을 산정한 때에는 그 타당성에 대하여 행정자치부장관의 검증을 받아야 한다.

③ 국토교통부장관은 일단의 공동주택 중에서 선정한 표준주택에 대하여 매년 공시기준일 현재의 적정가격을 조사·평가한다.

④ 시장·군수·구청장은 공시기준일 이후에 토지의 분할·합병이 발생한 경우에는 7월 1일을 기준으로 하여 개별주택가격을 결정·공시하여야 한다.

⑤ 동 법령에 따라 공시한 공동주택가격은 주택시장의 가격정보를 제공하고, 국가·지방자치단체 등의 기관이 과세 등의 업무와 관련하여 주택의 가격을 산정하는 경우에 그 기준으로 활용될 수 있다.

40. 감정평가에 관한 규칙 제8조에 규정된 감정평가의 절차에 해당하지 <u>않는</u> 것은?

① 감정평가 의뢰
② 처리계획 수립
③ 대상물건 확인
④ 감정평가방법의 선정 및 적용
⑤ 감정평가액의 결정 및 표시

35. 감정평가에 관한 규칙

① 원칙: **시장가치**

　　통상의 자유 경쟁시장 전제 시장가치 평가

　　　　1. 단기 거래 가능성

　　　　2. 거래의 자연성(~~급매, 수용~~)

　　　　3. 당사자의 정통성

　　　　4. 시장성(거래 지속 가능성)

② 시장가치란 한정된 시장에서 성립될 가능성이 있는 **가장 높은** 대상물건의 **최고가액**을 말한다.

③ 현황평가

36. 지역분석·개별분석

② **동일수급권**: 대체관계 성립

　　인근지역이란 감정평가의 대상이 된 부동산이 속한 지역으로서 부동산의 이용이 동질적이고 가치형성요인 중 지역요인을 공유하는 지역을 말한다.

　　유사지역이란 감정평가의 대상이 된 부동산이 속하지 아니한 지역으로서 부동산의 이용이 동질적이고 가치형성요인 중 개별요인을 공유하는 지역을 말한다.

④ 지역분석 ~~개별분석~~보다 개별분석 ~~지역분석~~을 먼저 실시하는 것이 일반적이다.

37. 시산가액 조정

　　비준가액(비교방식): 거래사례 시산가액

　　　　　　　　　　　　　　= 1.2억원 × 50%

　　적산가액(원가방식): 조성비용 시산가액

　　　　　　　　　　　　　　= 1.1억원 × 20%

　　수익가액(수익방식): 임대료　시산가액

　　　　　　　　　　　　　　= 1.0억원 × 30%

　　감정평가액 = 1.12억원

38. 감정평가방법

○ 적산법:

　　적산임료 = 기초가액 × (기대이율) + 필요제경비

○ 임대사례비교법:

　　(비준임료)

　　= 임대사례의 임대료 × 사정보정치 × 시점수정치

　　　　　　　　× 지역요인 비교치 × 개별요인 비교치

○ (수익분석법): 수익임료 = 순수익 + 필요제경비

39. 부동산 가격공시 및 감정평가에 관한 법령

① 개별공시지가에 대하여 이의가 있는 자는 개별공시지가의 결정·공시일부터 ~~60일~~ 30일 이내에 이의를 신청할 수 있다.

② 국토교통부장관은 표준지의 가격을 산정한 때에는 그 타당성에 대하여 ~~행정자치부장관~~ 중앙부동산가격공시위원회의 검증을 ~~심의~~를 받아야 한다.

③ 국토교통부장관은 일단의 ~~공동주택~~ 단독주택 중에서 선정한 표준주택에 대하여 매년 공시기준일 현재의 적정가격을 조사·평가한다.

④ 시장·군수·구청장은 공시기준일 이후에 토지의 분할·합병이 발생한 경우에는 ~~7월 1일~~ 6월 1일을 기준으로 하여 개별주택가격을 ~~개별공시지가~~를 결정·공시하여야 한다.

40. 감정평가의 절차

　　　1. 기본사항 확정

　　　2. 처리계획 수립

　　　3. 대상물건 확인

　　　4. 자료 수집·정리

　　　5. 자료검토, 가치형성요인 분석

　　　6. 감정평가방법 선정 및 적용

　　　7. 감정평가액 결정 및 표시

① 감정평가 의뢰

41. 반사회질서의 법률행위에 해당하여 무효로 되는 것을 모두 고른 것은? (다툼이 있으면 판례에 따름)

> ㄱ. 성립 과정에서 강박이라는 불법적 방법이 사용된 데 불과한 법률행위
> ㄴ. 강제집행을 면할 목적으로 허위의 근저당권을 설정하는 행위
> ㄷ. 양도소득세를 회피할 목적으로 실제로 거래한 매매대금보다 낮은 금액으로 매매계약을 체결한 행위
> ㄹ. 이미 매도된 부동산임을 알면서도 매도인의 배임행위에 적극 가담하여 이루어진 저당권설정행위

① ㄷ　　② ㄹ　　③ ㄱ, ㄴ　　④ ㄱ, ㄷ　　⑤ ㄴ, ㄹ

42. 의사표시의 효력발생에 관한 설명으로 틀린 것은? (다툼이 있으면 판례에 따름)

① 표의자가 매매의 청약을 발송한 후 사망하여도 그 청약의 효력에 영향을 미치지 아니한다.
② 상대방이 정당한 사유 없이 통지의 수령을 거절한 경우에도 그가 통지의 내용을 알 수 있는 객관적 상태에 놓인 때에 의사표시의 효력이 생긴다.
③ 의사표시가 기재된 내용증명우편이 발송되고 달리 반송되지 않았다면 특별한 사정이 없는 한 그 의사표시는 도달된 것으로 본다.
④ 표의자가 그 통지를 발송한 후 제한능력자가 된 경우 그 법정대리인이 통지 사실을 알기 전에는 의사표시의 효력이 없다.
⑤ 매매계약을 해제하겠다는 내용증명우편이 상대방에게 도착하였으나, 상대방이 정당한 사유 없이 그 우편물의 수취를 거절한 경우에 해제의 의사표시가 도달한 것으로 볼 수 있다.

43. 진의 아닌 의사표시에 관한 설명으로 틀린 것은? (다툼이 있으면 판례에 따름)

① 진의란 특정한 내용의 의사표시를 하고자 하는 표의자의 생각을 말하는 것이지 표의자가 진정으로 마음속에서 바라는 사항을 뜻하는 것은 아니다.
② 상대방이 표의자의 진의 아님을 알았을 경우, 표의자는 진의 아닌 의사표시를 취소할 수 있다.
③ 대리행위에 있어서 진의 아닌 의사표시인지 여부는 대리인을 표준으로 결정한다.
④ 진의 아닌 의사표시의 효력이 없는 경우, 법률행위의 당사자는 진의 아닌 의사표시를 기초로 새로운 이해관계를 맺은 선의의 제3자에게 대항하지 못한다.
⑤ 진의 아닌 의사표시는 상대방과 통정이 없다는 점에서 통정허위표시와 구별된다.

44. 甲은 자신의 부동산에 관하여 乙과 통정한 허위의 매매계약에 따라 소유권이전등기를 乙에게 해주었다. 그 후 乙은 이러한 사정을 모르는 丙과 위 부동산에 대한 매매계약을 체결하고 그에게 소유권이전등기를 해주었다. 다음 설명 중 틀린 것은? (다툼이 있으면 판례에 따름)

① 甲과 乙은 매매계약에 따른 채무를 이행할 필요가 없다.
② 甲은 丙을 상대로 이전등기의 말소를 청구할 수 없다.
③ 丙이 부동산의 소유권을 취득한다.
④ 甲이 자신의 소유권을 주장하려면 丙의 악의를 증명해야 한다.
⑤ 丙이 선의이더라도 과실이 있으면 소유권을 취득하지 못한다.

45. 甲은 乙 소유의 X토지를 임차하여 사용하던 중 이를 매수하기로 乙과 합의하였으나, 계약서에는 Y토지로 잘못 기재하였다. 다음 설명 중 옳은 것은? (다툼이 있으면 판례에 따름)

① 매매계약은 X토지에 대하여 유효하게 성립한다.
② 매매계약은 Y토지에 대하여 유효하게 성립한다.
③ X토지에 대하여 매매계약이 성립하지만, 당사자는 착오를 이유로 취소할 수 있다.
④ Y토지에 대하여 매매계약이 성립하지만, 당사자는 착오를 이유로 취소할 수 있다.
⑤ X와 Y 어느 토지에 대해서도 매매계약이 성립하지 않는다.

46. 사기에 의한 의사표시에 관한 설명으로 틀린 것은? (다툼이 있으면 판례에 따름)

① 아파트분양자가 아파트단지 인근에 공동묘지가 조성되어 있다는 사실을 분양계약자에게 고지하지 않은 경우에는 기망행위에 해당한다.
② 아파트분양자에게 기망행위가 인정된다면, 분양계약자는 기망을 이유로 분양계약을 취소하거나 취소를 원하지 않을 경우 손해배상만을 청구할 수도 있다.
③ 분양회사가 상가를 분양하면서 그곳에 첨단오락타운을 조성하여 수익을 보장한다는 다소 과장된 선전광고를 하는 것은 기망행위에 해당한다.
④ 제3자의 사기에 의해 의사표시를 한 표의자는 상대방이 그 사실을 알았거나 알 수 있었을 경우에 그 의사표시를 취소할 수 있다.
⑤ 대리인의 기망행위에 의해 계약이 체결된 경우, 계약의 상대방은 본인이 선의이더라도 계약을 취소할 수 있다.

41. 반사회질서의 법률행위(민법 제103조)
　　① 반인륜 ② 부정의 ③ 극심한 자유 제한
　　④ 생존 기초 재산 처분 ⑤ 사행성 ⑥ 불공정
ㄱ. 진의표시, 취소할 수 있는 법률행위
ㄴ. 강제집행을 면할 목적으로(私益) 허위의 (가장)근저당권
　　을 설정하는 행위 → 유효
ㄷ. 양도소득세를 회피할 목적으로(私益) 실제로 거래한 매
　　매대금보다 낮은 금액으로 (가장)매매계약을 체결한 행
　　위 → 유효
ㄹ. 이미 매도된 부동산임을 알면서도 매도인의 배임행위에
　　적극 가담하여(정의 관념에 반하는 행위) 이루어진 저당
　　권설정행위

42. 의사표시의 효력발생
① 상속인이 책임을 부담한다.
② 상대방이 정당한 사유 없이 통지의 수령을 거절한 경우에
　도 그가 통지의 내용을 알 수 있는 객관적 상태에 놓인 때
　(도달)에 의사표시의 효력이 생긴다.
③ 의사표시가 기재된 내용증명우편(또는 등기우편)이 발송
　되고 달리 반송되지 않았다면 특별한 사정이 없는 한 그
　의사표시는 도달된 것으로 본다.
④ 표의자가 그 통지를 발송한 후 제한능력자가 된 경우 그
　법정대리인이 통지 사실을 알기 전에는 의사표시의 효력
　이 없다. 효력에 영향이 없다.
　법정대리인이 책임을 부담한다.

43. 비진의표시
② 상대방이 표의자의 진의 아님을 (알 수 있었거나) 알았을
　경우, 표의자는 진의 아닌 의사표시를 취소할 수 있다. 는
　무효이다.
③ 대리인 표준의 원칙
④ 상대적 무효
⑤ 통정허위표시 = 비진의표시 + 상대방의 양해

44. 통정허위표시
① 甲과 乙은 (가장)매매계약(무효)에 따른 채무를 이행할 필
　요가 없다.
　무효 → 이행기 도래× → 채무불이행× → 손해배상×
④ 선의 추정
　제3자의 악의를 주장하는 자가 입증책임을 부담한다.
⑤ 丙(제3자)이 선의이더라도 과실이 있으면 선의라면 과실
　여부를 불문하고 소유권을 취득하지 못한다. 취득한다.

45. 착오 - 오표시(誤標示) 무해(無害)의 원칙
① 매매계약은 X토지에 대하여 유효하게 성립한다.
③ X토지에 대하여 매매계약이 성립하지만 성립하고, 당사자
　는 착오를 이유로 취소할 수 있다. 없다.

46. 기망행위

> 민법 제110조(사기·강박에 의한 의사표시)
> ① 사기나 강박에 의한 의사표시는 취소할 수 있다.
> ② 상대방 있는 의사표시에 관하여 제3자가 사기나 강박
> 을 행한 경우에는 상대방이 그 사실을 알았거나 알 수 있
> 었을 경우에 한하여 그 의사표시를 취소할 수 있다. (상
> 대방 없는 의사표시의 경우에는 언제나 취소할 수 있다)
> ③ 전2항의 의사표시의 취소는 선의의 제3자에게 대항하
> 지 못한다.

① 아파트분양자가 아파트단지 인근에 공동묘지(, 화장터, 쓰
　레기매립장)가 조성되어 있다는 사실을 분양계약자에게
　고지하지 않은 경우에는 기망행위에 해당한다.
③ 분양회사가 상가를 분양하면서 그곳에 첨단오락타운을
　조성하여 수익을 보장한다는 다소 과장된 선전광고를 하
　는 것은 기망행위에 해당한다. 해당하지 않는다. 청약의
　유인에 불과하다.
④ (대리인이 아닌) 제3자의 사기에 의해 의사표시를 한 표의
　자는 상대방이 그 사실을 알았거나 알 수 있었을 경우에
　그 의사표시를 취소할 수 있다.

47. 대리권의 범위와 제한에 관한 설명으로 틀린 것은? (다툼이 있으면 판례에 따름)

① 대리인에 대한 본인의 금전채무가 기한이 도래한 경우 대리인은 본인의 허락 없이 그 채무를 변제하지 못한다.

② 금전소비대차계약과 그 담보를 위한 담보권설정계약을 체결할 권한이 있는 임의대리인은 특별한 사정이 없는 한 계약을 해제할 권한까지 갖는 것은 아니다.

③ 매매계약체결의 대리권을 수여받은 대리인은 특별한사정이 없는 한 중도금과 잔금을 수령할 권한이 있다.

④ 대리인이 수인인 때에는 각자가 본인을 대리하지만, 법률 또는 수권행위에서 달리 정할 수 있다.

⑤ 권한을 정하지 않은 대리인은 보존행위를 할 수 있다.

48. 대리권 없는 자가 타인의 대리인으로 한 계약에 관한 설명으로 틀린 것은? (표현대리는 고려하지 않음)

① 본인이 이를 추인하지 아니하면 본인에 대하여 효력이 없다.

② 상대방은 상당한 기간을 정하여 본인에게 그 추인여부의 확답을 최고할 수 있고, 본인이 그 기간 내에 확답을 발하지 아니한 때에는 추인을 거절한 것으로 본다.

③ 무권대리인의 상대방은 계약 당시에 대리권 없음을 안 경우 계약의 이행을 청구할 수 있다.

④ 추인은 다른 의사표시가 없는 때에는 계약시에 소급하여 그 효력이 생기지만 제3자의 권리를 해하지 못한다.

⑤ 계약 당시에 대리권 없음을 안 상대방은 계약을 철회할 수 없다.

49. 법률행위의 취소에 관한 설명으로 옳은 것은?

① 취소권은 취소할 수 있는 날로부터 3년 내에 행사하여야 한다.

② 취소권은 취소사유가 있음을 안 날로부터 10년 내에 행사하여야 한다.

③ 제한능력을 이유로 법률행위가 취소된 경우 악의의 제한능력자는 받은 이익에 이자를 붙여서 반환해야 한다.

④ 법정대리인의 추인은 취소의 원인이 소멸한 후에 하여야만 효력이 있다.

⑤ 취소할 수 있는 법률행위는 추인할 수 있는 후에 취소권자의 이행청구가 있으면 이의를 보류하지 않는 한 추인한 것으로 본다.

50. 민법상 물권에 관한 설명으로 틀린 것은? (다툼이 있으면 판례에 따름)

① 토지의 일부에 대하여도 점유취득시효로 소유권을 취득할 수 있다.

② 1동 건물의 일부도 구조상·이용상 독립성이 있으면 구분행위에 의하여 독립된 부동산이 될 수 있다.

③ 미분리의 과실은 명인방법을 갖추면 독립된 소유권의 객체로 된다.

④ 토지에서 벌채되어 분리된 수목은 독립된 소유권의 객체로 된다.

⑤ 농지 소유자의 승낙 없이 농작물을 경작한 경우 명인방법을 갖추어야만 토지와 별도로 독립된 소유권의 객체로 된다.

51. 甲 소유 X토지에 대한 사용권한 없이 그 위에 乙이 Y건물을 신축한 후 아직 등기하지 않은 채 丙에게 일부를 임대하여 현재 乙과 丙이 Y건물을 일부분씩 점유하고 있다. 다음 설명 중 틀린 것은? (다툼이 있으면 판례에 따름)

① 甲은 乙을 상대로 Y건물의 철거를 구할 수 있다.

② 甲은 乙을 상대로 Y건물의 대지 부분의 인도를 구할 수 있다.

③ 甲은 乙을 상대로 Y건물에서의 퇴거를 구할 수 있다.

④ 甲은 丙을 상대로 Y건물에서의 퇴거를 구할 수 있다.

⑤ 乙이 Y건물을 丁에게 미등기로 매도하고 인도해준 경우 甲은 丁을 상대로 Y건물의 철거를 구할 수 있다.

52. 등기가 있어야 물권이 변동되는 경우는? (다툼이 있으면 판례에 따름)

① 공유물분할청구소송에서 현물분할의 협의가 성립하여 조정이 된 때 공유자들의 소유권 취득

② 건물 소유자의 법정지상권 취득

③ 분묘기지권의 시효취득

④ 저당권실행에 의한 경매에서의 소유권 취득

⑤ 법정갱신된 경우의 전세권 취득

47. 대리권의 범위와 제한

① 대리인에 대한 본인의 금전채무가 기한이 도래한 ~~도래하지 않은~~ 경우 대리인은 본인의 허락 없이 그 채무를 변제하지 못한다.

② 매도 대리 ≠ 매수 대리, 영수 대리 ≠ 면제 대리

⑤ 권한을 정하지 않은 대리인은 **보존행위**(소멸시효 중단, 미등기 부동산의 보존등기 등)를 할 수 있다.

> 민법 제118조(대리권의 범위)
> 권한을 정하지 아니한 대리인은 다음 각 호의 행위만을 할 수 있다.
> 1. 보존행위
> 2. 대리의 목적인 물건이나 권리의 성질을 변하지 아니하는 범위에서 그 이용 또는 개량하는 행위

48. 협의의 무권대리

> 민법 제130조(무권대리)
> 대리권 없는 자가 타인의 대리인으로 한 계약은 본인이 이를 추인하지 아니하면 본인에 대하여 효력이 없다.
>   - 유동적 무효
> 민법 제131조(상대방의 최고권)
> 대리권 없는 자가 타인의 대리인으로 계약을 한 경우에 상대방은 상당한 기간을 정하여 본인에게 그 추인여부의 확답을 최고할 수 있다. 본인이 그 기간내에 확답을 발하지 아니한 때에는 추인을 거절한 것으로 본다.
>   - 발신주의
> 민법 제133조(추인의 효력)
> 추인은 다른 의사표시가 없는 때에는 계약시에 소급하여 그 효력이 생긴다. 그러나 제3자의 권리를 해하지 못한다.
> 민법 제134조(상대방의 철회권)
> 대리권 없는 자가 한 계약은 본인의 추인이 있을 때까지 상대방은 본인이나 그 대리인에 대하여 이를 철회할 수 있다. 그러나 계약 당시에 상대방이 대리권 없음을 안 때에는 그러하지 아니하다.
> 민법 제135조(무권대리인의 상대방에 대한 책임)
> ① 타인의 대리인으로 계약을 한 자가 그 대리권을 증명하지 못하고 또 본인의 추인을 얻지 못한 때에는 상대방의 선택에 좇아 계약의 이행 또는 손해배상의 책임이 있다.
> ② 상대방이 대리권 없음을 알았거나 알 수 있었을 때 또는 대리인으로 계약한 자가 행위능력이 없는 때에는 전항의 규정을 적용하지 아니한다.

③ 무권대리인의 상대방은 계약 당시에 대리권 없음을 안 경우 계약의 이행을 청구할 수 있다. ~~없다.~~

49. 법률행위의 취소

> 민법 제141조(취소의 효과)
> 취소한 법률행위는 처음부터 무효인 것으로 본다. 그러나 제한능력자는 그 행위로 인하여 받은 이익이 현존하는 한도에서 상환할 책임이 있다.
> 민법 제144조(추인의 요건)
> ① 추인은 취소의 원인이 종료한 후에 하지 아니하면 효력이 없다.
> ② 전항의 규정은 법정대리인이 추인하는 경우에는 적용하지 아니한다.
> 민법 제146조(취소권의 소멸)
> 취소권은 추인할 수 있는 날로부터 3년내에 법률행위를 한 날로부터 10년내에 행사하여야 한다.

① 취소권은 ~~취소~~ 추인할 수 있는(취소의 원인이 소멸한) 날로부터 3년(제척기간) 내에 행사하여야 한다.

② 취소권은 취소사유가 있음을 안 **법률행위를 한** 날로부터 10년(제척기간) 내에 행사하여야 한다.

③ 제한능력을 이유로 법률행위가 취소된 경우 ~~악의(선악 불문)의 제한능력자는 받은 이익에 이자를 붙여서 반환해야 한다.~~ 이익이 현존하는 한도에서 상환할 책임이 있다.

④ 법정대리인의 추인은 취소의 원인이 소멸한 후에 하여야만 ~~소멸하기 전에 하더라도~~ 효력이 있다.

50. 물권

① 등기부취득시효 불가 ∵ '1부동산 1등기' 원칙

⑤ 농지 소유자의 승낙 없이 농작물을 (무단)경작한 경우 명인방법을 ~~갖추어야만~~ 갖추지 않더라도 토지와 별도로 독립된 소유권의 객체로 된다.

51. 물권적 청구권

① 甲(토지소유자) → 乙(토지 불법 점유자):   철거청구

② 甲(토지소유자) → 乙(토지 불법 점유자):   인도청구

③ 甲(토지소유자) → 乙(건물 소유자):   퇴거청구

④ 甲(토지소유자) → 丙(건물 임차인):   퇴거청구

⑤ 甲(토지소유자) → 丁(건물 미등기매수인): 철거청구

52. 물권의 변동

① 현물분할의 협의 = 계약 = 법률행위: 민법 제186조

②③④⑤ 법률규정: 민법 제187조

53. 점유자와 회복자의 관계에 관한 설명으로 틀린 것은?

① 선의의 점유자는 점유물의 과실을 취득하면 회복자에 대하여 통상의 필요비 상환을 청구하지 못한다.

② 점유물이 점유자의 책임있는 사유로 멸실된 경우 소유의 의사가 없는 선의의 점유자는 손해의 전부를 배상해야 한다.

③ 점유물에 관한 필요비상환청구권은 악의의 점유자에게도 인정된다.

④ 필요비상환청구권에 대하여 회복자는 법원에 상환기간의 허여를 청구할 수 있다.

⑤ 악의의 점유자가 과실(過失)로 인하여 점유물의 과실(果實)을 수취하지 못한 경우 그 과실(果實)의 대가를 보상해야 한다.

54. 주위토지통행권에 관한 설명으로 틀린 것은? (다툼이 있으면 판례에 따름)

① 주위토지통행권은 토지와 공로 사이에 기존의 통로가 있더라도 그것이 그 토지의 이용에 부적합하여 실제로 통로로서의 충분한 기능을 하지 못하는 경우에도 인정된다.

② 주위토지통행권의 범위는 장차 건립될 아파트의 건축을 위한 이용상황까지 미리 대비하여 정할 수 있다.

③ 주위토지통행권이 인정되는 경우 통로개설 비용은 원칙적으로 주위토지통행권자가 부담하여야 한다.

④ 통행지 소유자가 주위토지통행권에 기한 통행에 방해가 되는 축조물을 설치한 경우 주위토지통행권의 본래적 기능발휘를 위하여 통행지 소유자가 그 철거의무를 부담한다.

⑤ 주위토지통행권의 성립에는 등기가 필요 없다.

55. 민법상 공유에 관한 설명으로 틀린 것은? (다툼이 있으면 판례에 따름)

① 공유자는 다른 공유자의 동의 없이 공유물을 처분하지 못한다.

② 공유자는 특약이 없는 한 지분비율로 공유물의 관리비용을 부담한다.

③ 공유지분권의 본질적 부분을 침해한 공유물의 관리에 관한 특약은 공유지분의 특정승계인에게 효력이 미친다.

④ 과반수 지분권자로부터 공유물의 특정 부분에 대한 배타적인 사용·수익을 허락받은 제3자의 점유는 다른 소수지분권자와 사이에서도 적법하다.

⑤ 공유물의 소수지분권자가 다른 공유자와의 협의 없이 자신의 지분 범위를 초과하여 공유물의 일부를 배타적으로 점유하고 있는 경우 다른 소수지분권자가 공유물의 인도를 청구할 수 있다.

56. 합유에 관한 설명으로 틀린 것은? (다툼이 있으면 판례에 따름)

① 합유재산에 관하여 합유자 중 1인이 임의로 자기 단독명의의 소유권보존등기를 한 경우, 자신의 지분 범위 내에서는 유효한 등기이다.

② 합유물에 대한 보존행위는 특약이 없는 한 합유자 각자가 할 수 있다.

③ 합유자 중 일부가 사망한 경우 특약이 없는 한 합유물은 잔존 합유자가 2인 이상이면 잔존 합유자의 합유로 귀속된다.

④ 부동산에 관한 합유지분의 포기는 등기하여야 효력이 생긴다.

⑤ 조합체의 해산으로 인하여 합유는 종료한다.

57. 전세권에 관한 설명으로 틀린 것은? (다툼이 있으면 판례에 따름)

① 전세금의 지급은 반드시 현실적으로 수수되어야 하고, 기존의 채권으로 갈음할 수 없다.

② 전세권은 용익물권적 성격과 담보물권적 성격을 겸비하고 있다.

③ 건물 일부에 대한 전세권자는 건물 전부의 경매를 청구할 수 없다.

④ 채권담보의 목적으로 전세권을 설정한 경우, 그 설정과 동시에 목적물을 인도하지 않았으나 장래 전세권자의 사용·수익을 완전히 배제하는 것이 아니라면, 그 전세권은 유효하다.

⑤ 채권담보 목적의 전세권의 경우 채권자와 전세권설정자 및 제3자의 합의가 있으면 전세권의 명의를 그 제3자로 하는 것도 가능하다.

58. 지역권에 관한 설명으로 틀린 것은?

① 지역권은 요역지와 분리하여 양도할 수 없다.

② 요역지와 분리하여 지역권만을 저당권의 목적으로 할 수 없다.

③ 승역지 공유자 중 1인은 자신의 지분만에 대해서 지역권을 소멸시킬 수 없다.

④ 요역지 공유자 중 1인은 자신의 지분만에 대해서 지역권을 소멸시킬 수 있다.

⑤ 지역권은 계속되고 표현된 것에 한하여 시효취득의 대상이 된다.

53. 점유자와 회복자의 관계

민법 제202조(점유자의 회복자에 대한 책임)
점유물이 점유자의 책임있는 사유로 인하여 멸실 또는 훼손한 때에는 악의의 점유자는 그 손해의 전부를 배상하여야 하며 선의의 점유자는 이익이 현존하는 한도에서 배상하여야 한다. 소유의 의사가 없는 점유자는 선의인 경우에도 손해의 전부를 배상하여야 한다.
민법 제203조(점유자의 상환청구권)
① 점유자가 점유물을 반환할 때에는 회복자에 대하여 점유물을 보존하기 위하여 지출한 금액 기타 필요비의 상환을 청구할 수 있다. 그러나 점유자가 과실을 취득한 경우에는 통상의 필요비는 청구하지 못한다.
② 점유자가 점유물을 개량하기 위하여 지출한 금액 기타 유익비에 관하여는 그 가액의 증가가 현존한 경우에 한하여 회복자의 선택에 좇아(<ins>법률의 규정에 의한 선택</ins> <ins>채권의 발생</ins>) 그 지출금액이나 증가액의 상환을 청구할 수 있다.
③ 전항의 경우에 법원은 회복자의 청구에 의하여 상당한 상환기간을 허여할 수 있다.

④ 필요비상환청구권 <ins>유익비상환청구권</ins>에 대하여 회복자는 법원에 상환기간의 허여를 청구할 수 있다.

54. 주위토지통행권

② 주위토지통행권의 범위(현재 토지 용법의 필요 범위 내)는 장차 건립될 아파트의 건축을 위한 이용상황까지 미리 대비하여 정할 수 있다. <ins>없다.</ins>
⑤ 상린관계 = 법률규정: 민법 제187조

55. 공유

① 공유물의 처분: 전원 동의
② 공유물의 관리비용

민법 제266조(공유물의 부담)
① 공유자는 그 지분의 비율로 공유물의 관리비용 기타 의무를 부담한다.
② 공유자가 1년이상 전항의 의무이행을 지체한 때에는 다른 공유자는 상당한 가액으로 지분을 매수할 수 있다.

③ 공유지분권의 본질적 부분을 침해한 공유물의 관리에 관한 특약은 공유지분의 특정승계인에게 효력이 미친다. <ins>미치지 않는다.</ins>
④ 과반수 지분권자로부터 공유물의 특정 부분에 대한 배타적인 사용·수익을 허락받은 제3자(다른 소수지분권자의 동의 없이 점유·임대할 수 있다)의 점유는 다른 소수지분권자와 사이에서도 적법하다.

⑤ 공유물의 소수지분권자가 다른 공유자와의 협의 없이 자신의 지분 범위를 초과하여 공유물의 일부를 배타적으로 점유(·사용)하고 있는 경우 다른 소수지분권자가 공유물의 인도를 청구할 수 있다.

> ※ 2020년 판례 변경
> 공유물의 보존행위로서 그 인도를 청구할 수는 없고, 다만 자신의 지분권에 기초하여 공유물에 대한 방해 상태를 제거하거나 공동 점유를 방해하는 행위의 금지 등을 청구할 수 있다고 보아야 한다.

56. 합유

① 합유재산에 관하여 합유자 중 1인이 임의로 자기 단독명의의 소유권보존등기를 한 경우, 자신의 지분 범위 내에서는 유효한 등기이다. <ins>실질관계에 부합하지 않는 원인무효의 등기이다.</ins>
② 관리행위는 과반수지분권자가 할 수 있다.
③ 합유자 중 일부가 사망한 경우(원칙: 상속 불가, 금전 청산) 특약(특약이 있는 경우 상속 가능)이 없는 한 합유물은 잔존 합유자가 2인 이상이면 잔존 합유자의 합유로 귀속된다.
④ 부동산에 관한 합유지분의 포기(법률행위: 상대방 있는 단독행위 → 민법 제186조)는 등기하여야 효력이 생긴다.
⑤ 조합체의 해산(또는 합유물의 양도)으로 인하여 합유는 종료한다.

57. 전세권

① 전세금의 지급은 반드시 현실적으로 수수되어야 하고 <ins>하는 것은 아니고,</ins> 기존의 채권으로 갈음할 수 없다. <ins>있다.</ins>
② 전세권 = 용익물권(존속기간)
　　　　　　+ 담보물권(존속기간 만료 후)
③ 건물 전부의 환가대금에 대한 우선변제권은 인정된다.
④ 채권담보의 목적으로 전세권을 설정한 경우, 그 설정과 동시에 목적물을 인도(전세권의 성립요건 = 합의 + 전세금 + 등기 + 인도)하지 않았으나 장래 전세권자의 사용·수익을 완전히 배제하는 것이 아니라면, 그 전세권은 유효하다.
⑤ 채권담보를 위하여 담보권을 설정하는 경우 채권자, 채무자, 제3자간 합의가 있으면 채권자가 담보권의 명의를 그 제3자로 하는 것도 가능하다.

58. 지역권

①② 부종성
③④ 승역지·요역지 공유자 중 1인은 자신의 지분만에 대해서 지역권을 소멸시킬 수 있다. <ins>없다.</ins>
⑤ 지역권은 <ins>계속되고 표현된(≒ 점유)</ins> 것에 한하여 시효취득의 대상이 된다.

59. 임차인이 임차물에 관한 유치권을 행사하기 위하여 주장
할 수 있는 피담보채권을 모두 고른 것은? (다툼이 있으
면 판례에 따름)

> ㄱ. 보증금반환청구권
> ㄴ. 권리금반환청구권
> ㄷ. 필요비상환채무의 불이행으로 인한 손해배상청구권
> ㄹ. 원상회복약정이 있는 경우 유익비상환청구권

① ㄱ   ② ㄷ   ③ ㄱ, ㄷ
④ ㄴ, ㄹ   ⑤ ㄱ, ㄴ, ㄹ

60. 甲은 자신이 점유하고 있는 건물에 관하여 乙을 상대로
유치권을 주장하고 있다. 다음 설명 중 틀린 것은? (다툼
이 있으면 판례에 따름)
① 甲이 건물의 수급인으로서 소유권을 갖는다면, 甲의 유치
권은 인정되지 않는다.
② 甲이 건물의 점유에 관하여 선관주의의무를 위반하면, 채
무자 乙은 유치권의 소멸을 청구할 수 있다.
③ 甲은 유치권의 행사를 위해 자신의 점유가 불법행위로 인
한 것이 아님을 증명해야 한다.
④ 채무자 乙이 건물을 직접점유하고 이를 매개로 하여 甲이
간접점유를 하고 있는 경우, 甲의 유치권이 인정되지 않
는다.
⑤ 丙이 건물의 점유를 침탈하였더라도 甲이 점유물반환청
구권을 행사하여 점유를 회복하면, 甲의 유치권은 되살아
난다.

61. 저당권의 물상대위에 관한 설명으로 옳은 것은? (다툼이
있으면 판례에 따름)
① 대위할 물건이 제3자에 의하여 압류된 경우에는 물상대위
성이 없다.
② 전세권을 저당권의 목적으로 한 경우 저당권자에게 물상
대위권이 인정되지 않는다.
③ 저당권설정자에게 대위할 물건이 인도된 후에 저당권자
가 그 물건을 압류한 경우 물상대위권을 행사할 수 있다.
④ 저당권자는 저당목적물의 소실로 인하여 저당권설정자가
취득한 화재보험금청구권에 대하여 물상대위권을 행사할
수 있다.
⑤ 저당권이 설정된 토지가 「공익사업을 위한 토지등의취득
및 보상에 관한 법률」에 따라 협의취득된 경우, 저당권자
는 그 보상금에 대하여 물상대위권을 행사할 수 있다.

62. 법률이나 규약에 특별한 규정 또는 별도의 약정이 없는
경우, 저당권의 효력이 미치는 것을 모두 고른 것은? (다
툼이 있으면 판례에 따름)

> ㄱ. 저당권의 목적인 건물에 증축되어 독립적 효용이 없
> 는 부분
> ㄴ. 건물의 소유를 목적으로 한 토지임차인이 건물에 저
> 당권을 설정한 경우의 토지임차권
> ㄷ. 구분건물의 전유부분에 관하여 저당권이 설정된 후,
> 전유부분의 소유자가 취득하여 전유부분과 일체가
> 된 대지사용권

① ㄱ   ② ㄷ   ③ ㄱ, ㄴ
④ ㄴ, ㄷ   ⑤ ㄱ, ㄴ, ㄷ

63. 甲은 乙에 대한 3억원의 채권을 담보하기 위하여 乙 소유
의 X토지와 Y건물에 각각 1번 공동저당권을 취득하고,
丙은 X토지에 피담보채권 2억 4천만원의 2번 저당권을,
丁은 Y건물에 피담보채권 1억 6천만원의 2번 저당권을
취득하였다. X토지와 Y건물이 모두 경매되어 X토지의
경매대가 4억원과 Y건물의 경매대가 2억원이 동시에 배
당되는 경우, 丁이 Y건물의 경매대가에서 배당받을 수 있
는 금액은? (경매비용이나 이자 등은 고려하지 않음)
① 0원   ② 4천만원   ③ 6천만원
④ 1억원   ⑤ 1억 6천만원

64. 甲은 자신의 토지에 주택신축공사를 乙에게 맡기면서,
甲 명의의 보존등기 후 2개월 내에 공사대금의 지급과 동
시에 주택을 인도받기로 약정하였다. 2016. 1. 15. 주택에
대하여 甲 명의의 보존등기를 마쳤으나, 乙은 현재까지
공사대금을 지급받지 못한 채 점유하고 있다. 甲의 채권
자가 위 주택에 대한 강제경매를 신청하여 2016. 2. 8. 경
매개시결정등기가 되었고, 2016. 10. 17. 경매대금을 완납
한 丙이 乙을 상대로 주택의 인도를 청구하였다. 다음 설
명 중 옳은 것을 모두 고른 것은? (다툼이 있으면 판례에
따름)

> ㄱ. 丙은 주택에 대한 소유물반환청구권을 행사할 수 없다.
> ㄴ. 乙은 유치권에 근거하여 주택의 인도를 거절할 수
> 있다.
> ㄷ. 乙은 동시이행항변권에 근거하여 주택의 인도를 거
> 절할 수 없다.

① ㄱ   ② ㄴ   ③ ㄷ
④ ㄱ, ㄴ   ⑤ ㄴ, ㄷ

59. 유치권 성립요건

    1. 피담보채권

    2. 견련성: 물건에 관하여(예: 유익비)

    3. 변제기 도래: 타 담보물권의 경우 실행요건

    4. 반대 특약(유치권배제특약) 없음

    5. 점유: 성립요건 & 존속요건 (→ 공시방법)

ㄱ. **보증금반환청구권**: 견련성×

ㄴ. **권리금반환청구권**: 견련성×

ㄷ. **필요비·유익비**: 견련성(목적물에 관한 지출)

ㄹ. **원상회복약정** = 비용상환청구권 포기

60. 유치권

> 민법 제320조(유치권의 내용)
>
> ① 타인의 물건 또는 유가증권을 점유한 자는 그 물건이나 유가증권에 관하여 생긴 채권이 변제기에 있는 경우에는 변제를 받을 때까지 그 물건 또는 유가증권을 유치할 권리가 있다.
>
> ② 유치권자는 채권 전부의 변제를 받을 때까지 유치물 전부에 대하여 그 권리를 행사할 수 있다.
>
> 민법 제324조(유치권자의 선관의무)
>
> ① 유치권자는 선량한 관리자의 주의로 유치물을 점유하여야 한다.
>
> ② 유치권자는 채무자의 승낙없이 유치물의 사용, 대여 또는 담보제공을 하지 못한다. 그러나 유치물의 보존에 필요한 사용은 그러하지 아니하다.
>
> ③ 유치권자가 전2항의 규정을 위반한 때에는 채무자는 유치권의 소멸을 청구할 수 있다.   - 형성권

① **공사비채권**

③ 甲은 유치권의 행사를 위해 자신의 점유가 불법행위로 인한 것이 아님을 증명해야 한다. 증명할 필요가 없다.

  상대방이 점유가 불법행위로 인한 것임을 주장·증명하면 유치권은 성립하지 않는다.

61. 물상대위

① 대위할 물건이 제3자에 의하여 압류된 경우에는 (저당권자·대위자가 스스로 압류하지 않고서도) 물상대위성이 없다. 있다.

② 전세권을 저당권의 목적으로 한 경우 저당권자에게 물상대위권이 인정되지 않는다. 인정된다.

③ 저당권설정자에게 대위할 물건이 인도된 후에 인도되기 전에 저당권자가 그 물건을 압류한 경우 물상대위권을 행사할 수 있다.

⑤ 저당권이 설정된 토지가 「공익사업을 위한 토지등의취득 및 보상에 관한 법률」에 따라 협의취득(계약)된 경우, 저당권자는 그 보상금에 대하여 물상대위(멸실·훼손·공용징수)권을 행사할 수 있다. 없다.

62. 저당권의 효력이 미치는 범위

> 민법 제358조(저당권의 효력의 범위)
>
> 저당권의 효력은 저당부동산에 부합된 물건과 종물에 미친다. 그러나 법률에 특별한 규정 또는 설정행위에 다른 약정이 있으면 그러하지 아니하다.
>
>   - 저당권 설정 전·후를 불문한다.

주된 권리(계약)	종된 권리(계약)
요역지	지역권
전세금	전세권
피담보채권	저당권, 가등기담보권
전유부분	대지사용권
매매계약	계약금계약·보증금계약·환매계약

ㄱ. 부합물

ㄴ. 종된 권리

ㄷ. 구분건물의 전유부분(주된 권리)에 관하여 저당권이 설정된 후, 전유부분의 소유자가 취득하여 전유부분과 일체가 된 대지사용권(종된 권리)

63. 동시배당

	X토지(乙)	Y건물(乙)	
甲	① 공동저당권 3억원		甲
丙	② 저당권 2억 4천만원	③ 저당권 1억 6천만원	丁
경매대가	4억원	2억원	
동시배당			
甲	2억원	1억원	甲
丙	2억원		
		1억원	丁

64. 유치권

  2016. 1. 15. 보존등기(甲)

  2016. 2. 8. 경매개시결정등기(압류등기)

  2016. 3. 15. 변제기(보존등기 후 2개월 내)

  2016. 10. 17. 경매대금완납(丙 소유권 취득)

        인도청구(丙→乙)

ㄱ. 丙은 주택에 대한 소유물반환청구권을 행사할 수 없다. 있다.

ㄴ. 乙은 유치권에 근거하여 주택의 인도를 거절할 수 있다. 없다.

  乙은 유치권자이지만(압류 후 유치권자, 변제기 도래 전 압류) 대항할 수 없다.

ㄷ. (동시이행항변권은 물권이 아니고 채권이므로) 동시이행 관계는 특정인 사이에서만(甲-乙) 성립한다.

65. 주택임대차보호법의 적용대상이 되는 경우를 모두 고른 것은? (다툼이 있으면 판례에 따름)

> ㄱ. 임차주택이 미등기인 경우
> ㄴ. 임차주택이 일시사용을 위한 것임이 명백하게 밝혀진 경우
> ㄷ. 사무실로 사용되던 건물이 주거용 건물로 용도 변경된 경우
> ㄹ. 적법한 임대권한을 가진 자로부터 임차하였으나 임대인이 주택소유자가 아닌 경우

① ㄱ, ㄷ   ② ㄴ, ㄹ   ③ ㄱ, ㄷ, ㄹ
④ ㄴ, ㄷ, ㄹ   ⑤ ㄱ, ㄴ, ㄷ, ㄹ

66. 상가건물임대차보호법의 내용으로 옳은 것은?
① 임차인이 대항력을 갖추기 위해서는 임대차계약서상의 확정일자를 받아야 한다.
② 사업자등록의 대상이 되지 않는 건물에 대해서는 위법이 적용되지 않는다.
③ 기간을 정하지 아니하거나 기간을 2년 미만으로 정한 임대차는 그 기간을 2년으로 본다.
④ 전차인의 차임연체액이 2기의 차임액에 달하는 경우, 전대인은 전대차계약을 해지할 수 있다.
⑤ 권리금회수의 방해로 인한 임차인의 임대인에 대한 손해배상청구권은 그 방해가 있은 날로부터 3년 이내에 행사하지 않으면 시효의 완성으로 소멸한다.

67. 가등기담보 등에 관한 법률상 채권자가 담보목적부동산의 소유권을 취득하기 위하여 채무자에게 실행통지를 할 때 밝히지 <u>않아도</u> 되는 것은?
① 청산금의 평가액
② 후순위담보권자의 피담보채권액
③ 통지 당시 담보목적부동산의 평가액
④ 청산금이 없다고 평가되는 경우 그 뜻
⑤ 담보목적부동산이 둘 이상인 경우 각 부동산의 소유권이전에 의하여 소멸시키려는 채권

68. 집합건물의 소유 및 관리에 관한 법률의 내용으로 <u>틀린</u> 것은?
① 전유부분은 구분소유권의 목적인 건물부분을 말한다.
② 대지사용권은 구분소유자가 전유부분을 소유하기 위하여 건물의 대지에 대하여 가지는 권리를 말한다.
③ 구분소유자 전원의 동의로 소집된 관리단집회는 소집절차에서 통지되지 않은 사항에 대해서도 결의할 수 있다.
④ 건물의 시공자가 전유부분에 대하여 구분소유자에게 지는 담보책임의 존속기간은 사용승인일부터 기산한다.

⑤ 대지 위에 구분소유권의 목적인 건물이 속하는 1동의 건물이 있을 경우, 대지의 공유자는 그 건물의 사용에 필요한 범위의 대지에 대하여 분할을 청구하지 못한다.

69. 甲은 2015. 10. 17. 경매절차가 진행 중인 乙 소유의 토지를 취득하기 위하여, 丙에게 매수자금을 지급하면서 丙 명의로 소유권이전등기를 하기로 약정하였다. 丙은 위 약정에 따라 위 토지에 대한 매각허가결정을 받고 매각대금을 완납한 후 자신의 명의로 소유권이전등기를 마쳤다. 다음 설명 중 옳은 것을 모두 고른 것은? (이자 등은 고려하지 않고, 다툼이 있으면 판례에 따름)

> ㄱ. 甲과 丙의 관계는 계약명의신탁에 해당한다.
> ㄴ. 甲과 丙의 명의신탁약정 사실을 乙이 알았다면 丙은 토지의 소유권을 취득하지 못한다.
> ㄷ. 甲은 丙에 대하여 매수자금 상당의 부당이득반환을 청구할 수 있다.

① ㄱ   ② ㄷ   ③ ㄱ, ㄷ
④ ㄴ, ㄷ   ⑤ ㄱ, ㄴ, ㄷ

70. 甲과 乙의 명의신탁약정에 따라 乙이 丙으로부터 건물을 매수한 후 자신의 명의로 등기한 경우, 부동산 실권리자 명의 등기에 관한 법률이 적용되는 경우를 모두 고른 것은? (다툼이 있으면 판례에 따름)

> ㄱ. 甲이 탈세 목적으로 명의신탁약정을 한 경우
> ㄴ. 甲과 乙이 묵시적으로 명의신탁약정을 한 경우
> ㄷ. 乙 명의의 등기가 소유권이전등기청구권 보전을 위한 가등기인 경우

① ㄱ   ② ㄷ   ③ ㄱ, ㄴ
④ ㄴ, ㄷ   ⑤ ㄱ, ㄴ, ㄷ

71. 청약과 승낙에 의한 계약성립에 관한 설명으로 <u>틀린</u> 것은?
① 청약과 승낙의 주관적·객관적 합치에 의해 계약이 성립한다.
② 승낙기간을 정한 계약의 청약은 청약자가 그 기간 내에 승낙의 통지를 받지 못한 때에는 원칙적으로 그 효력을 잃는다.
③ 계약의 본질적인 내용에 대하여 무의식적 불합의가 있는 경우, 계약을 취소할 수 있다.
④ 불특정 다수인에 대하여도 청약이 가능하다.
⑤ 격지자 간의 계약에서 청약은 그 통지가 상대방에게 도달한 때에 효력이 발생한다.

65. 주택임대차보호법

ㄱ. 미등기·무허가

ㄴ. 일시사용

ㄷ. 실제용도

ㄹ. 적법한 임대권한(예: 처분권한 수여받은 명의수탁자)

66. 상가건물임대차보호법

① 임차인이 대항력을 갖추기 위해서는 임대차계약서상의 확정일자(우선변제권 취득 요건)를 받아야 한다. 건물을 인도받고 사업자등록을 신청하여야 한다(대항력 취득 요건).

③ 기간을 정하지 아니하거나 기간을 ~~2년~~ 1년 미만으로 정한 임대차는 그 기간을 ~~2년~~ 1년으로 본다.

④ 전차인의 차임연체액이 ~~2기~~ 3기의 차임액에 달하는 경우, 전대인은 전대차계약을 해지할 수 있다.

⑤ 권리금회수의 방해로 인한 임차인의 임대인에 대한 손해배상청구권은 그 방해가 있은 날 임대차가 종료한 날로부터 3년 이내에 행사하지 않으면 시효의 완성으로 소멸한다.

67. 가등기담보 등에 관한 법률 - 실행통지

① **청산금의 평가액**: (주관적 평가액) = 가액 - 채권액

② 후순위 선순위담보권자의 피담보채권액

③ 통지 당시 담보목적부동산의 평가액

④ 청산금이 없다고 평가되는 경우 그 뜻

⑤ 담보목적부동산이 둘 이상인 경우 각 부동산의 소유권이전에 의하여 소멸시키려는 채권과 그 비용

68. 집합건물의 소유 및 관리에 관한 법률

③ **관리단집회는** 구분소유자 전원이 동의하면 소집절차를 거치지 아니하고 소집할 수 있다.

④ 건물의 시공자가 전유부분에 대하여 구분소유자에게 지는 담보책임의 존속기간(10년)은 사용승인일(공용부분) 구분소유자에게 인도한 날부터 기산한다.

⑤ 분할 청구 금지

 1. 경계표·담 2. 공용부분 3. 대지권의 목적인 토지

69. 부동산 실권리자명의 등기에 관한 법률

 위임형 명의신탁(계약명의신탁)

  - 약정: 무효

  - 등기: 무효(악의 매도인), 유효(선의 매도인)

ㄴ. 甲과 丙의 명의신탁약정 사실을 乙이 알았다면 알았더라도 丙은 토지의 소유권을 취득하지 못한다. 취득한다(∵ 경매).

70. 부동산 실권리자명의 등기에 관한 법률

ㄱ. 무효 명의신탁약정

ㄴ. 계약(명의신탁약정): 명시적·묵시적 성립

ㄷ. 적법 명의신탁약정

71. 청약과 승낙

③ 계약의 본질적인 내용에 대하여 무의식적 불합의가 있는 경우, 계약을 취소할 수 있다. 계약이 성립하지 않는다.

72. 甲과 乙이 乙 소유의 주택에 대한 매매계약을 체결하였는데, 주택이 계약 체결 후 소유권 이전 및 인도 전에 소실되었다. 다음 설명 중 틀린 것은?

① 甲과 乙의 책임 없는 사유로 주택이 소실된 경우, 乙은 甲에게 매매대금의 지급을 청구할 수 없다.

② 甲과 乙의 책임 없는 사유로 주택이 소실된 경우, 乙이 계약금을 수령하였다면 甲은 그 반환을 청구할 수 있다.

③ 甲의 과실로 주택이 소실된 경우, 乙은 甲에게 매매대금의 지급을 청구할 수 있다.

④ 乙의 과실로 주택이 소실된 경우, 甲은 계약을 해제할 수 있다.

⑤ 甲의 수령지체 중에 甲과 乙의 책임 없는 사유로 주택이 소실된 경우, 乙은 甲에게 매매대금의 지급을 청구할 수 없다.

73. 제3자를 위한 계약에 관한 설명으로 옳은 것은? (다툼이 있으면 판례에 따름)

① 제3자는 계약체결 당시에 현존하고 있어야 한다.

② 요약자의 채무불이행을 이유로 제3자는 요약자와 낙약자의 계약을 해제할 수 있다.

③ 낙약자는 요약자와의 계약에 기한 동시이행의 항변으로 제3자에게 대항할 수 없다.

④ 제3자의 수익의 의사표시 후 특별한 사정이 없는 한, 계약당사자의 합의로 제3자의 권리를 변경시킬 수 없다.

⑤ 낙약자가 상당한 기간을 정하여 제3자에게 수익여부의 확답을 최고하였음에도 그 기간 내에 확답을 받지 못한 때에는 제3자가 수익의 의사를 표시한 것으로 본다.

74. 계약의 해지에 관한 설명으로 틀린 것은? (다툼이 있으면 판례에 따름)

① 계약해지의 의사표시는 묵시적으로도 가능하다.

② 해지의 의사표시가 상대방에게 도달하면 이를 철회하지 못한다.

③ 토지임대차에서 그 기간의 약정이 없는 경우, 임차인은 언제든지 계약해지의 통고를 할 수 있다.

④ 당사자 일방이 수인인 경우, 그 중 1인에 대하여 해지권이 소멸한 때에는 다른 당사자에 대하여도 소멸한다.

⑤ 특별한 약정이 없는 한, 합의해지로 인하여 반환할 금전에는 그 받은 날로부터의 이자를 가하여야 한다.

75. 甲은 자신의 토지를 乙에게 매도하면서 계약금을 수령한 후, 중도금과 잔금은 1개월 후에 지급받기로 약정하였다. 다음 설명 중 틀린 것은? (다툼이 있으면 판례에 따름)

① 甲과 乙 사이에 계약금을 위약금으로 하는 특약도 가능하다.

② 甲과 乙 사이의 계약금계약은 매매계약의 종된 계약이다.

③ 乙은 중도금의 지급 후에는 특약이 없는 한 계약금을 포기하고 계약을 해제할 수 없다.

④ 乙의 해약금에 기한 해제권 행사로 인하여 발생한 손해에 대하여 甲은 그 배상을 청구할 수 있다.

⑤ 甲과 乙 사이에 해약금에 기한 해제권을 배제하기로 하는 약정을 하였다면 더 이상 그 해제권을 행사할 수 없다.

76. 환매에 관한 설명으로 틀린 것은? (다툼이 있으면 판례에 따름)

① 부동산에 대한 매매등기와 동시에 환매권 보류를 등기하지 않더라도 제3자에게 대항할 수 있다.

② 환매특약은 매매계약과 동시에 하여야 한다.

③ 부동산에 대한 환매기간을 7년으로 정한 때에는 5년으로 단축된다.

④ 환매등기가 경료된 나대지에 건물이 신축된 후 환매권이 행사된 경우, 특별한 사정이 없는 한, 그 건물을 위한 관습상의 법정지상권은 발생하지 않는다.

⑤ 특별한 약정이 없는 한, 환매대금에는 매수인이 부담한 매매비용이 포함된다.

77. 임차인의 부속물매수청구권과 유익비상환청구권에 관한 설명으로 옳은 것은? (다툼이 있으면 판례에 따름)

① 유익비상환청구권은 임대차 종료시에 행사할 수 있다.

② 부속된 물건이 임차물의 구성부분으로 일체가 된 경우 특별한 약정이 없는 한, 부속물매수청구의 대상이 된다.

③ 임대차 기간 중에 부속물매수청구권을 배제하는 당사자의 약정은 임차인에게 불리하더라도 유효하다.

④ 일시사용을 위한 것임이 명백한 임대차의 임차인은 부속물의 매수를 청구할 수 있다.

⑤ 유익비상환청구권은 임대인이 목적물을 반환받은 날로부터 1년 내에 행사하여야 한다.

72. 위험부담

> 민법 제537조(채무자위험부담주의)
> 쌍무계약의 당사자 일방의 채무가 당사자 쌍방의 책임없는 사유로 이행할 수 없게 된 때에는 채무자는 상대방의 이행을 청구하지 못한다.
> 민법 제538(채권자귀책사유로 인한 이행불능)
> ① 쌍무계약 당사자 일방의 채무가 채권자의 책임있는 사유로 이행할 수 없게 된 때에는 채무자는 상대방의 이행을 청구할 수 있다. 채권자의 수령지체 중에 당사자 쌍방의 책임없는 사유로 이행할 수 없게 된 때에도 같다.
> ② 전항의 경우에 채무자는 자기의 채무를 면함으로써 이익을 얻은 때에는 이를 채권자에게 상환하여야 한다.

급부위험
물건 인도 채무 이행불능으로 인한 물건을 갖게 되지 못할 위험
대가위험
자기의 급부에 대한 상대방으로부터의 반대급부를 상실할 가능성 → 채무자 부담
　　　(매매계약의 경우 매도인)

⑤ 甲의 수령지체 중에 甲과 乙의 책임 없는 사유로 주택이 소실된 경우, 乙은 甲에게 매매대금의 지급을 청구할 수 없다. 있다.

73. 제3자를 위한 계약(민법 제539조)

① 제3자는 계약체결 당시에 특정·현존하고 있어야 한다. 되어 있을 필요는 없다.
　태아나 설립 중인 법인도 제3자를 위한 계약의 제3자가 될 수 있다.
② 요약자의 채무불이행을 이유로 제3자는 (계약의 당사자가 아니므로) 요약자와 낙약자의 계약을 해제할 수 있다. 없다.
③ 낙약자(채무자)는 요약자(채권자)와의 계약(보상계약·기본계약)에 기한 동시이행의 항변으로 제3자에게 대항할 수 없다. 있다.
④ 미리 변경권을 유보한 경우에는 가능하다.
⑤ 낙약자가 상당한 기간을 정하여 제3자에게 수익여부의 확답을 최고하였음에도 그 기간 내에 확답을 받지 못한 때에는 제3자가 수익 수익 거절의 의사를 표시한 것으로 본다.

74. 해지

⑤ 특별한 약정이 없는 한, 합의해지로 인하여 반환할 금전에는 그 받은 날로부터의 이자를 가하여야 한다. 할 의무가 있는 것은 아니다.

75. 해약금에 의한 계약해제

① 해약금: 계약해제권을 유보하는 계약금
　위약금: 일반적인 계약위반에 따른 (미리 정한) 손해배상액
② 계약금계약: 매매계약의 종된 계약, 요물계약
③ 乙은 중도금의 지급 후에는 (이행단계) 특약이 없는 한 계약금을 포기하고 계약을 해제할 수 없다.
④ 乙의 해약금에 기한 해제(변제기 전 해제 - 채무불이행× → 손해배상×, 원상회복×)권 행사로 인하여 발생한 손해에 대하여 甲은 그 배상을 청구할 수 있다. 없다.
⑤ 甲과 乙 사이에 해약금에 기한 해제권을 배제하기로 하는 약정(유효 ∵ 민법 제565조(해약금)는 임의규정)을 하였다면 더 이상 그 해제권을 행사할 수 없다.

76. 환매

① 부동산에 대한 매매등기와 동시에 환매권 보류를 등기하지 않더라도 등기한 때에는 제3자에게 대항할 수 있다.
③ 환매기간 연장 불가
④ 관습상의 법정지상권: 환매, 환지, 채권자취소권

77. 임차인의 부속물매수청구권·유익비상환청구권

> 민법 제626조(임차인의 상환청구권)　　　- 임의규정
> ① 임차인이 임차물의 보존에 관한 필요비를 지출한 때에는 임대인에 대하여 그 상환을 청구할 수 있다.
> ② 임차인이 유익비를 지출한 경우에는 임대인은 임대차 종료시에 그 가액의 증가가 현존한 때에 한하여 임차인의 지출한 금액이나 그 증가액을 상환하여야 한다. 이 경우에 법원은 임대인의 청구에 의하여 상당한 상환기간을 허여할 수 있다.
> 민법 제646(임차인의 부속물매수청구권)
> 　　　　　　　　　　　- 편면적 강행규정
> ① 건물 기타 공작물의 임차인이 그 사용의 편익을 위하여 임대인의 동의를 얻어 이에 부속한 물건이 있는 때에는 임대차의 종료시에 임대인에 대하여 그 부속물의 매수를 청구할 수 있다.
> ② 임대인으로부터 매수한 부속물에 대하여도 전항과 같다.

② 부속된 물건이 임차물의 구성부분으로 일체가 된 경우 과는 독립된 별개의 물건인 경우 특별한 약정이 없는 한, 부속물매수청구의 대상이 된다.
④ 일시사용을 위한 것임이 명백한 임대차의 임차인은 부속물의 매수를 청구할 수 있다. 없다.
⑤ 유익비상환청구권은 임대인이 목적물을 반환받은 날로부터 1년 6월 내에 행사하여야 한다.

78. 甲 소유의 건물을 임차하고 있던 乙이 甲의 동의 없이 이를 다시 丙에게 전대하였다. 다음 설명 중 틀린 것은? (다툼이 있으면 판례에 따름)

① 특별한 사정이 없는 한, 甲은 무단전대를 이유로 임대차계약을 해지할 수 있다.

② 乙은 丙에게 건물을 인도하여 丙이 사용·수익할 수 있도록 할 의무가 있다.

③ 乙과 丙의 전대차계약에도 불구하고 甲과 乙의 임대차관계는 소멸하지 않는다.

④ 임대차계약이 존속하는 동안에는 甲은 丙에게 불법점유를 이유로 한 차임상당의 손해배상을 청구할 수 없다.

⑤ 乙이 건물의 소부분을 丙에게 사용하게 한 경우에 甲은 이를 이유로 임대차계약을 해지할 수 있다.

79. 甲은 자신의 X건물(1억원 상당)을 乙의 Y토지(2억원 상당)와 교환하는 계약을 체결하면서 乙에게 8천만원의 보충금을 지급하기로 약정하였다. 다음 설명 중 틀린 것은? (다툼이 있으면 판례에 따름)

① 甲과 乙의 교환계약은 서면의 작성을 필요로 하지 않는다.

② 乙은 甲의 보충금 미지급을 이유로 교환계약을 해제할 수 없다.

③ 계약체결 후 이행 전에 X건물이 지진으로 붕괴된 경우, 甲은 乙에게 Y토지의 인도를 청구하지 못한다.

④ X건물에 설정된 저당권의 행사로 乙이 그 소유권을 취득할 수 없게 된 경우, 乙은 계약을 해제할 수 있다.

⑤ 교환계약이 해제된 경우, 甲과 乙의 원상회복의무는 동시이행관계에 있다.

80. 甲 소유의 X토지와 乙 소유의 Y주택에 대한 교환계약에 따라 각각 소유권이전등기가 마쳐진 후 그 계약이 해제되었다. 계약해제의 소급효로부터 보호되는 제3자에 해당하지 않는 자를 모두 고른 것은? (다툼이 있으면 판례에 따름)

ㄱ. 계약의 해제 전 乙로부터 X토지를 매수하여 소유권이전등기를 경료한 자
ㄴ. 계약의 해제 전 乙로부터 X토지를 매수하여 그에 기한 소유권이전청구권보전을 위한 가등기를 마친 자
ㄷ. 계약의 해제 전 甲으로부터 Y주택을 임차하여 「주택임대차보호법」상의 대항력을 갖춘 임차인
ㄹ. 계약의 해제 전 X토지상의 乙의 신축건물을 매수한 자

① ㄴ   ② ㄷ   ③ ㄹ   ④ ㄱ, ㄴ   ⑤ ㄷ, ㄹ

78. 동의 없는 전대차

⑤ 소부분 전대차 임대인 동의 불요

乙이 건물의 소부분을 丙에게 사용하게 한 경우에 甲은 이를 이유로 임대차계약을 해지할 수 있다. ~~없다.~~

79. 교환

보충금 = 매매대금의 일부

① 교환계약: 불요식계약

② 乙은 甲의 보충금 미지급(채무불이행)을 이유로 교환계약을 해제할 수 ~~없다.~~ 있다.

③ 계약체결 후 이행 전에 X건물이 지진으로 붕괴된 경우(쌍방의 책임 없는 사유로 인한 이행불능 → 채무자 위험부담), 甲(채무자·매도인)은 乙에게 Y토지의 인도를 청구하지 못한다.

④ X건물에 설정된 저당권의 행사로 乙이 그 소유권을 취득할 수 없게 된 경우, 乙은 (선악 불문) 계약을 해제(·손해배상청구)할 수 있다.

민법 제576조

(저당권, 전세권의 행사와 매도인의 담보책임)

① 매매의 목적이 된 부동산에 설정된 저당권 또는 전세권의 행사로 인하여 매수인이 그 소유권을 취득할 수 없거나 취득한 소유권을 잃은 때에는 매수인은 계약을 해제할 수 있다.

② 전항의 경우에 매수인의 출재로 그 소유권을 보존한 때에는 매도인에 대하여 그 상환을 청구할 수 있다.

③ 전2항의 경우에 매수인이 손해를 받은 때에는 그 배상을 청구할 수 있다.

---

80. 계약해제에 있어 보호되는 제3자

등기, 가등기	~~퍼등거~~
대항력을 갖춘 자	~~태항요건을 갖추지 못한 자~~
	~~채권을 양수·(가)압류한 자~~

ㄱ. 등기

ㄴ. 가등기

ㄷ. 대항력

ㄹ. ~~채권양수인~~

50. 물권적 청구권 - 보충

불법(토지소유권이 없는) 건물(무단건축물) 법률관계

乙(건물소유자)	丙(건물임차인)	丁(건물매수인) (미등기매수인)
甲(토지소유자)		

소유권에 기한 물권적 청구권

- 甲→乙: 인도청구권   철거청구권   퇴거청구권
       (반환청구권) (방해제거청구권)
- 甲→丙: 인도청구권   철거청구권   퇴거청구권
- 甲→丁: 인도청구권   철거청구권   퇴거청구권

73. 제3자를 위한 계약(민법 제539조) - 보충

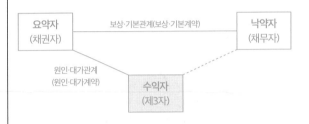

- 요약자-수익자 간의 원인관계가 무효가 되더라도 요약자-낙약자 간의 기본관계에는 영향을 미치지 않는다.
- 낙약자는 요약자에게 발생한 사유로 수익자에게 항변(이행거절)할 수 있다(동시이행의 항변).
- 수익자는 기본계약을 해제할 수 없다.
  수익자는 손해배상을 청구할 수 있다.
  수익자에게는 원상회복·부당이득반환을 청구할 수 없다.

01. 공인중개사법령상 용어와 관련된 설명으로 옳은 것을 모두 고른 것은? (다툼이 있으면 판례에 따름)

> ㄱ. 개업공인중개사란 공인중개사법에 의하여 중개사무소의 개설등록을 한 자이다.
> ㄴ. 소속공인중개사에는 개업공인중개사인 법인의 사원 또는 임원으로서 중개업무를 수행하는 공인중개사인 자가 포함된다.
> ㄷ. 공인중개사로서 개업공인중개사에 고용되어 그의 중개업무를 보조하는 자도 소속공인중개사이다.
> ㄹ. 우연한 기회에 단 1회 임대차계약의 중개를 하고 보수를 받은 사실만으로는 중개를 업으로 한 것이라고 볼 수 없다.

① ㄱ, ㄴ   ② ㄱ, ㄷ   ③ ㄱ, ㄴ, ㄹ
④ ㄴ, ㄷ, ㄹ   ⑤ ㄱ, ㄴ, ㄷ, ㄹ

02. 공인중개사법령상 공인중개사 정책심의위원회에 관한 설명으로 틀린 것은?
① 위원장은 국토교통부 제1차관이 된다.
② 심의위원회는 위원장 1명을 포함하여 7명 이상 11명 이내의 위원으로 구성한다.
③ 심의위원회에서 중개보수 변경에 관한 사항을 심의한 경우 시·도지사는 이에 따라야 한다.
④ 심의위원회 위원이 해당 안건에 대하여 연구, 용역 또는 감정을 한 경우 심의위원회의 심의·의결에서 제척된다.
⑤ 위원장이 부득이한 사유로 직무를 수행할 수 없을 때에는 위원장이 미리 지명한 위원이 그 직무를 대행한다.

03. 공인중개사법령상 공인중개사의 자격 및 자격증 등에 관한 설명으로 틀린 것은? (다툼이 있으면 판례에 따름)
① 시·도지사는 공인중개사자격시험 합격자의 결정·공고일부터 2개월 이내에 시험합격자에 관한 사항을 공인중개사자격증교부대장에 기재한 후 자격증을 교부해야 한다.
② 공인중개사의 자격이 취소된 후 3년이 경과되지 아니한 자는 공인중개사가 될 수 없다.
③ 공인중개사자격증의 재교부를 신청하는 자는 재교부신청서를 자격증을 교부한 시·도지사에게 제출해야 한다.
④ 공인중개사자격증의 대여란 다른 사람이 그 자격증을 이용하여 공인중개사로 행세하면서 공인중개사의 업무를 행하려는 것을 알면서도 그에게 자격증 자체를 빌려주는 것을 말한다.
⑤ 공인중개사가 다른 사람에게 자기의 성명을 사용하여 중개업무를 하게 한 경우, 시·도지사는 그 자격을 취소해야 한다.

04. 공인중개사법령상 법인이 중개사무소를 개설하려는 경우 그 등록기준으로 옳은 것은? (다른 법률에 따라 중개업을 할 수 있는 경우는 제외함)
① 건축물대장에 기재된 건물에 100㎡ 이상의 중개사무소를 확보할 것
② 대표자, 임원 또는 사원 전원이 부동산거래사고 예방교육을 받았을 것
③ 협동조합 기본법에 따른 사회적협동조합인 경우 자본금이 5천만원 이상일 것
④ 상법상 회사인 경우 자본금이 5천만원 이상일 것
⑤ 대표자는 공인중개사이어야 하며, 대표자를 제외한 임원 또는 사원의 2분의 1 이상은 공인중개사일 것

05. 공인중개사법령상 중개사무소의 개설등록에 관한 설명으로 틀린 것은?
① 사기죄로 징역 2년형을 선고받고 그 형의 집행이 3년간 유예된 경우, 그 유예기간이 종료된 공인중개사는 중개사무소의 개설등록을 할 수 있다.
② 배임죄로 징역 2년의 실형을 선고받고 그 집행이 종료된 날부터 2년이 경과된 공인중개사는 중개사무소의 개설등록을 할 수 있다.
③ 등록관청은 이중으로 등록된 중개사무소의 개설등록을 취소해야 한다.
④ 개업공인중개사인 법인이 해산한 경우, 등록관청은 그 중개사무소의 개설등록을 취소해야 한다.
⑤ 등록관청은 중개사무소등록증을 교부한 경우, 그 등록에 관한 사항을 다음달 10일까지 공인중개사협회에 통보해야 한다.

06. 공인중개사법령상 이중등록 및 이중소속의 금지에 관한 설명으로 옳은 것을 모두 고른 것은?

> ㄱ. A군에서 중개사무소개설등록을 하여 중개업을 하고 있는 자가 다시 A군에서 개설등록을 한 경우, 이중등록에 해당한다.
> ㄴ. B군에서 중개사무소개설등록을 하여 중개업을 하고 있는 자가 다시 C군에서 개설등록을 한 경우, 이중등록에 해당한다.
> ㄷ. 개업공인중개사 甲에게 고용되어 있는 중개보조원은 개업공인중개사인 법인 乙의 사원이 될 수 없다.
> ㄹ. 이중소속의 금지에 위반한 경우 1년 이하의 징역 또는 1천만원 이하의 벌금형에 처한다.

① ㄱ, ㄴ   ② ㄷ, ㄹ   ③ ㄱ, ㄴ, ㄷ
④ ㄴ, ㄷ, ㄹ   ⑤ ㄱ, ㄴ, ㄷ, ㄹ

01. 공인중개사법령

공인중개사법 제2조(정의)

이 법에서 사용하는 용어의 정의는 다음과 같다.

1. "중개"라 함은 제3조(중개대상물의 범위)에 따른 중개 대상물에 대하여 거래당사자간의 매매교환임대차 그 밖의 권리의 득실변경에 관한 행위를 알선하는 것을 말한다.
2. "공인중개사"라 함은 이 법에 의한 공인중개사자격을 취득한 자를 말한다.
3. "중개업"이라 함은 다른 사람의 의뢰에 의하여 일정한 보수를 받고 중개를 업으로 행하는 것을 말한다.
4. "개업공인중개사"라 함은 이 법에 의하여 중개사무소의 개설등록을 한 자를 말한다.
5. "소속공인중개사"라 함은 개업공인중개사에 소속된 공인중개사(개업공인중개사인 법인의 사원 또는 임원으로서 공인중개사인 자를 포함한다)로서 중개업무를 수행하거나 개업공인중개사의 중개업무를 보조하는 자를 말한다.
6. "중개보조원"이라 함은 공인중개사가 아닌 자로서 개업공인중개사에 소속되어 중개대상물에 대한 현장안내 및 일반서무 등 개업공인중개사의 중개업무와 관련된 단순한 업무를 보조하는 자를 말한다.

02. 정책심의위원회

공인중개사법 제3조(공인중개사 정책심의위원회)

① 공인중개사의 업무에 관한 다음 각 호의 사항을 심의하기 위하여 국토교통부에 공인중개사 정책심의위원회를 둘 수 있다.

1. 공인중개사의 시험 등 공인중개사의 자격취득에 관한 사항
2. 부동산 중개업의 육성에 관한 사항
3. 중개보수 변경에 관한 사항 (시·도조례 위임)
4. 손해배상책임의 보장 등에 관한 사항

② 공인중개사 정책심의위원회의 구성 및 운영 등에 관하여 필요한 사항은 대통령령으로 정한다.

③ 제1항에 따라 공인중개사 정책심의위원회에서 심의한 사항 중 제1호의 경우에는 특별시장·광역시장·도지사·특별자치도지사는 이에 따라야 한다.

③ 심의위원회에서 중개보수 변경(시도조례 위임) 자격취득에 관한 사항을 심의한 경우 시·도지사는 이에 따라야 한다.

03. 자격 및 자격증

① 시·도지사는 공인중개사자격시험 합격자의 결정·공고일부터 2개월 1개월 이내에 시험합격자에 관한 사항을 공인중개사자격증교부대장에 기재한 후 자격증을 교부해야 한다.

② 시험 응시 제한: 자격취소 3년, 부정행위 5년

⑤ 필요적(절대적) 자격취소 사유

04. 중개사무소의 개설등록(공인중개사법 제9조)
중개사무소의 설치기준(공인중개사법 제13조)

① 면적 제한 없음

② 대표자, 임원 또는 사원 전원이 부동산거래사고 예방교육 실무교육을 받았을 것

③ 협동조합 기본법에 따른 사회적협동조합인 경우 자본금이 5천만원 이상일 것 개설등록을 할 수 없다.

⑤ 대표자는 공인중개사이어야 하며, 대표자를 제외한 임원 또는 사원의 2분의 1 3분의 1 이상은 공인중개사일 것

05. 중개사무소의 개설등록(공인중개사법 제9조)

① 2023년 개정(공인중개사법 제10조 제1항 제5호)
'금고 이상의 형의 집행유예를 받고 그 유예기간이 만료된 날부터 2년이 지나지 아니한 자'는 등록의 결격사유에 해당한다.

② 배임죄로 징역 2년의 실형을 선고받고 그 집행이 종료된 날부터 2년 3년이 경과된 공인중개사는 중개사무소의 개설등록을 할 수 있다.

③④ 필요적(절대적) 등록취소 사유

06. 이중등록 및 이중소속의 금지(공인중개사법 제10조)

ㄱ. ㄴ. 이중등록은 관할구역 내외를 불문한다.

ㄷ. 중개보조원도 이중소속 금지의 적용 대상이다.

07. 공인중개사법령에 관한 내용으로 옳은 것은?
① 폐업기간이 1년 미만인 경우, 폐업신고 전의 위반행위를 사유로 재등록 개업공인중개사에 대하여 등록취소처분을 함에 있어서 폐업기간과 폐업의 사유는 고려의 대상이 아니다.
② 공인중개사법을 위반하여 200만원의 벌금형을 선고받고 5년이 경과되지 아니한 자는 중개사무소의 개설등록을 할 수 없다.
③ 휴업기간 중에 있는 개업공인중개사는 다른 개업공인중개사인 법인의 임원이 될 수 있다.
④ 무자격자에게 토지매매의 중개를 의뢰한 거래당사자는 처벌의 대상이 된다.
⑤ 유치권이 행사되고 있는 건물도 중개대상물이 될 수 있다.

08. 공인중개사법령상 중개사무소의 설치 및 이전 등에 관한 설명으로 틀린 것은?
① 개업공인중개사는 중개사무소로 개설등록할 건물의 소유권을 반드시 확보해야 하는 것은 아니다.
② 분사무소는 주된 사무소의 소재지가 속한 시·군·구에 설치할 수 있다.
③ 분사무소 설치신고는 주된 사무소의 소재지를 관할하는 등록관청에 해야 한다.
④ 다른 법률의 규정에 따라 중개업을 할 수 있는 법인의 분사무소에는 공인중개사를 책임자로 두지 않아도 된다.
⑤ 중개사무소를 등록관청의 관할 지역 외의 지역으로 이전한 경우에는 이전 후의 중개사무소를 관할하는 등록관청에 신고해야 한다.

09. 공인중개사법령상 인장등록에 관한 설명으로 틀린 것은?
① 개업공인중개사는 업무를 개시하기 전에 중개행위에 사용할 인장을 등록관청에 등록해야 한다.
② 소속공인중개사가 등록한 인장을 변경한 경우 변경일부터 7일 이내에 그 변경된 인장을 등록관청에 등록해야 한다.
③ 소속공인중개사의 인장의 크기는 가로·세로 각각 7㎜ 이상 30㎜ 이내이어야 한다.
④ 법인인 개업공인중개사의 분사무소에서 사용할 인장은 상업등기규칙에 따라 신고한 법인의 인장으로만 등록해야 한다.
⑤ 법인인 개업공인중개사의 인장등록은 상업등기규칙에 따른 인감증명서의 제출로 갈음한다.

10. 공인중개사법령상 중개보조원에 관한 설명으로 틀린 것은?
① 중개보조원은 공인중개사가 아닌 자로서 개업공인중개사에 소속되어 중개대상물에 대한 현장안내 및 일반서무 등 개업공인중개사의 중개업무와 관련된 단순한 업무를 보조하는 자이다.
② 중개보조원은 고용관계가 종료된 날부터 7일 이내에 등록관청에 그 사실을 신고해야 한다.
③ 중개보조원은 인장등록 의무가 없다.
④ 개업공인중개사는 중개보조원을 고용한 경우 등록관청에 신고할 의무가 있다.
⑤ 중개보조원의 업무상 행위는 그를 고용한 개업공인중개사의 행위로 본다.

11. 공인중개사법령상 중개사무소의 명칭 등에 관한 설명으로 틀린 것은?
① 법인인 개업공인중개사는 그 사무소의 명칭에 "공인중개사사무소" 또는 "부동산중개"라는 문자를 사용해야 한다.
② 개업공인중개사는 옥외광고물을 설치할 의무를 부담하지 않는다.
③ 개업공인중개사가 설치한 옥외광고물에 인식할 수 있는 크기의 연락처를 표기하지 않으면 100만원 이하의 과태료 부과대상이 된다.
④ 개업공인중개사가 아닌 자가 사무소 간판에 "공인중개사사무소"의 명칭을 사용한 경우 등록관청은 그 간판의 철거를 명할 수 있다.
⑤ 개업공인중개사가 아닌 자는 중개대상물에 대한 표시·광고를 해서는 안된다.

12. 공인중개사법령상 휴업과 폐업에 관한 설명으로 틀린 것은?
① 2개월의 휴업을 하는 경우 신고할 의무가 없다.
② 취학을 이유로 하는 휴업은 6개월을 초과할 수 있다.
③ 휴업기간 변경신고는 전자문서에 의한 방법으로 할 수 있다.
④ 등록관청에 폐업사실을 신고한 경우 1개월 이내에 사무소의 간판을 철거해야 한다.
⑤ 중개사무소재개신고를 받은 등록관청은 반납을 받은 중개사무소등록증을 즉시 반환해야 한다.

07. 공인중개사법령

① 폐업기간이 1년 미만인 경우, 폐업신고 전의 위반행위를 사유로 재등록 개업공인중개사에 대하여 등록취소처분을 함에 있어서 폐업기간과 폐업의 사유는 고려의 대상이 아니다. 대상이다.

② 공인중개사법을 위반하여 ~~200만원~~ 300만원의 벌금형을 선고받고 ~~5년~~ 3년이 경과되지 아니한 자는 중개사무소의 개설등록을 할 수 없다.

③ 휴업기간 중에 있는 개업공인중개사는 다른 개업공인중개사인 법인의 임원이 될 수 있다. 없다.

④ 무자격자에게 토지매매의 중개를 의뢰한 거래당사자는 처벌의 대상이 된다. 되지 않는다.

08. 중개사무소의 설치·이전(공인중개사법 제13조, 제21조)

① 개업공인중개사는 중개사무소로 개설등록할 건물의 사용권(소유권×)을 반드시 확보해야 한다.

② 분사무소는 주된 사무소의 소재지가 속한 시·군·구에 설치할 수 있다. 없다.

09. 인장등록(공인중개사법 제16조)

④ 법인인 개업공인중개사의 분사무소에서 사용할 인장은 (원칙) 상업등기규칙에 따라 신고한 법인의 인장으로만 또는 (예외적으로) 상업등기규칙에 따라 법인의 대표이사가 보증한 인장으로 등록해야 한다.

10. 중개보조원

② 중개보조원은 고용관계가 종료된 날부터 ~~7일~~ 10일 이내에 등록관청에 그 사실을 신고해야 한다.

④ 개업공인중개사는 중개보조원을 고용한 경우 (업무개시 전까지) 등록관청에 신고할 의무가 있다.

⑤ 간주 규정

11. 중개사무소의 명칭(공인중개사법 제18조)

③ 간판실명제

개업공인중개사가 설치한 옥외광고물에 인식할 수 있는 크기의 연락처를 개업공인중개사(법인의 경우에는 대표자, 법인 분사무소의 경우에는 분사무소 책임자)의 성명을 표기하지 않으면 100만원 이하의 과태료 부과대상이 된다.

12. 휴업과 폐업(공인중개사법 제21조)

> 공인중개사법 제21조(휴업 또는 폐업)
> ① 개업공인중개사는 3개월을 초과하는 휴업(중개사무소의 개설등록 후 업무를 개시하지 아니하는 경우를 포함한다. 이하 같다), 폐업 또는 휴업한 중개업을 재개하고자 하는 때에는 등록관청에 그 사실을 신고하여야 한다. 휴업기간을 변경하고자 하는 때에도 또한 같다.
> ② 제1항에 따른 휴업은 6개월을 초과할 수 없다. 다만, 질병으로 인한 요양등 대통령령으로 정하는 부득이한 사유가 있는 경우에는 그러하지 아니하다.
> ③ 제1항에 따른 신고의 절차 등에 관하여 필요한 사항은 대통령령으로 정한다.

② 질병으로 인한 요양, 대통령령으로 정하는 부득이한 사유 (징집, 임신, 출산 및 이에 준하는 사유 등)가 있는 경우에는 6개월을 초과하여 휴업을 할 수 있다.

④ 등록관청에 폐업사실을 신고한 경우 ~~1개월 이내에~~ 지체 없이 사무소의 간판을 철거해야 한다.

> 공인중개사법 제21조의2(간판의 철거)
> ① 개업공인중개사는 다음 각 호의 어느 하나에 해당하는 경우에는 지체 없이 사무소의 간판을 철거하여야 한다.
>   1. 제20조(중개사무소의 이전신고) 제1항에 따라 등록관청에 중개사무소의 이전사실을 신고한 경우
>   2. 제21조(휴업 또는 폐업의 신고) 제1항에 따라 등록관청에 폐업사실을 신고한 경우
>   3. 제38조(등록의 취소) 제1항 또는 제2항에 따라 중개사무소의 개설등록 취소처분을 받은 경우
> ② 등록관청은 제1항에 따른 간판의 철거를 개업공인중개사가 이행하지 아니하는 경우에는 행정대집행법에 따라 대집행을 할 수 있다.

제27회

13. 공인중개사법령상 전속중개계약에 관한 설명으로 옳은 것을 모두 고른 것은?

> ㄱ. 특정한 개업공인중개사를 정하여 그 개업공인중개사에 한하여 중개대상물을 중개하도록 하는 계약이 전속중개계약이다.
> ㄴ. 당사자간에 기간의 약정이 없으면 전속중개계약의 유효기간은 6개월로 한다.
> ㄷ. 개업공인중개사는 중개의뢰인에게 전속중개계약체결 후 2주일에 1회 이상 중개업무 처리상황을 문서로 통지해야 한다.
> ㄹ. 전속중개계약의 유효기간 내에 다른 개업공인중개사에게 해당 중개대상물의 중개를 의뢰하여 거래한 중개의뢰인은 전속중개계약을 체결한 개업공인중개사에게 위약금 지불의무를 진다.

① ㄱ, ㄷ ② ㄴ, ㄹ ③ ㄱ, ㄴ, ㄷ
④ ㄱ, ㄷ, ㄹ ⑤ ㄱ, ㄴ, ㄷ, ㄹ

14. 공인중개사법령상 개업공인중개사가 토지의 중개대상물 확인·설명서에 기재해야 할 사항에 해당하는 것은 모두 몇 개인가?

> ○ 비선호시설(1km 이내)의 유무
> ○ 일조량 등 환경조건
> ○ 관리주체의 유형에 관한 사항
> ○ 공법상 이용제한 및 거래규제에 관한 사항
> ○ 접근성 등 입지조건

① 1개 ② 2개 ③ 3개 ④ 4개 ⑤ 5개

15. 공인중개사법령상 개업공인중개사의 거래계약서 작성 등에 관한 설명으로 옳은 것은?
① 국토교통부장관이 지정한 표준거래계약서 양식으로 계약서를 작성해야 한다.
② 작성된 거래계약서는 거래당사자에게 교부하고 3년간 그 사본을 보존해야 한다.
③ 거래계약서의 사본을 보존기간 동안 보존하지 않은 경우 등록관청은 중개사무소의 개설등록을 취소할 수 있다.
④ 중개대상물 확인·설명서 교부일자는 거래계약서 기재사항이 아니다.
⑤ 분사무소의 소속공인중개사가 중개행위를 한 경우 그 소속공인중개사와 분사무소의 책임자가 함께 거래계약서에 서명 및 날인해야 한다.

16. 공인중개사법령상 ( )에 들어갈 기간이 긴 것부터 짧은 순으로 옳게 나열된 것은?

> ○ 공인중개사 자격취소처분을 받아 자격증을 반납하고자 하는 자는 그 처분을 받은 날부터 (ㄱ) 이내에 그 자격증을 반납해야 한다.
> ○ 거래정보사업자로 지정받은 자는 지정받은 날부터 (ㄴ) 이내에 부동산거래정보망의 이용 및 정보제공방법 등에 관한 운영규정을 정하여 승인받아야 한다.
> ○ 개업공인중개사가 보증보험금·공제금 또는 공탁금으로 손해배상을 한 때에는 (ㄷ) 이내에 보증보험 또는 공제에 다시 가입하거나 공탁금 중 부족하게 된 금액을 보전해야 한다.

① ㄱ-ㄴ-ㄷ ② ㄴ-ㄱ-ㄷ ③ ㄴ-ㄷ-ㄱ
④ ㄷ-ㄱ-ㄴ ⑤ ㄷ-ㄴ-ㄱ

17. 공인중개사법령상 개업공인중개사의 손해배상책임의 보장에 관한 설명으로 옳은 것은?
① 개업공인중개사는 중개를 개시하기 전에 거래당사자에게 손해배상책임의 보장에 관한 설명을 해야 한다.
② 개업공인중개사는 업무개시 후 즉시 손해배상책임의 보장을 위하여 보증보험 또는 공제에 가입해야 한다.
③ 개업공인중개사가 중개행위를 함에 있어서 거래당사자에게 손해를 입힌 경우 고의·과실과 관계없이 그 손해를 배상해야 한다.
④ 개업공인중개사가 폐업한 경우 폐업한 날부터 5년 이내에는 손해배상책임의 보장을 위하여 공탁한 공탁금을 회수할 수 없다.
⑤ 개업공인중개사는 자기의 중개사무소를 다른 사람의 중개행위 장소로 제공함으로써 거래당사자에게 재산상 손해를 발생하게 한 때에는 그 손해를 배상할 책임이 있다.

18. 공인중개사법령상 개업공인중개사가 1년 이하의 징역 또는 1천만원 이하의 벌금에 처해지는 사유로 명시된 것이 아닌 것은?
① 공인중개사자격증을 대여한 경우
② 중개사무소등록증을 양도한 경우
③ 이중으로 중개사무소의 개설등록을 한 경우
④ 중개의뢰인과 직접 거래를 한 경우
⑤ 천막 그 밖에 이동이 용이한 임시 중개시설물을 설치한 경우

13. 전속중개계약(공인중개사법 제23조)

ㄴ. 당사자간에 기간의 약정이 없으면 전속중개계약의 유효기간은 6개월 **3개월**로 한다. 당사자간에 다른 약정이 있는 경우에는 그에 따른다.

ㄹ. 전속중개계약의 유효기간 내에 다른 개업공인중개사에게 해당 중개대상물의 중개를 의뢰하여 거래한 중개의뢰인은 전속중개계약을 체결한 개업공인중개사에게 위약금(약정 보수의 100%) 지급 의무를 부담한다.
전속중개계약의 유효기간 내에 거래상대방을 스스로 발견한 상대방과 직접 거래한 경우, 개업공인중개사는 중개보수의 1/2 범위 내에서 소요된 비용을 청구할 수 있으나 사회통념에 비추어 상당하다고 인정되는 비용에 한한다.

14. 중개대상물 확인·설명서(공인중개사법 제25조)

[Ⅰ] (주거용 건축물), [Ⅱ] (비주거용 건축물),
[Ⅲ] (토지), [Ⅳ] (입목·광업재단·공장재단)

○ [Ⅰ], ~~Ⅱ~~, [Ⅲ], ~~Ⅳ~~

○ [Ⅰ], ~~Ⅱ~~, ~~Ⅲ~~, ~~Ⅳ~~

○ [Ⅰ], [Ⅱ], ~~Ⅲ~~, ~~Ⅳ~~

○ [Ⅰ], [Ⅱ], [Ⅲ], ~~Ⅳ~~

○ [Ⅰ], ~~Ⅱ~~, [Ⅲ], ~~Ⅳ~~

입지조건

- 주거용 건축물: 도로, 대중교통, 주차장
- 토지: 도로, 대중교통, 주차장

15. 거래계약서(공인중개사법 제26조)

① 국토교통부장관이 지정한 표준거래계약서 양식으로 계약서를 작성해야 한다. **은 없다.**
국토교통부장관은 표준서식을 정하여 그 사용을 권장할 수 있다.

② 작성된 거래계약서는 거래당사자에게 교부하고 3년 **5년**간 그 사본을 보존해야 한다.

③ 거래계약서의 사본을 보존기간 동안 보존하지 않은 경우 등록관청은 중개사무소의 개설등록을 취소할 수 있다. **업무정지처분을 할 수 있다.**

④ 중개대상물 확인·설명서 교부일자는 거래계약서 기재사항이 아니다. (필요적) **기재사항이다.**

16. 공인중개사법령상 기간

○ 공인중개사 자격취소처분을 받아 자격증을 반납하고자 하는 자는 그 처분을 받은 날부터 (7일) 이내에 그 자격증을 반납해야 한다.

○ 거래정보사업자로 지정받은 자는 지정받은 날부터 (3월) 이내에 부동산거래정보망의 이용 및 정보제공방법 등에 관한 운영규정을 정하여 승인받아야 한다.

○ 개업공인중개사가 보증보험금·공제금 또는 공탁금으로 손해배상을 한 때에는 (15일) 이내에 보증보험 또는 공제에 다시 가입하거나 공탁금 중 부족하게 된 금액을 보전해야 한다.

17. 손해배상책임의 보장(공인중개사법 제30조)

① 개업공인중개사는 중개를 개시하기 전에 중개가 완성된 때에는 거래당사자에게 손해배상책임의 보장에 관한 설명(보장금액, 보장기관 및 그 소재지, 보장기간)을 해야 한다. 관계 증서의 사본을 교부하거나 관계 증서에 관한 전자문서를 제공하여야 한다.

② 개업공인중개사는 업무개시 후 즉시 **업무개시 전에** 손해배상책임의 보장을 위하여 보증보험 또는 공제에 가입해야 한다.

③ 개업공인중개사가 중개행위를 함에 있어서 고의 또는 과실로 인하여 거래당사자에게 손해를 입힌 경우 고의·과실과 관계없이 그 손해를 배상해야 한다.

④ 개업공인중개사가 폐업(·사망)한 경우 폐업(·사망)한 날부터 5년 **3년** 이내에는 손해배상책임의 보장을 위하여 공탁한 공탁금을 회수할 수 없다.

18. 벌칙(공인중개사법 제48조, 제49조)

① 1년 이하의 징역 또는 1천만원 이하의 벌금

② 1년 이하의 징역 또는 1천만원 이하의 벌금

③ 1년 이하의 징역 또는 1천만원 이하의 벌금

④ 3년 이하의 징역 또는 3천만원 이하의 벌금

⑤ 1년 이하의 징역 또는 1천만원 이하의 벌금

19. 공인중개사법령상 과태료 부과사유에 대한 부과·징수권자로 틀린 것은?

① 중개사무소등록증을 게시하지 않은 경우 - 등록관청
② 중개사무소의 이전신고를 하지 않은 경우 - 등록관청
③ 개업공인중개사의 사무소 명칭에 "공인중개사사무소" 또는 "부동산중개"라는 문자를 사용하지 않은 경우 - 등록관청
④ 거래당사자에게 손해배상책임의 보장에 관한 사항을 설명하지 않은 경우 - 시·도지사
⑤ 부동산거래정보망의 이용 및 정보제공방법등에 관한 운영규정을 위반하여 부동산거래정보망을 운영한 경우 - 국토교통부장관

20. 공인중개사법령상 개업공인중개사등의 교육에 관한 설명으로 옳은 것은?

① 분사무소의 책임자가 되고자 하는 공인중개사는 고용신고일 전 1년 이내에 시·도지사가 실시하는 연수교육을 받아야 한다.
② 폐업신고 후 1년 이내에 중개사무소의 개설등록을 다시 신청하려는 공인중개사는 실무교육을 받지 않아도 된다.
③ 시·도지사는 연수교육을 실시하려는 경우 실무교육 또는 연수교육을 받은 후 2년이 되기 1개월 전까지 연수교육의 일시·장소·내용 등을 당사자에게 통지해야 한다.
④ 연수교육의 교육시간은 3시간 이상 4시간 이하이다.
⑤ 고용관계 종료 신고 후 1년 이내에 고용신고를 다시 하려는 중개보조원도 직무교육은 받아야 한다.

21. 공인중개사법령상 공인중개사협회에 관한 설명으로 옳은 것을 모두 고른 것은?

> ㄱ. 협회는 총회의 의결내용을 지체 없이 국토교통부장관에게 보고하여야 한다.
> ㄴ. 협회가 지회를 설치한 때에는 시·도지사에게 신고하여야 한다.
> ㄷ. 공제사업 운영위원회 위원의 임기는 2년이며 연임할 수 없다.
> ㄹ. 금융기관에서 임원 이상의 현직에 있는 사람은 공제사업 운영위원회 위원이 될 수 없다.

① ㄱ
② ㄱ, ㄷ
③ ㄴ, ㄹ
④ ㄱ, ㄷ, ㄹ
⑤ ㄴ, ㄷ, ㄹ

22. 공인중개사법령상 甲과 乙이 받을 수 있는 포상금의 최대 금액은?

> ○ 甲은 중개사무소를 부정한 방법으로 개설등록한 A와 B를 각각 고발하였으며, 검사는 A를 공소제기하였고, B를 무혐의처분하였다.
> ○ 乙은 중개사무소를 부정한 방법으로 개설등록한 C를 신고하였으며, C는 형사재판에서 무죄판결을 받았다.
> ○ 甲과 乙은 포상금배분에 관한 합의 없이 중개사무소등록증을 대여한 D를 공동으로 고발하여 D는 기소유예의 처분을 받았다.
> ○ 중개사무소의 개설등록을 하지 않고 중개업을 하는 E를 乙이 신고한 이후에 甲도 E를 신고하였고, E는 형사재판에서 유죄판결을 받았다.
> ○ A, B, C, D, E는 甲 또는 乙의 위 신고·고발 전에 행정기관에 의해 발각되지 않았다.

① 甲: 75만원, 乙: 50만원
② 甲: 75만원, 乙: 75만원
③ 甲: 75만원, 乙: 125만원
④ 甲: 125만원, 乙: 75만원
⑤ 甲: 125만원, 乙: 125만원

23. 공인중개사법령상 중개업무를 수행하는 소속공인중개사의 자격정지에 관한 설명으로 옳은 것은?

① 거래계약서에 서명 및 날인을 하지 아니한 경우는 자격정지사유에 해당한다.
② 중개대상물 확인·설명서를 교부하지 아니한 경우는 자격정지사유에 해당한다.
③ 전속중개계약서에 의하지 아니하고 전속중개계약을 체결한 경우는 자격정지사유에 해당한다.
④ 시장·군수 또는 구청장은 공인중개사 자격정지사유 발생 시 6개월의 범위 안에서 기간을 정하여 그 자격을 정지할 수 있다.
⑤ 자격정지기간은 2분의 1의 범위 안에서 가중 또는 감경할 수 있으며, 가중하여 처분하는 때에는 9개월로 할 수 있다.

19. 과태료(공인중개사법 제51조)

① 100만원 이하의 과태료

② 100만원 이하의 과태료

③ 100만원 이하의 과태료

④ 100만원 이하의 과태료

   거래당사자에게 손해배상책임의 보장에 관한 사항을 설명하지 않은 경우 - 시·도지사 <u>등록관청</u>

⑤ 500만원 이하의 과태료

20. 개업공인중개사등의 교육(공인중개사법 제34조)

① 분사무소의 책임자가 되고자 하는 공인중개사는 고용신고일 전 1년 이내에 시·도지사가 실시하는 연수교육 <u>실무교육</u>을 받아야 한다.

③ 시·도지사는 연수교육을 실시하려는 경우 실무교육 또는 연수교육을 받은 후 2년이 되기 <s>1개월</s> <u>2개월</u> 전까지 연수교육의 일시·장소·내용 등을 당사자에게 통지해야 한다.

④ 연수교육의 교육시간은 <s>3시간 이상 4시간</s> <u>12시간 이상 16시간</u> 이하이다.

⑤ 고용관계 종료 신고 후 1년 이내에 고용신고를 다시 하려는 중개보조원도 직무교육은 받아야 한다. <u>은 직무교육을 받지 않아도 된다.</u>

21. 공인중개사협회(공인중개사법 제41조)

ㄴ. 협회가 지회를 설치한 때에는 시·도지사에게 <s>등록관청</s>에 신고하여야 한다.

   협회가 지부를 설치한 때에는 시·도지사에게 신고하여야 한다.

ㄷ. 공제사업 운영위원회 위원의 임기는 2년이며 연임할 수 없다. <u>1회에 한하여 연임할 수 있다.</u>

ㄹ. 금융기관에서 임원 이상의 현직에 있는 사람은 공제사업 운영위원회 위원이 될 수 없다. <u>있다.</u>

22. 포상금(공인중개사법 제46조)

1. 무등록중개업자

2. 부정 등록자

3. 중개사무소등록증·공인중개사자격증을 다른 사람에게 양도·대여하거나 다른 사람으로부터 양수·대여받은 자

4. 「공인중개사법」 제18조의2(중개대상물의 표시·광고) 제3항을 위반하여 표시·광고를 한 자

5. 거래질서교란행위(개업공인중개사)를 한 자

6. 거래질서교란행위(개업공인중개사를 포함하여 누구든지)를 한 자

○ 甲신고,   A공소제기: 甲 50만원

○ 乙신고,   C무죄판결: 乙 50만원

○ 甲·乙신고,   D기소유예: 甲 25만원·乙 25만원

○ 乙신고 후 甲신고, E유죄판결: 乙 50만원

23. 소속공인중개사의 자격정지(공인중개사법 제36조)

① 소속공인중개사: 자격정지 3월

   개업공인중개사: 업무정지 3월

② 중개대상물 확인·설명서를 교부하지 아니한 경우는 자격정지사유에 <u>개업공인중개사의 업무정지사유에</u> 해당한다.

   소속공인중개사는 중개대상물 확인·설명서 교부의무가 없다.

③ 전속중개계약서에 의하지 아니하고 전속중개계약을 체결한 경우는 자격정지사유에 <u>개업공인중개사의 업무정지사유에</u> 해당한다.

   소속공인중개사는 전속중개계약 체결의무가 없다.

④ 시장·군수 또는 구청장은 <u>시·도지사는</u> 공인중개사 자격정지사유 발생시 6개월의 범위 안에서 기간을 정하여 그 자격을 정지할 수 있다.

⑤ 자격정지기간은 2분의 1의 범위 안에서 가중 또는 감경할 수 있으며, 가중하여 처분하는 때에는 9개월로 할 수 있다. <u>없다(6개월 초과 불가).</u>

24. 공인중개사법령상 개업공인중개사 중개사무소의 개설 등록을 취소하여야 하는 경우를 모두 고른 것은?

> ㄱ. 최근 1년 이내에 공인중개사법에 의하여 2회 업무정 지처분을 받고 다시 업무정지처분에 해당하는 행위 를 한 경우
> ㄴ. 최근 1년 이내에 공인중개사법에 의하여 1회 업무정 지처분, 2회 과태료처분을 받고 다시 업무정지처분 에 해당하는 행위를 한 경우
> ㄷ. 최근 1년 이내에 공인중개사법에 의하여 2회 업무정 지처분, 1회 과태료처분을 받고 다시 업무정지처분 에 해당하는 행위를 한 경우
> ㄹ. 최근 1년 이내에 공인중개사법에 의하여 3회 과태료 처분을 받고 다시 업무정지처분에 해당하는 행위를 한 경우

① ㄱ   ② ㄱ, ㄷ   ③ ㄴ, ㄹ   ④ ㄷ, ㄹ   ⑤ ㄱ, ㄴ, ㄷ

25. 공인중개사법령상 개업공인중개사의 금지행위에 해당 하는 것을 모두 고른 것은? (다툼이 있으면 판례에 따름)

> ㄱ. 중개의뢰인을 대리하여 타인에게 중개대상물을 임 대하는 행위
> ㄴ. 상업용 건축물의 분양을 대행하고 법정의 중개보수 또는 실비를 초과하여 금품을 받는 행위
> ㄷ. 중개의뢰인 소유자로부터 거래에 관한 대리권을 수 여받은 대리인과 중개대상물을 직접 거래하는 행위
> ㄹ. 건축물의 매매를 업으로 하는 행위

① ㄱ, ㄴ   ② ㄷ, ㄹ   ③ ㄱ, ㄴ, ㄹ
④ ㄱ, ㄷ, ㄹ   ⑤ ㄴ, ㄷ, ㄹ

26. 공인중개사법령상 공인중개사의 자격취소에 관한 설명 으로 옳은 것은?

① 공인중개사 자격취소처분을 받은 개업공인중개사는 중개 사무소의 소재지를 관할하는 시·도지사에게 공인중개사 자격증을 반납해야 한다.

② 부정한 방법으로 공인중개사의 자격을 취득한 경우 자격 취소사유에 해당하며, 1년 이하의 징역 또는 1천만원 이하 의 벌금에 처해진다.

③ 시·도지사는 공인중개사의 자격취소처분을 한 때에는 7 일 이내에 이를 국토교통부장관에게 보고해야 한다.

④ 자격증을 교부한 시·도지사와 공인중개사 사무소의 소재 지를 관할하는 시·도지사가 다른 경우, 자격증을 교부한 시·도지사가 자격취소처분에 필요한 절차를 이행한다.

⑤ 공인중개사가 자격정지처분을 받고 그 정지기간 중에 다 른 개업공인중개사의 소속공인중개사가 된 경우 자격취 소사유가 된다.

27. 공인중개사법령상 수수료납부 대상자에 해당하는 것은 모두 몇 개인가?

> ○ 분사무소설치의 신고를 하는 자
> ○ 중개사무소의 개설등록을 신청하는 자
> ○ 중개사무소의 휴업을 신고하는 자
> ○ 중개사무소등록증의 재교부를 신청하는 자
> ○ 공인중개사 자격시험에 합격하여 공인중개사자격증 을 처음으로 교부받는 자

① 1개   ② 2개   ③ 3개   ④ 4개   ⑤ 5개

28. 부동산 거래신고에 관한 법령상 부동산 거래신고에 관한 설명으로 틀린 것은?

① 공인중개사법에 따라 거래계약서를 작성·교부한 개업공 인중개사는 부동산 거래신고를 할 의무를 부담한다.

② 거래당사자 일방이 부동산 거래신고를 거부하는 경우 다른 당사자는 국토교통부령에 따라 단독으로 신고할 수 있다.

③ 개업공인중개사에게 거짓으로 부동산 거래신고를 하도록 요구한 자는 과태료 부과대상자가 된다.

④ 등록관청은 부동산 거래신고의 내용에 누락이 있는 경우 신고인에게 신고 내용을 보완하게 할 수 있다.

⑤ 등록관청의 요구에도 거래대금 지급을 증명할 수 있는 자 료를 제출하지 아니한 자에게는 해당 부동산에 대한 취득 세의 3배 이하에 상당하는 금액의 과태료가 부과된다.

29. 개업공인중개사 甲이 乙의 일반주택을 6천만원에 매매 를 중개한 경우와 甲이 위 주택을 보증금 1천 5백만원, 월 차임 30만원, 계약기간 2년으로 임대차를 중개한 경우를 비교했을 때, 甲이 乙에게 받을 수 있는 중개보수 최고한 도액의 차이는?

> 〈중개보수 상한요율〉
> 1. 매매: 거래금액 5천만원 이상 2억원 미만은 0.5%
> 2. 임대차: 거래금액 5천만원 미만은 0.5%,
>   5천만원 이상 1억원 미만은 0.4%

① 0원   ② 75,000원   ③ 120,000원
④ 180,000원   ⑤ 225,000원

24. 필요적(절대적) 등록취소(공인중개사법 제38조)

ㄱ. 업무정지-업무정지-업무정지: 필요적 등록취소
ㄴ. 업무정지-과태료-과태료-업무정지: 임의적 등록취소
ㄷ. 업무정지-업무정지-과태료-업무정지: 필요적 등록취소
ㄹ. 과태료-과태료-과태료-업무정지: 임의적 등록취소

25. 금지행위(공인중개사법 제33조)

1. 중개대상물의 매매를 업으로 하는 행위
2. 중개사무소의 개설등록을 하지 아니하고 중개업을 영위하는 자인 사실을 알면서 그를 통하여 중개를 의뢰받거나 그에게 자기의 명의를 이용하게 하는 행위
3. 사례·증여 그 밖의 어떠한 명목으로도 법령에 따른 보수 또는 실비를 초과하여 금품을 받는 행위
4. 해당 중개대상물의 거래상의 중요사항에 관하여 거짓된 언행 그 밖의 방법으로 중개의뢰인의 판단을 그르치게 하는 행위
5. 관계 법령에서 양도·알선 등이 금지된 부동산의 분양·임대 등과 관련 있는 증서 등의 매매·교환 등을 중개하거나 그 매매를 업으로 하는 행위
6. 중개의뢰인과 직접 거래를 하거나 거래당사자 쌍방을 대리하는 행위
7. 탈세 등 관계 법령을 위반할 목적으로 소유권보존등기 또는 이전등기를 하지 아니한 부동산이나 관계 법령의 규정에 의하여 전매 등 권리의 변동이 제한된 부동산의 매매를 중개하는 등 부동산투기를 조장하는 행위
8. 부당한 이익을 얻거나 제3자에게 부당한 이익을 얻게 할 목적으로 거짓으로 거래가 완료된 것처럼 꾸미는 등 중개대상물에 대하여 중개를 제한하거나 단체 구성원 이외의 자와 공동중개를 제한하는 행위
9. 단체를 구성하여 특정 중개대상물에 대하여 중개를 제한하거나 단체 구성원 이외의 자와 공동중개를 제한하는 행위

ㄱ. 일방대리
ㄴ. **분양대행** ≠ 중개행위

26. 자격취소(공인중개사법 제35조)

① 공인중개사 자격취소처분을 받은 개업공인중개사는 (7일 이내에) 중개사무소의 소재지를 관할하는 <u>자격증을 교부</u>한 시·도지사에게 공인중개사자격증을 반납해야 한다.
② 부정한 방법으로 공인중개사의 자격을 취득한 경우 자격취소사유에 해당하며, 1년 이하의 징역 또는 1천만원 이하의 벌금에 처해진다. <u>벌금형(행정형벌)의 대상은 아니다.</u>
③ 시·도지사는 공인중개사의 자격취소처분을 한 때에는 7일 5일 이내에 이를 국토교통부장관에게 보고해야 한다(3년 시험 응시 제한).

④ 자격증을 교부한 시·도지사와 공인중개사 사무소의 소재지를 관할하는 시·도지사가 다른 경우, 자격증을 교부한 사무소의 소재지를 관할하는 시·도지사가 자격취소처분에 필요한 절차를 이행한다.

27. 수수료(공인중개사법 제47조)

1. 공인중개사자격시험에 응시하는 자
2. 공인중개사자격증의 재교부를 신청하는 자
3. 중개사무소의 개설등록을 신청하는 자
4. 중개사무소등록증의 재교부를 신청하는 자
5. 분사무소설치의 신고를 하는 자
6. 분사무소설치신고확인서의 재교부를 신청하는 자

28. 부동산 거래신고 등에 관한 법률

③ 500만원 이하의 과태료

⑤ 등록관청의 요구에도 거래대금 지급을 증명할 수 있는 자료를 제출하지 아니한 자에게는 해당 부동산에 대한 취득세의 3배 이하에 상당하는 금액의 <u>3천만원 이하의 과태료</u>가 부과된다.

거래대금 지급 증명자료 외의 자료를 제출하지 아니한 자에게는 500만원 이하의 과태료가 부과된다.

29. 중개보수(공인중개사법 제32조)

- 매매: 매매대금 × 요율 = 6천만원×0.5% = 30만원
- 임대차: 환산보증금 × 요율
  환산보증금 = 보증금 + (월차임 × 100 또는 70)
  　　　　　　 환산보증금이 5천만원 미만인 경우
  　　　　 = 1,500만원 + (30만원 × 100) = 4,500만원
  　　　　　　　　　　　　　　　 < 5,000만원
  → 1,500만원 + (30만원 × 70) = 3,600만원
  중개보수 = 3,600만원 × 0.5% = 18만원
- 중개보수 최고한도액 차이 = 30 - 18 = 12만원

30. 공인중개사법령상 개업공인중개사가 주거용 건축물의 중개대상물 확인·설명서에 기재해야 할 기본 확인사항 중 입지조건에 해당하지 않는 것은?
① 공원　　　　② 대중교통　　　　③ 주차장
④ 교육시설　　⑤ 도로와의 관계

31. 개업공인중개사가 보증금 5천만원, 월차임 1백만원으로 하여 「상가건물 임대차보호법」이 적용되는 상가건물의 임대차를 중개하면서 임차인에게 설명한 내용으로 옳은 것은?
① 임차인의 계약갱신요구권은 전체 임대차기간이 2년을 초과하지 아니하는 범위에서만 행사할 수 있다.
② 임대인의 차임증액청구가 인정되더라도 10만원까지만 인정된다.
③ 임차인의 차임연체액이 2백만원에 이르는 경우 임대인은 계약을 해지할 수 있다.
④ 상가건물이 서울특별시에 있을 경우 그 건물의 경매시 임차인은 2천 5백만원을 다른 담보권자보다 우선하여 변제받을 수 있다.
⑤ 임차인이 임대인의 동의 없이 건물의 전부를 전대한 경우 임대인은 임차인의 계약갱신요구를 거절할 수 있다.

32. 개업공인중개사가 중개의뢰인에게 중개대상물에 대하여 설명한 내용으로 옳은 것을 모두 고른 것은? (다툼이 있으면 판례에 따름)

　ㄱ. 토지의 소재지, 지목, 지형 및 경계는 토지대장을 통해 확인할 수 있다.
　ㄴ. 분묘기지권은 등기사항증명서를 통해 확인할 수 없다.
　ㄷ. 지적도상의 경계와 실제경계가 일치하지 않는 경우 특별한 사정이 없는 한 실제경계를 기준으로 한다.
　ㄹ. 동일한 건물에 대하여 등기부상의 면적과 건축물대장의 면적이 다른 경우 건축물대장을 기준으로 한다.

① ㄱ, ㄷ　　② ㄴ, ㄹ　　③ ㄱ, ㄴ, ㄷ
④ ㄱ, ㄷ, ㄹ　　⑤ ㄴ, ㄷ, ㄹ

33. 개업공인중개사가 보증금 1억 2천만원으로 주택임대차를 중개하면서 임차인에게 설명한 내용으로 옳은 것은? (다툼이 있으면 판례에 따름)
① 주택을 인도받고 주민등록을 마친 때에는 확정일자를 받지 않더라도 주택의 경매 시 후순위저당권자보다 우선하여 보증금을 변제받는다.
② 주택 소재지가 대구광역시인 경우 보증금 중 2천만원에 대해서는 최우선변제권이 인정된다.
③ 다세대 주택인 경우 전입신고시 지번만 기재하고 동·호수는 기재하지 않더라도 대항력을 인정받는다.
④ 대항력을 갖춘 임차인이라도 저당권설정등기 이후 증액된 임차보증금에 관하여는 저당권에 기해 주택을 경락받은 소유자에게 대항할 수 없다.
⑤ 확정일자를 먼저 받은 후 주택의 인도와 전입신고를 하면 그 신고일이 저당권설정등기일과 같아도 임차인이 저당권자에 우선한다.

34. 「공인중개사의 매수신청대리인 등록 등에 관한 규칙」의 내용으로 옳은 것은?
① 중개사무소의 개설등록을 하지 않은 공인중개사라도 매수신청대리인으로 등록할 수 있다.
② 매수신청대리인으로 등록된 개업공인중개사는 매수신청대리행위를 함에 있어 매각장소 또는 집행법원에 중개보조원을 대리출석하게 할 수 있다.
③ 매수신청대리인이 되고자 하는 법인인 개업공인중개사는 주된 중개사무소가 있는 곳을 관할하는 지방법원장에게 매수신청대리인 등록을 해야 한다.
④ 매수신청대리인으로 등록된 개업공인중개사는 매수신청대리의 위임을 받은 경우 법원의 부당한 매각허가결정에 대하여 항고할 수 있다.
⑤ 매수신청대리인으로 등록된 개업공인중개사는 본인의 인감증명서가 첨부된 위임장과 매수신청대리인등록증사본을 한번 제출하면 그 다음 날부터는 대리행위마다 대리권을 증명할 필요가 없다.

35. 甲은 乙과 乙 소유 부동산의 매매계약을 체결하면서 세금을 줄이기 위해 甲과 丙 간의 명의신탁약정에 따라 丙 명의로 소유권이전등기를 하기로 하였다. 丙에게 이전등기가 이루어질 경우에 대하여 개업공인중개사가 甲과 乙에게 설명한 내용으로 옳은 것은? (다툼이 있으면 판례에 따름)
① 계약명의신탁에 해당한다.
② 丙 명의의 등기는 유효하다.
③ 丙 명의로 등기가 이루어지면 소유권은 甲에게 귀속된다.
④ 甲은 매매계약에 기하여 乙에게 소유권이전등기를 청구할 수 있다.
⑤ 丙이 소유권을 취득하고 甲은 丙에게 대금 상당의 부당이득반환청구권을 행사할 수 있다.

30. 중개대상물 확인·설명서(공인중개사법 제25조)
입지조건
① 공원
② 대중교통
③ 주차장
④ 교육시설
⑤ 도로와의 관계
○ 판매 및 의료시설

31. 상가건물 임대차보호법
① 임차인의 계약갱신요구권은 전체 임대차기간이 2년 5년 (2018년 10년으로 변경)을 초과하지 아니하는 범위에서만 행사할 수 있다.
② 임대인의 차임증액청구가 인정되더라도 10만원 5만원(보증금 또는 차임의 연 5% 이하)까지만 인정된다.
③ 임차인의 차임연체액이 2백만원 3백만원(3기 차임)에 이르는 경우 임대인은 계약을 해지할 수 있다.
④ 상가건물이 서울특별시에 있을 경우 그 건물의 경매시 임차인은 2천 5백만원을 다른 담보권자보다 우선하여 변제받을 수 있다. 없다.
　환산보증금 = 5천만원 + (1백만원 × 100) = 1억 5천만원
　서울시(2016년 기준 = 2023년 기준):
　　　　6천 5백만원 이하의 경우 2천 2백만원까지
⑤ 임대인의 계약갱신요구 거절 사유
　1. 3기 차임 연체
　2. 거짓·부정 임차
　3. 합의하여 임대인이 상당한 보상 제공
　4. 임대인의 동의 없이 전부 또는 일부의 전대
　5. 건물의 전부 또는 일부를 고의·중과실로 파손
　6. 건물의 전부 또는 일부의 멸실
　7. 목적 건물의 점유를 회복할 필요가 있는 경우
　8. 임차인으로서의 의무를 현저히 위반, 임대차를 계속하기 어려운 중대한 사유가 있는 경우

32. 중개대상물 확인·설명(공인중개사법 제25조)
ㄱ. 토지의 소재지, 지목, 지형 및 경계(지적도)는 토지대장을 통해 확인할 수 있다.
ㄷ. 지적도상의 경계와 실제경계가 일치하지 않는 경우 특별한 사정이 없는 한 실제경계 지적도상의 경계를 기준으로 한다.

33. 주택임대차보호법
① 주택을 인도받고 주민등록을 마친 때에는 확정일자를 받지 않더라도 받아야(인도 + 전입신고 + 확정일자) 주택의 경매시 후순위저당권자보다 우선하여 보증금을 변제받는다.

② 주택 소재지가 대구광역시인 경우 (보증금이 6천만원 (2023년 기준: 8,500만원) 이하인 경우) 보증금 중 2천만원 (2023년 기준: 2,800만원)에 대해서는 최우선변제권이 인정된다.
③ 다세대주택인 경우 전입신고시 지번만 기재하고 동·호수는 기재하지 않더라도 지번과 동·호수를 기재해야 대항력을 인정받는다.
　다가구주택이 다세대주택으로 전환된 경우에는 전입신고시 지번만 기재하고 동·호수를 기재하지 않았더라도 대항력을 인정받는다.
⑤ 확정일자를 먼저 받은 후 주택의 인도와 전입신고를 하면 그 신고일(신고일 다음 날 0시에 대항력 발생)이 저당권설정등기일과 같아도 임차인이 저당권자에 저당권자가 임차인에 우선한다.

34. 공인중개사의 매수신청대리인 등록 등에 관한 규칙
① 중개사무소의 개설등록을 하지 않은 공인중개사라도 매수신청대리인으로 등록할 수 있다. 없다.
② 매수신청대리인으로 등록된 개업공인중개사는 매수신청대리행위를 함에 있어 매각장소 또는 집행법원에 중개보조원을 대리출석하게 할 수 있다. 없다.
④ 매수신청대리인으로 등록된 개업공인중개사는 매수신청대리의 위임을 받은 경우 법원의 부당한 매각허가결정에 대하여 항고(대리 불가)할 수 있다. 없다.
　별도의 포괄수권이 필요하다.
⑤ 매수신청대리인으로 등록된 개업공인중개사는 본인의 인감증명서가 첨부된 위임장과 매수신청대리인등록증사본(대리권을 증명하는 서류)을 한번 제출하면더라도 그 다음 날부터는 대리행위마다 대리권을 증명할 필요가 없다. 증명해야 한다. 단, 같은 날 같은 장소에서 대리행위를 하는 경우에는 하나의 서면으로 갈음할 수 있다.

35. 부동산 실권리자명의 등기에 관한 법률
① 계약명의신탁 중간생략형 명의신탁(3자간등기명의신탁)에 해당한다.
② 丙 명의의 등기는 유효하다. 무효이다.
③ 丙 명의로 등기가 이루어지면 이루어지더라도 소유권은 甲에게 乙에게 귀속된다.
④ 중간생략형 명의신탁의 매매계약: 유효
⑤ 丙이 소유권을 취득하고 취득하지 못하므로 甲은 丙에게 대금 상당의 부당이득반환청구권을 행사할 수 있다. 없다.

36. 개업공인중개사가 농지를 취득하려는 중개의뢰인에게 설명한 내용으로 틀린 것은?
① 주말·체험영농을 위해 농지를 소유하는 경우 한 세대의 부부가 각각 1천㎡ 미만으로 소유할 수 있다.
② 농업경영을 하려는 자에게 농지를 임대하는 임대차계약은 서면계약을 원칙으로 한다.
③ 농업법인의 합병으로 농지를 취득하는 경우 농지취득자격증명을 발급받지 않고 농지를 취득할 수 있다.
④ 징집으로 인하여 농지를 임대하면서 임대차기간을 정하지 않은 경우 3년으로 약정된 것으로 본다.
⑤ 농지전용허가를 받아 농지를 소유하는 자가 취득한 날부터 2년 이내에 그 목적사업에 착수하지 않으면 해당농지를 처분할 의무가 있다.

37. 개업공인중개사가 외국인에게「외국인토지법」을 설명한 내용으로 옳은 것은?
① 사원 또는 구성원의 2분의 1 이상이 대한민국 국적을 보유하지 않은 법인 또는 단체는 외국인토지법상 외국인에 해당한다.
② 외국인이 대한민국 안의 토지를 취득하는 계약을 체결하였을 때에는 계약체결일부터 30일 이내에 신고해야 한다.
③ 외국인이 법인의 합병 등 계약 외의 원인으로 대한민국 안의 토지를 취득한 경우 그 취득한 날부터 60일 이내에 신고해야 한다.
④ 부동산 거래신고에 관한 법률에 따라 부동산거래의 신고를 한 경우에도 외국인토지법에 따라 매매계약일부터 60일 이내에 신고해야 한다.
⑤ 대한민국 안의 토지를 가지고 있는 대한민국 국민이 외국인으로 변경되고 그 외국인이 해당 토지를 계속 보유하려는 경우 신고의무가 없다.

38. 다음 ( )에 들어갈 금액으로 옳은 것은?

> 법원에 매수신청대리인으로 등록된 개업공인중개사 甲은 乙로부터 매수신청대리의 위임을 받았다. 甲은 법원에서 정한 최저매각가격 2억원의 부동산입찰(보증금액은 최저매각가격의 10분의 1)에 참여하였다. 최고가매수신고인의 신고액이 2억 5천만원인 경우, 甲이 乙의 차순위매수신고를 대리하려면 그 신고액이 ( )원을 넘어야 한다.

① 2천만 ② 2억 ③ 2억 2천만
④ 2억 2천 5백만 ⑤ 2억 3천만

39. 개업공인중개사가「장사 등에 관한 법률」에 대해 중개의뢰인에게 설명한 것으로 틀린 것은?
① 개인묘지는 20㎡를 초과해서는 안된다.
② 매장을 한 자는 매장 후 30일 이내에 매장지를 관할하는 시장 등에게 신고해야 한다.
③ 가족묘지란 민법에 따라 친족관계였던 자의 분묘를 같은 구역 안에 설치하는 묘지를 말한다.
④ 시장 등은 묘지의 설치·관리를 목적으로 민법에 따라 설립된 재단법인에 한정하여 법인묘지의 설치·관리를 허가할 수 있다.
⑤ 설치기간이 끝난 분묘의 연고자는 설치기간이 끝난 날부터 1년 이내에 해당 분묘에 설치된 시설물을 철거하고 매장된 유골을 화장하거나 봉안해야 한다.

40. 부동산 거래신고에 관한 법령상 부동산거래계약 신고서의 작성방법으로 옳은 것을 모두 고른 것은?

> ㄱ. 입주권이 매매의 대상인 경우, 분양금액란에는 권리가격에 부가가치세액을 공제한 금액을 적는다.
> ㄴ. 거래금액란에는 둘 이상의 부동산을 함께 거래하는 경우 각각의 부동산별 거래금액을 적는다.
> ㄷ. 종전토지란은 입주권 매매의 경우에만 종전 토지에 대해 작성한다.
> ㄹ. 계약의 조건 또는 기한은 부동산 거래계약 내용에 계약조건이나 기한을 붙인 경우에만 적는다.

① ㄱ, ㄷ ② ㄴ, ㄹ ③ ㄱ, ㄴ, ㄹ
④ ㄴ, ㄷ, ㄹ ⑤ ㄱ, ㄴ, ㄷ, ㄹ

36. 농지법
① 주말·체험영농을 위해 농지를 소유하는 경우 한 세대의 부부가 각각 ~~세대별로~~ 1천㎡ 미만으로 소유할 수 있다.

37. 외국인토지법
외국인 등의 부동산취득 등에 관한 특례
② 외국인이 대한민국 안의 토지를 취득하는 계약을 체결하였을 때에는 계약체결일부터 ~~30일~~ 60일 이내에 신고해야 한다.
③ 외국인이 법인의 합병 등 계약 외의 원인으로 대한민국 안의 토지를 취득한 경우 그 취득한 날부터 ~~60일~~ 6개월 이내에 신고해야 한다.
④ 부동산 거래신고에 관한 법률에 따라 부동산거래의 신고를 한 경우에도는 외국인토지법에 따라 매매계약일부터 60일 이내에 신고해야 한다. 외국인 부동산취득신고가 면제된다.
⑤ 대한민국 안의 토지를 가지고 있는 대한민국 국민이 외국인으로 변경되고 그 외국인이 해당 토지를 계속 보유하려는 경우 ~~신고의무가 없다.~~ 6개월 이내에 (계속 보유) 신고하여야 한다. 위반시 과태료처분 대상이다.

38. 매수신청대리(공인중개사법 제14조)
법원에 매수신청대리인으로 등록된 개업공인중개사 甲은 乙로부터 매수신청대리의 위임을 받았다. 甲은 법원에서 정한 최저매각가격 2억원의 부동산입찰(보증금액은 최저매각가격의 10분의 1)에 참여하였다. 최고가매수신고인의 신고액이 2억 5천만원인 경우, 甲이 乙의 차순위매수신고를 대리하려면 그 신고액이 (2억 3천만)원을 넘어야 한다.
최고가매수신고가액 - 입찰보증금
= 2억 5천만원 - 2천만원 = 2억 3천만원

39. 「장사 등에 관한 법률」
① 개인묘지는 ~~20㎡~~ 30㎡를 초과해서는 안된다.
② 매장을 한 자는 매장 후 30일 이내에 매장지를 관할하는 시장 등에게 (사후)신고해야 한다.
③ 가족묘지(100㎡ 이하, 종중묘지 1,000㎡ 이하)란 민법에 따라 친족관계였던 자의 분묘를 같은 구역 안에 설치하는 묘지를 말한다.
④ 시장 등은 묘지의 설치·관리를 목적으로 민법에 따라 설립된 재단법인에 한정하여 법인묘지(100,000㎡ 이하)의 설치·관리를 허가할 수 있다.

40. 부동산 거래신고 등에 관한 법률
신고 대상 계약
- 매매계약: 토지, 건축물, 분양권, 입주권
- 공급계약: 법에 따른 토지·건축물 공급계약
거래규제와의 관계
- 토지거래허가증 또는 농지취득자격증명을 받은 경우에도 매매·공급일 경우에는 부동산거래신고를 해야 한다.
- 외국인은 부동산거래신고를 하였다면 외국인 취득신고를 면제한다.
- 부동산거래계약신고필증을 받은 경우, 검인이 면제된다.
신고관청
- 계약체결일부터 30일 이내에 관할 토지·건축물 소재지 시장·군수·구청장에게 신고
ㄱ. 입주권(정비법, 주택법: 분양권)이 매매의 대상인 경우, 분양금액란에는 권리가격에 부가가치세액을 ~~공제~~ 포함한 금액을 적는다.
토지·건물이 매매의 대상인 경우 부가가치세액을 제외한 금액을 적는다.

41. 국토의 계획 및 이용에 관한 법령상 기반시설인 자동차
   정류장을 세분할 경우 이에 해당하지 <u>않는</u> 것은?
   ① 화물터미널　　　　　② 공영차고지
   ③ 복합환승센터　　　　④ 화물자동차 휴게소
   ⑤ 교통광장

42. 국토의 계획 및 이용에 관한 법령상 도시·군기본계획의
   수립 및 정비에 관한 조문의 일부이다. ( )에 들어갈 숫
   자를 옳게 연결한 것은?

   > ○ 도시·군기본계획 입안일부터 (ㄱ)년 이내에 토지적
   >   성평가를 실시한 경우 등 대통령령으로 정하는 경우
   >   에는 토지적성평가 또는 재해취약성분석을 하지 아니
   >   할 수 있다.
   > ○ 시장 또는 군수는 (ㄴ)년마다 관할구역의 도시·군기
   >   본계획에 대하여 그 타당성여부를 전반적으로 재검토
   >   하여 정비하여야 한다.

   ① ㄱ: 2, ㄴ: 5　　　　② ㄱ: 3, ㄴ: 2
   ③ ㄱ: 3, ㄴ: 5　　　　④ ㄱ: 5, ㄴ: 5
   ⑤ ㄱ: 5, ㄴ: 10

43. 국토의 계획 및 이용에 관한 법령상 용도지역의 세분 중
   '편리한 주거환경을 조성하기 위하여 필요한 지역'에 건축
   할 수 있는 건축물이 <u>아닌</u> 것은? (단, 건축물은 4층 이하
   이고, 조례는 고려하지 않음)
   ① 동물미용실　　　　　② 기숙사
   ③ 고등학교　　　　　　④ 양수장
   ⑤ 단독주택

44. 국토의 계획 및 이용에 관한 법령상 지구단위계획에 관
   한 설명으로 <u>틀린</u> 것은?
   ① 지구단위계획은 도시·군관리계획으로 결정한다.
   ② 두 개의 노선이 교차하는 대중교통 결절지로부터 2km 이
      내에 위치한 지역은 지구단위계획구역으로 지정하여야
      한다.
   ③ 시·도지사는 「도시개발법」에 따라 지정된 도시개발구역
      의 전부 또는 일부에 대하여 지구단위계획구역을 지정할
      수 있다.
   ④ 지구단위계획의 수립기준은 국토교통부장관이 정한다.
   ⑤ 「택지개발촉진법」에 따라 지정된 택지개발지구에서 시행
      되는 사업이 끝난 후 10년이 지난 지역으로서 관계법률에
      따른 토지 이용과 건축에 관한 계획이 수립되어 있지 않은
      지역은 지구단위계획구역으로 지정하여야 한다.

45. 국토의 계획 및 이용에 관한 법령상 일반상업지역 내의
   지구단위계획구역에서 건폐율이 60%이고 대지면적이
   400㎡인 부지에 건축물을 건축하려는 자가 그 부지 중
   100㎡를 공공시설의 부지로 제공하는 경우, 지구단위계
   획으로 완화하여 적용할 수 있는 건폐율의 최대한도는
   얼마인가? (단, 조례는 고려하지 않으며, 건축주가 용도
   폐지되는 공공시설을 무상양수 받은 경우가 아님)
   ① 60　　② 65　　③ 70　　④ 75　　⑤ 80

46. 국토의 계획 및 이용에 관한 법령상 토지거래의 허가 등
   에 관한 설명으로 옳은 것은?
   ① 도시지역외의 지역에 있는 허가구역에서 90㎡의 임야를
      매매하는 경우에는 허가를 요하지 아니한다.
   ② 시·도지사는 허가구역으로 지정하려면 지방의회의 의견
      을 듣고 중앙도시계획위원회의 심의를 거쳐야 한다.
   ③ 허가구역의 지정은 이를 공고하고 일반이 열람할 수 있는
      날이 끝난 날부터 5일 후에 그 효력이 발생한다.
   ④ 허가구역이 동일한 시·군 또는 구 안의 일부지역인 경우
      에는 시장·군수·구청장이 허가구역을 지정한다.
   ⑤ 토지거래계약에 대해 불허가처분을 받은 매도인은 90일 이
      내에 시장·군수 또는 구청장에게 이의를 신청할 수 있다.

47. 국토의 계획 및 이용에 관한 법령상 도시지역 중 건폐율
   의 최대한도가 낮은 지역부터 높은 지역 순으로 옳게 나
   열한 것은? (단, 조례 등 기타 강화·완화조건은 고려하지
   않음)
   ① 전용공업지역 - 중심상업지역 - 제1종전용주거지역
   ② 보전녹지지역 - 유통상업지역 - 준공업지역
   ③ 자연녹지지역 - 일반상업지역 - 준주거지역
   ④ 일반상업지역 - 준공업지역 - 제2종일반주거지역
   ⑤ 생산녹지지역 - 근린상업지역 - 유통상업지역

41. 기반시설
　　도로·자동차정류장 및 광장
　　　도로
　　　　일반도로, 자동차전용도로, 보행자전용도로,
　　　　　　　　　자전거전용도로, 고가도로, 지하도로
　　　자동차정류장
　　　　여객자동차터미널
　　　　화물터미널(2020년 물류터미널로 변경)
　　　　공영차고지
　　　　공동차고지
　　　　화물자동차 휴게소
　　　　복합환승센터
　　　광장
　　　　교통광장, 일반광장, 경관광장, 지하광장,
　　　　　　　　　　　　　　　　건축물부설광장

42. 도시·군기본계획
○ 도시·군기본계획 입안일부터 (5)년 이내에 토지적성평가
　를 실시한 경우 등 대통령령으로 정하는 경우에는 토지적
　성평가 또는 재해취약성분석을 하지 아니할 수 있다.
○ 시장 또는 군수는 (5)년마다 관할구역의 도시·군기본계획
　에 대하여 그 타당성여부를 전반적으로 재검토하여 정비
　하여야 한다.

43. 용도지역 - 제1종 일반주거지역
　- 단독주택
　- 공동주택(아파트 제외)
　- 제1종 근린생활시설
　- 제2종 근린생활시설: 동물미용실
　- 교육연구시설 중 유치원·초등학교·중학교·고등학교
　- 노유자시설

44. 지구단위계획
② 두 개 세 개의 노선이 교차하는 대중교통 결절지로부터
　2km 1km 이내에 위치한 지역은 지구단위계획구역으로
　지정하여야 한다. 지정할 수 있다.
　지구단위계획구역으로 지정할 수 있다.
　　1. 도시개발구역
　　2. 정비구역
　　3. 택지개발지구
　　4. 대지조성사업지구
　　5. 산업단지·준산업단지
　　6. 관광단지·관광특구
⑤ 지구단위계획구역으로 지정하여야 한다.
　　1. 정비구역·택지개발지구에서 사업이 끝난 후 10년이 지
　　　난 지역

2. 체계적·계획적인 개발·관리가 필요한 지역으로 면적
　이 30만㎡ 이상인 지역
　- 시가화조정구역·도시자연공원구역에서 해제되는
　　지역(녹지지역으로 지정·존치되거나 도시·군계획사
　　업 등 개발계획이 수립되지 아니하는 경우 제외)
　- 녹지지역에서 주거지역·상업지역·공업지역으로 변
　　경되는 지역

45. 지구단위계획으로 완화되는 건폐율 최대한도
　해당 용도지역에 적용되는 건폐율
　× [1 + (공공부지 제공 면적 ÷ 대지면적)]
　　　　　= 60% × [1 + (100 ÷ 400)] = 75%

46. 토지거래 허가
① 토지거래허가 면제
　도시지역 내
　- 주거지역: 180㎡ 이하 60㎡ (2022년 변경)
　- 상업지역: 200㎡ 이하 150㎡ (2022년 변경)
　- 공업지역: 660㎡ 이하 150㎡ (2022년 변경)
　- 녹지지역: 100㎡ 이하 200㎡ (2022년 변경)
　- 미지정구역: 90㎡ 이하 60㎡ (2022년 변경)
　도시지역 외
　- 농지: 　　　　500㎡ 이하
　- 임야: 　　　1000㎡ 이하
　- 농지·임야 외: 250㎡ 이하
② 시·도지사는 허가구역으로 지정하려면 지방의회의 의견
　을 듣고 중앙도시계획위원회(국토교통부장관 지정) 지방
　도시계획위원회(시·도도시계획위원회)의 심의를 거쳐야
　한다.
③ 허가구역의 지정은 이를 공고하고 일반이 열람할 수 있는
　날 공고한 날이 끝난 날부터 5일 후에 그 효력이 발생한다.
④ 허가구역이 동일한 시·군 또는 구 안의 일부지역인 경우
　에는 시장·군수·구청장이 시·도지사가 허가구역을 지정
　한다.
⑤ 토지거래계약에 대해 불허가처분을 받은 매도인은 90일
　1개월 이내에 시장·군수 또는 구청장에게 이의를 신청할
　수 있다.

47. 건폐율의 최대한도
① 70% - 90% - 50%
② 20% - 80% - 70%
③ 20% - 80% - 70%
④ 80% - 70% - 60%
⑤ 20% - 70% - 80%

48. 甲 소유의 토지는 A광역시 B구에 소재한 지목이 대(垈)인 토지로서 한국토지주택공사를 사업시행자로 하는 도시·군계획시설 부지이다. 甲의 토지에 대해 국토의 계획 및 이용에 관한 법령상 도시·군계획시설 부지의 매수청구권이 인정되는 경우, 이에 관한 설명으로 옳은 것은? (단, 도시·군계획시설의 설치의무자는 사업시행자이며, 조례는 고려하지 않음)

① 甲의 토지의 매수의무자는 B구청장이다.
② 甲이 매수청구를 할 수 있는 대상은 토지이며, 그 토지에 있는 건축물은 포함되지 않는다.
③ 甲이 원하는 경우 매수의무자는 도시·군계획시설채권을 발행하여 그 대금을 지급할 수 있다.
④ 매수의무자는 매수청구를 받은 날부터 6개월 이내에 매수 여부를 결정하여 甲과 A광역시장에게 알려야 한다.
⑤ 매수청구에 대해 매수의무자가 매수하지 아니하기로 결정한 경우 甲은 자신의 토지에 2층의 다세대주택을 건축할 수 있다.

49. 국토의 계획 및 이용에 관한 법령상 광역도시계획에 관한 설명으로 옳은 것은?

① 국토교통부장관이 광역계획권을 지정하려면 관계 지방도시계획위원회의 심의를 거쳐야 한다.
② 도지사가 시장 또는 군수의 요청으로 관할 시장 또는 군수와 공동으로 광역도시계획을 수립하는 경우에는 국토교통부장관의 승인을 받지 않고 광역도시계획을 수립할 수 있다.
③ 중앙행정기관의 장은 국토교통부장관에게 광역계획권의 변경을 요청할 수 없다.
④ 시장 또는 군수가 광역도시계획을 수립하거나 변경하려면 국토교통부장관의 승인을 받아야 한다.
⑤ 광역계획권은 인접한 둘 이상의 특별시·광역시·시 또는 군의 관할구역 단위로 지정하여야 하며, 그 관할구역의 일부만을 광역계획권에 포함시킬 수는 없다.

50. 국토의 계획 및 이용에 관한 법령상 기반시설부담구역에 관한 설명으로 틀린 것은?

① 법령의 개정으로 인하여 행위제한이 완화되는 지역에 대해서는 기반시설부담구역으로 지정하여야 한다.
② 녹지와 폐기물처리시설은 기반시설부담구역에 설치가 필요한 기반시설에 해당한다.
③ 동일한 지역에 대해 기반시설부담구역과 개발밀도관리구역을 중복하여 지정할 수 있다.
④ 기반시설부담구역 내에서 「주택법」에 따른 리모델링을 하는 건축물은 기반시설설치비용의 부과대상이 아니다.
⑤ 기존 건축물을 철거하고 신축하는 건축행위가 기반시설설치비용의 부과대상이 되는 경우에는 기존건축물의 건축연면적을 초과하는 건축행위만 부과대상으로 한다.

51. 국토의 계획 및 이용에 관한 법령상 도시·군계획시설사업에 관한 설명으로 틀린 것은?

① 도시·군관리계획으로 결정된 하천의 정비사업은 도시·군계획시설사업에 해당한다.
② 한국토지주택공사가 도시·군계획시설사업의 시행자로 지정받으려면 사업 대상 토지 면적의 3분의 2 이상의 토지 소유자의 동의를 얻어야 한다.
③ 도시·군계획시설사업의 시행자는 도시·군계획시설사업에 필요한 토지나 건축물을 수용할 수 있다.
④ 행정청인 도시·군계획시설사업의 시행자가 도시·군계획시설사업에 의하여 새로 공공시설을 설치한 경우 새로 설치된 공공시설은 그 시설을 관리할 관리청에 무상으로 귀속된다.
⑤ 도시·군계획시설결정의 고시일부터 20년이 지날 때까지 그 시설의 설치에 관한 도시·군계획시설사업이 시행되지 아니하는 경우, 그 도시·군계획시설결정은 그 고시일부터 20년이 되는 날의 다음날에 효력을 잃는다.

52. 국토의 계획 및 이용에 관한 법령상 도시·군관리계획을 입안할 때 환경성 검토를 실시하지 않아도 되는 경우에 해당하는 것만을 모두 고른 것은?

> ㄱ. 개발제한구역 안에 기반시설을 설치하는 경우
> ㄴ. 「도시개발법」에 따른 도시개발사업의 경우
> ㄷ. 해당 지구단위계획구역 안의 나대지면적이 구역면적의 2%에 미달하는 경우

① ㄱ   ② ㄷ   ③ ㄱ, ㄴ
④ ㄴ, ㄷ   ⑤ ㄱ, ㄴ, ㄷ

48. 도시·군계획시설

① 甲의 토지의 매수의무자(원칙: 특별시장·광역시장, 예외: 사업시행자·설치관리의무자)는 B구청장 한국토지주택공사이다.

② 甲이 매수청구를 할 수 있는 대상은 토지이며, 그 토지에 있는 건축물은도 포함되지 않는다. 포함된다.

③ 도시·군계획시설채권 발행:
　　　　　　　　　　매수의무자인 지방자치단체장

④ 매수의무자는 매수청구를 받은 날부터 6개월 이내에 매수 여부를 결정하여 알려야 한다.
　　2년 이내에 매수하여야 한다.

⑤ 매수청구에 대해 매수의무자가 매수하지 아니하기로 결정한 경우 甲은 자신의 토지에 2층의 다세대주택을 건축할 수 있다. 없다.
　　- 단독주택
　　- 공동주택(다세대주택 등)
　　- 제1종 근린생활시설
　　- 제2종 근린생활시설

49. 광역도시계획

① 국토교통부장관이 광역계획권을 지정하려면 관계 지방도시계획위원회 중앙도시계획위원회의 심의를 거쳐야 한다.

③ 중앙행정기관의 장은 국토교통부장관에게 광역계획권의 변경을 요청할 수 없다. 있다.

④ 시장 또는 군수가 광역도시계획을 수립하거나 변경하려면 국토교통부장관 도지사의 승인을 받아야 한다.

⑤ 광역계획권은 인접한 둘 이상의 특별시·광역시·시 또는 군의 관할구역 단위로 지정하여야 하며, 그 관할구역의 일부만을 광역계획권에 포함시킬 수는 없다. 포함시킬 수 있다.

50. 기반시설부담구역

① 법령의 개정으로 인하여 행위제한이 완화(또는 해제)되는 지역에 대해서는 기반시설부담구역으로 지정하여야 한다.

③ 동일한 지역에 대해 기반시설부담구역과 개발밀도관리구역을 중복하여 지정할 수 있다. 없다.
　　개발밀도관리구역
　　주거지역·상업지역·공업지역-녹지지역
　　기반시설부담구역
　　개발밀도관리구역 외의 지역으로서 기반시설 설치 또는
　　용지 확보 목적으로 지정·고시하는 구역

51. 도시·군계획시설사업

② 공공시행자(지방자치단체, 공기업 등):
　　　　　　　　　　토지등소유자 동의 불요
한국토지주택공사가 도시·군계획시설사업의 시행자로 지정받으려면 사업 대상 토지 면적의 3분의 2 이상의 토지소유자의 동의를 얻어야 한다. 토지등소유자의 동의를 받지 않아도 된다.

52. 도시·군관리계획 - 환경성 검토 생략

1. 해당 지구단위계획구역이 도심지(상업지역과 상업지역에 연접한 지역)에 위치하는 경우

2. 해당 지구단위계획구역 안의 나대지 면적이 구역 면적의 2%에 미달하는 경우

3. 해당 지구단위계획구역 또는 도시·군계획시설부지가 다른 법률에 따라 지역·지구 등으로 지정되거나 개발계획이 수립된 경우

4. 해당 지구단위계획구역의 지정목적이 해당 구역을 정비 또는 관리하고자 하는 경우로서 너비 12m 이상 도로의 설치계획이 없는 경우

5. 기존의 용도지구를 폐지하고 지구단위계획을 수립 또는 변경하여 그 용도지구에 따른 건축물이나 그 밖의 시설의 용도·종류 및 규모 등의 제한을 그대로 대체하려는 경우

6. 해당 도시·군계획시설의 결정을 해제하려는 경우

7. 전략환경영향평가 대상인 도시·군관리계획을 입안하는 경우

53. 도시개발법령상 준공검사 등에 관한 설명으로 틀린 것은?

① 도시개발사업의 준공검사 전에는 체비지를 사용할 수 없다.

② 지정권자는 효율적인 준공검사를 위하여 필요하면 관계 행정기관 등에 의뢰하여 준공검사를 할 수 있다.

③ 지정권자가 아닌 시행자는 도시개발사업에 관한 공사가 전부 끝나기 전이라도 공사가 끝난 부분에 관하여 준공검사를 받을 수 있다.

④ 지정권자가 아닌 시행자가 도시개발사업의 공사를 끝낸 때에는 공사완료 보고서를 작성하여 지정권자의 준공검사를 받아야 한다.

⑤ 지정권자가 시행자인 경우 그 시행자는 도시개발사업의 공사를 완료한 때에는 공사 완료 공고를 하여야 한다.

54. 도시개발법령상 수용 또는 사용의 방식에 따른 사업시행에 관한 설명으로 옳은 것은?

① 시행자가 아닌 지정권자는 도시개발사업에 필요한 토지 등을 수용할 수 있다.

② 도시개발사업을 위한 토지의 수용에 관하여 특별한 규정이 없으면 「도시 및 주거환경정비법」에 따른다.

③ 수용의 대상이 되는 토지의 세부목록을 고시한 경우에는 「공익사업을 위한 토지 등의 취득 및 보상에 관한 법률」에 따른 사업인정 및 그 고시가 있었던 것으로 본다.

④ 국가에 공급될 수 있는 원형지 면적은 도시개발구역 전체 토지면적의 3분의 2까지로 한다.

⑤ 시행자가 토지상환채권을 발행할 경우, 그 발행규모는 토지상환채권으로 상환할 토지·건축물이 도시개발사업으로 조성되는 분양토지 또는 분양건축물 면적의 3분의 2를 초과하지 않아야 한다.

55. 도시개발법령상 도시개발사업 조합에 관한 설명으로 틀린 것은?

① 조합은 도시개발사업의 전부를 환지 방식으로 시행하는 경우 사업시행자가 될 수 있다.

② 조합을 설립하려면 도시개발구역의 토지 소유자 7명 이상이 정관을 작성하여 지정권자에게 조합 설립의인가를 받아야 한다.

③ 조합이 작성하는 정관에는 도시개발구역의 면적이 포함되어야 한다.

④ 조합 설립의 인가를 신청하려면 국공유지를 제외한 해당 도시개발구역의 토지면적의 3분의 2 이상에 해당하는 토지 소유자와 그 구역의 토지 소유자 총수의 2분의 1 이상의 동의를 받아야 한다.

⑤ 조합의 이사는 그 조합의 조합장을 겸할 수 없다.

56. 도시개발법령상 환지의 방식에 관한 내용이다. ( )에 들어갈 내용을 옳게 연결한 것은?

> (ㄱ): 환지 전 토지에 대한 권리를 도시개발사업으로 조성되는 토지에 이전하는 방식
>
> (ㄴ): 환지 전 토지나 건축물(무허가 건축물은 제외)에 대한 권리를 도시개발사업으로 건설되는 구분건축물에 이전하는 방식

① ㄱ: 평면 환지, ㄴ: 입체 환지

② ㄱ: 평가 환지, ㄴ: 입체 환지

③ ㄱ: 입체 환지, ㄴ: 평면 환지

④ ㄱ: 평면 환지, ㄴ: 유동 환지

⑤ ㄱ: 유동 환지, ㄴ: 평면 환지

57. 도시개발법령상 도시개발사업의 비용 부담에 관한 설명으로 틀린 것은?

① 도시개발사업에 필요한 비용은 「도시개발법」이나 다른 법률에 특별한 규정이 있는 경우를 제외하고는 시행자가 부담한다.

② 지방자치단체의 장이 발행하는 도시개발채권의 소멸시효는 상환일로부터 기산하여 원금은 5년, 이자는 2년으로 한다.

③ 시행자가 지방자치단체인 경우에는 공원·녹지의 조성비 전부를 국고에서 보조하거나 융자할 수 있다.

④ 시행자는 공동구를 설치하는 경우에는 다른 법률에 따라 그 공동구에 수용될 시설을 설치할 의무가 있는 자에게 공동구의 설치에 드는 비용을 부담시킬 수 있다.

⑤ 도시개발사업에 관한 비용 부담에 대해 대도시 시장과 시·도지사 간의 협의가 성립되지 아니하는 경우에는 기획재정부장관의 결정에 따른다.

58. 도시개발법령상 조합인 시행자가 면적식으로 환지계획을 수립하여 환지방식에 의한 사업시행을 하는 경우, 환지계획구역의 평균 토지부담률(%)은 얼마인가? (단, 다른 조건은 고려하지 않음)

> ○ 환지계획구역 면적: 200,000㎡
>
> ○ 공공시설의 설치로 시행자에게 무상귀속되는 토지면적: 20,000㎡
>
> ○ 시행자가 소유하는 토지면적: 10,000㎡
>
> ○ 보류지 면적: 106,500㎡

① 40   ② 45   ③ 50   ④ 55   ⑤ 60

53. 도시개발구역의 지정

① 원칙: 도시개발사업의 준공검사(또는 공사 완료) 전에는 ~~체비지를~~ 조성토지 등을 사용할 수 없다.

　예외: 체비지는 준공검사 또는 공사 완료 전에도 사용할 수 있다.

③ 일부 준공검사

⑤ 지정권자 = 준공검사권자

54. 수용 또는 사용의 방식

　수용·사용 → 시행 → 공급(조성토지, 원형지)

① 시행자가 아닌 지정권자는 도시개발사업에 필요한 토지 등을 수용할 수 있다.

　시행자가 아닌 지정권자는 ~~수용권한이 없다.~~

② 도시개발사업을 위한 토지의 수용에 관하여 특별한 규정이 없으면 「~~도시 및 주거환경정비법~~」「공익사업을 위한 토지 등의 취득 및 보상에 관한 법률」에 따른다.

④ 국가에 공급될 수 있는 원형지 면적은 도시개발구역 전체 토지면적의 ~~3분의 2~~ 3분의 1(나머지 → 조성토지)까지로 한다.

⑤ 시행자가 토지상환채권을 발행할 경우, 그 발행규모는 토지상환채권으로 상환할 토지·건축물이 도시개발사업으로 조성되는 분양토지 또는 분양건축물 면적의 ~~3분의 2~~ 2분의 1을 초과하지 않아야 한다.

55. 도시개발조합

④ 조합 설립의 인가를 신청하려면 국공유지를 ~~제외~~ 포함한 해당 도시개발구역의 토지면적의 3분의 2 이상에 해당하는 토지 소유자와 그 구역의 토지 소유자 총수의 2분의 1 이상의 동의를 받아야 한다.

56. 환지의 방식

(평면환지):

환지 전 토지에 대한 권리를 도시개발사업으로 조성되는 토지에 이전하는 방식

(입체환지):

환지 전 토지나 건축물(무허가 건축물은 제외)에 대한 권리를 도시개발사업으로 건설되는 구분건축물에 이전하는 방식

57. 도시개발사업의 비용 부담

② 지방자치단체의 장(시·도지사)이 발행하는 도시개발채권의 소멸시효는 상환일로부터 기산하여 원금은 5년, 이자는 2년으로 한다.

③ 시행자가 지방자치단체인 경우에는 공원·녹지의 조성비 전부(또는 일부)를 국고에서 보조하거나 융자할 수 있다.

⑤ 도시개발사업에 관한 비용 부담에 대해 대도시 시장과 시·도지사 간의 협의가 성립되지 아니하는 경우에는 ~~기획재정부장관~~ 행정안전부장관의 결정에 따른다.

58. 평균 토지부담률

면적식

$$= \frac{\text{보류지면적} - (\text{무상귀속토지면적} + \text{소유토지면적})}{\text{환지계획구역면적} - (\text{무상귀속토지면적} + \text{소유토지면적})}$$

$= 106,500 - (20,000 + 10,000) \div 200,000 - (20,000 + 10,000)$

$= 45\%$

평가식

$$= \frac{\text{사업 후 평가액} - \text{총 사업비}}{\text{환지전평가액}} \times 100$$

59. 도시 및 주거환경정비법령상 도시·주거환경정비기본계획(이하 '기본계획')의 수립에 관한 설명으로 **틀린** 것은?
① 기본계획의 작성방법은 국토교통부장관이 정한다.
② 대도시의 시장이 아닌 시장은 기본계획의 내용 중 단계별 정비사업추진계획을 변경하는 때에는 도지사의 승인을 얻지 않아도 된다.
③ 기본계획에 생활권별 기반시설 설치계획이 포함된 경우에는 기본계획에 포함되어야 할 사항 중 주거지 관리계획이 생략될 수 있다.
④ 대도시의 시장은 지방도시계획위원회의 심의를 거치기 전에 관계 행정기관의 장과 협의하여야 한다.
⑤ 도지사가 기본계획을 수립할 필요가 없다고 인정하는 대도시가 아닌 시는 기본계획을 수립하지 아니할 수 있다.

60. 도시 및 주거환경정비법령상 가로주택정비사업에 관한 설명으로 옳은 것은?
① 광역시의 군수는 정비계획을 수립하여 정비구역을 지정하여야 한다.
② 조합을 설립하려면 정비구역지정 고시 후 조합설립을 위한 추진위원회를 구성하여야 한다.
③ 가로주택정비사업은 가로구역에 있는 기존 단독주택의 호수와 공동주택의 세대 수를 합한 수가 10 이상일 경우에 시행할 수 있다.
④ 가로구역이 경사지에 위치하지 않은 경우「건축법」에 따른 건폐율 산정기준은 2분의 1 범위까지 완화될 수 있다.
⑤ 사업시행자는 가로구역에 있는 기존 단독주택의 호수와 공동주택의 세대 수를 합한 수 이상의 주택을 공급하여야 한다.

61. 도시 및 주거환경정비법령상 조합에 관한 설명으로 옳은 것은?
① 토지등소유자가 도시환경정비사업을 시행하고자 하는 경우에는 토지등소유자로 구성된 조합을 설립하여야만 한다.
② 토지등소유자가 100명 이하인 조합에는 2명 이하의 이사를 둔다.
③ 주택재건축사업의 추진위원회가 주택단지가 아닌 지역이 포함된 정비구역에서 조합을 설립하고자 하는 때에는 주택단지가 아닌 지역안의 토지면적의 4분의 3 이상의 토지소유자의 동의를 얻어야 한다.
④ 분양신청을 하지 아니한 자에 대한 현금청산금액을 포함한 정비사업비가 100분의 10 이상 늘어나는 경우에는 조합원 3분의 2 이상의 동의를 받아야 한다.
⑤ 대의원회는 임기 중 궐위된 조합장을 보궐선임할 수 없다.

62. 도시 및 주거환경정비법령상 관리처분계획 등에 관한 설명으로 옳은 것은?
① 도시환경정비사업의 관리처분은 정비구역안의 지상권자에 대한 분양을 포함하여야 한다.
② 주택재건축사업의 관리처분의 기준은 조합원 전원의 동의를 받더라도 법령상 정하여진 관리처분의 기준과 달리 정할 수 없다.
③ 사업시행자는 폐공가의 밀집으로 우범지대화의 우려가 있는 경우 기존 건축물의 소유자의 동의 및 시장·군수의 허가를 얻어 해당 건축물을 철거할 수 있다.
④ 관리처분계획의 인가·고시가 있는 때에는 종전의 토지의 임차권자는 사업시행자의 동의를 받더라도 소유권의 이전고시가 있는 날까지 종전의 토지를 사용할 수 없다.
⑤ 주거환경관리사업의 사업시행자는 관리처분계획에 따라 공동이용시설을 새로 설치하여야 한다.

63. 도시 및 주거환경정비법령상 사업시행인가를 받은 정비사업의 공사완료에 따른 조치 등에 관한 다음 절차를 진행순서에 따라 옳게 나열한 것은? (단, 관리처분계획인가를 받은 사업이고, 공사의 전부 완료를 전제로 함)

ㄱ. 준공인가
ㄴ. 관리처분계획에 정한 사항을 분양받을 자에게 통지
ㄷ. 토지의 분할절차
ㄹ. 대지 또는 건축물의 소유권 이전고시
---

① ㄱ - ㄷ - ㄴ - ㄹ   ② ㄱ - ㄹ - ㄷ - ㄴ
③ ㄴ - ㄱ - ㄷ - ㄹ   ④ ㄴ - ㄷ - ㄹ - ㄱ
⑤ ㄷ - ㄹ - ㄱ - ㄴ

64. 도시 및 주거환경정비법령상 다음 설명에 해당하는 정비사업은?

도시저소득주민이 집단으로 거주하는 지역으로서 정비기반시설이 극히 열악하고 노후·불량건축물이 과도하게 밀집한 지역에서 주거환경을 개선하기 위하여 시행하는 사업
---

① 주거환경관리사업   ② 주택재건축사업
③ 주거환경개선사업   ④ 도시환경정비사업
⑤ 주택재개발사업

59. 도시·주거환경정비기본계획

② 대도시의 시장이 아닌 시장은 기본계획의 내용 중 단계별 정비사업추진계획을 변경(경미한 사항)하는 때에는 도지사의 승인을 얻지 않아도 된다.

③ 기본계획에 생활권별 기반시설 설치계획이 포함된 경우에는 기본계획에 포함되어야 할 사항 중 주거지 관리계획이 생략될 수 있다. 없다.

정비예정구역의 개략적 범위와 단계별 정비사업 추진계획을 생략할 수 있다.

60. 가로주택정비사업

2018년 법률 개정으로 폐지, 정비사업 재편·단순화

① 광역시의 군수는 정비계획을 수립하여 정비구역을 지정하여야 한다. 지정할 수 없다.

② 추진위원회

③ 가로주택정비사업은 가로구역에 있는 기존 단독주택의 호수와 공동주택의 세대 수를 합한 수가 10 20 이상일 경우에 시행할 수 있다.

④ 가로구역이 경사지에 위치하지 않은 위치한 경우 「건축법」에 따른 건폐율 산정기준은 2분의 1 범위까지 완화될 수 있다.

61. 정비사업조합

① 도시환경정비사업 2018년 폐지

② 토지등소유자가 100명 이하인 조합에는 2명 이하 3명 이상의 이사를 둔다.

토지등소유자가 100명 초과인 조합에는 5명 이상의 이사를 두어야 한다.

③ 주택재건축사업의 추진위원회가 주택단지가 아닌 지역이 포함된 정비구역에서 조합을 설립하고자 하는 때에는 주택단지가 아닌 지역안의 토지면적의 4분의 3 이상의 토지소유자 토지·건축물 소유자의 3/4 이상 및 토지면적의 2/3 이상의 토지소유자의 동의를 얻어야 한다.

④ 분양신청을 하지 아니한 자에 대한 현금청산금액을 포함 제외한 정비사업비가 100분의 10 이상 늘어나는 경우에는 조합원 3분의 2 이상의 동의를 받아야 한다.

⑤ 총회

62. 관리처분계획(≒ 분양계획)

① 도시환경정비사업 2018년 폐지

② 주택재건축사업의 관리처분의 기준은 조합원 전원의 동의를 받더라도 받으면 법령상 정하여진 관리처분의 기준과 달리 정할 수 없다. 있다.

④ 관리처분계획의 인가·고시가 있은 때에는 종전의 토지의 임차권자는 사업시행자의 동의를 받더라도 받아 소유권의 이전고시가 있는 날까지 종전의 토지를 사용할 수 없다. 있다.

⑤ 주거환경관리사업 2018년 폐지

63. 정비사업의 공사완료에 따른 조치

준공인가 → 측량·분할 → 통지 → 소유권 이전고시

ㄱ. 준공인가

ㄷ. 토지의 분할절차

ㄴ. 관리처분계획에 정한 사항을 분양받을 자에게 통지

ㄹ. 대지 또는 건축물의 소유권 이전고시

64. 도시 및 주거환경정비사업

① 주거환경관리사업 2018년 폐지

② 주택재건축사업

③ 주거환경개선사업

단독주택 및 다세대주택이 밀집한 지역에서 정비기반시설과 공동이용시설 확충을 통하여 주거환경을 보전·정비·개량하기 위한 사업

④ 도시환경정비사업 2018년 폐지

⑤ 주택재개발사업

65. 주택법령상 세대구분형 공동주택의 건설기준 등으로 틀린 것은?
① 세대구분형 공동주택의 세대별로 구분된 각각의 공간마다 별도의 욕실, 부엌과 현관을 설치할 것
② 세대구분형 공동주택의 세대별로 구분된 각각의 공간은 주거전용면적이 12㎡ 이상일 것
③ 하나의 세대가 통합하여 사용할 수 있도록 세대간에 연결문 또는 경량구조의 경계벽 등을 설치할 것
④ 세대구분형 공동주택은 주택단지 공동주택 전체 호수의 3분의 1을 넘지 아니할 것
⑤ 세대구분형 공동주택의 세대별로 구분된 각각의 공간의 주거전용면적 합계가 주택단지 전체 주거전용면적 합계의 3분의 1을 넘지 아니할 것

66. 주택법령상 주택조합에 관한 설명으로 옳은 것은?
① 국민주택을 공급받기 위하여 설립한 직장주택조합을 해산하려면 관할 시장·군수·구청장의 인가를 받아야 한다.
② 지역주택조합은 임대주택으로 건설·공급하여야 하는 세대수를 포함하여 주택건설예정세대수의 3분의 1 이상의 조합원으로 구성하여야 한다.
③ 리모델링주택조합의 경우 공동주택의 소유권이 수인의 공유에 속하는 경우에는 그 수인 모두를 조합원으로 본다.
④ 지역주택조합의 설립 인가 후 조합원이 사망하였더라도 조합원수가 주택건설예정세대수의 2분의 1 이상을 유지하고 있다면 조합원을 충원할 수 없다.
⑤ 지역주택조합이 설립인가를 받은 후에 조합원을 추가 모집한 경우에는 주택조합의 변경인가를 받아야 한다.

67. 주택법령상 주택단지가 일정한 시설로 분리된 토지는 각각 별개의 주택단지로 본다. 그 시설에 해당하지 않는 것은?
① 고속도로
② 폭 20m의 도시계획예정도로
③ 폭 15m의 일반도로
④ 자동차전용도로
⑤ 보행자 및 자동차의 통행이 가능한 도로로서 「도로법」에 의한 일반국도

68. 주택법령상 리모델링 기본계획 수립절차에 관한 조문의 일부이다. ( )에 들어갈 숫자를 옳게 연결한 것은?

> 리모델링 기본계획을 수립하거나 변경하려면 (ㄱ)일 이상 주민에게 공람하고, 지방의회의 의견을 들어야 한다. 이 경우 지방의회는 의견제시를 요청받은 날부터 (ㄴ)일 이내에 의견을 제시하여야 한다.

① ㄱ: 7, ㄴ: 14   ② ㄱ: 10, ㄴ: 15   ③ ㄱ: 14, ㄴ: 15
④ ㄱ: 14, ㄴ: 30   ⑤ ㄱ: 15, ㄴ: 30

69. 주택법령상 주택상환사채에 관한 설명으로 틀린 것은?
① 등록사업자가 주택상환사채를 발행하려면 금융기관 또는 주택도시보증공사의 보증을 받아야 한다.
② 주택상환사채는 취득자의 성명을 채권에 기록하지 아니하면 사채발행자 및 제3자에게 대항할 수 없다.
③ 등록사업자의 등록이 말소된 경우에는 등록사업자가발행한 주택상환사채의 효력은 상실된다.
④ 주택상환사채의 발행자는 주택상환사채대장을 비치하고, 주택상환사채권의 발행 및 상환에 관한 사항을 기재하여야 한다.
⑤ 주택상환사채를 발행하려는 자는 주택상환사채발행계획을 수립하여 국토교통부장관의 승인을 받아야한다.

70. 주택법령상 주택의 전매행위 제한에 관한 설명으로 틀린 것은? (단, 수도권은「수도권정비계획법」에 의한 것임)
① 전매제한기간은 주택의 수급 상황 및 투기우려등을 고려하여 지역별로 달리 정할 수 있다.
② 사업주체가 수도권의 지역으로서 공공택지 외의 택지에서 건설·공급하는 주택을 공급하는 경우에는 그 주택의 소유권을 제3자에게 이전할 수 없음을 소유권에 관한 등기에 부기등기하여야 한다.
③ 세대원 전원이 2년 이상의 기간 해외에 체류하고자 하는 경우로서 사업주체의 동의를 받은 경우에는 전매제한주택을 전매할 수 있다.
④ 상속에 의하여 취득한 주택으로 세대원 전원이 이전하는 경우로서 사업주체의 동의를 받은 경우에는 전매제한 주택을 전매할 수 있다.
⑤ 수도권의 지역으로서 공공택지 외의 택지에서 건설·공급되는 주택의 소유자가 국가에 대한 채무를 이행하지 못하여 공매가 시행되는 경우에는 사업주체의 동의 없이도 전매를 할 수 있다.

65. 세대구분형 공동주택
② 주택법상 세대별 면적 조건은 없다.

　　2017년 국토교통부 가이드라인:
　　세대구분형 공동주택 세대별 주거전용면적 = 14㎡

66. 주택조합
① 국민주택을 공급받기 위하여 설립한 직장주택조합을 해산하려면 관할 시장·군수·구청장의 인가를 받아야 한다. ~~에게 신고하여야 한다.~~
② 지역주택조합은 임대주택으로 건설·공급하여야 하는 세대수를 ~~포함하여~~ 제외하고 주택건설예정세대수의 3분의 1 ~~2분의 1~~ 이상의 조합원으로 구성하여야 한다.
③ 리모델링주택조합의 경우 공동주택의 소유권이 수인의 공유에 속하는 경우에는 그 수인 모두를 공유자 대표 1인을 조합원으로 본다.
④ 지역주택조합의 설립 인가 후 조합원이 사망하였더라도 조합원수가 주택건설예정세대수의 2분의 1 이상을 유지하고 있다면 ~~사망하였다면,~~ 결원이 발생한 범위 내에서 조합원을 충원할 수 없다.

67. 별개의 주택단지
① 고속도로
② 폭 20m(8m 이상)의 도시계획예정도로
③ 폭 15m의 20m 이상의 일반도로
④ 자동차전용도로
⑤ 보행자 및 자동차의 통행이 가능한 도로로서 「도로법」에 의한 일반국도
⑥ 철도

68. 리모델링 기본계획 수립절차
(특별시장, 광역시장 및 대도시 시장이) 리모델링 기본계획을 수립하거나 변경하려면 (14)일 이상 주민에게 공람하고, 지방의회의 의견을 들어야 한다. 이 경우 지방의회는 의견제시를 요청받은 날부터 (30)일 이내에 의견을 제시하여야 한다. 30일 이내에 의견을 제시하지 아니하는 경우에는 이의가 없는 것으로 본다.

69. 주택상환사채
① 등록사업자: 자본금 5억원 이상
　　　　　+ 최근 3년 평균 300세대/년 이상의 실적
③ 등록사업자의 등록이 말소된 경우에는 등록사업자가 발행한 주택상환사채의 ~~효력은 상실된다.~~ (보증발행이므로) 효력에는 영향이 없다.

70. 주택의 전매행위 제한
⑤ 수도권의 지역으로서 공공택지 외의 택지에서 건설·공급되는 주택의 소유자가 국가에 대한 채무를 이행하지 못하여 공매가 시행되는 경우에는 사업주체의 동의 없이도 를 받아 전매를 할 수 있다.

71. 주택법령상 주택의 공급에 관한 설명으로 옳은 것은?

① 한국토지주택공사가 총지분의 100분의 70을 출자한 부동산투자회사가 사업주체로서 입주자를 모집하려는 경우에는 시장·군수·구청장의 승인을 받아야 한다.

②「관광진흥법」에 따라 지정된 관광특구에서 건설·공급하는 층수가 51층이고 높이가 140m인 아파트는 분양가상한제의 적용대상이다.

③ 시·도지사는 주택가격상승률이 물가상승률보다 현저히 높은 지역으로서 주택가격의 급등이 우려되는 지역에 대해서 분양가상한제 적용 지역으로 지정할 수 있다.

④ 주택의 사용검사 후 주택단지 내 일부의 토지의 소유권을 회복한 자에게 주택소유자들이 매도청구를 하려면 해당 토지의 면적이 주택단지 전체 대지면적의 100분의 5 미만이어야 한다.

⑤ 사업주체가 투기과열지구에서 건설·공급하는 주택의 입주자로 선정된 지위는 매매하거나 상속할 수 없다.

---

72. 건축법령상 건축물의 대지에 조경을 하지 않아도 되는 건축물에 해당하는 것을 모두 고른 것은? (단, 건축협정은 고려하지 않음)

> ㄱ. 면적 5,000㎡ 미만인 대지에 건축하는 공장
> ㄴ. 연면적의 합계가 1,500㎡ 미만인 공장
> ㄷ.「산업집적활성화 및 공장설립에 관한 법률」에 따른 산업단지의 공장

① ㄱ ② ㄷ ③ ㄱ, ㄴ ④ ㄴ, ㄷ ⑤ ㄱ, ㄴ, ㄷ

73. 건축법령상 건축허가를 받은 건축물의 철거 등에 관한 설명으로 틀린 것은?

① 건축물 소유자가 건축물을 철거하려면 특별시장·광역시장·특별자치도지사 또는 시장·군수에게 신고하여야 한다.

② 건축물 소유자가 건축물을 철거하려면 철거예정일 3일 전까지 건축물철거·멸실신고서에 해체공사계획서를 첨부하여 제출하여야 한다.

③ 건축물의 소유자나 관리자는 건축물이 재해로 멸실된 경우 멸실 후 30일 이내에 신고하여야 한다.

④ 석면이 함유된 건축물을 철거하는 경우에는 「산업안전보건법」 등 관계 법령에 적합하게 석면을 먼저 제거·처리한 후 건축물을 철거하여야 한다.

⑤ 건축물철거·멸실신고서를 제출받은 특별자치도지사는 건축물의 철거·멸실 여부를 확인한 후 건축물대장에서 철거·멸실된 건축물의 내용을 말소하여야 한다.

74. 건축법령상 고층건축물의 피난시설에 관한 내용으로 ( )에 들어갈 것을 옳게 연결한 것은?

> 층수가 63층이고 높이가 190m인 (ㄱ)건축물에는 피난층 또는 지상으로 통하는 직통계단과 직접 연결되는 피난안전구역을 지상층으로부터 최대 (ㄴ) 개 층마다 (ㄷ) 개소 이상 설치하여야 한다.

① ㄱ: 준고층, ㄴ: 20, ㄷ: 1
② ㄱ: 준고층, ㄴ: 30, ㄷ: 2
③ ㄱ: 초고층, ㄴ: 20, ㄷ: 1
④ ㄱ: 초고층, ㄴ: 30, ㄷ: 1
⑤ ㄱ: 초고층, ㄴ: 30, ㄷ: 2

75. 건축법령상 '주요구조부'에 해당하지 않는 것만을 모두 고른 것은?

> ㄱ. 지붕틀   ㄴ. 주계단
> ㄷ. 사이 기둥   ㄹ. 최하층 바닥

① ㄴ   ② ㄱ, ㄷ   ③ ㄷ, ㄹ
④ ㄱ, ㄴ, ㄹ   ⑤ ㄱ, ㄴ, ㄷ, ㄹ

76. 건축법령상 건축협정에 관한 설명으로 틀린 것은?

① 건축물의 소유자 등은 과반수의 동의로 건축물의 리모델링에 관한 건축협정을 체결할 수 있다.

② 협정체결자 또는 건축협정운영회의 대표자는 건축협정서를 작성하여 해당 건축협정인가권자의 인가를 받아야 한다.

③ 건축협정인가권자가 건축협정을 인가하였을 때에는 해당 지방자치단체의 공보에 그 내용을 공고하여야 한다.

④ 건축협정 체결 대상 토지가 둘 이상의 특별자치시 또는 시·군·구에 걸치는 경우 건축협정 체결 대상 토지면적의 과반이 속하는 건축협정인가권자에게 인가를 신청할 수 있다.

⑤ 협정체결자 또는 건축협정운영회의 대표자는 건축협정을 폐지하려는 경우 협정체결자 과반수의 동의를 받아 건축협정인가권자의 인가를 받아야 한다.

77. 건축법령상 건축물에 공개 공지 또는 공개 공간을 설치하여야 하는 대상지역에 해당하는 것은? (단, 지방자치단체장이 별도로 지정·공고하는 지역은 고려하지 않음)

① 전용주거지역   ② 일반주거지역
③ 전용공업지역   ④ 일반공업지역
⑤ 보전녹지지역

71. 주택의 공급

① 한국토지주택공사가 총지분의 ~~100분의 70~~ 100분의 50 이상을 출자한 부동산투자회사가 사업주체로서 입주자를 모집하려는 경우에는 시장·군수·구청장의 승인(복리시설의 경우에는 신고)을 ~~받아야 한다.~~ 받지 않아도 된다.

②「관광진흥법」에 따라 지정된 관광특구에서 건설·공급하는 층수가 51층이고 높이가 140m(층수가 50층 이상이거나 높이가 150m 이상)인 아파트는 분양가상한제의 ~~적용대상이다.~~ 적용대상이 아니다.

③ ~~시·도지사는~~ 국토교통부장관은 주택가격상승률이 물가상승률보다 현저히 높은 지역으로서 주택가격의 급등이 우려되는 지역에 대해서 분양가상한제 적용 지역으로 지정할 수 있다.

④ 검사후 매도청구

⑤ 매매× 상속○

---

72. 조경 등의 면제

1. 녹지지역에 건축하는 건축물
2. 면적 5,000㎡ 미만인 대지에 건축하는 공장
3. 연면적의 합계가 1,500㎡ 미만인 공장
4. 산업단지의 공장
5. 대지에 염분이 함유되어 있는 경우 또는 건축물 용도의 특성상 조경 등의 조치를 하기가 곤란하거나 조경 등의 조치를 하는 것이 불합리한 경우로서 건축조례로 정하는 건축물
6. 축사
7. 허가대상 건축물
8. 연면적의 합계가 1,500㎡ 미만인 물류시설(주거지역·상업지역의 물류시설 제외)
9. 자연환경보전지역, 농림지역 또는 관리지역의 건축물
10. 관광시설, 종합휴양업의 시설, 골프장

73. 건축물의 철거

2019년 법률 개정: 철거 → 해체

74. 고층건축물의 피난시설

초고층 건축물: 50층 이상 또는 200m 이상
고층 건축물: 30층 이상 또는 120m 이상

층수가 63층이고 높이가 190m인 (초고층)건축물에는 피난층 또는 지상으로 통하는 직통계단과 직접 연결되는 피난안전구역을 지상층으로부터 최대 (30)개 층마다 (1)개소 이상 설치하여야 한다.

75. 주요구조부

1. 내력벽
2. 기둥   사이 기둥
3. 바닥   최하층 바닥
4. 보   작은 보
5. 지붕틀
6. 주 계단   옥외 계단

76. 건축협정

① (토지·)건축물의 소유자 등(소유권자, 지상권자 등 대통령령으로 정하는 자)은 ~~과반수의 동의~~ 전원의 합의로 건축물의 리모델링에 관한 건축협정을 체결할 수 있다.

77. 공개 공지 또는 공개 공간: 소규모 휴게시설 등

1. 일반주거지역, 준주거지역
2. 상업지역
3. 준공업지역
4. 특별자치시장·특별자치도지사 또는 시장·군수·구청장이 도시화의 가능성이 크다고 인정하여 지정·공고하는 지역

78. 건축법령상 특별자치시장·특별자치도지사 또는 시장·
군수·구청장에게 신고하고 축조하여야 하는 공작물에
해당하는 것은? (단, 건축물과 분리하여 축조하는 경우이
며, 공용건축물에 대한 특례는 고려하지 않음)

① 높이 5m의 기념탑
② 높이 7m의 고가수조(高架水槽)
③ 높이 3m의 광고탑
④ 높이 3m의 담장
⑤ 바닥면적 25㎡의 지하대피호

----

79. 농지법령상 용어에 관한 설명으로 틀린 것은?
① 실제로 농작물 경작지로 이용되는 토지이더라도 법적지
목이 과수원인 경우는 '농지'에 해당하지 않는다.
② 소가축 80두를 사육하면서 1년 중 150일을 축산업에 종사
하는 개인은 '농업인'에 해당한다.
③ 3,000㎡의 농지에서 농작물을 경작하면서 1년 중 80일을
농업에 종사하는 개인은 '농업인'에 해당한다.
④ 인삼의 재배지로 계속하여 이용되는 기간이 4년인 지목이
전(田)인 토지는 '농지'에 해당한다.
⑤ 농지 소유자가 타인에게 일정한 보수를 지급하기로 약정
하고 농작업의 일부만을 위탁하여 행하는 농업경영도 '위
탁경영'에 해당한다.

80. 농지법령상 국·공유재산이 아닌 A농지와 국유재산인 B
농지를 농업경영을 하려는 자에게 임대차하는 경우에 관
한 설명으로 옳은 것은?
① A농지의 임대차계약은 등기가 있어야만 제3자에게 효력
이 생긴다.
② 임대인이 취학을 이유로 A농지를 임대하는 경우 임대차
기간은 3년 이상으로 하여야 한다.
③ 임대인이 질병을 이유로 A농지를 임대하였다가 같은 이
유로 임대차계약을 갱신하는 경우 임대차기간은 3년 이상
으로 하여야 한다.
④ A농지의 임차인이 그 농지를 정당한 사유 없이 농업경영
에 사용하지 아니할 경우 농지소재지 읍·면장은 임대차의
종료를 명할 수 있다.
⑤ B농지의 임대차기간은 3년 미만으로 할 수 있다.

78. 공작물의 축조 신고
   1. 높이 2m 초과: 옹벽, 담장
   2. 높이 4m 초과: 광고탑 광고판, 기념탑, 장식탑 등(2021년 6m에서 4m로 변경)
   3. 높이 5m 초과: 태양광 설비
   4. 높이 6m 초과: 굴뚝
   5. 높이 6m 초과: 운동시설용 철탑, 통신용 철탑(주거지역·상업지역), 그 밖에 이와 비슷한 것
   6. 높이 8m 초과: 고가수조, 이와 비슷한 것
   7. 높이 8m 이하: 기계식 주차장 및 철골 조립식 주차장으로서 외벽이 없는 것
   8. 바닥면적 30㎡ 초과: 지하대피호

---

79. 농지, 농업인 등
① 실제로 농작물 경작지로 이용되는 토지이더라도 법적지목이 과수원인 경우는 (법적 지목을 불문하고) '농지'에 해당하지 않는다. 해당한다.
   지목이 전·답·과수원이면 농지에 해당한다.
   지목이 전·답·과수원이 아니더라도 실제로 경작하고 있거나 다년생식물을 재배하는 토지는 농지에 해당한다.
② 대가축 2두, 중가축 10두, 소가축 100두 이상을 사육하면서 1년 중 120일을 축산업에 종사하는 개인은 '농업인'에 해당한다.
③ 1,000㎡의 농지에서 (330㎡ 이상의 시설에서) 농작물을 경작하면서 1년 중 90일을 농업에 종사하는 개인은 '농업인'에 해당한다.
④ 인삼의 재배지로 계속하여 이용되는 기간이 4년(3년 이상)인 지목이 전(田)인 토지는 '농지'에 해당한다.

80. 농지의 임대차
① A농지의 임대차계약은 등기가 있어야만 (등기가 없더라도) 시장·군수·읍장·면장의 확인과 인도 후 제3자에게 효력(대항력)이 생긴다.
② 임대인이 취학(불가피한 사유)을 이유로 A농지를 임대하는 경우 임대차기간은 3년 이상 미만으로 하여야 한다. 할 수 있다.
③ 임대인이 질병을 이유로 A농지를 임대하였다가 같은 이유로 임대차계약을 갱신하는 경우 임대차기간은 3년 이상 미만으로 하여야 한다. 할 수 있다.
④ A농지의 임차인이 그 농지를 정당한 사유 없이 농업경영에 사용하지 아니할 경우 농지소재지 읍·면장 시장·군수·구청장은 농림축산식품부령으로 정하는 바에 따라 임대차의 종료를 명할 수 있다.
⑤ B농지(국유)의 임대차기간은 3년 미만으로 할 수 있다.

01. 공간정보의 구축 및 관리 등에 관한 법령상 지목의 구분, 표기방법, 설정방법 등에 관한 설명으로 틀린 것은?

① 지목을 지적도 및 임야도에 등록하는 때에는 부호로 표기하여야 한다.

② 온수·약수·석유류 등을 일정한 장소로 운송하는 송수관·송유관 및 저장시설의 부지의 지목은 "광천지"로 한다.

③ 필지마다 하나의 지목을 설정하여야 한다.

④ 1필지가 둘 이상의 용도로 활용되는 경우에는 주된 용도에 따라 지목을 설정하여야 한다.

⑤ 토지가 일시적 또는 임시적인 용도로 사용될 때에는 지목을 변경하지 아니한다.

02. 공간정보의 구축 및 관리 등에 관한 법령상 지목의 구분으로 틀린 것은?

① 학교의 교사(校舍)와 이에 접속된 체육장 등 부속시설물의 부지의 지목은 "학교용지"로 한다.

② 물건 등을 보관하거나 저장하기 위하여 독립적으로 설치된 보관시설물의 부지와 이에 접속된 부속시설물의 부지의 지목은 "창고용지"로 한다.

③ 사람의 시체나 유골이 매장된 토지, 「장사등에 관한 법률」 제2조제9호에 따른 봉안시설과 이에 접속된 부속시설물의 부지 및 묘지의 관리를 위한 건축물의 부지의 지목은 "묘지"로 한다.

④ 교통 운수를 위하여 일정한 궤도 등의 설비와 형태를 갖추어 이용되는 토지와 이에 접속된 역사(驛舍)·차고·발전시설 및 공작창(工作廠) 등 부속시설물의 부지의 지목은 "철도용지"로 한다.

⑤ 육상에 인공으로 조성된 수산생물의 번식 또는 양식을 위한 시설을 갖춘 부지와 이에 접속된 부속시설물의 부지의 지목은 "양어장"으로 한다.

03. 경계점좌표등록부에 등록하는 지역에서 1필지의 면적측정을 위해 계산한 값이 1,029.551㎡인 경우 토지대장에 등록할 면적으로 옳은 것은?

① 1,029.55㎡   ② 1,029.56㎡   ③ 1,029.5㎡
④ 1,029.6㎡   ⑤ 1,030.0㎡

04. 공간정보의 구축 및 관리 등에 관한 법령상 지상경계의 구분 및 결정기준 등에 관한 설명으로 틀린 것은?

① 토지의 지상경계는 둑, 담장이나 그 밖에 구획의 목표가 될 만한 구조물 및 경계점표지 등으로 구분한다.

② 토지가 해면 또는 수면에 접하는 경우 평균해수면이 되는 선을 지상 경계의 결정기준으로 한다.

③ 분할에 따른 지상 경계는 지상건축물을 걸리게 결정해서는 아니 된다. 다만, 법원의 확정판결이 있는 경우에는 그러하지 아니하다.

④ 매매 등을 위하여 토지를 분할하려는 경우 지상경계점에 경계점표지를 설치하여 측량할 수 있다.

⑤ 공유수면매립지의 토지 중 제방 등을 토지에 편입하여 등록하는 경우 바깥쪽 어깨부분을 지상 경계의 결정기준으로 한다.

05. 공간정보의 구축 및 관리 등에 관한 법령상 지번부여에 관한 설명이다. ( ) 안에 들어갈 내용으로 옳은 것은?

> 지적소관청은 도시개발사업 등이 준공되기 전에 사업시행자가 지번부여 신청을 하면 지번을 부여할 수 있으며, 도시개발사업 등이 준공되기 전에 지번을 부여하는 때에는 ( )에 따르되, 지적확정측량을 실시한 지역의 지번부여 방법에 따라 지번을 부여하여야 한다.

① 사업계획도   ② 사업인가서   ③ 지적도
④ 토지대장   ⑤ 토지분할조서

06. 공간정보의 구축 및 관리 등에 관한 법령상 중앙지적위원회의 구성 및 회의 등에 관한 설명으로 틀린 것은?

① 위원장은 국토교통부의 지적업무 담당 국장이, 부위원장은 국토교통부의 지적업무 담당 과장이 된다.

② 중앙지적위원회는 관계인을 출석하게 하여 의견을 들을 수 있으며, 필요하면 현지조사를 할 수 있다.

③ 중앙지적위원회는 위원장 1명과 부위원장 1명을 포함하여 5명 이상 10명 이하의 위원으로 구성한다.

④ 중앙지적위원회의 회의는 재적위원 과반수의 출석으로 개의(開議)하고, 출석위원 과반수의 찬성으로 의결한다.

⑤ 위원장이 중앙지적위원회의 회의를 소집할 때에는 회의 일시·장소 및 심의 안건을 회의 7일 전까지 각 위원에게 서면으로 통지하여야 한다.

07. 공간정보의 구축 및 관리 등에 관한 법령상 지적공부와 등록사항의 연결이 틀린 것은?

① 토지대장 - 토지의 소재, 토지의 고유번호

② 임야대장 - 지번, 개별공시지가와 그 기준일

③ 지적도 - 경계, 건축물 및 구조물 등의 위치

④ 공유지연명부 - 소유권 지분, 전유부분의 건물표시

⑤ 대지권등록부 - 대지권 비율, 건물의 명칭

01. 지목(28)

전	답	과수원	목장용지
임야	광천지	염전	대
공장용지	학교용지	주차장	주유소용지
창고용지	도로	철도용지	제방
하천	구거	유지	양어장
수도용지	공원	체육용지	유원지
종교용지	사적지	묘지	잡종지

① 지목을 토지대장 및 임야대장에 등록하는 때에는 명칭으로 표기하여야 한다.

② 온수·약수·석유류 등을 일정한 장소로 운송하는 송수관·송유관 및 저장시설의 부지 지목은 "잡종지", 온수·약수·석유류 등이 용출되는 용출구와 그 유지에 사용되는 부지는 "광천지"로 한다.

02. 지목

③ 사람의 시체나 유골이 매장된 토지, 「장사등에 관한 법률」 제2조 제9호에 따른 봉안시설과 이에 접속된 부속시설물의 부지는 "묘지", 묘지의 관리를 위한 건축물의 부지의 지목은 "대(垈)"로 한다.

"과수원", "목장용지", "묘지" 내 건축물의 부지 → "대(垈)"

03. 축척과 면적(최소 면적 단위)

0.1㎡: 1/500(경계점좌표등록부) 1/600

1.0㎡: 1/1,000 1/1,200 1/2,400 1/3,000 1/6,000

0.5, 0.05:　　　앞자리 홀수 → 올리고 → 1.0, 0.1

　　　　　　　앞자리 짝수 → 내리고 → 0.0, 0.0

1,029.551㎡ (1/500) 앞자리 홀수 → 올리고

= 1,029.6㎡

04. 지상경계의 구분 및 결정기준

② 토지가 해면 또는 수면에 접하는 경우 평균해수면이 되는 선을 최대만조위 또는 최대만수위를 지상 경계의 결정기준으로 한다.

③ 분할에 따른 지상 경계는 지상건축물을 걸리게 결정해서는 아니 된다. 다만, 법원의 확정판결이 있는 경우(와 공공사업 또는 도시개발사업인 경우 및 도시·군관리계획서에 따른 경우)에는 그러하지 아니하다.

05. 지번 부여

지적소관청은 도시개발사업 등이 준공되기 전에 사업시행자가 지번부여 신청을 하면 지번을 부여할 수 있으며, 도시개발사업 등이 준공되기 전에 지번을 부여하는 때에는 (사업계획도)에 따르되, 지적확정측량을 실시한 지역의 지번부여 방법에 따라 지번을 부여하여야 한다.

06. 중앙지적위원회

⑤ 위원장이 중앙지적위원회(·지방지적위원회·축척변경위원회)의 회의를 소집할 때에는 회의 일시·장소 및 심의 안건을 회의 7일 5일 전까지 각 위원에게 서면으로 통지하여야 한다.

07. 지적공부와 등록사항

1. 소재
2. 지번
3. 소유자의 성명·주소·주민등록번호
4. 소유권 변경일·원인
5. 토지의 고유번호
6. 필지의 대장별 장번호　　　　　공통등록사항
7. 소유권 지분　　　　　공유지연명부
8. 건물의 명칭
9. 전유부분 건물의 표시
10. 대지권의 비율　　　　　대지권등록부

④ 공유지연명부 - 소유권 지분, 전유부분의 건물표시

⑤ 대지권등록부 - 전유부분의 건물표시, 대지권 비율, 건물의 명칭

08. 공간정보의 구축 및 관리 등에 관한 법령상 부동산종합 공부에 관한 설명으로 틀린 것은?

① 부동산종합공부를 열람하거나 부동산종합공부 기록사항 의 전부 또는 일부에 관한 증명서를 발급받으려는 자는 지 적소관청이나 읍·면·동의 장에게 신청할 수 있다.

② 지적소관청은 부동산종합공부의 등록사항정정을 위하여 등록사항 상호 간에 일치하지 아니하는 사항을 확인 및 관 리하여야 한다.

③ 토지소유자는 부동산종합공부의 토지의 표시에 관한 사항 (「공간정보의 구축 및 관리 등에 관한 법률」에 따른 지적공 부의 내용)의 등록사항에 잘못이 있음을 발견하면 지적소 관청이나 읍·면·동의 장에게 그 정정을 신청할 수 있다.

④ 토지의 이용 및 규제에 관한 사항(「토지이용규제 기본법」 제10조에 따른 토지이용계획확인서의 내용)은 부동산종 합공부의 등록사항이다.

⑤ 지적소관청은 부동산종합공부의 등록사항 중 등록사항 상호 간에 일치하지 아니하는 사항에 대해서는 등록사항 을 관리하는 기관의 장에게 그 내용을 통지하여 등록사항 정정을 요청할 수 있다.

09. 공간정보의 구축 및 관리 등에 관한 법령상 경계점좌표 등록부의 등록사항으로 옳은 것만 나열한 것은?

① 지번, 토지의 이동사유
② 토지의 고유번호, 부호 및 부호도
③ 경계, 삼각점 및 지적기준점의 위치
④ 좌표, 건축물 및 구조물 등의 위치
⑤ 면적, 필지별 경계점좌표등록부의 장번호

10. 공간정보의 구축 및 관리 등에 관한 법령상 축척변경위 원회의 심의·의결사항으로 틀린 것은?

① 축척변경 시행계획에 관한 사항
② 지번별 제곱미터당 금액의 결정에 관한 사항
③ 축척변경 승인에 관한 사항
④ 청산금의 산정에 관한 사항
⑤ 청산금의 이의신청에 관한 사항

11. 공간정보의 구축 및 관리 등에 관한 법령상 토지의 등록, 지적공부 등에 관한 설명으로 틀린 것은?

① 지번은 지적소관청이 지번부여지역별로 차례대로 부여 한다.

② 지적소관청은 도시개발사업의 시행 등의 사유로 지번에 결번이 생긴 때에는 지체 없이 그 사유를 결번대장에 적어 영구히 보존하여야 한다.

③ 지적소관청은 토지의 이동에 따라 지상경계를 새로 정한 경우에는 지상경계점등록부를 작성·관리하여야한다.

④ 합병에 따른 경계·좌표 또는 면적은 지적측량을 하여 결 정한다.

⑤ 지적공부를 정보처리시스템을 통하여 기록·저장한 경우 관할 시·도지사, 시장·군수 또는 구청장은 그 지적공부를 지적정보관리체계에 영구히 보존하여야 한다.

12. 공간정보의 구축 및 관리 등에 관한 법령상 토지의 이동 신청 및 지적정리 등에 관한 설명이다. ( )안에 들어갈 내용으로 옳은 것은?

> 지적소관청은 토지의 표시가 잘못되었음을 발견하였을 때에는 (ㄱ) 등록사항정정에 필요한 서류와 등록사항정 정 측량성과도를 작성하고, 「공간정보의 구축 및 관리 등 에 관한 법률 시행령」 제84조제2항에 따라 토지이동정리 결의서를 작성한 후 대장의 사유란에 (ㄴ)라고 적고, 토 지소유자에게 등록사항정정 신청을 할 수 있도록 그 사 유를 통지하여야 한다.

① ㄱ: 지체 없이,   ㄴ: 등록사항정정 대상토지
② ㄱ: 지체 없이,   ㄴ: 지적불부합 토지
③ ㄱ: 7일 이내,   ㄴ: 토지표시정정 대상토지
④ ㄱ: 30일 이내,   ㄴ: 지적불부합 토지
⑤ ㄱ: 30일 이내,   ㄴ: 등록사항정정 대상토지

13. A건물에 대해 甲이 소유권이전등기청구권보전 가등기 를 2016. 3. 4.에 하였다. 甲이 위 가등기에 의해 2016. 10. 18. 소유권이전의 본등기를 한 경우, A건물에 있던 다음 등기 중 직권으로 말소하는 등기는?

① 甲에게 대항할 수 있는 주택임차권에 의해 2016. 7. 4.에 한 주택임차권등기
② 2016. 3. 15. 등기된 가압류에 의해 2016. 7. 5.에 한 강제 경매개시결정등기
③ 2016. 2. 5. 등기된 근저당권에 의해 2016. 7. 6.에 한 임의 경매개시결정등기
④ 위 가등기상 권리를 목적으로 2016. 7. 7.에 한 가처분등기
⑤ 위 가등기상 권리를 목적으로 2016. 7. 8.에 한 가압류등기

08. 부동산종합공부 등록사항(지적소관청)
　　1. 토지의 표시와 소유자에 관한 사항
　　2. 건축물의 표시와 소유자에 관한 사항
　　3. 토지이용 및 규제에 관한 사항
　　4. 부동산가격에 관한 사항
　　5. 부동산권리에 관한 사항
③ 토지소유자(정정신청인)는 부동산종합공부의 토지의 표시에 관한 사항(「공간정보의 구축 및 관리 등에 관한 법률」에 따른 지적공부의 내용)의 등록사항에 잘못이 있음을 발견하면 지적소관청에 이나 읍·면·동의 장에게 그 정정을 신청할 수 있다.
　부동산종합공부의 등록사항 정정에 관하여는 지적공부의 등록사항 정정 규정을 준용한다.

09. 경계점좌표등록부의 등록사항
　　의의: 대장형식 도면
　　시행: 지적확정측량과 축척변경측량 실시 지역
　　등록사항
　　　1. 토지의 소재
　　　2. 지번
　　　3. 좌표(평면직각종횡선 수치)
　　　4. 토지의 고유번호
　　　5. 지적도면의 번호
　　　6. 필지별 경계점좌표등록부의 장번호
　　　7. 부호 및 부호도
① 지번, 토지의 이동사유(토지대장, 임야대장)
③ 경계, 삼각점 및 지적기준점의 위치(지적도면)
④ 좌표, 건축물 및 구조물 등의 위치(지적도면)
⑤ 면적(토지대장, 임야대장), 필지별 경계점좌표등록부의 장번호

10. 축척변경위원회의 심의·의결사항
① 축척변경 시행계획에 관한 사항
② 지번별 제곱미터당 금액의 결정에 관한 사항
③ 축척변경 승인에 관한 사항
　　시·도지사 승인　1. 지번변경
　　　　　　　　　　2. 축척변경
　　　　　　　　　　3. 지적공부 반출
④ 청산금의 산정에 관한 사항
⑤ 청산금의 이의신청에 관한 사항
○ 지적소관청이 축척변경에 관하여 회의에 부의한 사항

11. 토지의 등록
① 지번은 지적소관청이 지번부여지역(동·리)별로 차례대로 부여한다.
③ 지상경계점등록부
　　1. 토지의 소재
　　2. 지번

3. 경계점 좌표(경계점좌표등록부 시행지역 한정)
4. 경계점 위치설명도
5. 그 밖에 국토교통부령으로 정하는 사항
　- 공부상 지목과 실제 토지이용 지목
　- 경계점의 사진 파일
　- 경계점표지의 종류 및 경계점 위치
④ 합병에 따른 경계·좌표 또는 면적은 지적측량을 하여 결정한다. 하지 않고 결정한다.
　합병 후 필지의 경계 또는 좌표는 합병 전 각 필지의 경계 또는 좌표 중 합병으로 필요 없게 된 부분을 말소하여 결정하고, 면적은 합병 전의 각 필지의 면적을 합산하여 그 필지의 면적으로 결정한다.
⑤ 지적공부(지적소관청)를 정보처리시스템을 통하여 기록·저장한 경우(지적소관청 또는 시·도지사) 관할 시·도지사, 시장·군수 또는 구청장은 그 지적공부를 지적정보관리체계에 영구히 보존하여야 한다.

12. 토지의 이동 신청 및 지적정리
지적소관청은 토지의 표시가 잘못되었음을 발견하였을 때에는 (지체 없이) 등록사항정정에 필요한 서류와 등록사항정정측량성과도를 작성하고, 「공간정보의 구축 및 관리 등에 관한 법률 시행령」 제84조 제2항에 따라 토지이동정리결의서를 작성한 후 대장의 사유란에 (등록사항정정 대상토지)라고 적고, 토지소유자에게 등록사항정정 신청을 할 수 있도록 그 사유를 통지하여야 한다. 다만, 지적소관청이 직권으로 정정할 수 있는 경우에는 토지소유자에게 통지하지 아니할 수 있다.

- -

13. 가등기에 의한 본등기 후 직권 말소 제외

부동산등기법 제92조(가등기에 의하여 보전되는 권리를 침해하는 가등기 이후 등기의 직권말소)
① 등기관은 가등기에 의한 본등기를 하였을 때에는 대법원규칙으로 정하는 바에 따라 가등기 이후에 된 등기로서 가등기에 의하여 보전되는 권리를 침해하는 등기를 직권으로 말소하여야 한다.
　　1. 해당 가등기상 권리를 목적으로 하는 가압류등기나 가처분등기
　　2. 가등기 전에 마쳐진 가압류에 의한 강제경매개시결정등기
　　3. 가등기 전에 마쳐진 담보가등기, 전세권 및 저당권에 의한 임의경매개시결정등기
　　4. 가등기권자에게 대항할 수 있는 주택임차권등기, 주택임차권설정등기, 상가건물임차권등기, 상가건물임차권설정등기
② 등기관이 제1항에 따라 가등기 이후의 등기를 말소하였을 때에는 지체 없이 그 사실을 말소된 권리의 등기명의인에게 통지하여야 한다.

14. 신탁등기에 관한 설명으로 틀린 것은?

① 신탁등기시 수탁자가 甲과 乙인 경우, 등기관은 신탁재산이 甲과 乙의 합유인 뜻을 기록해야 한다.

② 등기관이 수탁자의 고유재산으로 된 뜻의 등기와 함께 신탁등기의 말소등기를 할 경우, 하나의 순위번호를 사용한다.

③ 수탁자의 신탁등기신청은 해당 부동산에 관한 권리의 설정등기, 보존등기, 이전등기 또는 변경등기의 신청과 동시에 해야 한다.

④ 신탁재산의 일부가 처분되어 권리이전등기와 함께 신탁등기의 변경등기를 할 경우, 각기 다른 순위번호를 사용한다.

⑤ 신탁등기의 말소등기신청은 권리의 이전 또는 말소등기나 수탁자의 고유재산으로 된 뜻의 등기신청과 함께 1건의 신청정보로 일괄하여 해야 한다.

15. 부동산등기용등록번호에 관한 설명으로 옳은 것은?

① 법인의 등록번호는 주된 사무소 소재지를 관할하는 시장, 군수 또는 구청장이 부여한다.

② 주민등록번호가 없는 재외국민의 등록번호는 대법원 소재지 관할 등기소의 등기관이 부여한다.

③ 외국인의 등록번호는 체류지를 관할하는 시장, 군수 또는 구청장이 부여한다.

④ 법인 아닌 사단의 등록번호는 주된 사무소 소재지 관할 등기소의 등기관이 부여한다.

⑤ 국내에 영업소나 사무소의 설치 등기를 하지 아니한 외국법인의 등록번호는 국토교통부장관이 지정·고시한다.

16. 등기제도에 관한 설명으로 옳은 것은?

① 등기기록에 기록되어 있는 사항은 이해관계인에 한해 열람을 청구할 수 있다.

② 등기관이 등기를 마친 경우, 그 등기는 등기를 마친 때부터 효력을 발생한다.

③ 전세권의 존속기간이 만료된 경우, 전세금반환채권의 일부양도를 원인으로 한 전세권 일부이전등기도 가능하다.

④ 말소된 등기의 회복을 신청할 때에 등기상 이해관계 있는 제3자가 있는 경우, 그 제3자의 승낙은 필요하지 않다.

⑤ 등기소에 보관 중인 등기신청서는 법관이 발부한 영장에 의해 압수하는 경우에도 등기소 밖으로 옮기지 못한다.

17. 가등기에 관한 설명으로 옳은 것은?

① 소유권이전등기청구권이 정지조건부일 경우, 그 청구권보전을 위한 가등기를 신청할 수 없다.

② 가등기를 명하는 법원의 가처분명령이 있는 경우, 등기관은 법원의 촉탁에 따라 그 가등기를 한다.

③ 가등기신청시 그 가등기로 보전하려고 하는 권리를 신청정보의 내용으로 등기소에 제공할 필요는 없다.

④ 가등기권리자가 가등기를 명하는 가처분명령을 신청할 경우, 가등기의무자의 주소지를 관할하는 지방법원에 신청한다.

⑤ 가등기에 관해 등기상 이해관계 있는 자가 가등기명의인의 승낙을 받은 경우, 단독으로 가등기의 말소를 신청할 수 있다.

18. 등기부 등에 관한 설명으로 틀린 것은?

① 폐쇄한 등기기록은 영구히 보존해야 한다.

② A토지를 B토지에 합병하여 등기관이 합필등기를 한 때에는 A토지에 관한 등기기록을 폐쇄해야 한다.

③ 등기부부본자료는 등기부와 동일한 내용으로 보조기억장치에 기록된 자료이다.

④ 구분건물등기기록에는 표제부를 1동의 건물에 두고 전유부분에는 갑구와 을구만 둔다.

⑤ 등기사항증명서 발급신청시 매매목록은 그 신청이 있는 경우에만 등기사항증명서에 포함하여 발급한다.

19. 등기절차에 관한 설명으로 옳은 것은?

① 등기관의 처분에 대한 이의는 집행정지의 효력이 있다.

② 소유권이전등기신청시 등기의무자의 주소증명정보는 등기소에 제공하지 않는다.

③ 지방자치단체가 등기권리자인 경우, 등기관은 등기필정보를 작성·통지하지 않는다.

④ 자격자대리인이 아닌 사람도 타인을 대리하여 전자신청을 할 수 있다.

⑤ 전세권설정범위가 건물 전부인 경우, 전세권설정등기신청시 건물도면을 첨부정보로서 등기소에 제공해야 한다.

14. 신탁등기

① 신탁등기 시 수탁자가 甲과 乙인 경우, 등기관은 신탁재산이 甲과 乙의 합유(~~공유~~)인 뜻을 기록해야 한다.

② 등기관이 수탁자의 고유재산으로 된 뜻의 등기와 함께 신탁등기의 말소등기를 할 경우, (등기는 2개이나) 하나의 순위번호를 사용한다.

④ 신탁재산의 일부가 처분되어 (또는 신탁의 일부가 종료되어) 권리이전등기와 함께 신탁등기의 변경등기를 할 경우, 각기 다른 하나의 순위번호를 사용한다. 그리고 처분 또는 종료 후의 수탁자의 지분을 기록하여야 한다.

⑤ 신탁등기의 말소등기신청은 권리의 이전 또는 말소등기나 수탁자의 고유재산으로 된 뜻의 등기신청과 함께 1건의 신청정보로(1 신청서로) 일괄하여 해야 한다.

15. 부동산등기용 등록번호

① 법인의 등록번호는 주된 사무소 소재지를 관할하는 시장, 군수 또는 구청장 등기소의 등기관이 부여한다.

③ 외국인의 등록번호는 체류지(국내에 체류지가 없는 경우에는 대법원 소재지)를 관할하는 시장, 군수 또는 구청장 지방출입국·외국인관서의 장이 부여한다.

④ 법인 아닌 사단의 등록번호는 주된 사무소 소재지 관할 등기소의 등기관 시장, 군수 또는 구청장(자치구가 아닌 구의 구청장 포함)이 부여한다.

⑤ 국내에 영업소나 사무소의 설치 등기를 하지 아니한 외국법인의 등록번호는 국토교통부장관이 지정·고시한다. 시장(제주특별자치도의 행정시장 포함, 자치구가 아닌 구를 두는 시의 시장 제외), 군수 또는 구청장(자치구가 아닌 구의 구청장 포함)이 부여한다.

16. 등기제도

① 등기기록에 기록되어 있는 사항은 이해관계인에 한해 누구나 열람을 청구할 수 있다.

② 등기관이 등기를 마친 경우, 그 등기는 등기를 마친 때 접수한 때부터 효력을 발생한다.

④ 말소된 등기의 회복을 신청할 때에 등기상 이해관계 있는 제3자가 있는 경우, 그 제3자의 승낙은 필요하지 않다. 승낙이 필요하다.

⑤ 등기소에 보관 중인 등기신청서는 법관이 발부한 영장(또는 법원의 명령이나 촉탁)에 의해 압수하는 경우에도는 등기소 밖으로 옮기지 못한다. 옮길 수 있다.

등기부의 부속서류는 전쟁, 천재지변이나 그 밖에 이에 준하는 사태를 피하기 위한 경우 외에는 등기소 밖으로 옮기지 못한다.

17. 가등기

① 소유권이전등기청구권이 정지조건부(시기부, 장래에 확정될, 해제조건부 또는 종기부)일 경우, 그 청구권보전을 위한 가등기를 신청할 수 없다. 있다.

② (가등기의무자의 승낙이 있거나) 가등기를 명하는 법원의 가처분명령이 있는 경우, 등기관은 법원의 촉탁에 따라 그 가등기를 한다. 가등기권리자는 단독으로 가등기를 신청할 수 있다.

③ 가등기신청시 그 가등기로 보전하려고 하는 권리를 신청정보의 내용으로 등기소에 제공할 필요는 없다. 제공하여야 한다.

④ 가등기권리자가 가등기를 명하는 가처분명령을 신청할 경우, 가등기의무자의 주소지 부동산의 소재지를 관할하는 지방법원에 신청한다.

18. 등기부

① 폐쇄 등기기록 = 등기부

④ 집합건물 2 표제부

구분건물 등기기록에는 표제부를 1동의 건물에 두고, 전유부분에는 갑구와 을구만 둔다. 전유부분마다 표제부, 갑구, 을구를 둔다.

19. 등기절차

① 등기관의 처분에 대한 이의는 집행정지의 효력이 있다. 없다.

② 소유권이전등기신청시 등기의무자의 주소증명정보는를 등기소에 제공하지 않는다. 제공하여야 한다.

④ 자격자대리인(변호사·법무사)이 아닌 사람도은 타인을 대리하여 전자신청을 할 수 있다. 없다.

⑤ 전세권설정범위가 건물 전부 일부인 경우, 전세권설정등기신청시 건물도면을 첨부정보로서 등기소에 제공해야 한다.

20. 단독으로 신청할 수 있는 등기를 모두 고른 것은? (단, 판결에 의한 신청은 제외)

> ㄱ. 소유권보존등기의 말소등기
> ㄴ. 근저당권의 채권최고액을 감액하는 변경등기
> ㄷ. 법인합병을 원인으로 한 저당권이전등기
> ㄹ. 특정유증으로 인한 소유권이전등기
> ㅁ. 승역지에 지역권설정등기를 하였을 경우, 요역지지역권등기

① ㄱ, ㄷ   ② ㄱ, ㄹ   ③ ㄴ, ㄹ
④ ㄱ, ㄷ, ㅁ   ⑤ ㄷ, ㄹ, ㅁ

21. 등기사무에 관하여 옳은 것을 모두 고른 것은?

> ㄱ. 법인 아닌 사단은 전자신청을 할 수 없다.
> ㄴ. 등기신청의 각하결정에 대해 제3자는 이의신청을 할 수 없다.
> ㄷ. 공동상속인 중 일부가 자신의 상속지분만에 대한 상속등기를 신청한 경우는 각하사유에 해당한다.
> ㄹ. 대법원장은 어느 등기소의 관할에 속하는 사무를 다른 등기소에 위임하게 할 수 있다.

① ㄱ, ㄷ   ② ㄴ, ㄹ   ③ ㄱ, ㄴ, ㄷ
④ ㄴ, ㄷ, ㄹ   ⑤ ㄱ, ㄴ, ㄷ, ㄹ

22. 소유권등기에 관한 내용으로 틀린 것은?
① 민법상 조합은 그 자체의 명의로 소유권등기를 신청할 수 없다.
② 수용에 의한 소유권이전등기를 할 경우, 그 부동산의 처분제한등기와 그 부동산을 위해 존재하는 지역권등기는 직권으로 말소할 수 없다.
③ 멸실된 건물의 소유인인 등기명의인이 멸실 후 1개월 이내에 그 건물의 멸실등기를 신청하지 않는 경우, 그 건물 대지의 소유자가 대위하여 멸실등기를 신청할 수 있다.
④ 집합건물의 규약상 공용부분에 대해 공용부분이라는 뜻을 정한 규약을 폐지한 경우, 공용부분의 취득자는 지체없이 소유권보존등기를 신청해야 한다.
⑤ 수용에 의한 소유권이전등기 완료 후 수용재결의 실효로 그 말소등기를 신청하는 경우, 피수용자 단독으로 기업자 명의의 소유권이전등기 말소등기신청을 할 수 없다.

23. 소유권보존등기에 관한 설명으로 틀린 것은? (다툼이 있으면 판례에 따름)
① 甲이 신축한 미등기건물을 甲으로부터 매수한 乙은 甲 명의로 소유권보존등기 후 소유권이전등기를 해야 한다.
② 미등기토지에 관한 소유권보존등기는 수용으로 인해 소유권을 취득했음을 증명하는 자도 신청할 수 있다.
③ 미등기토지에 대해 소유권처분제한의 등기촉탁이 있는 경우, 등기관이 직권으로 소유권보존등기를 한다.
④ 본 건물의 사용에만 제공되는 부속건물도 소유자의 신청에 따라 본 건물과 별도의 독립건물로 등기할 수 있다.
⑤ 토지대장상 최초의 소유자인 甲의 미등기토지가 상속된 경우, 甲 명의로 보존등기를 한 후 상속인 명의로 소유권이전등기를 한다.

24. 등기에 관한 내용으로 틀린 것은?
① 등기관이 소유권일부이전등기를 할 경우, 이전되는 지분을 기록해야 한다.
② 주택임차권등기명령에 따라 임차권등기가 된 경우, 그 등기에 기초한 임차권이전등기를 할 수 있다.
③ 일정한 금액을 목적으로 하지 않는 채권의 담보를 위한 저당권설정등기신청의 경우, 그 채권의 평가액을 신청정보의 내용으로 등기소에 제공해야 한다.
④ 지역권설정등기시 승역지 소유자가 공작물의 설치의무를 부담하는 약정을 한 경우, 등기원인에 그 약정이 있는 경우에만 이를 기록한다.
⑤ 구분건물을 신축하여 양도한 자가 그 건물의 대지사용권을 나중에 취득해 이전하기로 약정한 경우, 현재 구분건물의 소유명의인과 공동으로 대지사용권에 관한 이전등기를 신청할 수 있다.

25. 지방세기본법상 가산세에 관한 내용으로 옳은 것은?
① 무신고가산세(사기나 그 밖의 부정한 행위로 인하지 않은 경우): 납부세액의 100분의 20에 상당하는 금액
② 무신고가산세(사기나 그 밖의 부정한 행위로 인한 경우): 납부세액의 100분의 50에 상당하는 금액
③ 과소신고가산세(사기나 그 밖의 부정한 행위로 인하지 않은 경우): 과소신고분 세액의 100분의 20에 상당하는 금액
④ 과소신고가산세(사기나 그 밖의 부정한 행위로 인한 경우): 부정과소신고분 세액의 100분의 50에 상당하는 금액
⑤ 납부불성실가산세: 납부하지 아니한 세액의 100분의 20에 상당하는 금액

20. 단독으로 신청할 수 있는 등기

> 부동산등기법 제23조(등기신청인)
> ① 등기는 법률에 다른 규정이 없는 경우에는 등기권리자와 등기의무자가 공동으로 신청한다.
> ② 소유권보존등기 또는 소유권보존등기의 말소등기는 등기명의인으로 될 자 또는 등기명의인이 단독으로 신청한다.
> ③ 상속, 법인의 합병, 그 밖에 대법원규칙으로 정하는 포괄승계에 따른 등기는 등기권리자가 단독으로 신청한다.
> ④ 등기절차의 이행 또는 인수를 명하는 판결에 의한 등기는 승소한 등기권리자 또는 등기의무자가 단독으로 신청하고, 공유물을 분할하는 판결에 의한 등기는 등기권리자 또는 등기의무자가 단독으로 신청한다.
> ⑤ 부동산표시의 변경이나 경정의 등기는 소유권의 등기명의인이 단독으로 신청한다.
> ⑥ 등기명의인표시의 변경이나 경정의 등기는 해당 권리의 등기명의인이 단독으로 신청한다.
> ⑦ 신탁재산에 속하는 부동산의 신탁등기는 수탁자가 단독으로 신청한다.
> ⑧ 수탁자가 「신탁법」에 따라 타인에게 신탁재산에 대하여 신탁을 설정하는 경우 해당 신탁재산에 속하는 부동산에 관한 권리이전등기에 대하여는 새로운 신탁의 수탁자를 등기권리자로 하고 원래 신탁의 수탁자를 등기의무자로 한다. 이 경우 해당 신탁재산에 속하는 부동산의 신탁등기는 새로운 신탁의 수탁자가 단독으로 신청한다.

ㄴ. 근저당권 채권최고액 감액변경등기: 공동신청
ㄹ. 특정유증으로 인한 소유권이전등기: 공동신청
　(등기의무자: 유언집행자, 등기권리자: 수증자)
ㅁ. 승역지에 지역권설정등기(공동신청)를 하였을 경우, 요역지지역권등기(직권등기, 관할 외의 경우 통지)

21. 등기사무
ㄴ. 등기실행에 대해 제3자는 이의신청을 할 수 있다.
ㄹ. 대법원장: 관할위임권자

22. 소유권등기
② 수용에 의한 소유권이전등기를 할 경우, 그 부동산의 처분제한등기와(직권말소) 그 부동산을 위해 존재하는 지역권등기는 직권으로 말소할 수 없다.
　1. 그 부동산을 위해 존재하는 지역권등기
　2. 수용개시 이전의 소유권등기
　3. 수용재결로 존속을 인정한 권리의 등기
⑤ 공동신청(피수용자-기업자)

23. 소유권보존등기
③ 미등기토지에 대해 소유권처분제한의 등기촉탁이 있는 경우(와 임차권등기명령), 등기관이 직권으로 소유권보존등기를 한다.
⑤ 토지대장상 최초의 소유자인 甲의 미등기토지가 상속된 경우, 甲 명의로 보존등기를 한 후 상속인 명의로 소유권이전등기를 한다. 할 수 없고(∵ 死人) 직접 상속인 명의로 소유권보존등기를 하여야 한다.

24. 등기
② 주택임차권등기명령에 따라 임차권등기가 된 경우(임대차 계약 종료), 그 등기에 기초한 임차권이전등기를 할 수 있다. 없다.
④ 임의적 기록사항

25. 지방세기본법상 가산세(≒ 국세기본법상 가산금)
　신고불성실 가산세
　　무신고가산세
　　과소신고가산세
　　초과환급신고가산세
　신고에 따른 납부지연가산세
② 무신고가산세(사기나 그 밖의 부정한 행위로 인한 경우): 납부세액의 100분의 50 100분의 40에 상당하는 금액
③ 과소신고가산세(사기나 그 밖의 부정한 행위로 인하지 않은 경우): 과소신고분 세액의 100분의 12 100분의 10에 상당하는 금액
④ 과소신고가산세(사기나 그 밖의 부정한 행위로 인한 경우): 부정과소신고분 세액의 100분의 50 100분의 40에 상당하는 금액
⑤ 납부불성실가산세 납부지연가산세(2022년)
　(미납세액 × 0.022%/일) × 납부지연일수

26. 지방세법상 사실상의 취득가격 또는 연부금액을 취득세의 과세표준으로 하는 경우 취득가격 또는 연부금액에 포함되지 <u>않는</u> 것은? (단, 특수관계인과의 거래가 아니며, 비용 등은 취득시기 이전에 지급되었음)
① 「전기사업법」에 따라 전기를 사용하는 자가 분담하는 비용
② 건설자금에 충당한 차입금의 이자
③ 법인이 연부로 취득하는 경우 연부 계약에 따른 이자상당액
④ 취득에 필요한 용역을 제공받은 대가로 지급하는 용역비
⑤ 취득대금 외에 당사자의 약정에 따른 취득자 조건부담액

27. 지방세법상 다음의 재산세 과세표준에 적용되는 표준세율 중 가장 낮은 것은?
① 과세표준 5천만원인 종합합산과세대상 토지
② 과세표준 2억원인 별도합산과세대상 토지
③ 과세표준 20억원인 분리과세대상 목장용지
④ 과세표준 6천만원인 주택(별장 제외)
⑤ 과세표준 10억원인 분리과세대상 공장용지

28. 지방세법상 재산세 과세대상에 대한 표준세율 적용에 관한 설명으로 <u>틀린</u> 것은?
① 납세의무자가 해당 지방자치단체 관할구역에 소유하고 있는 종합합산과세대상 토지의 가액을 모두 합한 금액을 과세표준으로 하여 종합합산과세대상의 세율을 적용한다.
② 납세의무자가 해당 지방자치단체 관할구역에 소유하고 있는 별도합산과세대상 토지의 가액을 모두 합한 금액을 과세표준으로 하여 별도합산과세대상의 세율을 적용한다.
③ 분리과세대상이 되는 해당 토지의 가액을 과세표준으로 하여 분리과세대상의 세율을 적용한다.
④ 납세의무자가 해당 지방자치단체 관할구역에 2개 이상의 주택을 소유하고 있는 경우 그 주택의 가액을 모두 합한 금액을 과세표준으로 하여 주택의 세율을 적용한다.
⑤ 주택에 대한 토지와 건물의 소유자가 다를 경우 해당주택의 토지와 건물의 가액을 합산한 과세표준에 주택의 세율을 적용한다.

29. 소득세법상 국외자산의 양도에 대한 양도소득세 과세에 있어서 국내자산의 양도에 대한 양도소득세 규정 중 준용하지 <u>않는</u> 것은?
① 비과세 양도소득
② 양도소득과세표준의 계산
③ 기준시가의 산정
④ 양도소득의 부당행위계산
⑤ 양도 또는 취득의 시기

30. 소득세법상 거주자의 양도소득세 비과세에 관한 설명으로 옳은 것은?
① 국내에 1주택만을 보유하고 있는 1세대가 해외이주로 세대전원이 출국하는 경우 출국일부터 3년이 되는 날 해당 주택을 양도하면 비과세된다.
② 법원의 결정에 의하여 양도 당시 취득에 관한 등기가 불가능한 미등기주택은 양도소득세 비과세가 배제되는 미등기양도자산에 해당하지 않는다.
③ 직장의 변경으로 세대전원이 다른 시로 주거를 이전하는 경우 6개월간 거주한 1주택을 양도하면 비과세된다.
④ 양도 당시 실지거래가액이 10억원인 1세대 1주택의 양도로 발생하는 양도차익 전부가 비과세된다.
⑤ 농지를 교환할 때 쌍방 토지가액의 차액이 가액이 큰 편의 3분의 1인 경우 발생하는 소득은 비과세된다.

31. 소득세법상 거주자의 양도소득과세표준의 신고 및 납부에 관한 설명으로 옳은 것은?
① 2016년 3월 21일에 주택을 양도하고 잔금을 청산한 경우 2016년 6월 30일에 예정신고할 수 있다.
② 확정신고납부시 납부할 세액이 1천 6백만원인 경우 6백만원을 분납할 수 있다.
③ 예정신고납부시 납부할 세액이 2천만원인 경우 분납할 수 없다.
④ 양도차손이 발생한 경우 예정신고하지 아니한다.
⑤ 예정신고하지 않은 거주자가 해당 과세기간의 과세표준이 없는 경우 확정신고하지 아니한다.

32. 소득세법상 등기된 국내 부동산에 대한 양도소득과세표준의 세율에 관한 내용으로 옳은 것은?
① 1년 6개월 보유한 1주택: 100분의 40
② 2년 1개월 보유한 상가건물: 100분의 40
③ 10개월 보유한 상가건물: 100분의 50
④ 6개월 보유한 1주택: 100분의 30
⑤ 1년 8개월 보유한 상가건물: 100분의 50

26. 사실상의 취득가격 또는 연부금액(간주취득)

① 전기를 사용하는 자가 분담하는 비용

② 건설자금에 충당한 차입금의 이자

③ 법인이 연부로 취득하는 경우 연부 계약에 따른 이자상당액

④ 취득에 필요한 용역을 제공받은 대가로 지급하는 용역비

⑤ 취득대금 외에 당사자의 약정에 따른 취득자 조건부담액

○ 농지보전부담금, 미술작품의 설치 또는 문화예술기금에 출연하는 금액, 대체산림자원조성비 등

○ 국민주택채권 매각차손

○ 중개보수

○ 기타 위에 준하는 비용

27. 재산세 표준세율

① 2/1,000   3단계(2~5/1,000) 초과누진세율

② 2/1,000   3단계(2~4/1,000) 초과누진세율

    별도합산과세대상: 건물에 딸린 토지, 영업용 토지

③ 0.7/1,000   차등비례세율(0.7, 2, 4/1,000)

④ 1/1,000   4단계(1~4/1,000) 초과누진세율

⑤ 2/1,000   차등비례세율(0.7, 2, 4/1,000)

    분리과세대상   목장, 농지, 임야: 0.07%

                      공장, 염전, 터미널: 0.2%

28. 재산세 표준세율

① 토지

납세의무자가 해당 지방자치단체 관할구역에 소유하고 있는 종합합산과세대상 토지의 가액을 모두 합한 금액을 과세표준으로 하여 종합합산과세대상의 (누진)세율을 적용한다.

② 토지

납세의무자가 해당 지방자치단체 관할구역에 소유하고 있는 별도합산과세대상 토지의 가액을 모두 합한 금액을 과세표준으로 하여 별도합산과세대상의 (누진)세율을 적용한다.

③ 토지

④ 주택

납세의무자가 해당 지방자치단체 관할구역에 2개 이상의 주택을 소유하고 있는 경우 그 주택의 가액을 모두 합한 금액을 과세표준으로 하여 주택의 세율을 적용한다. 주택별로 합산한 과세표준에 4단계(0.1~0.4%) 초과누진세율을 적용한다.

⑤ 주택

주택에 대한 토지와 건물의 소유자가 다를 경우 해당 주택의 토지와 건물의 가액을 합산한 과세표준에 주택의 세율(4단계(0.1~0.4%) 초과누진세율)을 적용한다.

29. 국외자산의 양도에 대한 양도소득세 규정 준용

1. 취득시기 및 양도시기

2. 양도소득과세표준의 계산(장기보유특별공제)

3. 양도소득의 부당행위계산 부인

4. 비과세 양도소득 및 양도소득세 감면

5. 양도소득과세표준 예정신고 및 확정신고

6. 양도소득세의 분할납부

7. 가산세 등

1. 양도의 정의

2. 미등기 양도자산에 대한 비과세, 감면 배제

3. 장기보유특별공제

4. 증여재산·가업상속공제 적용 자산에 대한 이월공제

5. 기준시가의 산정

6. 일반주식에 대한 예정신고 및 납부제도

30. 양도소득세 비과세

① 국내에 1주택만을 보유하고 있는 1세대가 해외이주로 세대전원이 출국하는 경우 출국일부터 3년이 되는 날 2년 이내에 해당 주택을 양도하면 비과세된다.

③ 직장의 변경으로 세대전원이 다른 시로 주거를 이전하는 경우 6개월간 1년 이상 거주한 1주택을 양도하면 비과세된다.

④ 양도 당시 실지거래가액이 10억원인 1세대 1주택의 양도로 발생하는 양도차익 전부가 비과세된다. 중 9억원(고가주택 기준가격)을 초과한 부분에 속한 양도차익은 과세된다((10 - 9) ÷ 10 = 10% 비과세).
고가주택 기준가격은 2022년 12억으로 변경

⑤ 농지를 교환할 때 쌍방 토지가액의 차액이 가액이 큰 편의 3분의 1 4분의 1 이하인 경우 발생하는 소득은 비과세된다.

31. 양도소득과세표준의 신고 및 납부

① 2016년 3월 21일에 주택을 양도하고 잔금을 청산한 경우 2016년 6월 30일에 예정신고할 수 있다. 5월 31일(양도일이 속한 달의 말일에서 2개월 후 말일)까지 예정신고하여야 한다.

③ 예정신고납부시 납부할 세액이 2천만원(1천만원 초과)인 경우 분납할 수 없다. 있다.

④ (양도차익이 없거나) 양도차손이 발생한 경우에도 예정신고하지 아니한다. 예정신고를 해야 한다.

⑤ 예정신고하지 않은 거주자가 해당 과세기간의 과세표준이 없는 경우에도 확정신고하지 아니한다. 확정신고하여야 한다.

32. 납세의무의 확정

① 1년 6개월 보유한 1주택: 100분의 40   60/100

② 2년 1개월 보유한 상가건물: 100분의40   6~45/100

④ 6개월 보유한 1주택: 100분의 30   70/100

⑤ 1년 8개월 보유한 상가건물: 100분의 50   40/100

33. 소득세법상 양도소득세에 관한 설명으로 옳은 것은?
① 거주자가 국외 토지를 양도한 경우 양도일까지 계속해서 10년간 국내에 주소를 두었다면 양도소득과세표준을 예정신고하여야 한다.
② 비거주자가 국외 토지를 양도한 경우 양도소득세 납부의무가 있다.
③ 거주자가 국내 상가건물을 양도한 경우 거주자의 주소지와 상가건물의 소재지가 다르다면 양도소득세 납세지는 상가건물의 소재지이다.
④ 비거주자가 국내 주택을 양도한 경우 양도소득세 납세지는 비거주자의 국외 주소지이다.
⑤ 거주자가 국외 주택을 양도한 경우 양도일까지 계속해서 5년간 국내에 주소를 두었다면 양도소득금액 계산시 장기보유특별공제가 적용된다.

34. 소득세법상 사업소득이 있는 거주자가 실지거래가액에 의해 부동산의 양도차익을 계산하는 경우 양도가액에서 공제할 자본적지출액 또는 양도비에 포함되지 않는 것은? (단, 자본적지출액에 대해서는 법령에 따른 증명서류가 수취·보관되어 있음)
① 자산을 양도하기 위하여 직접 지출한 양도소득세과세표준신고서 작성비용
② 납부의무자와 양도자가 동일한 경우 「재건축초과이익환수에 관한 법률」에 따른 재건축부담금
③ 양도자산의 이용편의를 위하여 지출한 비용
④ 양도자산의 취득 후 쟁송이 있는 경우 그 소유권을 확보하기 위하여 직접 소요된 소송비용으로서 그 지출한 연도의 각 사업소득금액 계산시 필요경비에 산입된 금액
⑤ 자산을 양도하기 위하여 직접 지출한 공증비용

35. 종합부동산세법상 납세의무 성립시기가 2016년인 종합부동산세에 관한 설명으로 옳은 것은?
① 과세기준일 현재 주택의 공시가격을 합산한 금액이 5억원인 자는 납세의무가 있다.
② 과세기준일은 7월 1일이다.
③ 주택에 대한 과세표준이 5억원인 경우 적용될 세율은 1천분의 3이다.
④ 관할세무서장은 납부하여야 할 세액이 1천만원을 초과하면 물납을 허가할 수 있다.
⑤ 관할세무서장이 종합부동산세를 부과·징수하는 경우 납세고지서에 주택 및 토지로 구분한 과세표준과세액을 기재하여 납부기간 개시 5일 전까지 발부하여야 한다.

36. 지방세법상 거주자의 국내자산 양도소득에 대한 지방소득세에 관한 설명으로 틀린 것은?
① 양도소득에 대한 개인지방소득세 과세표준은 종합소득 및 퇴직소득에 대한 개인지방소득세 과세표준과 구분하여 계산한다.
② 양도소득에 대한 개인지방소득세의 세액이 2천원인 경우에는 이를 징수하지 아니한다.
③ 양도소득에 대한 개인지방소득세의 공제세액이 산출세액을 초과하는 경우 그 초과금액은 없는 것으로 한다.
④ 양도소득에 대한 개인지방소득세 과세표준은 「소득세법」상 양도소득과세표준으로 하는 것이 원칙이다.
⑤ 「소득세법」상 보유기간이 8개월인 조합원입주권의 세율은 양도소득에 대한 개인지방소득세 과세표준의 1천분의 40을 적용한다.

37. 지방세법상 공유농지를 분할로 취득하는 경우 자기 소유 지분에 대한 취득세 과세표준의 표준세율은?
① 1천분의 23
② 1천분의 28
③ 1천분의 30
④ 1천분의 35
⑤ 1천분의 40

38. 지방세법상 재산세에 관한 설명으로 옳은 것은?
① 과세기준일은 매년 7월 1일이다.
② 주택의 정기분 납부세액이 50만원인 경우 세액의 2분의 1은 7월 16일부터 7월 31일까지, 나머지는 10월 16일부터 10월 31일까지를 납기로 한다.
③ 토지의 정기분 납부세액이 9만원인 경우 조례에 따라 납기를 7월 16일부터 7월 31일까지로 하여 한꺼번에 부과·징수할 수 있다.
④ 과세기준일 현재 공부상의 소유자가 매매로 소유권이 변동되었는데도 신고하지 아니하여 사실상의 소유자를 알 수 없는 경우 그 공부상의 소유자가 아닌 사용자에게 재산세 납부의무가 있다.
⑤ 지방자치단체의 장은 재산세의 납부세액이 500만원을 초과하는 경우 법령에 따라 납부할 세액의 일부를 납부기한이 지난 날부터 45일 이내에 분납하게 할 수 있다.

33. 양도소득세
① 거주자가 국외 토지를 양도한 경우 양도일까지 계속해서 10년간(5년 이상) 국내에 주소를 두었다면 양도소득과세표준을 예정신고하여야 한다.
② 비거주자가 국외 토지를 양도한 경우 양도소득세 납부의무가 있다. 없다.
③ 거주자가 국내 상가건물을 양도한 경우 거주자의 주소지와 상가건물의 소재지가 다르다면 양도소득세 납세지는 상가건물의 소재지 납세자의 주소지이다.
④ 비거주자가 국내 주택을 양도한 경우 양도소득세 납세지는 비거주자의 국외 주소지 국내 주택의 소재지이다.
⑤ 거주자가 국외 주택을 양도한 경우 양도일까지 계속해서 5년간 국내에 주소를 두었다면 양도소득금액 계산시 장기보유특별공제가 적용된다. 적용되지 않는다.

34. 양도가액에서 공제할 자본적지출액 또는 양도비
④ 다른 소득(종합소득) 계산시 이미 필요경비에 산입된 비용이므로 양도자산의 자본적 지출액 또는 양도비에 포함되지 않는다.

35. 종합부동산세
① 과세기준일 현재 주택의 공시가격을 합산한 금액이 5억원인 자는 납세의무(6억원 이상)가 있다. 없다.
② 과세기준일은 7월 1일 6월 1일이다.
③ 주택에 대한 과세표준이 5억원인 경우 적용될 세율은 1천분의 3 1천분의 5이다.
④ 관할세무서장은 납부하여야 할 세액이 1천만원을 초과하면더라도 물납을 허가할 수 있다. 없다.

36. 국내자산 양도소득에 대한 지방소득세
② 소액부징수
- 국세(부과징수):   10,000원 미만
- 국세(원천징수):   1,000원 미만
- 지방세: 2,000원 미만
양도소득에 대한 개인지방소득세의 세액이 2천원인 경우에는 이를 징수하지 아니한다. 징수한다.
2천원 미만인 경우 징수하지 아니한다.

37. 취득세 과세표준
공유물의 분할 또는 공유권의 해소를 위한 지분이전으로 인한 취득의 경우 취득세 과세표준: 23/1,000

38. 재산세
① 과세기준일은 매년 7월 1일 6월 1일이다.
② 주택의 정기분 납부세액이 50만원인 경우(20만원 이하인 경우 7월 16일부터 7월 31일까지 일시납부) 세액의 2분의 1은 7월 16일부터 7월 31일까지, 나머지는 10월 16일부터 10월 31일 9월 16일부터 9월 31일까지를 납기로 한다.
③ 토지의 정기분 납부세액이 9만원인 경우 조례에 따라 납기를 7월 16일부터 7월 31일까지로 하여 한꺼번에 부과·징수할 수 있다. 납부는 (금액 무관) 9월 16일부터 9월 30일까지이다.
④ 과세기준일 현재 공부상의 소유자가 매매로 소유권이 변동되었는데도 신고하지 아니하여 사실상의 소유자를 알 수 없는 경우 그 공부상의 소유자가 아닌 사용자에게 재산세 납부의무가 있다.
⑤ 지방자치단체의 장은 재산세의 납부세액이 500만원을 초과하는 경우(1차 납부세액이 250만원을 초과하는 경우) 법령에 따라 납부할 세액의 일부를 납부기한이 지난 날부터 45일(2018년 2개월로 변경) 이내에 분납하게 할 수 있다.
분할납부세액은 납부할 세액이 500만원을 초과하는 경우에는 그 세액의 100분의 50 이하의 금액을, 납부할 세액이 500만원 이하인 경우에는 250만원을 초과하는 금액이다.

39. 지방세법상 취득세의 납세의무에 관한 설명으로 <u>틀린</u> 것은?

① 부동산의 취득은 「민법」 등 관계 법령에 따른 등기를 하지 아니한 경우라도 사실상 취득하면 취득한 것으로 본다.

② 「주택법」에 따른 주택조합이 해당 조합원용으로 취득하는 조합주택용 부동산(조합원에게 귀속되지 아니하는 부동산은 제외)은 그 조합원이 취득한 것으로 본다.

③ 직계비속이 직계존속의 부동산을 매매로 취득하는 때에 해당 직계비속의 다른 재산으로 그 대가를 지급한 사실이 입증되는 경우 유상으로 취득한 것으로 본다.

④ 직계비속이 권리의 이전에 등기가 필요한 직계존속의 부동산을 서로 교환한 경우 무상으로 취득한 것으로 본다.

⑤ 직계비속이 공매를 통하여 직계존속의 부동산을 취득하는 경우 유상으로 취득한 것으로 본다.

40. 지방세법상 취득세 및 등록면허세에 관한 설명으로 옳은 것은?

① 취득세 과세물건을 취득한 후 중과세 세율 적용대상이 되었을 경우 60일 이내에 산출세액에서 이미 납부한 세액(가산세 포함)을 공제하여 신고·납부하여야 한다.

② 취득세 과세물건을 취득한 자가 재산권의 취득에 관한 사항을 등기하는 경우 등기한 후 30일 내에 취득세를 신고·납부하여야 한다.

③ 「부동산 거래신고 등에 관한 법률」에 따른 신고서를 제출하여 같은 법에 따라 검증이 이루어진 취득에 대하여는 취득세의 과세표준을 시가표준액으로 한다.

④ 부동산가압류에 대한 등록면허세의 세율은 부동산가액의 1천분의 2로 한다.

⑤ 등록하려는 자가 신고의무를 다하지 아니하고 등록면허세 산출세액을 등록하기 전까지(신고기한이 있는 경우 신고기한까지) 납부하였을 때에는 신고·납부한 것으로 본다.

39. 취득세의 납세의무

① 실질과세원칙

② (조합원에게 귀속되지 아니하는 부동산은 제외)

조합 취득 비조합원용 부동산

④ 직계비속이 권리의 이전에 등기가 필요한 직계존속의 부동산을 서로 교환한 경우 무상 유상으로 취득한 것으로 본다.

직계존비속 간의 유상취득

1. 파산
2. 경매·공매
3. 등기자산간 교환
4. 대가 입증

40. 취득세 및 등록면허세

① 취득세 과세물건을 취득한 후 중과세 세율 적용 대상이 되었을 경우 60일 이내에 산출세액에서 이미 납부한 세액(가산세 포함 제외)을 공제하여 신고·납부하여야 한다.

② 취득세 과세물건을 취득한 자가 재산권의 취득에 관한 사항을 등기하는 경우 등기한 후 30일 내에 등기신청접수일까지 취득세를 신고·납부하여야 한다.

③「부동산 거래신고 등에 관한 법률」에 따른 신고서를 제출하여 같은 법에 따라 검증이 이루어진 취득에 대하여는 취득세의 과세표준을 시가표준액 대통령령으로 정하는 사실상 취득가격(실거래가격)으로 한다.

④ 부동산가압류에 대한 등록면허세의 세율은 부동산가액 채권금액의 1천분의 2로 한다.

⑤ 등록하려는 자가 신고의무를 다하지 아니하고(무신고, 과소신고, 초과환급신고) 등록면허세산출세액을 등록하기 전까지(신고기한이 있는 경우 신고기한까지) 납부하였을 때에는 신고·납부한 것으로 본다.

부동산학개론

01	02	03	04	05
3	2	3	4	3
11	12	13	14	15
1	5	1	4	2
21	22	23	24	25
5	3	2	5	1,2
31	32	33	34	35
3	4	4	3	4

06	07	08	09	10
2	3	1	4	3
16	17	18	19	20
5	5	2	5	4
26	27	28	29	30
1,3	1	2	3	2
36	37	38	39	40
5	2	5	4	1

민법 및 민사특별법

41	42	43	44	45
4	2	4	1	1
51	52	53	54	55
4	3	5	전부	4
61	62	63	64	65
4	5	5	4	1
71	72	73	74	75
3	1	5	3	3

46	47	48	49	50
1	5	2	4	2
56	57	58	59	60
3	2	5	2	3
66	67	68	69	70
2	1	5	1	4
76	77	78	79	80
1	3	2	3	1

공인중개사의 업무 및 부동산 거래신고에 관한 법률 및 중개실무

01	02	03	04	05
3	5	4	4	5
11	12	13	14	15
4	5	2	2	3
21	22	23	24	25
1	5	2	3	4
31	32	33	34	35
3	3	2	1	1

06	07	08	09	10
2	3	4	5	3
16	17	18	19	20
1	4	5	3	4
26	27	28	29	30
4	2	2	1	4
36	37	38	39	40
2	1	5	3	5

부동산공법 중 부동산 중개에 관련되는 규정

41	42	43	44	45
3	5	3	1	4
51	52	53	54	55
1	4	2	4	4
61	62	63	64	65
5	3	4	5	2
71	72	73	74	75
5	1	2	2	4

46	47	48	49	50
3	5	5	1	3
56	57	58	59	60
2	3	5	2	1
66	67	68	69	70
5	1	4	2	3
76	77	78	79	80
2	5	3	4	1

부동산공시에 관한 법령 및 부동산 관련 세법

01	02	03	04	05
5	4	4	2	1
11	12	13	14	15
3	2	3	3	1
21	22	23	24	25
2	2	1	4	5
31	32	33	34	35
5	4	5	3	1

06	07	08	09	10
1	5	1	5	3
16	17	18	19	20
4	3	4	2	5
26	27	28	29	30
2	3	1	1	2
36	37	38	39	40
4	4	3	5	2

□ 응시 자격: 제한 없음

　※ 단, 「① 공인중개사법 제4조3에 따라 시험부정행위로 처분받은 날로부터 시험시행일 전일까지 5년이 경과되지 않은 자
　　② 제6조에 따라 자격이 취소된 후 3년이 경과하지 않은 자 ③ 시행규칙 제2조에 따른 기자격취득자」는 응시할 수 없음

　※ 공인중개사 등록을 위한 결격사유는 별도로 정하고 있으며, 담당 기관(관할 시·군·구)으로 문의

□ 시험과목 및 방법

구분	시험과목	문항수	시험시간	시험방법
제1차 시험 1교시 (2과목)	1. 부동산학개론(부동산감정평가론 포함) 2. 민법 및 민사특별법 중부동산 중개에 관련 되는 규정	과목당 40문항 (01~80)	100분 (09:30~11:10)	객관식 5지 선택형
제2차 시험 1교시 (2과목)	1. 공인중개사의 업무 및 부동산 거래신고 등에 관한 법령 및 중개실무 2. 부동산공법 중 부동산중개에 관련되는 규정	과목당 40문항 (01~80)	100분 (13:00~14:40)	
제2차 시험 2교시 (1과목)	1. 부동산공시에 관한 법령(부동산등기법, 공간 정보의 구축 및 관리 등에 관한 법률) 및 부 동산 관련 세법	과목당 40문항 (01~40)	50분 (15:30~16:20)	

　※ 답안작성 시 법령이 필요한 경우는 시험시행일 현재 시행되고 있는 법령을 기준으로 작성

□ 합격 기준

구분	합격 결정 기준
1차 시험	매 과목 100점을 만점으로 하여 매 과목 40점 이상, 전 과목 평균 60점 이상 득점한 자
2차 시험	매 과목 100점을 만점으로 하여 매 과목 40점 이상, 전 과목 평균 60점 이상 득점한 자

　※ 제1차 시험에 불합격한 자의 제2차 시험에 대하여는 「공인중개사법」시행령 제5조제3항에 따라 이를 무효로 함

□ 응시 수수료

　1차: 13,700원, 2차: 14,300원, 1·2차 동시 응시자: 28,000원

□ 취득 방법

　○ 원서접수 방법: 큐넷 홈페이지 및 모바일 큐넷 앱을 통해 접수

　　※ 내방 시 준비물: 사진(3.5*4.5) 1매, 전자결재 수단(신용카드, 계좌이체, 가상계좌)

　　※ 수험자는 응시 원서에 반드시 본인 사진을 첨부하여야 하며,
　　　타인의 사진 첨부 등으로 인하여 신분 확인이 불가능할 경우 시험에 응시할 수 없음

　○ 자격증발급: 응시원서접수일 현재 주민등록상 주소지의 시·도지사 명의로 시·도지사가 교부
　　　　　(사진(여권용 사진) 3.5*4.5cm 2매, 신분증, 도장 지참, 시·도별로 준비물이 다를 수 있음)

부동산학개론

01	02	03	04	05
5	2	1	4	3
11	12	13	14	15
3	4	3	4	3
21	22	23	24	25
2	4	1	4	3
31	32	33	34	35
3	1	2	1	4

06	07	08	09	10
5	4	5	2	1
16	17	18	19	20
5	1	5	4	2
26	27	28	29	30
2	5	5	2	5
36	37	38	39	40
5	3	4	1	2

민법 및 민사특별법

41	42	43	44	45
1	3	3	3	1
51	52	53	54	55
4	4	4	5	5
61	62	63	64	65
3	5	4	1	5
71	72	73	74	75
2	3	2	2	2

46	47	48	49	50
5	3	5	1	2
56	57	58	59	60
5	1	1	1	2
66	67	68	69	70
3	5	3	4	4
76	77	78	79	80
2	2	5	3	4

공인중개사의 업무 및 부동산 거래신고에 관한 법률 및 중개실무

01	02	03	04	05
1	5	3	2	4
11	12	13	14	15
3	4	3	5	2
21	22	23	24	25
2	3	5	2	3
31	32	33	34	35
1	5	5	3	2

06	07	08	09	10
3	5	1	4	2
16	17	18	19	20
5	1	1	3	4
26	27	28	29	30
1	2	4	1	3
36	37	38	39	40
4	5	4	3	1

부동산공법 중 부동산 중개에 관련되는 규정

41	42	43	44	45
2	1	3	4	5
51	52	53	54	55
4	3	2	4	3
61	62	63	64	65
1	4	4	2	2
71	72	73	74	75
1	4	3	5	3

46	47	48	49	50
1	5	1	2	1
56	57	58	59	60
5	4	3	5	1
66	67	68	69	70
2	3	4	5	3
76	77	78	79	80
2	2	1	2	5

부동산공시에 관한 법령 및 부동산 관련 세법

01	02	03	04	05
3	1	5	1	4
11	12	13	14	15
2	2	2	3	1
21	22	23	24	25
4	3	1	1	5
31	32	33	34	35
2	1	3	2	3

06	07	08	09	10
3	2	3	4	5
16	17	18	19	20
2	4	3	2	4
26	27	28	29	30
4	3	5	2	5
36	37	38	39	40
4	3	1	5	4

한권 공인중개사 01~04

김동옥·전영찬·금융경제연구소
30,000원(01), 40,000원(02), 22,500원(03), 52,500원(04)

기출문제를 기본서로, 한권으로, 단번에 끝낸다!
출제범위가 넓은 공인중개사 자격시험에 합격하는
확실한 지름길이 되어줄 책!
문제가 요구하는 핵심적 내용을 집약적으로 풀어놓은 해설,
책장을 넘기는 비효율을 제거한 좌우 펼침면 구성으로
두꺼운 기본서 없이도 합격의 동그라미가 그려질 수 있게 만들었다.

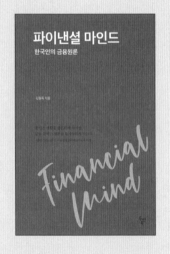

파이낸셜 마인드: 한국인의 금융원론

김동옥 삼우회계법인 전무 | 18000원

금융지식이 소득수준을 결정한다!
누구나 쉽게 이해할 수 있는 한국인의 금융원론
난해한 수식은 빼고 간결한 문장에 쉬운 사례를 들어
짧은 시간에 '견고한 금융 마인드'를 갖출 수 있다.

이코노믹 마인드: 한국인의 경제원론

김동옥 삼우회계법인 전무 | 18000원

경제학이란 무엇이고, 무엇을 할 수 있는가
편협한 결론으로 이끄는 경제학은 인간의 삶을 배제한 허상만 제공한다.
현실 설명력을 갖춘 경제학 지식과 과학적 태도가
정치적·경제적 의사결정의 주체가 되는 길로 안내한다.

부동산학개론

01	02	03	04	05	06	07	08	09	10
4	2	3	1	3	5	1	3	2	5
11	12	13	14	15	16	17	18	19	20
4	2	3	1	2	5	5	4	전부	4
21	22	23	24	25	26	27	28	29	30
1	5	전부	4	2	1	2	3	3	5
31	32	33	34	35	36	37	38	39	40
5	1	3	4	2	4	4	1	5	1

민법 및 민사특별법

41	42	43	44	45	46	47	48	49	50
2	4	2	5	1	3	1	3	5	5
51	52	53	54	55	56	57	58	59	60
3	1	4	2	3	1	1	4	2	3
61	62	63	64	65	66	67	68	69	70
4	5	4	3	3	2	2	4	3	5
71	72	73	74	75	76	77	78	79	80
3	5	4	5	4	1	1	5	2	3

공인중개사의 업무 및 부동산 거래신고에 관한 법률 및 중개실무

01	02	03	04	05	06	07	08	09	10
5	3	1	4	2	5	5	2	4	2
11	12	13	14	15	16	17	18	19	20
3	4	4	3	5	3	5	4	4	2
21	22	23	24	25	26	27	28	29	30
1	3	1	2	2	5	3	5	3	1
31	32	33	34	35	36	37	38	39	40
5	2	4	3	4	1	1	5	1	4

부동산공법 중 부동산 중개에 관련되는 규정

41	42	43	44	45	46	47	48	49	50
5	4	1	2	4	1	5	4	2	3
51	52	53	54	55	56	57	58	59	60
2	2	1	3	4	1	5	2	3	5
61	62	63	64	65	66	67	68	69	70
5	3	1	3	2	5	3	4	3	5
71	72	73	74	75	76	77	78	79	80
4	5	1	4	3	1	2	4	1	5

부동산공시에 관한 법령 및 부동산 관련 세법

01	02	03	04	05	06	07	08	09	10
2	3	4	2	1	5	4	3	2	3
11	12	13	14	15	16	17	18	19	20
4	1	2	4	2	3	5	4	3	1
21	22	23	24	25	26	27	28	29	30
5	2	5	2	1	1	3	4	3	2
31	32	33	34	35	36	37	38	39	40
2	3	1	4	5	2	1	5	4	5